문명의 대가

The Price of Civilization Copyright © Jeffrey D. Sachs, 2011
Korean Translation Copyright © Book21 Publishing Group, 2012 All rights reserved.
This Korean edition is published by arrangement with Jeffrey D. Sachs c/o The Wylie Agency through Milkwood Agency.

이 책의 한국어판 저작권은 밀크우드 에이전시를 통한 Wylie Agency와의 독점계약으로 (주)북이십일에 있습니다.
저작권법에 의하여 한국 내에서 보호를 받는 저작물이므로 무단전재와 무단복제를 금합니다.

※일러두기
역자 주는 해당 부분에 알파벳 소문자(a, b, c,…)로 표기하였으며, 각 장에 미주로 처리하였음.

문명의 대가
The Price of Civilization

제프리 삭스 지음 | 김현구 옮김

21세기북스

■ 차례

서문 8

1부 거대한 균열

1장 미국 경제 위기의 진단 19
가치의 위기 | 임상 경제학 | 미국은 개혁의 준비가 되어 있다 | 깨어 있는 사회

2장 잃어버린 번영 29
일자리와 저축 위기 | 투자 축소 | 분열된 작업장 | 새로운 도금 시대 |
미국의 발자취를 되돌아보기

3장 자유시장의 오류 47
폴 새뮤얼슨의 시대 | 1970년대의 지적 격변 | 혼합경제에 대한 옹호론 |
시장에 정부가 필요한 이유 | 공정성과 지속 가능성 | 극단적 자유지상주의자 |
사회의 3가지 목표 | 효율성과 공정성 | 시장과 정부의 균형 모색 | 시장경제, 단 균형 있게

4장 공적 목적에서 후퇴한 워싱턴 72
뉴딜에서 빈곤과의 전쟁에 이르기까지 | 공공 지출의 증가 | 대역전 | 레이건 혁명 |
악마 같은 세금 | 민수용 지출 삭감 | 대규모 탈규제 | 공공서비스의 민영화 |
국가 문제 해결자로서 정부의 종말 | 레이건의 부적절한 진단

5장 　**분열된 국가 95**
　　　　민권운동과 정치적 재편성 | 히스패닉계 이민자의 급증 | 스노우벨트를 추월한 선벨트 |
　　　　선벨트의 가치들 | 교외로의 탈출 | 그러나 합의는 존재한다 | 새로운 합의를 향하여

6장 　**새로운 지구화 117**
　　　　새로운 지구화 | 새로운 지구화를 과소평가하는 경향 | 앨런 그린스펀의 오판 |
　　　　새로운 지구화의 장기적 효과 | 소득 불평등과 새로운 지구화 | 천연자원의 고갈 |
　　　　미국의 대응 실패

7장 　**속임수 게임 139**
　　　　미국의 허약한 정당 제도 | 거대 자본의 힘 증대 | 미국의 두 중도 우파 정당 |
　　　　거대 로비 부문 4가지 | 기업 지배 체제의 최근 사례 | 누구의 의견이 중요한가 |
　　　　기업 홍보의 기능 | 기업 부문의 계속되는 승리

8장 　**산란한 사회 173**
　　　　풍요의 심리학 | 대중 설득의 기술 | 대중매체와 초상업주의의 결합 | 초상업화의 척도 |
　　　　페이스북 시대의 광고 | 무지의 유행병 | 정신적 균형의 회복

2부 번영으로 가는 길

9장 깨어 있는 사회 207

중도(中道) | 자신에 대한 각성 | 일에 대한 각성 | 지식에 대한 각성 | 타인에 대한 각성 | 자연에 대한 각성 | 미래에 대한 각성 | 정치에 대한 각성 | 세계에 대한 각성 | 개인적·시민적 미덕의 회복

10장 번영의 회복 236

목표 설정 | 중기적 경제정책에 대한 새로운 접근법 | 노동시장의 새로운 틀 | 빈곤과 교육의 함정 타파 | 유아기에 대한 투자 | 실질적인 의료 개혁 | 에너지 안보로 가는 길 | 군사적 낭비 중단 | 우리 경제의 궁극적 목표

11장 문명의 비용 지불 266

기초적 재정 산술 | 현실적인 적자 감축 | 예산에 대한 해외의 교훈 | 연방 시스템에서의 예산 선택 | 부자들이 마땅한 비용을 치러야 할 때 | 시민적 책임성으로의 복귀

12장 효과적인 정부의 7가지 성향 301

명확한 목표와 기준 수립 | 전문적 역량 동원 | 다개년 계획 수립 | 먼 미래에 대한 고려 | 기업 지배 체제의 척결 | 공적 관리의 회복 | 분권화 | 근본적 변화를 위한 선택지 | 너무 늦기 전에 정부를 구하자

13장 새천년의 쇄신 319
　　　　장기적 목표 4가지 | 다음 단계들

감사의 글 336

더 읽을거리 340

주석 350

참고 문헌 370

색인 381

■ 서문

미국이 위기에 빠져 있음은 명백한 사실이다. 특히 나라 밖에서는 이것이 더욱 뚜렷이 보인다. 최근까지 세계 유일의 초강대국이자 '새로운 로마', '없어선 안 되는 나라'로 널리 인정되었던 미국은 이제 금융 불안과 정치적 마비, 심지어 기업 추문의 진앙지가 되었다. 아프가니스탄과 이라크, 예멘(비밀리에 진행되었기는 하지만) 등지에서 미국이 벌여놓은 전쟁은 고통스럽고도 지루하게 계속되고 있다. 지금 각광받는 나라는 미국이 아니라 떠오르는 강국인 중국이다.

세계 많은 곳들에서 **남의 불행을 즐거워하는** 일정한 성향이 있는 것은 확실하다. 이제까지 미국은 다른 나라들에 준엄한 훈계를 하는 데 주저하지 않았다. 미국의 이런 태도는 1997년 동아시아 금융 위기 때 특히 두드러졌다. 미 정부 관리들은 "정실 자본주의"를 외치며 자카르타와 서울, 방콕에서 먹잇감들을 급습했다. 그러나 10년 후 아시아는 호황을 누리고, 미국은 정실 자본주의가 야기한 고통 속에서 붕괴하고 있었다. 2007~2008년 월스트리트의 붕괴에는 우리에게 교훈을 던지는 도덕극morality tale의 모든 요소들이 있다. 탐욕적인 은행가들은 자신들이 "신의 일"을 한다고 주장하고, 부패한 정치가들은 선거 자금 모금을 위해 월스트리트의 비위를 맞추고 있었으며, 가엾은 대중은 새로이 추가된 수조 달러의 공공 부채를 떠맡게 되었다. 워싱턴과 월스트리트에 놓인 현란한 광경, 또 갑작스러운 그 역할 전도에 어느 누가 넋이 나가지 않을 수 있을까?

이 책의 목적은 두 가지다. 하나는 직접적인 것이고, 다른 하나는 좀 분명하지 않으며 간접적인 것이다. 직접적인 목적은 미국의 쇠퇴를 진단하고 그러한 흐름을 역전시키기 위한 몇 가지 처방을 제시하는 것이다. 미국에서 일어나는 일은 전 세계를 뒤흔든다. 미국은 더욱 깊어가는 위기의 수렁에 빠져 있지만 경제 규모는 여전히 세계 최대이고 달러는 기축통화의 지위를 굳건히 지키고 있으며 펜타곤은 세계 최강의 군사력을 보유하고 있다. 세계가 미국의 위기와 회복의 전망을 이해하는 것이 결정적으로 중요하다.

나는 그 회복에 대해서 부풀려 말하고 싶지 않다. 예를 들어 나는 '미국의 세기'가 다시 한 번 도래하리라고 예상하지 않는다. 때는 제2차 세계대전에서부터 1990년대까지 반세기 동안 미국이 사실상 전 세계적 우위를 차지한 시기였지만, 그것은 이미 지나갔고 다시 오지 않을 것이다. 미국의 실패 때문이 아니라 다른 나라들이 거두는 성공 때문이다. 중국과 인도를 필두로 한 신흥 대국들은 지금 기술 진보와 경제 성장을 위한 비밀의 문을 열었고, 더 이상 미국의 정치적·경제적 힘에 의해 압도되지 않을 것이다. 그럼에도 여전히 미국은 지금보다 훨씬 더 건강하고 건설적인 나라가 될 수 있다. 이 책의 첫 번째 목표는 미국이 번영의 길로 복귀하여 세계에 건설적으로 기여할 방법을 찾도록 돕는 것이다.

그 길은 시민적 미덕을 회복하는 데 있다고 나는 주장한다. 많은 미국인들이 마음속 깊이 널리 공유하고 있는 가치들이 다시 한 번 책임 있는 시민들과 기업 지도자들, 정치인들의 행동으로 발현되어야 한다. 미국의 문제는 그러한 공유 가치의 부재에 있지 않다. 그 가치들이 오늘날 미국 정치 현실과 유리된 데 있다. 이 책에서 나는 병폐의 진단에 착수할 뿐 아니라 공적 가치와 공공 정책을 다시 연계시킬 방법을 제시할 것이다. 무엇이 잘못되어 왔는지를 대중이 인식하는 것, 그리고 기능 장애에 빠져 있는 미국의 정치제도와 예산 선택을 개혁하는 것이 그 길이다.

이 책의 간접적 목적은 세계의 독자들로 하여금 최근 미국의 경험에 비추어 각자의 국민경제를 살피도록 격려하는 것이다. 미국 경제는 여전히 전 세계의 많은 정치인들에게 그들 나라가 본받아야 할 모델로 여겨진다. 이 책은 미국의 경제적 역동성과 기업가적 열의, 번영 전반을 바라보는 몇 가지 관점을 제시할 것이다. 주요 결론은 '구매자 위험 부담 원칙buyer beware'이다. 미국이 거대한 경제적·사회적 힘, 특히 변화와 혁신에 대한 역량을 이어나갈 것은 확실하지만, 이런 역량은 기업 로비와 미디어 홍보 전문가들이 장악한 정치 시스템에 의해 낭비되고 있다.

미국의 현실은 나머지 세계 전체에 대한 경고 신호다. 세계를 금융 자유화와 미디어 포화 상태, 텔레비전 기반의 선거운동, 대중소비주의로 이끈 그 사회는 이제 시장 제도들이 정치와 공적 가치를 제멋대로 압도하도록 방치해온 데에 대한 어두운 면을 드러내고 있다. 이 책은 미국인들의 심리와 미국의 금융 시스템을 짓누르는 여러 질병들을 추적한다. 과대광고와 부채, 낭비의 경제가 그것이다. 경제성장과 높은 소득을 달성하기는 했지만, 그 대가로 극단적인 소득 불평등과 사회 구성원 간의 신뢰 하락, 그리고 대중 복지를 실현할 수단으로서의 중앙 정부에 대한 대중의 신뢰 붕괴 등을 초래했다.

미국의 위기는 세계의 모든 곳들과도 밀접한 관련이 있다. 미국의 초상업주의는 다른 사회들과 특히 신흥 경제 속으로 급속히 침투하고 있다. 미국의 정치 자문가들은 이제 세계 곳곳의 정치 후보들에게 미국식 미디어 조작에 관한 자문을 한다. 세계 모든 주요 경제국들에서 기업 로비가 점점 더 큰 영향을 미친다. 마찬가지로 사치 브랜드들이 뉴욕과 로스앤젤레스, 런던, 파리, 상하이, 뭄바이, 리우, 카이로 등지의 어리석은 쇼핑객들을 유혹한다. 성형수술, 최신 패션, 리얼리티 TV 프로그램, 소셜 네트워크, 히트 영화, 미디어 복합기업은 모두 지구화되었다. 미국 경제가 하향길에 접어들었음에도 불구하고, 미국에서 생겨난 초상업주의는 국제적으로 더욱 심화되고 있다. 그에 부수되는 불평등과 부패, 기업 권력, 환경 위협, 심리적 불안정 같은 질병들도 더욱 심각해지고 있다.

전 세계는 미국과 함께 지구화라는 공동의 운명을 짊어지고 있다. 세계는 16세기 초 이래 무역과 금융으로 연계되어 왔지만, 지난 사반세기 동안 지구화는 이전과 전혀 다른 양상으로 강력하게 진행되며 커다란 사회적 영향을 미쳐왔다. 과거에 지정학과 경제 이데올로기, 불태환不兌換 통화, 물리적 거리에 의해 단절되었던 세계의 경제가 통합된 지구 경제 시스템이 되었다. 무역과 금융, 생산 시스템, 이민자들과 사상이 세계의 모든 부분으로 거의 순식간에 흐르고, 금융 위기와 전염병 발생, 난민 이동, 조세 회피도 그렇게 확산된다. 2000년대 초반에 연방준비제도FRS와 월스트리트가 그 씨앗을 뿌린 금융 거품은 세계경제의 많은 부분을 전 지구적 붐으로 끌어들였고, 그에 이은 2008년 금융 공황은 마찬가지로 월스트리트에서 리먼브러더스가 파산한 지 며칠 혹은 몇 주 만에 전 세계 금융 시스템을 위협했다. 특히 그리스와 아일랜드, 포르투갈, 스페인 같은 많은 나라들이 미국에서 비롯된 거품-붕괴 주기에 아직 사로잡혀 있다.

현재 미국의 경제적 허약함과 정치적 분열은 지구화에 대응하는 과정에서 미국이 해온 잘못된 선택과 상당한 관련이 있다. 브라질과 중국, 인도, 러시아와 기타 많은 신흥 경제국들이 국제 무역과 금융 흐름에 문호를 개방했던 것처럼, 세계 모든 부분들이 자신들의 경제를 조정하지 않을 수 없게 되었다. 노동시장의 전 지구적 분화－누가 어디서, 어떤 소득 수준으로, 어느 부문에서 일하는지와 관련한－는 철저한 재편을 겪고 있다. 일례로 미국과 유럽에서 상당한 비율의 저기술 제조업 일자리가 지난 25년 동안 신흥 경제국들로 이동했다.

미국은 지구화의 도전을 대체로 무시해왔다. 경제적 경쟁력을 강화하고 지구적 추세 속에서 상처 입은 사람들을 도와줄 행동가적 정부가 필요한 상황에서, 연방 정부는 문제를 해결하기보다 악화시키는 경향이 있었다. 워싱턴은 시장 규제를 완화하고 부자들에 대한 세금을 삭감했으며, 몇몇 프로그램(주로 보건과 은퇴)의 경우를 제외하고는 사회적 지출을 제한했다. 그리하여 지구화의 힘이 부와 소득의 불평등을 확대하도록 버려두거나 심지어는 부추겼다. 방대한 기업 권력은 지구화로 인해 구속에서 벗어났고, 국가의 모든 영역이 허물어졌다. 여기에 세계 모든 나라들을 위한 강력한 경고와 교훈이 있다.

이 책에서 보여주겠지만, 미국은 정부 대신 시장에 의존한 결과 다른 대다수 고소득 국가들과 점점 더 확연히 구별되어 왔다. 이제 미국은 고소득 세계의 한쪽 극단에 서서 시장의 힘이 사회의 모든 구석까지 침투하고 나아가 지배하도록 허용하는 일관된 패턴을 보인다. 미국에서는 의료와 기초 교육, 보육이 모두 상업화되어 있고, 마찬가지로 군대와 무기 제조, 선거를 위한 미디어 이용도 상업화되었다. 대부분의 다른 고소득 사회에서는 시장이 아니라 정부가 그러한 재화와 서비스를 위한 재원을 공급하고, 종종 그 서비스를 공공 기관을 통해 직접 공급한다.

1970년대 이후 미국과 유럽 간 제도적 차이가 줄곧 벌어져온 것은 공적 가치보다는 정치의 차이에 기인하는 바가 더 클 것이다. 미국에서는 기업 부문이 정치를 지배하게 되었다. 기업 로비스트들과 부유한 납세자들이 점점 더 증대하는 선거 비용을 충당한다. 또 지구화의 직접적인 결과로서 바로 이 집단이 협상력을 획득했다. 유럽에서는 정치 캠페인이 아직은 덜 상업화되었고 비용도 높지 않으며 대기업의 영향에 덜 휘둘린다. 그러나 많은 나라들이 미국식 방향으로 움직이고 있는 듯하다. 유럽의 정치 캠페인이 점점 더 미국식 정치 컨설턴트들에 의해 조종되고 미디어 중심으로 변함에 따라, 정치는 점점 더 거대 자본의 영향력 아래로 들어가고 있다.

물론 유럽 고소득 국가들 사이에도 정치 및 경제 제도 면에서 오랜 차이가 존재한다. 앵글로색슨계 국가들(영국과 아일랜드)은 경제에 대해 시장 지향적으로 접근한다는 점에서 미국과 가장 가깝다. 영국과 아일랜드가 미국과 같이 지난 30년 동안 불평등의 막대한 증대를 낳고 2007년 이후 규제가 약한 은행들을 배경으로 심각한 금융 위기를 겪었다는 사실은 시사적이다. 미국이 선거운동 비용, 곧 정치의 운명을 규정하는 거대 자본의 역할과 관련하여 타국과 비교할 수 없는 독보적인 위치에 있지만, 세 나라 모두 정치에 거대 자본이 얽힌 대형 스캔들을 겪기도 했다.

대륙 쪽 유럽 국가들은 여전히 앵글로색슨계 국가보다 훨씬 더 정부 지향적이다. 그러나 부유한 북부와 가난한 남부, 부유한 서부와 가난한 (구공산권) 동부, 그리고 사회민주주의적인 스칸디나비아(덴마크, 노르웨이, 스웨덴) 국가들과 나머지 국가들 사이에 중대한 편차가 존재한다. 국가와 시장 간 균형에 대하여 스칸디나비아 사회민주주의가 한쪽 끝에 서 있다면 미국은 다른 한쪽 끝에 서 있는 셈이다. 스칸디나비아 국가들은 시장과 정부가 공히 근본적인 역할을 하는 혼합경제를 굳건히 신뢰해 왔고, 이 균형은 삶의 질을 증진시키는 데 훌륭하게 작동했다. 반면에 미국의 극단적 시장 지향은 국민들에게 경제적 편익과 복지의 수단을 제공하기에 부족하다.

이제 세계는 경제와 사회의 균형 및 중용이라는 스칸디나비아적 전통이 이민 증가에 의해 심화된 정치적 분열을 과연 극복할 수 있을지 숨죽여 지켜보고 있다. 반이민 정서가 커지고 있고, 이로써 복지국가를 둘러싼 사회적 합의가 위기에 처할 수 있다. 오랫동안 커다란 과제였던 다양성의 관리는 미국의 정치경제에서 가장 위험한 장애물이었다. 나는 이 점에 대한 이 책의 논의가 인구 변화를 크게 겪고 있는 다른 나라들에 결과적으로 유용한 교훈을 줄 수 있기를 바란다.

신흥 경제국들의 독자들은 이 책이 그들을 위해서는 어떤 이야기를 할지 궁금할 것이다. 어쨌든 신흥 시장들은 잇따른 성공을 거두고 있고, 유럽과 미국, 일본이 2008년 이후 계속된 위기에서 헤어나지 못하는 와중에도 급격한 경제성장을 이루어왔다. 고소득을 구가했던 경제국들은 연 2%의 미미한 비율로 성장 중인 반면, 발전도상 경제국들은 연평균 약 7%라는 비율로 성장하면서 빠른 속도로 따라잡고 있다. 그렇다면 신흥 경제국들은 걱정할 필요나 미국의 경험에서 가르침을 얻을 필요가 없는 것일까?

중국과 인도처럼 호황을 누리는 경제에서도 걱정거리는 많다. 신흥 경제들이 급속히 성장하는 것은 그들이 한 가지 큰 문제, 즉 발전 과정을 가속화하기 위한 첨단 신기술을 어떻게 흡수할 것인가 하는 문제를 해결했기 때문이다. 그러나 신흥 시장들도 여러 가지 우려스러운 징후를 보이고 있다. 소득 불균형의 증대, 거대 자본의 정치 개입, 부패 증대, 그리고 대기오염과 수질오염, 온실가스 배출, 담수원 고갈 등을 포함한 환경적 위협의 급속한 증폭 등이다. 여기에 미국 사회를 특징짓는 현란함과 사기, 미디어 포화, 유명인 숭배가 신흥 경제국들로 퍼져나가면서 그 사회의 안정을 뒤흔들고 있다.

그러므로 신흥 경제국들도 중대한 선택의 기로에 직면해 있고, 그 선택의 시기는 바로 지금이다. 급속한 경제성장은 큰 희망을 주지만 미래의 복지를 보장하는 것은 아니다. 미국이나 유럽과 마찬가지로 이 나라들은 시장과 정부의 올바른 역할과 소득 불균형 확산에 대한 최선의 정책 대응, 환경적 위협들을 다룰 가장 효과적인 방법 등에 관해 힘든 선택을 해야 할 것이다. 미국의 최근 역사와 경험은 신흥 경제국들이 그들 사회 안에서 풍요가 확산될 때 무엇을 해야 하고 무엇을 하지 말아야 할지에 관한 중요한 통찰을 제공해준다.

요컨대 이 책의 초점이 미국에 있기는 하지만, 실제로는 21세기 초 지구 자본주의를 다룬다. 바로 20년 전에 많은 사람들은 자본주의의 큰 이슈들이 모두 해결되었다고 생각했다. 소련의 종말이 곧 계획화의 종말과 시장의 승리, 심지어는 '역사 자체의 종결'을 의미하는 듯했다. 미국은 성공적인 경제 설계의 정점이자 나머지 세계가 본받아야 할 표준으로 받아들여지거나, 혹은 최소한 스스로 그렇게 여겼다. 이토록 단순한 정서를 뒤돌아보면 참으로 슬프고도 아이러니하다. 오늘날 전 지구적이면서도 긴박한 핵심 질문은 이런 것이다. 21세기의 자본주의는 경제적 번영과 사회정의, 환경적 지속 가능성이라는, 전 세계 사회들이 추구하는 세 가지 포괄적인 목표를 여하히 잘 달성할 수 있을 것인가?

  나는 이 책에서 개인적 가치들의 소생과 정부 전략의 개선, 경제 제도들의 강화라는 면에서 미국을 위한 해결책들을 제시한다. 이 해결책들이 전 세계 독자들에게도 울려 퍼지기를 희망하고, 또 그렇게 되리라 믿는다. 70억 인구가 살고 있는 이 혼잡하고 불안정한 세계 속에서, 우리는 매스미디어의 끊임없는 외침과 선전을 줄이고 보다 기본적인 인간적 가치들을 되찾을 필요가 있다. 제안하건대, 우리는 개인이자 소비자이며 덕성을 갖춘 시민으로서 새롭게 각성하여, 거대한 지구적 변화의 시대에 우리에게 경제적 충족과 복지를 가져다줄 가장 중요한 요인이 무엇인가에 관심을 다시 집중할 필요가 있다.

2011년 6월

1부 거대한 균열

1장
미국 경제 위기의 진단

가치의 위기

미국 경제 위기의 뿌리에는 도덕적 위기가 존재한다. 즉 정치와 경제의 엘리트층 내부에서 시민적 미덕이 쇠퇴한 것이다. 힘 있는 자와 부자들이 사회 전체와 세계에 대해 정직하며 사려 깊고 동정적인 태도를 갖지 않은 채, 사회가 시장과 법률, 선거만으로 이루어지는 것은 모순이다. 미국은 세계에서 가장 경쟁력 있는 시장 사회를 발전시켜왔지만, 그 과정에서 시민적 미덕civic virtue은 팽개쳐버렸다. 사회적 책임의 정신을 회복하지 않는다면, 유의미하고도 지속적인 경제 회복은 있을 수 없다.

내가 이런 내용의 책을 써야 한다는 사실은 개인적으로 매우 놀랍고 당황스러운 일이다. 경제학을 연구해온 40년의 세월 동안 나는 미국이 그 막대한 부와 깊이 있는 학문, 발전된 기술, 민주적 제도를 통해 틀림없이 사회적 향상의 길을 발견할 것이라고 생각해 왔다. 나는 경제학에 발을 들여놓은 초기부터 나의 에너지를 외국의 경제문제에 쏟겠노라고 결심했다. 즉 미국 외의 국가들에서 경제문제가 더 첨예하고 따라서 주목할 필요가 있다고 생각한 것이다. 그런데 지금 나는 나의 나라를 걱정하게 되었다. 더욱이 최근의 이러한 경제 위기는 미국 정치와 권력 문화의 심각하고 위협적이며 여전히 진행 중인 타락을 반영하고 있다.

그러한 위기는 수십 년에 걸쳐 서서히 진행되었다. 경기순환적 요인에 따른 단기적 침체가 아니라 장기적인 사회·정치·경제적인 추세의 귀결이다. 여러 가지 면에서 그 위기는 특정한 정권이나 정책이 아닌 한 시대－베이비붐 세대－의 정점을 이룬다. 또한 이는 초당파적 문제다. 민주당과 공화당 모두 위기의 심화에 나름의 역할을 했다. 많은 경우에 공화당과 민주당의 유일한 차이라고는 거대 석유 회사들이 공화당을, 월스트리트가 민주당을 장악하고 있다는 점뿐인 것 같다. 위기의 진정한 뿌리를 이해함으로써 우리는 2009~2010년의 '경기부양' 재정지출과 2011년의 예산 감축, 그리고 이보다 몇 년 전에 이루어진 감당할 수 없을 정도의 감세 같은, 환상에 불과한 공허한 대책들을 넘어설 수 있다. 사회에 필요한 보다 근본적인 개혁을 방해하는 그 술책들을 말이다.

오바마 행정부의 첫 두 해는 미국이 안고 있는 경제적·정치적 결함이 그 어떤 행정부의 결함보다도 깊숙한 곳에 기원하고 있음을 보여 준다. 많은 미국인들과 마찬가지로 나는 버락 오바마Barack Obama가 혁신을 위한 희망이 될 것이라고 기대했다. 변화는 진행되고 있었다.

또는 적어도 변화가 이루어질 것이라고 우리는 희망했다. 그러나 사실은 과거의 연속인 것이 훨씬 많았다. 아프가니스탄에서의 끝없는 전쟁과 막대한 군비 예산, 로비스트들에 대한 굴종, 인색한 대외 원조, 무모한 감세, 유례없는 재정 적자, 미국이 가진 뿌리 깊은 문제에 대한 걱정스러울 정도의 안이한 대처 등, 과거 많은 이들이 걸었던 길을 그대로 밟아 왔다. 오바마 정부는 월스트리트와 백악관을 잇는 이른바 회전문revolving door 인사를 통해 구성되어 있다. 미국 경제 위기에 대한 근본적인 해결책을 찾으려면 미국의 정치 시스템이 왜 그토록 변화를 거부하는 성격을 띠게 되었는지를 먼저 이해할 필요가 있을 것이다.

미국의 경제는 갈수록 사회의 극소수만을 위해 봉사하고, 대내 정치는 정직하고 투명하며 공개적인 문제 해결을 통해 나라를 정상 궤도로 돌려놓는 데 실패했다. 너무나 많은 엘리트들-초거부와 기업 CEO, 대학에 몸담고 있는 나의 많은 동료-이 사회적 책임의 의무를 저버렸다. 부와 권력을 좇으며 사회의 나머지 다수가 나락에 빠지는 것을 방치하고 있다.

우리는 21세기 초라는 현시점에서 좋은 사회란 무엇인가를 다시 생각하며 그런 사회에 도달할 창조적인 경로를 찾아내야 한다. 여기서 가장 중요한 것은 우리가 여러 측면에서 좋은 시민성의 실현을 통해 문명의 비용을 지불할 준비가 되어 있어야 한다는 점이다. 좋은 시민성의 실현이란, 동정이야말로 사회를 결속시키는 접착제임을 기억하고, 공정한 몫의 세금을 받아들이며, 사회의 다양한 필요를 깊이 이해하고, 미래 세대를 위한 세심한 관리자 역할을 하는 것을 뜻한다. 나는 대다수 대중이 이 과제를 이해하고 받아들일 것을 제안한다. 이 책의 집필을 위해 연구하는 동안, 나는 무수한 토론과 미국적 가치에 대한 연구 및 설문 조사를 통해 동료 미국인들을 다시 만나게 되었다. 그리고 나의 발견에 기뻤다. 이들은 미디어에 등장하는 식자층과 엘리트들의 모습과는 매우 달랐다. 일반적으로 미국인들은 온건하고 관대하며, 이런 모습들은 우리가 텔레비전에서 보는 미국인 또는 미국의 부자나 권력자의 이미지와는 차이가 있다. 그러나 결과적으로 미국의 정치제도는 망가져왔고, 대중은 더 이상 엘리트들을 탓하지도 않는다. 그리고 슬프게도, 이 고장 난 정치에는 광범한 대중 역시 연루되어 있다. 미디어에 함락된 소비주의로 정신을 잃은 나머지, 미국 사회는 효과적인 시민성의 습속을 잃어버린 것이다.

임상 경제학

거시경제학자로서 나는 어느 특정한 부문의 작동보다는 국가 경제의 전반적인 기능을 연구한다. 연구와 관련한 나의 기본 입장은, 경제란 정치와 사회심리, 자연환경을 포함한 보다 폭넓은 상황과 밀접하게 연관되어 있다는 것이다. 경제 이슈는 그 자체만으로 결코 이해될 수 없다. 다수의 경제학자들이 이를 고립적으로 이해하려는 함정에 빠지지만, 효과적인 연구를 위해서는 큰 그림을 보아야 한다. 그러면 문화와 국내 정치, 지정학, 여론, 환경 및 천연자원의 제약 등 모든 것이 경제생활에서 중요한 역할을 한다는 사실을 알 수 있으리라.

지난 사반세기 거시경제 자문가로서 내 일은 경제 위기를 진단하고 고장 난 핵심 부문들을 손봄으로써 국가 경제가 적절하게 작동하도록 돕는 것이었다. 이런 역할을 잘 수행하려면, 경제와 사회 전체의 다양한 부분들이 서로 어떻게 조화되며 무역과 금융, 지정학을 통해 세계경제와도 어떻게 상호작용하는지를 세밀하게 이해하려고 노력해야 한다. 나아가 대중의 신념과 나라의 사회사, 사회의 근저에 깔린 가치를 이해하려는 노력도 있어야 한다. 따라서 여기저기서 끌어 모은 많은 도구들이 필요하고, 다른 경제학자들과 마찬가지로 나는 각종 도표와 데이터들을 열심히 들여다본다. 산더미 같은 여론조사 자료와 문화사, 정치사 자료도 읽는다. 정치 및 사업계 인사들과 의견을 교환하고 공장과 금융 기업, 하이테크 서비스 센터와 지역사회 조직들도 방문한다. 경제 개혁에 관한 건전한 생각들은 모든 수준에서 '테스트'를 통과해야 하고, 전국적인 정치 수준에서는 물론 지역사회 수준에서도 이해되어야 한다.

거시경제학자는 심각한 증상 및 그 바탕에 미지의 질병을 보유한 환자를 대하는 임상의학자와 같은 과제에 직면한다. 즉 질병에 대한 정확한 진단을 내린 다음 그것을 고치기 위한 치료법을 설계해야 한다. 나는 이 과정을 『빈곤의 종말The End of Poverty』에서 '임상 경제학'이라고 표현했다. 이는 유능한 의사이자 내 아내인 소니아의 발상으로, 나는 그녀를 통해 과학적인 임상의학의 경이로움을 보았다.

내가 비록 임상 경제학에 대한 훈련을 받은 것은 아니지만, 이론적인 습득과 아내에게서 받은 영감, 그리고 직업상의 몇몇 기회 덕택에 임상 경제학으로 이어지는 꽤 독특한 길을 개척할 수 있었다. 하버드에서 학부와 대학원 과정을 밟으면서 최고 수준의 교육을 받았고, 1980년에는 하버드의 교수로 임용되기도 했다. 인생 경로를 바꿀 만한 행운으로 1985년 볼리비아에서 실제 경제문제 해결에 참여하게 되었고, 그 이후로 죽 이론과 실천이 교차하는 지점에서 경제학자로서의 이력을 쌓아왔다. 1980년대의 상당 기간은 부채에 찌든 라틴아메리카에서 보냈다. 과거 20년 동안 무능하고 폭력적인 군사 통치를 겪은 이 지역이 민주주의와 경제적 안정을 회복하도록 돕기 위해서였다. 1980년대 말과 1990년대에는 동유럽 및 구소련 국가들의 초청을 받아 그들이 공산주의와 독재 체제에서 민주주의와 시장경제로 이행하는 과정을 도왔다. 이 일로 다시 나는 세계의 초거대 국가인 중국과 인도로부터 초청을 받았고, 거대한 두 사회를 뒤바꾸는 시장 개혁을 관찰하고 이에 대해 토론하며 생각을 나눌 수 있었다. 1990년대 중반 이후에는 세계의 가장 가난한 지역, 특히 사하라 이남 아프리카로 관심을 돌려, 빈곤과 기아, 질병, 기후변화에 대한 이들의 계속되는 투쟁을 지원하기도 했다.

경제학자로서 10여 개국과 일해 오면서 나는 정치와 경제, 사회적 가치들의 상호작용에 대한 감각을 갖게 되었다. 영속성 있는 경제적 해결 방안들은 사회생활의 모든 구성 요소들이 올바른 균형을 이룰 때 발견된다는 것이다.

이 책에서 나는 임상 경제학을 미국의 경제 위기와 관련지을 것이다. 미국의 경제문제를 총체론적 관점에서 접근하여 오늘날 사회를 괴롭히는 몇 가지 근원적인 병폐를 진단하고, 30년 전에 행해진 이래 지금까지도 남아 있는 기본적인 오진을 바로잡고자 한다. 1970년대에 미국이 쇠퇴의 길에 접어들었을 때, 로널드 레이건Ronald Reagan으로 대표되는 정치적 우파는 미국의 질병이 점점 더 악화되는 상황에 대한 책임이 정부에 있다고 주장했다. 부정확한 진단이었음에도 불구하고, 많은 미국인들에게 이것은 상당히 그럴듯하게 들렸다. 결국 우파는 투표에서 다수의 표를 얻었고, 기존 정부의 효과적인 프로그램을 해체하고 정부의 경제 운영 능력을 약화시키는 과정에 착수하기에 이르렀다. 우리는 지금도 그 잘못된 진단의 비참한 결과를 겪고 있으며, 지구화와 기술적 변화, 환경 위기 같은 실제적 문제들을 여전히 무시하고 있다.

미국은 개혁의 준비가 되어 있다

나는 이 책의 전반부에서 상황을 철저히 진단한 뒤 우리가 해야 할 일을 구체화할 것이다. 그러한 구체적인 권고안들은 몇 가지 큰 이슈를 제기할 것이다. 첫째로, 막대한 재정 적자의 시대에 우리는 정부 개입의 확대를 허용할 여유가 있을까? 나는 그러하며 또 그러해야 한다는 점을 보여줄 것이다. 둘째로, 철저한 개혁 프로그램은 정말로 잘 관리될 수 있을까? 그 대답 역시 '그렇다'이다. 현재 만성적인 무능을 보이는 정부조차 할 수 있는 일이다. 셋째로, 지금처럼 정치가 분열상을 보이는 시대에도 개혁 프로그램이 정치적으로 실현 가능할까? 성공한 개혁들은 초기에는 거의 언제나 광범위한 회의론에 직면했다. "정치적으로 불가능하다", "대중은 결코 동의하지 않을 것이다", "합의에 도달하기 어렵다" 등은 오늘날 심층적이고 실질적인 개혁이 제안될 때마다 들리는 말들이다. 나 역시 사반세기 동안 세계를 두루 다니며 이런 말들을 수없이 들었지만, 결국에는 심층적 개혁이 가능할 뿐 아니라 불가피한 것이라는 점만 확인했을 따름이다.

이 책의 상당 부분은 부자들, 즉 그동안 좋은 시절을 누려온, 미국

가계들 중 최상위 약 1%를 차지하는 부류의 사회적 책임을 다룬다. 그들은 산더미 같은 재산 위에 앉아 있는 반면, 이 그늘 아래 약 1억 명의 미국인들은 빈곤 속에서 살고 있다.[1]

나는 부 자체와는 싸우지 않는다. 많은 부자들은 대단히 창조적이고 관대하며 박애적이다. 내가 싸우는 대상은 빈곤이다. 광범위한 빈곤과 최상층부의 폭증하는 부가 존재하는 한, 그리고 (교육, 보육, 훈련, 인프라 등에 대한) 공공투자로 빈곤을 줄이거나 종식시킬 수 있는 한, 부자들을 위한 감세는 비도덕적일 뿐만 아니라 비생산적인 일이라는 것이 나의 입장이다.

이 책은 또 장래를 위한 계획화도 다룬다. 나는 시장경제를 확고히 믿지만, 21세기 초에 미국 경제가 번영하기 위해서는 사회의 공유 가치에 기반을 둔 명확한 장기적 정책 목표와 정부 투자, 정부 계획화도 필요하다. 정부 계획화는 오늘날 워싱턴의 생리와는 근본적으로 일치하지 않지만, 아시아에서 25년간 일하면서 나는 장기적인 정부 계획화의 가치를 확신하게 되었다. 물론 소멸한 소련에서 사용되었던 가망 없는 중앙집권적 계획화를 말하는 것이 아니다. 양질의 교육, 현대적 인프라, 저탄소 에너지원, 환경적 지속 가능성을 위한 공공투자의 장기적 계획화를 가리킨다.

깨어 있는 사회

"반성하지 않는 삶은 살 가치가 없다"고 소크라테스는 말했다.[2] 마찬가지로 반성하지 않는 경제는 복지를 보장할 수 없다고 할 수 있다.

우리의 가장 큰 착각은, 다른 모든 것을 도외시한 채 부만을 추구하는 것으로 건강한 사회가 구축될 수 있다는 믿음이다. 사회 전반에 걸친 광포한 부의 추구로 말미암아 미국인들에게 주어질 사회적 신뢰와 정직, 동정심의 혜택이 고갈되었다. 사회는 삭막하게 변했고, 월스트리트와 거대 석유 회사, 워싱턴의 엘리트들은 가장 무책임하고 이기적인 부류가 되었다. 이런 현실을 이해함으로써 비로소 우리는 경제를 개조할 수 있다.

인류의 가장 위대한 두 현인인 동양의 붓다와 서양의 아리스토텔레스에 따르면, 인간은 행복의 심층적이고 장기적인 원천에 집중하고 그것을 지향하는 삶을 살기보다는 태생적으로 찰나의 환상을 좇는 경향이 있다. 그래서 두 현인 모두 우리에게 극단의 유혹에도 불구하고 개인 행위와 태도 면에서 중용과 미덕을 함양할 것을, 즉 중도를 지킬 것을 요구했다. 자신의 개인적 욕구를 돌보되 그와 동시에 사회 속에서 다른 사람들에 대한 동정심을 잊지 말라고 촉구했다. 또한 단편적인 부와 소비의 추구는 삶의 미덕이나 행복보다는 중독이나 충동으로 이어질 수 있다고 경고했다. 공자에서부터 애덤 스미스Adam Smith와 마하트마 간디, 달라이 라마에 이르기까지, 시대를 통틀어 다른 모든 위대한 현자들 역시 바람직한 사회의 지주로서 중용과 동정을 공히 호소한 바 있다.

과도한 소비주의와 부에 대한 강박적인 추구에 저항하는 것은 대단히 어려운 일이고, 일생 동안 마주해야 할 시험이다. 시끄러운 일과 오락거리, 유혹으로 가득 찬 미디어 시대에는 특히 더 어렵다. 따라서 우리가 현재 직면한 경제적 환상에서 벗어나기 위해서는 **깨어 있는 사회**를 창조해야 한다. 이 사회는 자각과 중용이라는 개인적 미덕

뿐 아니라 타인에 대한 동정이라는 시민적 미덕, 그리고 계급과 민족, 종교, 지리의 간극을 넘어선 협력을 고취시키는 사회다. 이를 통해 개인적 미덕과 시민적 미덕으로 복귀함으로써, 우리는 잃어버린 번영을 되찾을 수 있다.

2장
잃어버린 번영

오늘날 미국은 경제와 정치, 사회 전반에 걸쳐 무언가 크게 잘못되었음이 틀림없다. 미국인들은 신경이 곤두서 있다. 걱정하고 냉소적이며 비관적이다.

미국에는 세상사의 흐름에 대한 좌절감이 널리 퍼져 있다. 3분의 2 이상의 미국인들이 "이 나라의 일이 돌아가는 방식에 만족하지 못한다"고 답한다. 1990년대에 비해 약 3분의 1이 늘어난 수치다.[1] 또 비슷한 비율의 사람들이 나라가 "궤도를 이탈했다"고 말한다.[2]

이것은 정부의 본질과 역할에 대한 냉소주의가 만연한 것과 관련이 있다. 미국인들은 워싱턴과 너무나 멀어져 있다. 71%의 비율로 다수의 미국인들이 연방 정부에 대해 "주로 자신만의 이해를 추구하는 특수한 이익집단"으로 간주하고 있는데(그렇지 않다고 답한 비율은 15%), 이것은 미국 민주주의의 한심한 상태에 대한 놀라운 평가다.

⟨표 2.1⟩ 대중의 부정적 시각은 정부 기관에 국한되지 않는다

분류	국가 수준의 일에 미치는 영향		
	긍정적 (%)	부정적 (%)	기타 (%)
은행과 금융기관	22	69	10
의회	24	65	12
연방 정부	25	65	9
대기업	25	64	12
전국 수준의 뉴스 매체	31	57	12
연방 기관 및 해당 부서	31	54	16
엔터테인먼트 산업	33	51	16
노동조합	32	49	18
오바마 행정부	45	45	10
대학	61	26	13
교회 및 종교 기관	63	22	15
소기업	71	19	10
과학기술 관련 회사	68	18	14

출처: Pew Research Center for the People and the Press, April 2010

 이와 비슷하게 70%의 미국인들이 "정부와 대기업들이 종종 합작으로 소비자와 투자자들을 골탕 먹인다"는 데 동의한다(그렇지 않다고 답한 비율은 12%).[3] 미 정부는 국민들의 신임을 잃었고, 이는 현대 미국의 역사에서뿐만 아니라 선진국 어디에도 유례가 없는 일이다. 미국인들은 연방 정부의 동기와 윤리, 능력에 근본적인 회의를 품고 있다.

 이러한 불신은 미국의 대다수 주요 기관에까지 미쳐 있다. 최근 설문 조사 자료(⟨표 2.1⟩)에서 알 수 있듯이, 대중은 연방 정부 및 그 기관들을 믿지 않을 뿐 아니라 더 나아가 은행, 대기업, 뉴스 매체, 엔터테인먼트 산업, 노동조합 등에 대해서도 심각한 불신을 보인다. 의회와 은행, 연방 정부, 대기업 같은 전국 또는 국제 단위의 기관들에 특히 회의적이고, 작은 교회와 대학처럼 내 집과 가까운 기관들을 보다 긍정적으로 여긴다.

여러 기관들을 신뢰하지 못하는 현실에 상응하여 미국인들은 서로에 대해서도 신뢰하지 못한다. 로버트 퍼트넘Robert Putnam을 중심으로 한 사회학자들은 미국 사회에서 시민 의식이 쇠퇴했음을 보여주었다. 미국인들은 사회적인 일에 전보다 덜 참여하고(오늘날 유명해진 퍼트넘의 표현대로 "나 홀로 볼링"), 서로를 훨씬 더 믿지 못한다. 공개된 광장에서 집으로 후퇴하여 여가 시간을 컴퓨터나 텔레비전, 기타 전자 미디어 앞에서 보낸다. 신뢰의 상실은 다민족으로 이루어진 지역사회에서 특히 심각하다. 이런 곳에서 사람들은 퍼트넘이 말한 것처럼 "쪼그려 앉아hunkering down" 있다.[4]

한편, 양대 정당은 위기에서 벗어날 길을 보여주지 않고 있다. 세금이나 재정지출, 전쟁과 평화 등 여러 이슈를 둘러싸고 격렬히 싸울 때에도 사실 두 정당은 문제의 해결책을 제시하기보다는 상당히 협소한 정책 틀에 갇힌 모습을 보인다. 우리가 마비 상태에 빠진 것은 흔히 생각하듯이 두 정당간의 의견 불일치 때문이 아니라, 우리 모두가 미래에 대해 진지하게 주의를 기울이지 않기 때문이다. 엄청난 재정 적자와 전쟁, 의료, 교육, 에너지 정책, 이민 개혁 또는 선거운동 자금법 개혁 등 수많은 과제에 직면해 있지만, 신중한 해결 방안 없이 선거와 선거 사이에서 휩쓸리고 있다. 매 선거는 아무리 가벼운 조치라도 전임 정부의 그것을 뒤집겠다고 약속하는 행사가 되었다.

상태가 전반적으로 악화되면서 국민 삶의 만족도에도 나쁜 영향을 미치고 있다. 미국인들은 오랫동안 삶에 만족해왔다. 세계에서 가장 부유하고 가장 자유로우며 가장 안전한 곳에 살고 있는 그들이 만족하지 못할 이유가 어디 있겠는가. 그러나 우리는 최근 몇십 년간 이루어진 삶의 만족도와 행복에 관한 조사에서 사람들이 응답한 메시지

〈그림 2.1〉 미국의 1인당 GDP와 행복 추세선 (1972-2006)

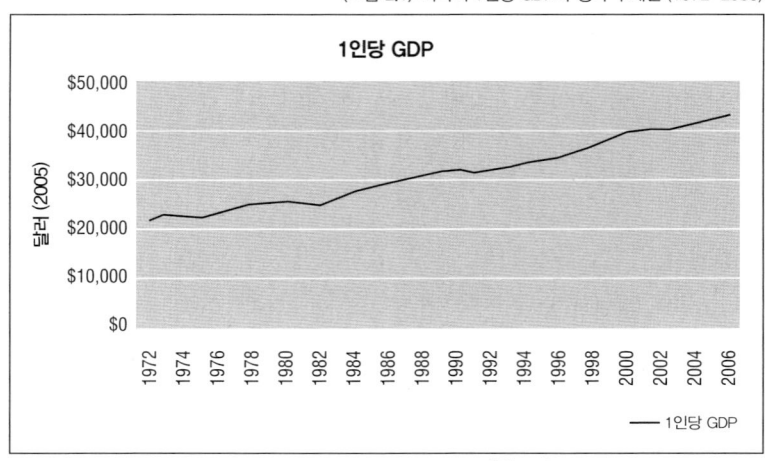

출처: U.S. Bureau of Economic Analysis

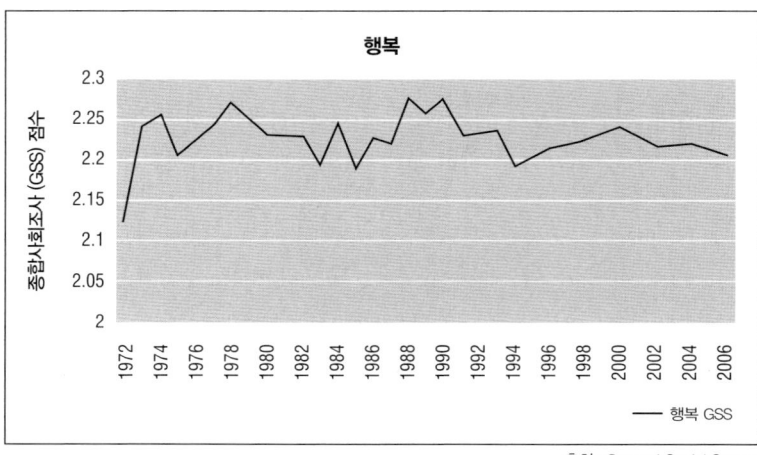

출처: General Social Survey

에 귀를 기울일 필요가 있다. 경제학자 리처드 이스털린Richard Easterlin 이 오래전에 밝혀낸 것처럼, 미국은 수십 년 전에 이미 일종의 자기 보고식 행복도(때로는 주관적 복지, 즉 SWB라고 불리는)의 한계치에 도달했다.[5] 〈그림 2.1〉에서 볼 수 있듯이, 1972년에서 2006년 사이에 행복도의 추세선은 비교적 평평하다. 같은 기간 동안 GDP는 2만 2,000달러에서 4만 3,000달러로 배증했음에도 불구하고, 1(행복하지 않음)부터 3(행복함)까지의 척도로 측정한 행복도는 2.1~2.3 사이에서만 움직였다.

1인당 GDP가 증가했지만 미국인들이 느끼는 행복에는 변화가 없었고, 적어도 최근의 면밀한 연구에 따르면 여성들의 경우 행복도가 하락하기까지 한 것 같다.[6] 최근 갤럽 인터내셔널이 수행한 국제 비교 조사에서 다른 많은 국가의 국민들이 삶에 더 높은 만족도를 보인 반면 미국은 19위에 그쳤다.[7] 미국인들은 행복을 추구하며 열심히 달리고 있지만 똑같은 자리에 머물러 있다. 즉 심리학자들이 "행복의 쳇바퀴Hedonic Treadmill"라고 부르는 함정에 빠진 것이다.[8]

일자리와 저축 위기

미국의 실업률은 총노동인구의 거의 9%에 달하게 되었고, 2년간 그 상태를 벗어나지 못했다.[9] 2007년 고용의 정점에서 2009년 바닥에 이르기까지 총 920만 개의 일자리가 사라졌다. 현재의 위기 이전에도 2000년대는 제2차 세계대전 이후로 일자리 창출이 가장 저조한 시기였다.[10]

노동시장에서의 고통은 균등하게 체감되지 않는다. 실업률은 고졸 미만 노동자들의 경우 15%, 고졸 노동자들과 일부 초급 대학 졸업 노동자들의 경우 10%를 기록하여, 미숙련 노동자들 사이에서 압도적으로 높다. 최소한 학사 학위를 지닌 노동자들은 위기를 격심하게 겪

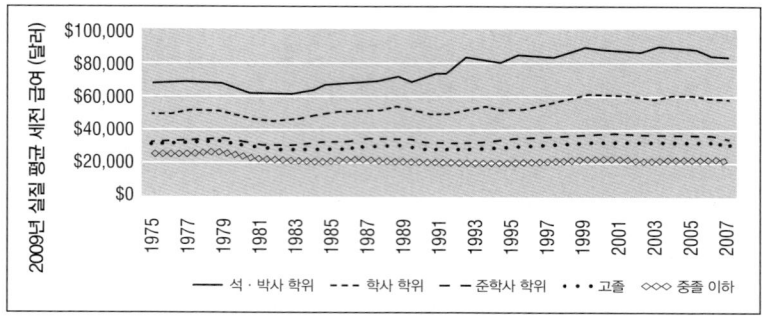

〈그림 2.2〉 학사 이상 학위 소지자에 한정된 실질 급여 성장 (1975-2007)

출처: U.S. Census Bureau, Current Population Survey (2008)

지는 않았지만 그럼에도 실질적인 손실을 입었다. 이들의 실업률은 2006년 약 2%대에서 2010년 12월에 약 4%로 증가했다.[11]

최소한 학사 학위를 취득한 자들과 그렇지 않은 자들 간에 벌어지는 노동시장 성과의 간극은 우리가 여러 차례 다룰 주제다. 〈그림 2.2〉에서 우리는 고졸자를 기준으로 하여 각 집단의 교육 성취에 따른 소득의 궤적을 확인할 수 있다. 1975년에 학사 학위를 보유한 자는 고졸자보다 약 60%의 소득을 더 벌었다. 2008년에 이 간극은 100%에 이르렀다.

2008년의 금융 붕괴 역시 수백만 미국인의 재정적 고통을 심화시켜, 사람들은 일자리는 유지했을지라도 집과 저축해온 돈을 잃었다. 2006년부터 시작된 주택 가격의 하락은 중산층이 자신들 주택을 현금자동지급기로 간주해온 지난 20년의 종말을 낳았다. 그간 중산층 가계들은 주택증권화대출을 통해 주택의 명목 가치에 의존했다. 그러나 주택 거품의 붕괴와 더불어 수백만 가계들은 자기 주택의 가치가 모기지보다 떨어진 현실에 직면했고, 결국 모기지를 상환하지 못하는 상태에 처했다.

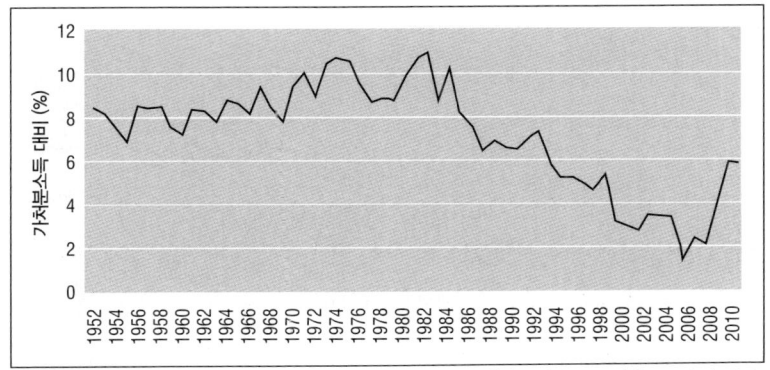

〈그림 2.3〉 가처분소득 대비 개인 저축률 (1952-2010)

출처: U.S. Bureau of Economic Analysis

재정상의 이런 광범위한 곤경은 미국인들의 저축 성향이 한 세대 동안 하락해온 데 대한 결말과 같다. 국가 소득 중 미래를 위해 여축되는 양을 측정하는 국가 총저축률은 놀라운 이야기를 들려준다. 미래를 위한 저축은 가계의 지속적인 복지를 위한 주된 자기 통제장치다. 그러나 〈그림 2.3〉에서 보듯 가처분소득 중 개인 저축률은 1980년대부터 급격히 떨어지기 시작했고, 2008년 파국적인 금융 위기 이후에야 비로소 조금 회복되기 시작했다. 2008년으로 이어지는 30년 동안, 가계들의 무수한 개별적인 결정으로 나라 전체가 미래를 위해 저축하는 자기 규율을 잃어버렸다.

가계 수준에서 일어난 일은 워싱턴에서도 되풀이되었다. 개인들이 재정적으로 신중하지 않았던 것과 똑같이 의회와 백악관은 예산 균형에 대한 규제력을 잃었다. 〈그림 2.4〉에 예산 적자의 궤적이 나타나 있다. 1955~1974년에 예산 적자는 대체로 GDP의 2% 이하였다. 그 뒤 1975~1994년에 적자가 현저히 증가하여 대체로 GDP의 3%를 상회했다. 1995~2002년에는 지출(국내 지출 및 군비 지출)의 축소와

2장 잃어버린 번영 35

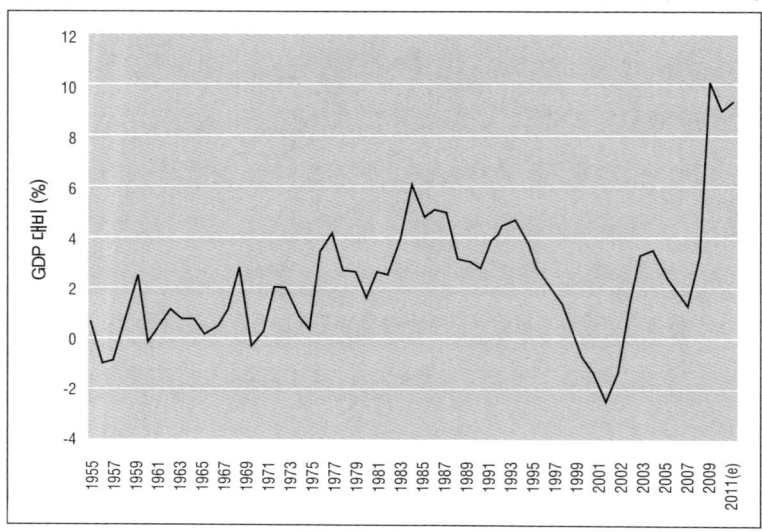

〈그림 2.4〉 미국의 GDP 대비 적자 (1955-2011)

출처: Office of Management and Budget Historical Budget Tables[12]

세수 증대가 함께 작용한 결과 예산 적자가 일시적으로 통제되었다. 그러나 흑자가 달성되자마자 정치인들은 그 흑자를 정치적 이득을 위해 활용하려고 했다. 2001년에 새 부시 행정부는 군비 지출은 증가시키면서도 세금은 대폭 삭감했고, 그럼으로써 연방 예산을 다시 적자로 돌려놓았다. 2008년 금융 위기 속에서 적자 규모는 크게 확대되었다. 세수가 줄고 구제금융이 필요해졌으며, 오바마 행정부는 2년간의 경기 부양 정책 패키지를 택하지 않을 수 없었다.

가계와 정부(특히 주 정부와 지방 정부)의 만성적인 낮은 저축률로 베이비붐 세대의 은퇴에 위기가 임박해졌다. 베이비붐 세대에 속하는 최고령자는 1946년에 태어난 사람들이다. 이는 그들이 2011년에 은퇴 연령인 65세가 되었다는 뜻이다. 이렇게 오랜 동안 낮은 저축률을 기록해온 결과로, 수백만 베이비붐 세대의 가계들은 은퇴와 함께 그 생활수준이 상당히 하락하게 될 것이다. 보스턴 대학교의 국가은퇴연구센터는 은퇴기에 생활수준을 유지하는 데 충분한 재정 자산을 보유하지 못한 가계 비율을 나타내는 '국가 은퇴위험지수'를 준비하고 있다. 자료에 따르면, 이 같은 '위험한' 가계의 비율은 2004년 43%에서 2009년 약 51%(모든 저소득 가계의 위험률 60%를 포함하여)로 급증한 바 있다.[13]

가계 수준의 은퇴 위험과 관련하여 민간 부문 노동자들에게 해당되는 이러한 사실은 국가와 지방 수준의 공공 노동자들에게도 해당된다. 국가와 지방 피고용자들의 연금 계획은 약속된 급부에 비해 만성적인 불완전 적립 상태다. 물론 정확히 얼마만큼 불완전 적립이 되고 있는지는 논쟁거리로 남아 있다.[14] 그러나 어쨌든 그 귀결은 공공 지출의 삭감과 주 및 지방 세금의 증가, 연금 급부의 재협상 등이 뒤섞인 모습으로 나타날 것이다.

투자 축소

국가의 순 저축이 감소하면 자본 스톡 구축을 위한 국내 투자의 가용 자금도 감소한다.

국민소득의 약 60%를 저축하는 중국이 수백 마일의 지하철 노선과 수만 마일의 도시 간 고속 철도 노선을 건설 중인 반면에, 미국은 어떤 인프라도 전혀 구축하지 못하고 있다.[15] 사실 미국의 기존 인프라는 점점 노쇠하여 이 나라를 방문한 외국인들은 충격을 받을 정도다. 미국 토목학회ASCE는 핵심 시스템의 중대한 결함을 수리하는 데 필요한 5년간의 투자 추정액을 상세히 제시하는 성적표를 몇 년 간격으로 출판하여 점증하는 위기 상황에서 우리의 눈과 귀 역할을 해 왔다. 이 표는 적나라한 내용을 담고 있고, 수리 대상에서 제외되는 항목이 거의 없다. 도로는 낡아빠졌고, 다리와 댐은 붕괴에 취약하며, 제방과 하천 시스템은 대대적인 보수가 필요하다. 이는 뉴올리언스의 비극을 통해 충격적으로 드러나기도 했다. 상수원은 상당히 오염되어 있어서 전반적인 등급은 D, 즉 '형편없는' 수준이다. 이런 기본 시스템의 결함을 손보는 데 5년간 약 2조 2,000억 달러가 소요될 것으로 추산한다. 1년에 약 4천억 달러로, 인프라 투자를 매년 GDP의 2%에서 3%로 확대할 필요가 있는 것이다.[16]

재생에너지와 줄기세포 연구 같은 분야에서의 기술적 선도력을 중국을 비롯한 여러 나라에 내줌에 따라, 미국의 자존심인 지적 자본도 감소하고 있다. 에너지 시스템의 위기가 심화되고 있고, 전력망은 시대에 뒤떨어져 있지만 최첨단 국가 배전 시스템의 구축에 거의 진전이 없다. 핵 발전, 탄소 포집 및 저장 기술CCS을 채택한 석탄 화력발전, 해상 풍력발전, 바이오 연료, 셰일 가스, 심해 시추 등 많은 종류의 가능한 발전과 관련하여 정책이 마비 상태에 있다.

가장 심각한 위협은 미국의 인적 자본에 대한 것이다. 노동력의 질은 다가올 몇십 년의 번영을 좌우하는 가장 중요한 결정 요인이 될 것이다. 그러므로 미 공공 교육이 읽기와 과학, 수학 분야의 핵심 성취도와 관련하여 세계 다른 나라들에 뒤처져 있다는 증거는 위기 심화의 전조다. 현재 국제학업성취도평가PISA의 일환으로 3년마다 65개국 15세 학생들의 학업 성적에 대한 국제적 비교가 이루어지고 있다. 2009년 평가 결과는 정신이 번쩍 들게 한다. 미국은 읽기에서 17위,

과학 12위, 수학에서는 13위를 차지했다.[17] 한편 중국의 상하이는 세 분야 모두에서 1위를 차지했고, 급속한 경제 발전을 이루고 있는 아시아의 국가들(한국, 타이완, 싱가포르, 홍콩 등) 모두가 미국을 큰 차이로 제치고 10위 내에 들었다. 이는 미국의 뒤처진 교육 성과와 그것이 시사하는 미래에 대한 최근의 가장 엄중한 경고인 듯하다. 하지만 이 사실은 미국 내 미디어에서 거의 언급되지 않았다.

유사한 사태는 또 있다. 미국 고등교육은 한때 독보적인 성과를 보였지만 지금은 점점 처지고 있다. 현재 미국은 최소한 준학사 학위(2년제 대학 학위 이상)를 지닌 25~34세 인구 비율이 세계 12위다.[18] 다른 많은 나라는 대학, 특히 가장 높은 소득과 고용률, 직업 안정성을 기록하는 4년제 대학의 수료율이 상승 중이다. 미국에서는 전보다 더 많은 학생들이 대학에 다니지만, 4년제 학위 수료 비율은 2000년 이후 정체하고 있다.[19] 지난 몇십 년 동안 미국의 노동력은 그 학력 수준이 세계 최고였지만, 지금은 유럽과 아시아의 많은 나라들에 비해 떨어진다.

분열된 작업장

지난 30년 동안 작업장 조건도 악화되어 왔다. 우리는 소득의 대부분과 삶의 많은 즐거움을 생산적인 일에서 얻는다. 건전한 작업장은 건강한 사회를 위한 열쇠다. 그러나 고위 경영진과 전문가들을 한편으로 하고 나머지인 노동자를 다른 한편으로 하여 양자 간에 권력과 보상, 직업 안정성의 간극이 급격히 벌어져온 것이 과거 30년의 결정적인 현실이다. 동전의 양면과 같이, CEO들의 급여는 치솟고 생산직 및 사무직 노동자들의 임금과 노동 조건은 계속해서 악화되는 시대가 되었다. 특히 상대적으로 미숙련인 노동자들(고졸 이하)의 경우에 직업 안정성은 급속히 하락했다. 노동자 계급은 해외의 저임금 경쟁과, 전통적 미숙련 일자리의 기술 쇠퇴라는 협공을 받고 있다.

최상위 CEO들은 유례없이 큰 이득을 얻었다. 〈그림 2.5〉에 보이듯 최상위 CEO 100명의 보수는 1970년대 중반부터 줄곧 수직 상승했다. 1970년대 초에 CEO 평균 급여는 평균적인 노동자 급여의 약 40배였다. 2000년에 이 급여는 평균 노동자 급여의 1,000배에 달했다. CEO와 고위 경영진에게 지급되었던 스톡옵션의 증가액이 이러한 보수 급등에 가장 중요한 역할을 했다.

최상위 CEO의 급여는 계속 치솟았지만, 반면에 남성 상시 근로자full-time worker 실질소득 중앙값(인플레를 고려하여 보정한)은 1970년대 초 이래 정체해왔다. 〈그림 2.6〉에 이것이 나타나 있다. 믿을 수 없

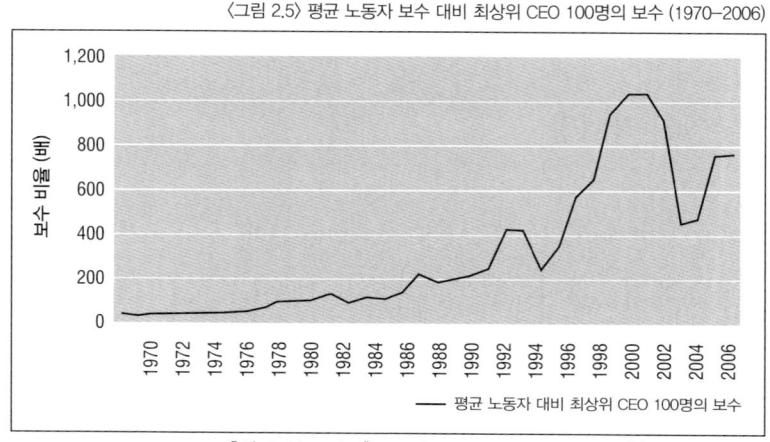

〈그림 2.5〉 평균 노동자 보수 대비 최상위 CEO 100명의 보수 (1970-2006)

출처: Database for "Income Inequality in the United States" (Saez and Piketty)

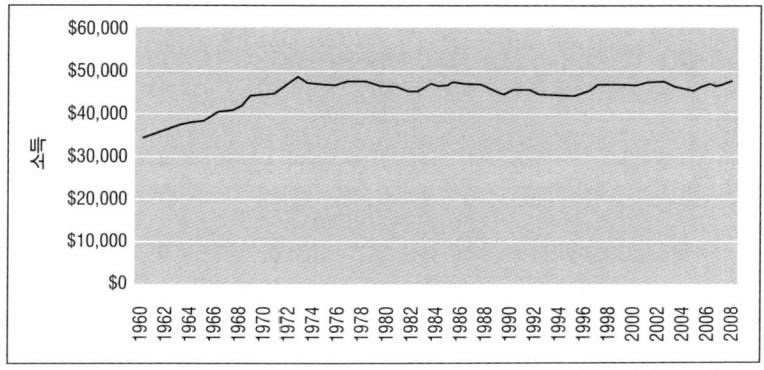

〈그림 2.6〉 남성 상시 근로자들의 실질소득 중앙값 (1960-2009, 2009년 불변 달러)

출처: U.S. Census Bureau

는 이야기지만, 남성 상시 근로자의 실질소득 중앙값은 사실 1973년이 그 정점이었다. 또 하락한 것은 소득만이 아니다. 컨퍼런스 보드 Conference Board에 따르면, 직업 만족도 역시 사반세기 동안 줄곧 약화되어 왔다.[20]

새로운 도금 시대

지난 30년간의 CEO 친화적 정치 환경, 지구화의 경제 효과, 특수 규제 및 세금 정책 등이 한데 결합하여 미국 역사상 유례없는 소득 불균형을 낳았다. 우리는 1870년대와 1920년대의 과도한 휘황찬란함을 넘어서는 새로운 도금 시대를 살아가고 있다. 소득과 부의 분포에서 최상위층이 가진 부의 정도는 특히 전체 인구 중 8분의 1의 미국인이 푸드 스탬프food stamp: 식료품 교환 쿠폰에 의존하는 이 시대에 대다수 미국인들에게는 상상할 수 없는 규모다.[21]

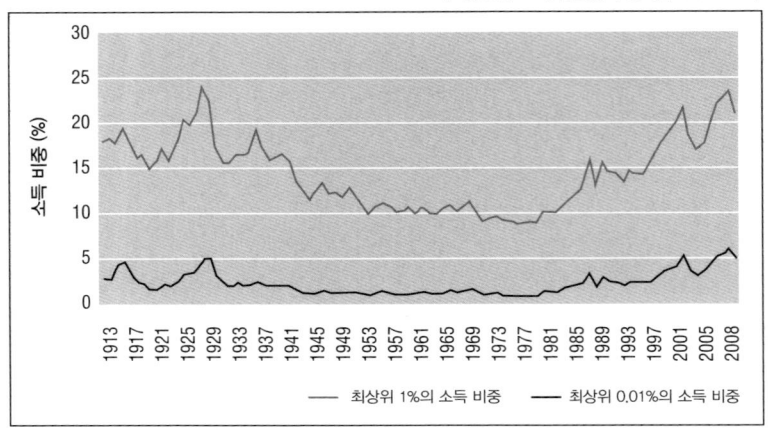

〈그림 2.7〉 소득 불균형의 증대 (1913-2008)

출처: Database for "Income Inequality in the United States" (Saez and Piketty)

오늘날 미국에서 가장 부유한 1%의 가계는 하위 90%보다 순 자산 총액이 많고, 최상위 1% 소득자들은 하위 50%보다 세전 소득이 높다.[22] 미국 역사상 부와 소득에 이렇게 막대한 불균형이 나타난 때는 대공황 전야뿐이었고, 오늘날의 불균형은 사실 1929년보다 더 심할지도 모른다. 〈그림 2.7〉에서 보이듯이, 뉴딜 정책과 제2차 세계대전 이후 개혁 조치들로 인해 소득 불균형이 극적으로 좁혀졌다. 종전 이후부터 1980년대까지 경제성장의 성과가 폭넓게 공유되었다. 그러나 그 뒤로 모든 경제적 혜택은 부자들 쪽으로 기울어졌다.

최상층의 치솟는 부와 권력은 미국 사회를 변화시켰다. 축적된 부의 꼭대기에 올라 있던 사람들 다수는 사회의 나머지 사람들을 경멸의 눈초리로 바라보게 되었다. 우리는 사회의 부유하고 힘 있는 성원들 - CEO와 금융 매니저, 그리고 고위 정무직에 있는 그들의 친구들 - 이 종종 스스로가 법률 위에 있다고 생각하는 듯한, 유전무죄의 시대에 들어섰다.

최근 기업 스캔들이 봇물처럼 터져 나왔다. 이런 사건들은 흔히 부패에 찌든 기업과 힘 있는 정치인들이 밀접히 결탁한 가운데 발생했다. 예를 들어 딕 체니Dick Cheney는 복잡하게 뒤얽힌 수뢰와 도급계약 위반, 회계 부정, 안전기준 위반 등에 연루된 부패 석유 기업인 핼리버튼의 CEO에서 부통령으로 직행했다. 그는 부통령이 된 다음 자신의 공직을 이용해 석유 부문을 응석받이로 키웠다. 또 골드만삭스와 시티그룹, JP모건체이스 같은 월스트리트의 기업들은 2008년 금융위기의 중심이었을 뿐만 아니라 오바마 행정부의 경제 관련 고위직을 채운 그 원천이었다.

기업의 진실 공시와 윤리적 활동 전반이 붕괴하게 된 궁극적 원인을 분명히 찾기는 어렵다. 부정직은 전염성을 보유한 사회적 질병이기 때문이다. 일단 그것이 시작되면, 확산되는 경향이 있다.[23] 그리고 이에 따라 우리의 '사회적 견역 체계'는 심각하게 훼손되었다. 기업 광고와 선거 홍보물, 베트남과 이라크, 아프가니스탄에 관한 군의 발표 등 가짜 주장들을 일생 동안 접하면서 기만적인 선전술에 익숙해진 것 같다. 아마도 제약과 석유산업, 신용 평가 기관, 투자은행, 군수 업체들이 해온 거짓말이 숱하게 폭로되고, CEO 무리가 자기 회사와 주주, 고객들을 속이는 것을 보면서, '주식회사 미국'의 모든 사람들이 서로를 속인다고 여기게 되었으리라.

무엇인가 잘못될 때, 즉 어떤 약품이 후속 시험에서 유해한 것으로 판명되거나 원유 시추 방식이 위험한 것으로 드러나거나 또는 용병 부대가 살인이나 고문에 관여할 때, 예상할 수 있는 대응은 언제나 첫 번째로 거짓말이고, 두 번째로 은폐다. 마지막으로 어쩔 수 없을 때, 다시 말해 내부 문건이 결국 대중에 유출되든지 할 때에야 진실을 시인한다. 나는 이런 사례를 하버드에서도 목격했다. 미국 정부가 연방 계약과 관련한 내부 거래 혐의로 내 동료 중 한 사람을 고발했을 때였다. 대학은 진실을 규명하기보다 홍보 기구를 동원해 그에 맞섰다.

이런 세태의 원인은 거짓에 대한 철저할 정도의 면책, 또는 지도력의 실패에 있을 것이다. 최상위층의 어느 누구도 그런 행태에 대한 대가를 치르지 않는다. 심지어 진실이 마침내 밝혀졌을 경우에도 그렇다. 세계경제를 쓰러뜨린 은행가들은 아직도 꼭대기에 자리 잡고 있다. 여전히 백악관 회의에서 대통령 맞은편에 앉거나 국가의 공식 만찬에 내빈으로 참석한다. 1990년대 말에 미 정부를 이끌며 금융시장에 대한 규제를 완화했던 래리 서머스Larry Summers 같은 정책 자문가들은 월스트리트와 대학에서 수익성 좋은 자리로 보상을 받았고, 그런 다음 다시 정부 최고위직에 임명되었다.

법률을 위반하여 사실상 유죄인 사람들이 기껏해야 경고 정도로 책임을 면한다. 수상쩍은 전제 하에 위험한 증권을 판매한 골드만삭스가 서브프라임 거품에 불쏘시개를 더한 혐의로 미국 증권거래위원회 SEC에 의해 고발당했을 때, SEC는 5억 5,000만 달러의 벌금에 동의했다. 이 금액은 골드만삭스의 2009년 수입인 134억 달러에 비하면 껌값에 지나지 않는다. 서브프라임 사태의 또 다른 원인 제공자인 컨트리와이드파이낸셜의 CEO 안젤로 모질로Angelo Mozilo는 6,750만 달러의 벌금형을 선고받았는데, 이 금액은 언뜻 상당해 보이지만 모질로의 2001~2006년 보수인 약 4억 7,000만 달러와 비교했을 때에는 아무것도 아니다. 이런 사례는 열거하자면 끝도 없다. 월스트리트는 잇달아 일어난 사건들과 관련해서 잘못을 시인했지만, 가벼운 벌금만으로 상황을 모면했다.[24]

미국의 발자취를 되돌아보기

오늘날 미국의 문제는 해결이 불가능해 보이지만, 이는 주로 미국이 진정한 사회 개혁과 문제 해결을 위한 실천을 회피해왔기 때문이다. 우선 진짜 질병을 진단하고 이것을 고치기 위한 방향을 계획하기 시작한다면, 문제 해결은 실로 현실성을 갖게 될 것이다. 예산 적자, 금융 스캔들, 적절한 공공 교육의 부재, 기업의 거짓말, 면책, 반과학적antiscientific 선전 같은 모든 어려움에도 불구하고 미국 경제는 여전히 생산적이고 혁신적이다. 2008년의 금융 붕괴 이후 가파른 추락에도 불구하고 1인당 평균 소득수준은 약 5만 달러로, 규모가 큰 경제를 기준으로 세계에서 가장 높다. 사람들에게 돌아갈 재화와 서비스가 전반적으로 부족한 것도 아니다. 식량과 물, 에너지 혹은 의료 시스템에 심각한 압박이 있지도 않다. 신제품도 여전히 쏟아져 나온다.

문제는 생산성과 기술 혹은 천연자원이 아니라 정직한 기반 위에서 협력할 우리의 능력에 있다. 우리는 점점 더 늘어나는 문제들을 해결하도록 정치 시스템을 작동시킬 수 있을까? 단기적인 열망에서 벗어나 미래에 초점을 맞추며 장기적인 관심으로 이동할 수 있을까? 초거부들이 사회의 다른 구성원들에 대한 책임을 마침내 인정하게 될까? 이 모두는 생산성 하락이나 자원 고갈이 아니라 우리의 태도와 정서, 집합적 실천에 대한 열린 마음에 관해 질문한다.

다음 장들에서는 우리가 한 국민으로서 밟아온 자취를 되돌아볼 것이다. 세계의 선도적 경제가 그토록 짧은 시간에 어떻게 그와 같이 실망스러운 상태에 이르렀을까? 우리는 미국 위기의 네 가지 차원을 살핌으로써 미국의 질병을 진단할 것이다. 즉 경제적 차원(3장, 6장), 정치적 차원(4장, 7장), 사회적 차원(5장), 심리적 차원(8장)에서 접근한다. 이러한 경제·정치·사회·심리적 측면들을 종합적으로 고려함으로써 미국이 어떻게 하여 합의와 대성공의 몇십 년을 지나 심각한 분열과 위기의 시대로 이행했는지에 대한 총체적 이해에 도달할 것이다. 그리고 바로 이를 통해 우리는 해결책을 기대할 수 있다.

3장
자유시장의 오류

수십 년 동안 세계경제를 선도해온 미국은 1980년대에 이르러 경제정책의 기능을 무시하면서 (주로 자유시장의 경이로움에 관한) 슬로건만 앵무새처럼 외치는 사이 경제학의 기본 교훈을 잊기 시작했다. 기업과 정부는 '혼합경제'의 일부로서 보완적 역할을 한다는, 경제학의 가장 기초적이고 중요한 가르침은 점점 더 무시되었다. 정말로 놀라 자빠질 만한 일이었다.

이 장에서는 그와 같이 잃어버린 지반을 회복하는 데 초점을 둔다. 효율성과 공정성, 지속 가능성이라는 경제의 세 가지 주요 목표를 논의함과 더불어, 정부는 사회가 이러한 목표를 달성하도록 사적 시장경제와 함께 적극적이고 창의적인 역할을 해야 한다는 것을 보여주고자 한다.

폴 새뮤얼슨의 시대

학창 시절(1972~1980년)에 나는 혼합경제를 찬성하는 분위기 속에서, 제2차 세계대전 이후 미국 경제를 인도하는 데 큰 역할을 했던 거장으로부터 좋은 교육을 받았다. 행운이었다. 경제사상 면에서 1940년대부터 1970년대까지는 폴 새뮤얼슨Paul Samuelson의 시대라 불릴 만하다. MIT의 천재 경제학자 새뮤얼슨은 미국의 세계적 지도력이 전성기를 누리던 시기 미국을 대표하는 경제학자의 상징이었다. 그는 제2차 세계대전 이후 미국과 유럽에서 형성된 현대 혼합경제의 지적 기초를 동시대의 다른 어떤 경제학자들보다 확고히 제공했다.

나는 하버드 대학교 신입생 시절에 새뮤얼슨의 유명한 입문용 교재와 《뉴스위크Newsweek》에 실린 그의 칼럼들로 공부했고, 무한해 보이는 그의 개척자적인 논문들을 읽기 시작했으며, 그의 반짝이는 지성에 관한 놀라운 이야기들을 전해 들었고, 그의 강의를 수강하거나 경제학 학술회의에서 활동하는 그의 모습들을 지켜볼 수 있었다. 새뮤얼슨은 미국 경제학의 가히 일인자였고, 노벨 경제학상을 받은 최초의 미국인이었다. 그는 오랜 세월 학생들에게 그랬던 것과 똑같이, 유망한 젊은 학자로서 나에게 더없이 친절했고 큰 도움을 주었다. 일생 동안 두드러진 업적을 통해서 그는 현대 혼합 자본주의의 다섯 가지 핵심 사상을 확립하고 그 전형을 보여주었고, 동료 학생들과 나는 경제학 입문 과정으로 그 핵심 사상을 흡수했다.

- 시장은 사회의 희소한 자원을 할당하기 위한 꽤 효율적인 제도이고, 높은 생산성과 평균적인 생활수준을 낳는다.

- 그러나 효율성은 소득분배의 공정성(혹은 '정의')을 보장하지 않는다.
- 공정성을 위해서는 시민들에게, 특히 사회의 가장 부유한 성원들로부터 가장 가난하고 가장 취약한 성원들 쪽으로 소득을 재분배할 정부가 필요하다.
- 체계적으로 시장은 인프라와 환경 규제, 교육, 과학 연구 같은 특정한 '공공재'를 지나치게 적게 공급한다. 이런 공공재의 적절한 공급을 위해서는 정부가 필요하다.
- 시장경제는 금융적 불안정성에 취약하다. 이 취약성은 금융 규제, 올바른 방향의 통화 및 재정 정책 등 정부의 적극적인 정책을 통해 완화될 수 있다.

새뮤얼슨의 이 위대한 종합은, 경제 안에서 대다수 재화는 시장의 힘에 의해 할당되어야 하면서도 동시에 정부가 다음 세 가지 필수 과제를 수행해야 한다고 주장한다. 가난하고 불행한 사람들을 보호하기 위한 소득의 재분배, 인프라와 과학 연구 같은 공공재의 공급, 거시경제의 안정화가 그것이다. 이 관점은 젊은 경제학도인 나에게 상당한 호소력이 있었고, 시장과 정부의 보완적 책임을 이해하는 데 도움을 주었다. 나는 혼합경제 개념이 의심할 나위 없는 설득력을 지녔음을 깨달았고, 이 판단은 40년이 지난 지금도 변함이 없다.

새뮤얼슨과 그의 위대한 동시대인들, 즉 노벨상 수상자인 제임스 토빈James Tobin과 로버트 솔로Robert Solow, 케네스 애로Kenneth Arrow 등의 사상은 순수한 이론 작업만의 결과가 아니다. 혼합경제의 많은 측면은 뉴딜과 제2차 세계대전, 그리고 전후 초기에 현실로 나타났다.

그 훌륭한 경제학자들은 현실 경제에서 관찰한 것을 순수 이론의 도움을 받아 설명했고, 다시 이 학자들의 사상으로 더욱 진전된 경제정책이 마련되었다. 그리하여 이론과 역사가 변증법적으로 상호작용했다. 대공황과 제2차 세계대전 같은 결정적인 역사적 경험이 경제 이론을 이끌면, 그 이론은 다음 단계의 역사를 구축하는 데 도움을 준다. 이것은 대단한 드라마이자 경제학의 가슴 떨리는 기쁨이다. 현실의 사건들을 더 깊이 이해하면, 세계가 더 나은 복지를 향하도록 도울 수 있는 것이다.

1970년대의 지적 격변

비록 내가 학생이던 때에는 깨닫지 못한 사실이지만, 당시는 거대한 지적 폭풍이 경제학 분야를 강타하려던 시기였다. 혼합경제에 대한 합의가 흔들릴 참이었다. 내가 대학에 들어가기 전해인 1971년에 브레튼우즈 체제가 붕괴했다. 이는 기본적으로 베트남 전쟁 동안 미국의 통화 팽창으로 인한 인플레 및 예산 정책이 세계경제의 안정을 흔들고 있었기 때문이었다. 미국은 1971년 8월 15일에 금과 달러의 연계를 폐기했다. 주요 시장경제들이 글로벌 통화체제에 대한 새로운 접근법을 모색하는 과정에서 세계적으로 인플레가 치솟았다. 이런 와중에 석유 수출국들이 석유 가격을 급격히 올리는 바람에 상황이 더욱 복잡해졌다. 1973~1974년 유가 급등으로 경기 침체와 인플레가 동시에 일어나는 상황이 초래되었고, 이것은 "대 스태그플레이션"으로 명명되었다. 스태그플레이션의 원인은 내 초기 연구의 주된 대상

이 되었다.¹

　1970년대에 일어난 세계경제의 위기는 곧 미국의 경제적·정치적 통치 구조의 붕괴였다. 혼합경제에 대한 낙관론이 타격을 입었다. 새뮤얼슨이 이야기한 시장과 정부의 혼합은 학계에서 격렬한 공격을 받았다. 밀턴 프리드먼Milton Friedman과 프리드리히 하이예크Friedrich Hayek가 이끄는 새로운 학파의 등장으로, 경제학의 분과 학문으로서의 입지가 전복되었다. 이 학파는 혼합경제의 중요성을 깎아내리고 시장경제의 기능을 과대평가했다. 프리드먼과 하이예크는 정부의 제한적이지만 명확한 역할을 지지했다는 점에서 확실히 자유시장의 광신자는 아니었다. 하지만 그들은 경제에서 정부의 역할에 점점 더 회의적인 의견을 내비쳤다.

　나는 1980년에 박사 학위를 받으면서 준비 단계로서의 경제학 공부를 마쳤다. 폴 새뮤얼슨의 시대이던 1972년에 하버드에 신입생으로 들어갔고, 밀턴 프리드먼의 시대가 시작된 1980년 가을에 조교수로서 하버드에 합류했다. 그해에 로널드 레이건이 정부 역할의 축소를 강령으로 내걸고 대통령에 당선되었다. 대서양 건너에서는 영국의 새 수상인 마거릿 대처Margaret Thatcher가 똑같은 입장을 옹호했다. 레이건과 대처 모두 정부의 역할 축소에 착수했는데, 이는 지난 수십 년 동안 결코 보지 못했던 일이었다. 레이건 행정부의 많은 조치들, 그중에서도 최고 소득세율의 현저한 삭감과 산업에 대한 탈규제는 경제학계와 사회 전반에서 지지를 받았다.

　그러나 레이건 혁명의 주된 효과는 정부 역할에 대한 새로운 반감과 정부로부터 소득 지원을 받던 가난한 이들에 대한 새로운 혐오, 그리고 부자들이 사회의 나머지 부분에 대한 책임을 털어버리게끔 자극한 것에 있었다. 레이건은 부유한 이들에게 시민적 미덕을 강조하는 것이 아니라 세율을 감해주었고, 그럼으로써 그들이 기업심을 발휘하게 하는 쪽이 사회에 가장 이득이 된다는 관념이 뿌리내리는 데 기여했다. 그러한 기업심이 발휘되는지 여부는 논쟁의 여지가 있지만 억눌린 탐욕이 풀려난다는 점에는 의심의 여지가 없다. 이 탐욕은 정치 체제를 병들게 했고, 오늘날까지 미국을 괴롭히고 있다.

혼합경제에 대한 옹호론

우리는 자유시장 이데올로기가 어느 지점에서 잘못되는지 정확히 이해할 필요가 있다. 이를 위한 좋은 출발점은 시장경제의 가장 기본적인 기능, 특히 수요와 공급 법칙이다. 정부의 개입이 필요한 시점은 이러한 수요와 공급이 효과적으로 기능하지 못하게 될 때다.

경쟁적 시장에서는 다수의 잠재적 공급자와 소비자가 존재하고, 각 상품과 서비스의 가격이 수요와 공급의 균형점을 향해 조정된다. 현재의 가격에서 기업들이 소비자들의 수요보다 더 많은 양을 공급하고자 한다면, 가격은 떨어질 것이고 소비자들은 더 많이 구매할 것이다. 현재의 가격에서 기업들이 소비자들의 수요보다 더 적은 양을 공급하고자 한다면 시장가격은 상승할 것이고, 기업들은 공급을 늘릴 것이며 소비자들은 구매를 줄일 것이다. 개개의 모든 재화와 서비스에 대하여 수요와 공급의 균형이 달성되면, 우리는 경제가 '시장균형'에 도달했다고 말한다.

18세기 경제학의 창시자인 애덤 스미스의 핵심 사상은, 시장균형이 중앙집권적 계획 없이 도달되고 이 과정을 통해 높은 생산성과 부의 형태로 국가에 바람직한 결과를 가져온다는 것이다. 모든 기업과 가계가 자신의 이기심을 추구하면서도 그 결과로 나타나는 시장균형은 놀랍게도 만인의 복지를 낳을 수 있다. 애덤 스미스는 수백만의 개인과 기업들이 개별 행동을 통해 공공선을 창출하는 과정에 "보이지 않는 손"이라는 그 유명하고도 영원한 이름을 붙였다. 스미스의 잘 알려진 선언처럼, 시장에서의 이기심이 공공선을 낳을 수 있다는 역설을 압축한 표현이다.

> 우리가 우리의 저녁 식사를 기대할 수 있는 것은 푸주한이나 양조업자나 제빵사의 자선심 덕분이 아니라 그들 자신의 이해 관심 때문이다. 우리는 그들의 인류애가 아니라 그들의 이기심을 고려한다. 그들에게 우리 자신의 필요에 대해서는 결코 말하지 않는다. 다만 [소비자로서 우리가 필요로 하는 것을 그들이 공급할 때] 그들에게 어떤 점이 이로운지를 이야기한다.[2]

시장의 보이지 않는 손은 현대 과학 용어로는 자기 조직 시스템self-organizing system이라 불린다. 즉 고도로 복잡하고 생산적인 시스템은 그 내부에 있는 개별 행위자들의 자기 이해관계에 따른 행동을 통해 질서 정연한 분업 – 및 전체 주민의 편익 –을 창출할 수 있다는 생각이다. 따라서 사회의 자원을 이리저리 이동시킬 중앙집권적 권력이 필요하지 않다.

스미스는 자기 조직적 시장균형이 높은 수준의 생산성, 더불어 주민의 소득 증가와 부를 낳을 가능성이 있음을 탁월하게 인식했다. 현대의 전문용어로 말하자면, 경쟁적 시장균형은 **효율적**이고 이것은 곧 자원의 낭비가 없다는 뜻이다.[3] 원활하게 기능하는 시장은 자원을 사용할 때 낭비를 없앤다. 낭비적인 기업은 비용이 더 낮고 효율적인 기업과의 경쟁에서 낙오된다. 한 기업이 창출한 인위적 희소성은 경쟁자가 진입하면 무효화된다. 시스템에서 낭비가 제거될 때까지, 경제 전체에 걸쳐 이 과정은 계속된다.

시장에 정부가 필요한 이유

불행하게도 자유시장만으로는 경제의 효율을 보장할 수 없다. 시장 스스로는 공급할 의지가 없거나 적정한 규모로 공급하지 않는 것, 가령 고속도로 같은 특정한 공공재는 정부가 공급할 필요가 있다. 사적인 시장은 의류나 가구, 자동차, 호텔 서비스, 식당 등과 같은 재화와 서비스처럼 다수의 공급자와 소비자가 존재할 때에는 잘 작동한다. 그런데 예를 들어 경찰서와 소방서, 군대, 법률 시스템, 고속도로망 또는 배전 시스템 등의 운영처럼 경제 논리상 하나의 공급자만 있어야 할 때라면 자유시장은 실패에 접어든다.

이런 경우에 사회는 기본적으로 다수의 공급자보다는 단 하나 혹은 소수의 공급자만을 필요로 한다. 우리는 우리 도시에서 서로 경쟁하는 경찰이나 경쟁하는 소방서 또는 군대를 원하지 않는다. 이와 비슷하게 우리는 A 도시와 B 도시를 연결하는 단 하나의 고속도로와 송전선을 필요로 하지, 각각 똑같은 노선을 제공하며 경쟁하는 고속도로 여러 개를 필요로 하지는 않는다.

또 생산자들이 석탄 화력발전소에서 기후변화를 유발하는 이산화탄소를 대기 중으로 배출하거나 독성 화학물질로 강을 오염시키는 행위 등으로 사회에 부정적인 일출 효과adverse spillover를 낳을 때에도 자유시장은 실패하게 된다. 그와 같은 위해危害 행위에 규제나 부담금이 가해지지 않는다면, 사적인 경제는 문제의 상품을 과잉 공급하는 경향이 있다. 따라서 시장은 부정적인 일출 효과를 줄이기 위해 오염 물질에 부과되는 세금 같은 '교정 가격'을 필요로 한다.

지식의 일출 효과가 일어나는 과학 연구 분야에서도 사적 시장만으로는 충분하지 않다. 과학자들은 자신들의 기초적인 과학적 발견에 대해 권리를 소유하지 않는다. 또 소유해서도 안 된다. 중력식에 대한 특허권 혹은 저작권이 아이작 뉴턴의 상속재산에 포함된다고 상상해 보라. 인류의 중대한 활동 중 하나인 과학적 발견이란 단순한 이윤 추구를 넘어서야 하는 것이다. 실제로 이것은 지위(노벨상 수상 등), 독지가들의 재정 지원과 정부 교부금(예를 들면 국립과학재단NSF과 국립보건원NIH을 통한), 정부가 수여하는 상이나 기타 비영리적 방식(리눅스와 위키피디아 같은 오픈 소스 창출과 자원봉사 활동 등)을 통해 이루어지고 있다.

자유시장에서 구매자와 판매자 사이의 정보가 '비대칭'일 때 역시 시장 규제를 위해 정부가 필요하다. 구매자들은 접할 수 없는 내부 정보를 판매자가 가지고 있을 경우에 사기와 낭비가 만연할 수 있다. 예를 들어 2008년 금융 붕괴가 초래된 시기에 월스트리트는 순진한 독일 은행들에 부실 자산을 판매하여 거품을 확장하고 그 총비용을 증가시켰다. 의료 영역에서는 몇몇 의사들이 불필요한 검사와 처방으로 의료 수가를 높이는 반면, 환자와 보험회사들은 의사의 진찰 내용을 평가할 수 없다. 두 사례 모두가 함축하는 것은 정부 규제의 필요성이다. 즉 증권시장이 금융 사기를 방지하고 의료보험 업체들이 의료 사기를 막기 위해서는 정부가 필요한 것이다.

우리가 잊지 말아야 할 것은, 애덤 스미스와 존 메이너드 케인스John Maynard Keynes, 폴 새뮤얼슨, 프리드리히 하이에크, 밀턴 프리드먼 등을 포함한 시장경제의 옹호자들이 공공재, 환경적 일출 효과, 정보 비대칭의 현실을 충분히 알고 있었고, 따라서 정부가 공공 교육과 도로 건설, 과학 연구, 환경보호, 금융 규제 등 기타 많은 영역에 깊숙이 개입할 필요성을 충분히 인식했다는 사실이다. 그 누구도 시장 시스템에서 정부의 큰 역할을 부정하지 않았다. 혼합경제의 옹호자로 유명했던 케인스와 새뮤얼슨은 물론이고 속박 없는 시장을 옹호했던 하이에크와 프리드먼에게도 해당되는 이야기다. 시장 시스템의 효율성과 공정성을 보장하기 위한 정부의 핵심적 역할을 부정하는 사람들은 하이에크와 프리드먼의 현대판 자유시장 추종자들뿐이다.

하이에크는 『노예의 길The Road to Serfdom』에서 중앙집권적 계획화에 대한 반대를 '교조적인 자유방임적(자유시장적) 태도'와 혼동해서는 안 된다고 지적했다. 그는 올바른 입장은 다음과 같다고 말했다.

> 사태를 현재 있는 그대로 놓아두자는 주장이 아니라, 인간의 노력들을 조정하기 위한 수단으로서 경쟁의 힘을 가능한 한 최대로 이용하자는 것이다. 이는 효과적인 경쟁이 창출될 수 있다면 이것이 개인들의 노력을 인도하는 가장 좋은 방법이라는 확신에 기반을 둔다. …… **이 입장은 효과적 경쟁을 위한 조건을 창출할 수 없을 경우에는 경제활동을 인도할 다른 방법에 의지해야 한다는 것도**

부정하지 않는다.[4]

하이예크는 그 이전의 애덤 스미스와 마찬가지로 경제에서 '국가 활동의 명확하고 광범위한 영역'을 인정했다. 실제로 하이예크는 『노예의 길』에서, 스미스 자신이 일부 서비스들은 정부가 제공해야 한다고 촉구했다는 점을 독자들에게 상기시켰다. 즉 "사회 전반에 최고도로 유익할 수도 있지만 본성상 한 개인 혹은 소수의 개인들이 그 수익으로 비용을 결코 보전할 수 없는" 서비스들은 정부가 공급해야 한다는 주장이다.[5] 이처럼 하이예크는 정부의 공공재 공급에 대한 중요성을 인식하면서 스미스와 입장을 같이하고 있다.

공정성과 지속 가능성

비록 효율성이 중대한 가치이기는 하지만, 사회가 관심을 기울여야 하는 유일한 경제적 목표는 아니다.[6] 경제적 공정성도 결정적으로 중요하다. 공정성이란 정부가 시민들을 대우하는 방식(과세, 정부 발주, 이전소득 분배 등에 있어서의 공정성)뿐만 아니라 복지와 소득의 분배를 가리킨다.

대다수 사람들이 몇몇 개인은 초거부가 되고 다른 일부는 극도의 빈곤으로 죽어가는 시장균형을 불공정하게 여긴다. 이런 상황에서 많은 사람들은 정부가 가난한 사람들에게 식량과 주거지, 안전한 물, 의료 서비스의 이용 같은 기본적인 자원을 제공하기 위해 초거부들에게 과세하는 것을 공정하다(또는 정의롭거나 공평하다)고 생각할 것이다. 실로 63%나 되는 미국인들이 "스스로를 돌볼 수 없는 사람들을 돌보는 것이 정부의 책임"이라는 데 동의한다.[7] 자신을 돌볼 수 없는 가난한 사람들을 정부가 도와야 한다는 정서는 미국 사회에서 지속적인 가치가 되어 왔다.

법치도 공정성의 문제다. 우리는 법률 아래서 시민들에 대한 동등한 대우를 요구한다. 부자들로부터 가난한 사람들로의 소득 이전이 자의적 징수나 로빈 후드식 몰수가 아닌 적법한 절차를 따르리라고 기대한다. 1776년에 반란을 일으킨 미국 땅의 식민지인들도 영국의 과세 자체에 반대한 것이 아니라 제도를 무시한 대표자 없는 과세에 반대했다.

공정성은 한 시점에서 사회 내 소득을 분배하는 것은 물론이고 세대 간 소득분배도 수반한다. 이 세대 간 소득분배를 경제학자들은 "지속 가능성"이라고도 일컫는다. 만약 현재의 세대가 화석연료와 담수원을 전부 사용함으로써 지구의 희소한 천연자원을 고갈시키거나, 이산화탄소 배출을 통해 대양을 산성화하거나, 다른 종들을 멸종에 이르게 한다면, 다가올 세대의 복지는 무너져버린다. 아직 태어나지 않은 미래 세대가 오늘 그들 자신의 이해를 지킬 수는 없다.

그러므로 지속 가능성 혹은 미래에 대한 공정성은 **관리**stewardship라는 개념을 동반한다. 현세대가 후대를 위해 지구의 자원을 관리해야 한다는 개념으로, 어려운 역할이다. 자연적이거나 천성적으로 되는 일이 아니기 때문이다. 우리는 결코 만나본 적 없으며 앞으로도 만나지 못할 사람들의 이해를 지켜줄 필요가 있다. 그들은 우리 후손이고 인류라는 동지다. 그러나 슬프게도 우리는 지금껏 이 역할을 대체로 무시해왔고, 따라서 뒤따라올 모든 이들에게 닥칠 위험은 커지고 있다.

극단적 자유지상주의자

소수의 미국인들은 정부가 과세의 힘으로 공정성―심지어 효율성조차―을 높여야 한다는 데 반대한다. 이들은 유일하게 중요한 윤리적 가치는 자유라고 생각한다. 여기서 자유란 각 개인이 타인과 정부로부터 방해받지 않을 권리를 뜻한다. **자유지상주의**libertarianism라 불리는 이 철학에서 개인들은 타인의 재산과 자유를 존중하는 것 외에 사회에 대한 어떤 책임도 지지 않는다. 이 극단적 철학은 찰스 코크와 데이비드 코크 형제 같은 미국의 몇몇 초거부들이 열렬히 받아들여 왔다. 상속을 기반으로 형성된 순 자산액이 둘이 합쳐 440억 달러에 이르는 코크 형제는, 자신들의 막대한 재산을 활용해 자유지상주의적 관점을 사회 전체에 퍼뜨리려고 애써 왔다.[8]

자유지상주의자들에 따르면, 미국은 사회적 책임이 아니라 자유시장의 힘과 자발적인 수의계약에 의해서 통치되어야 한다. 이 과정에서 정부는 재산권 보호를 포함하여 법률과 질서를 유지하는 데에만 전념해야 한다. 군대와 경찰, 교도소와 법원 같은 기본 요소 이상으로는 정부의 타당한 역할이란 존재하지 않기 때문에 세금도 최소한으로 삭감되어야 한다.[9] 자유지상주의자들은 도로를 비롯한 인프라의 건설을 위한 과세의 가치도 믿지 않으며, 대신에 그러한 투자가 자유로운 시장에 맡겨져야 한다고 믿는다.

그들은 과세란 정부의 강탈에 지나지 않는다고 주장한다. 그러나 대다수 미국인들은 이런 주장에 동의하지 않는다. 비록 납세를 반기지는 않지만, 세금이 투표를 통해 적절히 입법화되고 세수가 정직하고도 합리적으로 사용되는 한 세금의 **정당성**을 받아들인다. 2009년

갤럽 조사에서 실제로 61%의 미국인들이 그해 자신들이 내야 할 소득세의 액수에 대해 "정당하다"는 의견을 표했고, 35%만이 "부당하다"고 답했다.[10]

자유지상주의자들이 목표로 하는 것은 사회 전체에 대한 부자들의 사회적 책임 면제다. 사상 사조로서 자유지상주의는 다음의 세 가지 주장에 기반을 둔다. 첫 번째는 도덕적 단언이다. 모든 개인은 자유로울 권리가 있고, 이것은 다른 무엇보다 우선이다. 다시 말해 개인은 방해받지 않을 권리, 세금과 규제 혹은 국가의 다른 요구들로부터 자유로울 권리를 갖는다. 두 번째는 정치적이고 실용적인 측면에서의 주장으로, 자유시장만이 정부의 전제정치로부터 민주주의를 보호할 수 있다. 세 번째는 경제적인 것으로, 자유시장만이 번영을 보장할 수 있다고 주장한다.

이러한 접근법은 자유와 민주주의, 번영을 약속하는 듯 보이지만 실은 거대한 환상에 불과하다. 역사적 경험과 경제 이론으로부터 우리는 자유시장만으로는 효율성과 번영을 보장할 수 없음을 알고 있다. 정부가 없다면 우리 삶을 윤택하게 할 과학적 발견과 공공 보건, 안전한 환경, 고속도로 같은 것들을 충분히 갖추지 못할 것이다. 그리고 역사적 경험으로부터 우리는 국가가 세금을 부과한다고 해서 자기 나라의 민주주의를 위험에 빠뜨리지는 않을 것임을 안다. 실제로 세금이 과중한 스칸디나비아 반도 국가들은 거버넌스governance의 질과 부패의 통제 면에서 미국보다 훨씬 더 높은 등급에 위치하고 있다. 또한 역사적 경험과 도덕적 전통으로부터, 자유가 진정으로 중요한 가치이기는 하지만 유일무이하게 중요한 것은 아니라는 점도 우리는 알고 있다. 만약 우리가 억만장자들의 과세 회피 자유권과 그러한 세금으로 먹일 수 있을 가난하고 배고픈 아이들의 요구 중 하나를 선택해야 한다면, 대다수는 그 아이들을 돕지 않아도 되는 억만장자들의 '자유' 대신 굶주린 아이들의 요구를 택할 것이다.

자유지상주의자들이 사회적 공정성이라는 개념을 단지 또 하나의 성가신 일로 치부한다면, 그것은 그들 탐욕의 발로일 따름이다. 지금 미국에서 활개를 치고 있는 이 같은 고삐 풀린 탐욕은 진정한 자유가 아닌 기업 범죄와 기만을 낳고 있다. 민주주의가 아니라 특수한 이익 집단에 의한 정치 지배를 초래하고 있으며, 번영이 아니라 소득 정체를 겪는 다수와 막대한 부를 축적하는 꼭대기층의 분열로 이어지고 있다. 다행히 많은 미국인들은 자유지상주의 철학의 무자비함과 극단주의에 동의하지 않는다. 그럼에도 불구하고, 부유한 자유지상주의자들은 막대한 로비와 선전 캠페인, 엄청난 선거 자금 기부 등을 통해 현실의 정치적 의사 결정에서 우위를 확보한다.

사회의 3가지 목표

다수의 미국인들은 감세와 정부 축소라는 외골수적인 자유지상주의적 목표보다는 효율성(번영)과 공정성(만인에게 균등한 기회), 지속가능성(오늘과 미래를 위한 안전한 환경)이라는 세 가지 목표를 추구해야 한다는 생각을 지지한다. 따라서 이 세 가지를 달성하기 위한 효과적인 공공 정책을 적극 지지하려고 한다. 문제는 그러한 목표를 달성할 최선의 방법이 무엇인가 하는 것이다.

자유시장 경제로는 충분하지 않다. 경제 이론과 2세기 동안의 자유시장 경제 경험이 준 핵심 교훈은, 이 세 가지 목표를 동시에 이루기 위해서는 시장의 힘과 정부의 작용이 결합될 필요가 있다는 것이다. 만약 정부를 배제하고 모든 것을 시장에 맡겨둔다면, 사회는 셋 중 한 가지도 달성하지 못할 것이다. 부분적으로는 사기업이, 또 부분적으로는 정부가 주도하는 혼합경제만이 세 가지 목표 전부를 성취할 수 있다. 미국인들 역시 이 점에 동의하고 있다. 퓨 리서치 센터Pew Research Center의 조사에 따르면, 62%라는 절대다수가 "자유시장은 공공의 이해에 가장 잘 봉사하기 위해 규제를 필요로 한다"는 점에 동의한다(반대는 29%).[11]

시장이 기본적으로 공정성의 요소를 몇 가지 갖고 있기는 하다. 열심히 일하면 더 높은 소득을 얻을 수 있고, 게으름은 그만큼 불리하다. 열심히 공부하고 좋은 교육을 받겠다는 일생의 계획은 성취감뿐 아니라 개인에게 경제적 보상을 가져다준다. 그렇지만 시장의 공정성이 과장되어서는 안 된다. 그저 운이 없는 사람들도 많기 때문이다. 이를테면 해외 경쟁 같은 시장의 힘은 그들을 배반할지도 모른다(경제학자 조셉 슘페터Joseph Schumpeter의 말대로, 기술의 변화가 "창조의 파괴"라는 광풍 속에서 한 산업을 없애버릴 때처럼). 어떤 사람들은 빈곤에서 벗어날 교육적·기술적 토대가 없는 부모에게서 태어나며, 다른 어떤 사람들은 자신의 탓이 아닌 질병과 불구를 안고 산다. 또 다른 사람들은 지진과 쓰나미, 가뭄, 홍수 등 여러 가지 재해가 닥치는 지역에 살면서 정부의 도움을 받아 생존하고 또 회복해야 한다. 그리고 미국 전 지역과 기타 여러 나라들은 어느 누구도 통제할 수 없는 세계시장 상황의 변화로 심각한 경제 위기에 직면해왔다. 이 모든 경우에 시장은 무참할 정도로 냉정해질 수 있고, 정부나 자선 구호를 통해 사회가 개입하지 않으면 이런 사람들은 아사하거나 질병과 무관심 속에 방치된 채 죽음에 이르고 말 것이다.

마땅한 이유 없이 가난한 수많은 사람들이 존재하는 것과 똑같이, 부를 누릴 자격이 없는 수많은 사람들이 존재한다. 앞서 언급한 코크 형제처럼 엄청난 부를 상속받는 것이다. 표면적으로는 애써 벌어서 부를 얻은 것처럼 보일지라도 실제로는 전혀 그렇지 않은 경우가 많다. 월스트리트 은행가들은 2008년 금융 붕괴에 이르기까지 자신들의 회사를 파산으로 몰고 갔음에도 불구하고 크리스마스 보너스로 매년 수백억 달러를 집에 가져갔다. 과거 10년간 미국 내에서 연봉이 가장 높은 몇몇 CEO들은 자기 회사를 불법과 파산으로 이끈 바로 이런 사람들이다.

놀랍게도 2009년 월스트리트가 살아남고자 정부 지원을 요청했던 상황에서도 이 엄청난 액수의 보너스는 계속되었다(백악관은 이 사실을 모른 척했는데, 그것은 월스트리트가 오바마의 2008년 선거운동에 자금을 지원했기 때문이었다). 석유 회사들은 종종 뇌물 증여(핼리버튼이 나이지리아에 그랬던 것처럼)와 수월한 정부 계약, 특히 맞춤형 감세 조치, 느슨한 환경 규제, 중동 내 미군의 지원 덕에 이익을 보는데, 끊임없이 선거 기부금을 대는 것 말고는 어떤 변제도 행하지 않은 채 이런 일들이 벌어진다.

자유시장 옹호자들의 주장에도 불구하고, 전 역사에서 사실상 모든 사회들은 극빈층에 대한 원조를 보장할 정부 차원의 수단을 조직했다.[12] 대다수 사회는 부자들에게 그들 몫을 내야 할 책임을 부과했다. 그러나 지난 2세기 전까지만 하더라도 가난은 너무나 광범위했기에, 응급 구제 조치(이를테면 기근이 발생했을 때처럼) 외에는 사회가 실질적으로 할 수 있는 일이 그리 많지 않았다. 엄청나게 풍요로워진 지금은 훨씬 더 많은 일을 할 수 있다. 실제로 나는 『빈곤의 종말』에서, 가난한 자들의 교육과 보건, 생산성을 높이려는 노력과 관련해 부자들이 자기 몫을 받아들일 의지만 있다면 이 극심한 빈곤을 우리 세대에 단번에 끝낼 수 있다고 주장했다.

자유시장은 한 세대의 사람들에게 공정성을 보장해주지 않는 것과 마찬가지로 미래 세대들을 위한 지속 가능성도 보장해주지 않는다. 여기에는 두 가지 이유가 있다. 첫 번째는, 사회의 자연 자본 - 공기, 물, 기후, 생물 다양성, 숲, 바다 등 - 은 사회 전체(심지어 세계)의 공유재산이고, 따라서 정치적 선택에 의해 적절히 관리되지 않으면 남용되기 쉽다는 점이다. 예를 들어 현재 대기는 지구의 기후를 위험하게 변화시키는 이산화탄소의 공짜 '쓰레기장'이다. 세계의 주요 강어귀들은 수백만 농장들에서 흘러나오는 화학비료의 공짜 쓰레기장이다. 이 화학비료는 큰 강으로 흘러 이 강을 거쳐 바다로 나간다. 세계의 정부들이 환경 공유재 사용을 규제하는 데 동의하지 않는다면, 민간 경제활동은 이 중요한 생태계를 약화시킬 수밖에 없고 결국에는 파괴하게 될 것이다.

두 번째 이유는 시장이자율이라는 작은 문제다. 사람들은 미래의 소비보다는 현재의 소비를 선호한다. 즉 인내심이 없기 때문에, 이자율은 양수가 된다. 소득자들의 인내심이 떨어질수록 소득은 현재의 소비에 더 많이 사용되고 저축은 줄어들며, 따라서 이자율을 밀어올린다. 그러나 양의 이자율 때문에 이윤 지향적인 자원 보유자들(목재나 어장 혹은 담수원 등의)은 미래보다는 현재를 위한 생산 쪽으로 기운다. 현재 1달러의 가치가 미래 1달러의 가치보다 높기 때문이다. 우리가 환경 보호에 주의를 기울이고 영향력을 행사하지 않는다면 이로써 희소 자원의 궁극적인 고갈, 혹은 나아가 종의 소멸까지 야기할 수 있다. 그렇다, 우리는 참을성이 없다. 하지만 우리는 시장에서 그 입장이 대표되지 않는 미래 세대들을 위한 집사이기도 하다.

좋든 싫든 우리는 미래 세대의 운명을 손에 쥐고 있다. 자유시장 경제의 논리에는 우리가 이들의 이해를 진지하게 고려하도록 만드는 것이 거의 없으며, 진정한 지속 가능성을 위해서는 각 세대가 스스로의 근시안적 소비 선호마저도 넘어서서 미래를 보호해야 한다. 그리고 개인적인 필요와 욕망뿐만 아니라 지구 관리자로서의 책임에 대해서도 깊이 생각해야 한다. 국립공원청과 멸종 위기종에 대한 보호법 같은 혁신은 우리의 단기적 유혹을 제어하여 미래 세대의 복지가 위험에 빠지지 않게 할 좋은 방법들이다. 장기적인 에너지 공급과 담수원, 기후 안전 같은 과제에도 본격적으로 도전할 필요가 있다.

효율성과 공정성

시장 성과market outcome가 언제나 공정하다고 믿는 미국인은 소수다. 기껏해야 10~20%에 지나지 않는다. 이 냉정한 관점에서 보면 가난한 사람들은 그들 자신의 잘못 때문에 가난한 것인데, 대다수 미국인들은 그렇게 생각하지 않는 것이다.[13] 바로 상황이 문제라는 것을 안다. 부모나 조부모가 겪은 대공황이나 비극적인 질병 때문에 불구가 되어 일을 할 수 없었던 이야기들을 기억하고, 마을의 공장들이 문을 닫은 이야기, 대학 등록금을 낼 수 없어서 학교를 중도에 그만두고 저임금 일자리를 받아들여야만 했던 이야기들을 기억한다. 미국인들은 가난한 이들이 스스로를 위해 최대한의 노력을 기울이기를 바라지만, 동시에 상태가 지나치게 악화되는 경우라면 사회가 개입해야 할 책임도 인식한다.

구체적으로 말하자면, 많은 미국인들은 시장에서 결정되는 빈부 격차가 정부에 의해 좁혀질 수 있다는 견해를 지지한다. 부자들은 세금을 내야 하고 빈자들은 지원을 받아야 한다. 그런데 정부는 얼마나 개입해야 할까? 이와 관련해 한 가지 일반적인 주장은 효율성과 공정성이 **상충 관계**에 있다는 것이다. 그 내용은 다음과 같다. 만약 부자들이 세금을 내고 빈자들이 이전소득을 통해 도움을 받는다면, 부자의 근면함은 불리한 것이 되고 빈자의 나태함은 보상을 받는 셈이 된다. 따라서 부자들은 예를 들면 신사업에 착수하지 않음으로써 노력을 덜 들이려 하는 한편, 일례로 빈자들은 그들 여건에서 가능한 직업마저도 갖지 않고서 이전소득을 자신의 안일 유지에 사용할 것이다. 그 결과, 가난한 자들에게 전달하는 각 1달러의 정부 보조금에 대해 1달러 이상의 수입을 낭비하게 된다고 소득재분배 비평가들은 말한다. 이들은 재분배가 엄격하게 제한되어야 하며, 빈곤과 기아의 아주 극단적인 경우에만 적용되어야 한다고 본다.

반면에 다른 사회들, 예를 들어 스칸디나비아의 사회민주주의 국가들은 오랫동안 이와 매우 상이한 입장을 유지해왔다. 이 사회들은 상당히 폭넓은 재분배까지도 정부에 의해 수행될 수 있고 또 수행되어야 하며, 아주 약간의 비효율을 감수한다면 그러한 재분배는 달성될 수 있다고 믿는다. 부자들은 비교적 과중한 세금을 부담함에도 불구하고 계속해서 열심히 일할 것이고, 가난한 사람들은 정부의 지원을 활용하여 자신들의 생산성을 높일 것이라고 본다. 실제로도 경제 이론은 높은 세율이 노동 활동을 방해하기보다는 자극한다는 관점을 뒷받침한다. (예를 들면 집을 사거나 수업료를 충당하기 위해) 목표한 특정 소득수준에 도달하기 위해서는 더 많은 노동 활동이 필요하기 때문이다.

이 이슈에 대한 미국 내의 뜨거운 논쟁에서 흔히 간과되는 기본적인 사항이 있다. 다수의 상황에서, 효율성과 형평성 사이에는 상충 관계가 전혀 없다. 두 가지 목표가 실은 서로 일치하기 때문이다. 공정성에 대한 약속은 효율성 역시 높이는데, 그 이유는 다음과 같다.

많은 경우에 빈곤층에 대한 지원은 그저 단기적인 소비를 위한 소득 이전이 아니라, 가난한 가계들의 장기적인 생산성 향상을 가능하게 하는 정부 보조금으로 이루어진다. 이러한 정부 프로그램 중에서 핵심적인 몇 가지를 들자면, 어머니와 어린아이들의 영양 상태, 유치원 교육비, 대학 등록금, 직업훈련비에 대한 지원 등이다. 이들 각각은 '인적 자본'에 대한 정부의 투자이자, 특히 가난한 가계들이 장기적 생산성을 높일 방법들이다. 그러면 빈곤층을 돕기 위한 부유층에 대한 과세는 결국, 부자들의 호화로운 소비를 줄여 고수익 인적 자본에 투자하는 것을 뜻하게 된다. 그 성과는 보다 공정할 뿐 아니라 더 효율적이기도 하다.

프리드리히 하이에크와 밀턴 프리드먼 같은 강력한 자유시장 옹호자들을 비롯하여, 거의 모든 경제학자들이 교육에 대한 공공 재정의 필요성을 인정해왔다. 그들은 시장 혼자서는 우리의 젊은이들, 적어도 충분한 수의 젊은이들을 교육시키지 못할 것임을 인지했다. 오늘날 상황은 훨씬 더 심각해졌다. 교육비가 상승하는 국면에서 정부가 나서서 만인을 위한 양질의 교육에 재정을 지원하지 않는다면, 가난한 이들의 삶은 뒤처지고 쉽사리 빈곤의 함정에 빠질 것이다.[14]

시장과 정부의 균형 모색

시장과 정부 사이의 올바른 균형은 여러 세대에 걸쳐 논쟁의 중심에 있었고 실제로는 자기 조직적 시장에 대한 애덤 스미스의 설명으로까지 거슬러 올라간다. 2세기가 넘는 동안 격렬한 논쟁이 진행되어 왔다. 다음에 제시하는 것은 이에 대해 내가 내린 다섯 가지 결론으로, 나는 이것들이 우리 시대와 관련이 있다고 믿는다.

첫째, 다수의 생산자와 소비자가 존재하는 생산적 부문, 따라서 강력한 시장 경쟁이 작동하는 경우에 우리는 시장의 힘에 의지해야 한다. 이는 긍정적인 관점으로, 하이예크의 입장이다. 시장에는 몇 가지 바람직한 속성이 있다. 시장은 분권적이고 자발적이며, 다수의 사람들 사이에서 협력을 만들어 내는 힘든 일을 필요로 하지 않는다. 또 시장은 개별 소비자들의 독특한 취향을 충족시킬 수 있다. 만약 시장이 농촌을 통해 도시의 식탁에 충분한 음식을 공급할 수 있다면, 농업 생산량과 식품 가공, 식품 수송 및 유통을 관리할 중앙계획국은 필요하지 않다. 이윤 지향적 농부와 제분소 운영자, 운송업자, 슈퍼마켓만 있으면 충분할 것이다. (과거 소련 정부가 식품 생산과 분배에 대한 통제를 시도한 결과, 기초 식료품의 만성적인 부족을 초래했다.)

둘째, 사회에서 소득의 폭넓은 배분을 포함하여 시장 성과의 공정성과 지속 가능성을 보장하기 위해서는 정부에 의지해야 한다. 임금 수준을 등락시키는 시장의 힘은 대개 노동자들을 고용이 필요하지 않은 부문에서 필요한 부문으로 이동시킬 수 있지만, 그 결과물로 나타나는 소득분배는 불공평할 수도 있다. 시장 수요가 갑작스레 붕괴한 부문에 속한 사람들이나 느닷없이 구식이 되어버린 기술을 보유한 사람들은 궁핍한 상태로 떨어질 수 있다. 한편 현세대는 미래 세대의 큰 희생을 대가로 너무나 많은 천연자원을 소비할 유인이 있다. 따라서 정부는 과세와 소득 이전의 권한을 활용해 신중하고도 선별적인 방식으로 스스로를 돌볼 수 없는 자들을 돕고 (아직 태어나지 않은) 미래 세대의 복지를 보호해야 한다.

셋째, 과학과 기술 지식은 민간 부문과 정부에 의해 적극 장려되어야 할 공공재다. 시장은 홀로 21세기의 지식사회를 창출할 수 없다. 지식의 축적과 확산에 대한 미국의 거대한 이해관계에 비추어 보면, 특허 및 저작권 시스템의 보완책으로 오픈 소스식 온라인 자료, e-거버넌스, 공교육과 연구 및 개발에 대한 충분한 공적 지출이 필요하다. 특허와 저작권은 양날의 검이다. 지식 생산자들의 이윤 동기를 창출해주기 위한 이런 것들이 이를테면 높은 약값, 도약적인 연구의 지체(특허화된 지식이 후속 연구에 필요한 핵심 요소일 경우), 그리고 가진 자와 가지지 못한 자 사이의 인위적인 디지털 격차 등 일시적 독점을 초래할 수 있다는 사실을 인식해야 한다.

넷째, 경제생활이 점점 더 복잡해짐에 따라 정부의 역할은 더욱 광범위해질 것이다. 따라서 1789년(미국 헌법이 비준되었으며, 초대 상·하원 의회가 출범했다)이라는 먼 옛날 탄생한 헌정 질서 속에서 21세기 경제에 대한 해답을 찾으리라 기대하는 것은 비현실적이다. 확실히 미 건국의 아버지들은 슬기로웠지만, 그중에서도 가장 슬기로운 생각 한 가지는 토머스 제퍼슨Thomas Jefferson의 유명한 금언에서 찾을 수 있다. "땅은 살아있는 자들의 것이다." 전근대의 법률이 오늘의 세대를 맹목적으로 구속해서는 안 된다는 뜻이다. 특히 급속한 지구화와 환경상의 위협, 지식 기반 경제의 시대에 놓인 우리에게는 이 같은 신선한 사고가 절실하다.

다섯째, 시장 및 정부의 역할과 관련한 상황은 국가마다 다르다. 미국과 유럽, 중국, 인도, 기타 여러 나라들이 정부와 시장의 역할에 대해 완전히 동일한 선택을 할 것이라거나 그렇게 해야 한다고 기대할 아무런 이유가 없다. 역사적으로 드러난 바에 따르면, 브라질과 중국, 인도 같은 신흥 경제국들은 특수한 정부 지원과 정책을 기술 격차를 극복하는 데 투입해야 한다. 반면에 미국과 같은 선도국들은 첨단 연구 개발에 정부 자원을 투입해야 한다. 즉 중국과 미국은 각자 고유한 산업 정책이 필요하고, 중국은 급속한 추격을 촉진하는 데, 미국은 과학기술의 선도적 입지를 꾀하는 데 정책을 집중할 필요가 있다. 어떤 경우에도 안일한 자유시장적 입장은 정당화되지 못할 것이다.

시장경제, 단 균형 있게

요약하자면 현대 시장경제는 인간의 놀라운 발명품이다.[15] 시장은 생산된 자본재(기계류와 건물 등)와 천연자원, 노동시간의 사용을 조직하는 일에 수백만 개의 산업체와 10억 이상의 가계에 속한 사람들 수십억 명의 이기심을 매우 분권적인 방식으로 참여시킨다. 그러나 시장 자체만으로 효율성과 공정성, 지속 가능성이라는 세 가지 목표를 달성할 수 없다. 시장 시스템은 세 가지 역할을 수행하는 정부 기관으로 보완되어야 한다. 인프라와 과학 연구, 시장 규제 등 공공재의 공급, 소득분배의 공정성 및 빈곤 해소를 위한 장기적 지원, 미래 세대를 위한 지구 취약 자원의 지속 가능성 증진이 그 세 가지다. 또한 이는 단순하거나 정태적인 과업이 아니므로, 각 시대의 도전 과제에 대응할 각 세대의 창조성과 독창성이 필요할 것이다.

4장
공적 목적에서 후퇴한 워싱턴

연방 정부는 미국인들에게 필요한 공공재를 공급하여 공정하고 지속 가능한 사회를 이루고 국제경쟁력을 유지하고자 애쓰는 대신 기업들으 로비에 사로잡혀 있다. 어찌하여 이 끔찍한 상황에 처하게 되었을까? 이는 전진을 위해 풀어야 할 숙제다.

다음 5~8장에서 우리는 사회적 변화, 지구화, 미국 내 정치, 그리고 이 와해에 상당한 원인을 제공한 미디어의 역할까지 살펴볼 것이다. 이를 통해서 우리는 여러 가지 강력한 흐름이 합류하여 우리 정치를 공공선에서 특수한 사적 이해로 기울게 만들었음을 알게 될 것이다. 먼저 그동안 무슨 일이 일어났는지를 이 사회가 제대로 이해한다면, 나라가 진정으로 민주적인 가치를 향하도록 다시 한 번 되돌릴 수 있을 것이다.

뉴딜에서 빈곤과의 전쟁에 이르기까지

1930년대의 뉴딜에서부터 1960년대 중반 빈곤과의 전쟁에 이르기까지 대략 30년 동안 연방 정부는 비교적 신뢰받고 존중받는 민주 권력의 도구로서 국가 경제를 이끌었다. 연방 정부는 불황과 전쟁, 평화 시의 호황기 내내 미국을 이끌었다. 정부는 국가 고속도로 시스템과 전력망을 구상하고 재정을 지원했다. 워싱턴에서 수립된 과학기술 S&T 계획은 지난 반세기 몇몇 중대한 기술의 개발에 기여했다. 컴퓨터, 인터넷, 원자력, 위성 등이 그것이다. 또한 연방 정부는 빈곤과 배제에 맞서 싸웠고, 이는 1960년대에 노인들을 위한 의료보험인 메디케어Medicare를 비롯해 소수집단, 여성, 장애인들을 위한 시민권 입법에서 정점에 달했다. 제2차 세계대전 때처럼, 필요에 따라서는 산업체들을 동원하여 국가에 봉사케 하기도 했다. 하지만 대개 정부는 새로운 산업(컴퓨터와 인터넷 등)이 출범하거나 확장될 때(항공과 위성 등) 산업체들과 효과적인 파트너십을 맺었다. 물론 그 관계의 주도권이 어느 쪽에 있었는지는 의문의 여지가 없다.

그런데 적극적인 경제 지휘력을 발휘한 그 30년 이후 워싱턴은 점차 지도자적 역할에서 멀어졌다. 정책 입안을 통한 집합적 실천에 있어 대중의 지지가 소멸되었다. 정부는 미국이 지구화와 생태 위기, 대대적인 이민 증가라는 문제에 직면한 바로 그 시점에 주도적 역할을 그만두었다. 1980년대부터 줄곧 연방 권력의 도구들은 기업 기득권 세력에게 넘겨져 사적인 이득을 위해 이용되었다. 소위 기업 지배체제corporatocracy가 시작되었다. 이윽고 협소한 이해관계에 따라 움직이게 된 경제는 순식간에 분열되고 불안정해졌으며, 궁극적으로는

2008년에 발생하고 만 그런 종류의 붕괴에 취약해졌다.

워싱턴의 역할이 보통 사람들의 수호자에서 협소한 이해의 조장자로 역전된 것은 1930년대 대공황 이후 80년 동안에 생겨난 가장 중대한 정치적 변화다. 이와 관련해 프랭클린 루즈벨트Franklin Roosevelt의 재선 취임사에 뜻깊은 교훈이 있다. 이 연설에서 그는 경제 분야에서 정부의 지도적 역할 시대를 예고했다.

> 정부는 개인들이 복잡한 문명사회에서 끊임없이 증대하는 문제를 해결하기 위한 통합된 목적의 도구입니다. 개인들이 정부의 도움 없이 문제를 해결하려고 많은 시도를 반복했음에도 불구하고, 이는 좌절과 당혹감만을 안겨주었습니다.[1]

그러나 이런 정서는 더 이상 용인되지 않는다. 로널드 레이건이 다음과 같이 선언한 1981년, 미국은 이미 근본적으로 변하기 시작했다.

> 현재의 위기에서 정부는 우리가 겪는 문제의 해결책이 아닙니다. 정부 자체가 문제입니다. …… 연방 기관들의 규모와 영향력을 제한하는 것이 나의 목표입니다."[2]

레이건은 경제에 대한 정부 역할을 억제했을 뿐 아니라, 의도했든 아니든 간에 권력의 지렛대를 그중 가장 높은 값을 부르는 자에게 넘겨주었다. 레이건 집권 후 15년 만에, 민주당 출신의 대통령 빌 클린턴Bill Clinton은 "큰 정부의 시대는 끝났다"[3]고 선언하며 기업 부문으로의 권력 양도를 초당파적 현실로 만들었다. 클린턴은 특히 월스트리트 권력을 가능케 한 장본인이었다. 이로써 월스트리트는 충분한 재량권을 획득하여 매년 수백억 달러의 보너스를 챙길 수 있었고, 2008년 대붕괴로 전 세계에 수십조 달러의 금융 손실을 입혔다. 클린턴 이후 미국에는 더 이상 중도 우파의 공화당과 중도 좌파의 민주당이 존재하지 않으며, 두 개의 중도 우파 정당만이 존재한다. 두 정당 간 대단해 보이는 차이는 근저의 동일한 의제를 숨기는 껍데기일 따름이다. 지금까지 가난한 이들을 압박하면서 부자들에게 복종하는 워싱턴의 태도는 초당적이고 지속적이었음이 드러났다. 그럼에도 그 결과란 광범위한 대중이 보기에 너무나 변변찮아서, 곧 그 끝을 고하는 조종이 울릴 것이다.[4]

공공 지출의 증가

뉴딜 이후 계속된 연방 정부의 경제적 역할 증대는 국민소득 대비 민수용(비방위) 연방 지출의 규모(〈그림 4.1〉)라는 한 가지 핵심적 통계에 잘 나타나 있다. 1930년에 GDP의 약 3%였던 민수용 예산은 뉴딜이라는 명분 아래서 1940년에는 GDP의 8%로 증가했다.[5] 1950년 연방 민수용 지출 비중은 GDP의 10%에 도달했다. 민수용 지출은 1970년에 GDP의 약 12%, 1980년에는 16%로 점차 높아졌다가, 2008년 금융 위기 때까지 대체로 변하지 않았다. (2008년 위기는 지출 급증을 초래했는데, 이는 우리의 향후 예산 결정에 따라 일시적인 것이 될 수도 그렇지 않을 수도 있을 것이다.) 지출은 전 세계의 고소득 국가에서 장기적으로 증가했는데, 사실 미국보다 유럽에서 특히 더 그랬다.

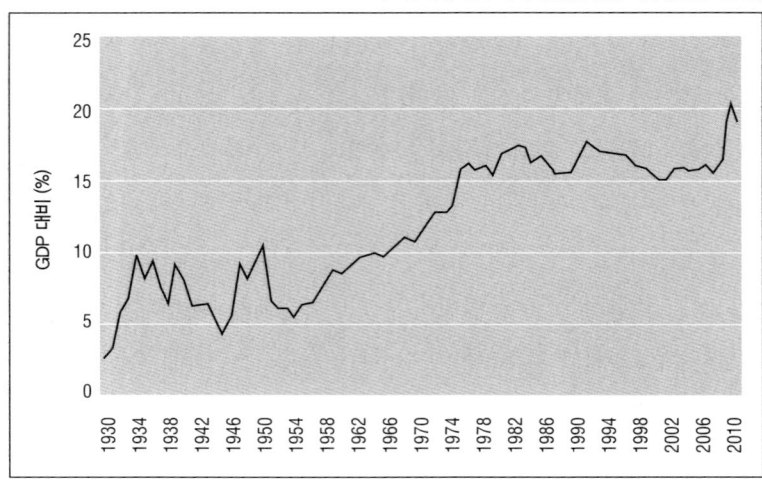

〈그림 4.1〉 GDP 대비 민수용 연방 지출 (1930-2010)

출처: Office of Management and Budget Historical Tables

GDP 대비 공공 지출의 장기적 증가는, 미국 정치가 특수하게 겪는 우여곡절이라기보다는 혼합경제를 채택한 모든 현대사회의 절실한 필요를 반영하는 것이다.

〈그림 4.2〉는 민수용 지출이 사회보장과 메디케어 같은 '비재량적' 프로그램과 NASA의 우주 비행이나 에너지 연구 같은 '재량적' 프로그램 간에 할당되는 양상을 보여준다. 비재량적 프로그램은 그 금액이 법률로 정해져 있고, 재량적 프로그램은 매년 의회의 승인 하에서 지출이 이루어진다.[6] 1980년까지 줄곧 예산에서 비재량적 부분과 재량적 부분 모두 꾸준히 상승했다. 1980년 이후 비재량적 지출은 약간 상승한 반면, 재량적 지출은 GDP 비중이 줄어들었다. 바로 여기에 오늘날 무기력한 거버넌스의 수많은 위기가 존재한다.

뉴딜에 의해 도입되고 1940년대부터 1960년대까지 확대된 연방 프로그램들은 여러 종류의 활동들을 포함한다. 물리적 인프라(도로, 다

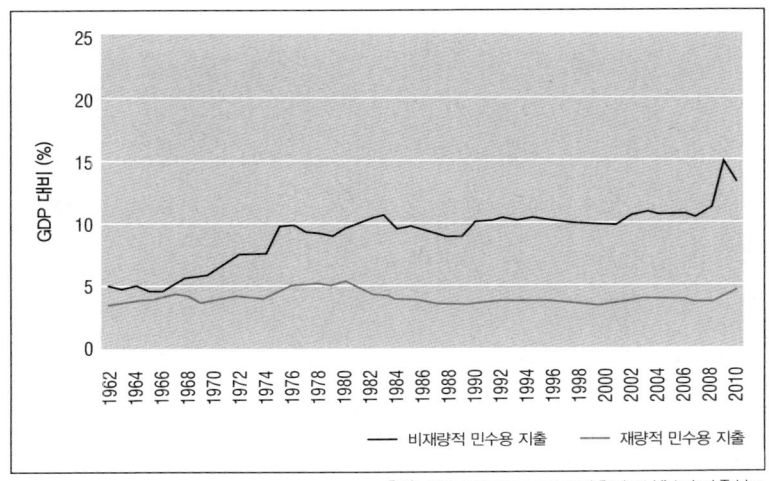

〈그림 4.2〉 GDP 대비 민수용 연방 지출의 궤적 (1962-2010)

출처: Office Management and Budget Historical Tables

리, 전력망, 댐)의 건설, 지역개발(테네시 계곡 등), 공공서비스 확대(보건 및 교육), 은퇴 및 장애 연금(사회보장), 과학기술 지원, 공공 행정, 소득 보장(실업보험), 빈곤층에 대한 소득 이전(푸드 스탬프) 등이 그것들이다. 대불황의 심연에서 루즈벨트가 대통령에 취임한 1933년 이전까지는 이 중에 거의 아무것도 존재하지 않았다.

루즈벨트의 뉴딜 정책은 당시 엄청난 논쟁을 불러일으켰는데, 이에 격렬히 반대하던 수많은 사람들은 경제에서 정부 역할의 확대를 비난했다. 오늘날 자유지상주의자들이 정부 규모의 축소를 주장하는 것과 같았다. 그럼에도 불구하고 1930년대에 대공황을, 1940년대 전반에는 제2차 세계대전을 거치면서, 미국 사회는 경제에 대한 새로운 비전을 중심으로 하나가 되었다. 민주당과 공화당 모두, 미 경제가 불황을 벗어나고 전후 시대에 국가 안전을 유지하기 위해서는 새롭고 더 큰 정부가 필요하다는 점에 동의했다. 1940년대를 거쳐 1960년대에 이르는 동안, 대중은 1930년대와 1940년대에 있었던 대규모 연방 사업의 확대를 일관되게 지지했다.

1940년대에서 1960년대에 이러한 합의의 시대가 열린 데에는 여러 가지 이유가 있다. 첫째로, 나라 전체가 거의 사멸할 뻔한 경험을 두 번이나 겪으면서 사회는 점점 더 통합되는 모습을 보였다. "가장 위대한 세대"라고 톰 브로커Tom Brokaw가 이름 붙였듯, 경제 공황 속에서 자라고 전쟁에 나가 싸운 사람들에게 대공황과 제2차 세계대전은 통과의례와 같았다. 둘째로, 그다지 알려지지 않은 사실이지만, 1924년 개정된 이민법이 유입 이민을 줄이는 데 기여했다. 그리하여 유입 이민은 더 이상 정치적 피뢰침 혹은 사회 프로그램에 대한 불화의 원천이 아니게 되었다. 미국 인구 중 해외에서 출생한 사람들의 비중은 1924년 약 15%에서 1970년에는 5% 이하로 떨어졌다. 1970년대에는 이민법이 다시 개정되어 그 비중은 다시 상승하기 시작했다.[7]

셋째로, 이것은 단순하지만 결정적 요인인데, 정부가 국민의 폭넓은 이해를 대표하고 매우 유능한 존재로 인식되었다. 정부는 국민들을 잘 보살펴 대공황을 극복하게 했고, 제2차 세계대전에서는 승리를 거두었다. 또 정부는 NATO와 유럽석탄철강공동체(나중에 EU로 발전)를 포함하여 전후 제도들의 창설을 주도했고, 일본의 회복을 이끌었다. 전후 상황에서 어느 누가 예상했던 것보다 더 신속하게 경제를 회복시켰다. 정부는 폭넓은 신뢰를 받았고, 국가 번영의 보증인으로 여겨졌다. 정부는 특수한 이익, 특히 부자들의 이해에 대한 옹호자로 간주되지 않았다. 오히려 부자들은 엄청난 소득세를 부담했는데, 1940년 이후 최고 소득세율은 80% 이상까지 치솟았다.

존 F. 케네디 암살 직후인 1960년대 중반에 정부의 경제 지도력은 정점에 달했다. 1964년 초 린든 존슨Lyndon Johnson은 빈곤과의 전쟁을 선포하고 1965년에는 일련의 놀라운 입법 활동을 시작했다. 투표권법, 초중등교육법, 수질보호법, 고등교육법, 연방 담배문구표기 및 광고법, 고형폐기물처리법, 자동차대기오염규제법, 그리고 지출 규모 면에서 가장 중요한 개정 사회보장법에 이르기까지 모두 1965년에 제정되었다. 개정 사회브장법으로 노인들을 위한 메디케어와 저소득층을 위한 메디케이드Medicaid가 도입되었다. 빈곤에 대한 전쟁은 두 집단, 즉 노인과 흑인에게 가장 지속적인 영향을 미쳤다. 사회보장의 확대와 메디케어 덕택에 65세 이상 인구의 고질적인 높은 빈곤율이 해소되었다. 1959년 노인 빈곤율은 35.2%였다. 이 수치는 1969년 25.3%로, 2007년에는 9.7%로 떨어졌다. 흑인 빈곤율 역시 1959년 55.1%에서 1969년 32.2%, 2007년에는 24.5%로 하락했다.[8]

이처럼 1960년대에 사회적 프로그램이 급증한 결정적 요인이 한 가지 더 있다. **기존의** 정부 세수로 그런 정책들의 비용을 충당하는 일이 가능했다는 점이다. 1960년대 중반까지 정치인들은 세율을 높일 필요 없이 새로운 사회적 프로그램을 입법화할 수 있었다. 이유는 단순하고도 강력하다. 제2차 세계대전과 한국전쟁(1950~1953년) 이후 정립된 연방 세제 하에서 GDP의 18~19%를 세금으로 거두었기에, 지출에 상응하는 수준을 대략 지탱할 수 있었던 것이다.[9]

대역전

1960년대 중반, 대다수 정치 관측자들은 국가 번영과 빈곤 구제를 위해 사회적 프로그램이 꾸준히 확대되리라고 예측했다. 정부의 역할에 관한 대합의가 곧 흐트러지기 시작하고, 작은 정부와 공공 기능의 민영화를 요구하는 대항적 경제 전략이 1980년에 전면 부상하리라고 예측했던 사람은 당시 별로 없었다. 다음 장에 기술할, 민권운동을 둘러싼 사회적 분열이 국민적 합의를 갈라놓은 발단이었고, 지금 살펴볼 경제적 충격 또한 워싱턴에 대한 대중의 신뢰를 약화시켰다.

1960년대 말 인플레의 상승과 1970년대에 일어난 일련의 거시경제적 격변은, 정부가 큰 사회적 비용의 초래 없이 빈곤에 맞서고 경제를 이끌 능력이 있다는 대중의 믿음에 충격을 주었다. 가장 중요한 두 가지 사건은, 1971년에 제2차 세계대전 이후로 유지되어 온 국제 환율 체제가 붕괴한 사건, 그리고 1973~74년에 이어 다시 1979~80년에 발생한 석유 가격의 급등이었다.[10] 레이건을 대변자로 한 보수 정치인들은 1970년대의 이 사건들을 특수한 해결이 필요한 일시적 이상 현상으로 보는 대신, 공공 부문 및 경제에서 정부의 역할에 대한 근본적인 실패를 보여주는 징후라고 주장했다.

1977~1981년, 즉 지미 카터Jimmy Carter 재임 기간은 모든 면에서 과도기였다.[11] 대규모 노동조합이 정치적 영향력을 상실했는데, 이것은 선벨트Sunbelt 지역의 세력 증대와, 노조에 대한 선벨트의 적대감을 반영하는 것이었다.[12] 1978년 세입법으로 양도소득에 대한 과세 감축이 시작되었고, 이는 이후 레이건 임기 동안 크게 확대될 것이었다. 이 세제 조치는 '계급 간 형평성과 기업 투자 증진이라는 역사적 원칙'을 '파기'했다. 이것은 단순한 자본의 승리가 아니라 미국 정치에서 두드러진 역할을 하고 있던 '금융자본의 승리'였다.[13] 여기에 철강, 자동차, 전자 제품 분야에서 일본의 대미 수출이 급증했고, 미국은 지

구화라는 새 시대에 등장할 거친 경쟁의 쓴맛을 처음 경험했다.

또한 카터는 탈규제 작업을 시작했는데(특히 항공, 트럭 수송, 금융 부문에서), 이것은 레이건 시기와 그 이후 정권의 전형적 특징이 되었다. 탈규제를 위한 카터의 다양한 시도(예를 들어 수송 분야에서)는 성공적이었지만, 그 뒤로 금융 분야는 통제 가능한 범위를 벗어나게 되었다. 그리고 주목할 만한 점은, 카터가 에너지 부문의 개혁을 포기하지 않을 수 없었다는 점이다. 석유 및 가스 부문의 세력이 대체에너지 지원을 모색하려는 그의 노력을 저지했기 때문이다. 1981년, 미국은 선벨트와 금융자본, 부자, 거대 석유 회사에 유리한 방향으로의 대대적인 전환을 준비하고 있었다.

이 모든 소란의 결과, 번영의 주된 장벽은 새롭고 특수한 도전(에너지, 환율 등)이 아니라 '큰 정부' 자체라는, 새로운 철학으로 향하는 기이한 문이 열렸다. 이것은 이상한 주장이었다. 그간 사람들이 겪어 온 문제는 본성상 거시경제적인 것이었기 때문이다. 금환본위제의 붕괴, 베트남 전쟁으로 인한 예산 적자, 오일쇼크가 그랬다. 이런 것들이(베트남 전쟁 외에도) 정부의 규모보다는 세계경제의 변동과 더 밀접한 관련이 있었음은 명백하다.

큰 정부가 경제 불안정을 초래했다는 주장은 이처럼 미심쩍었지만, 레이건이 이를 너무나 설득력 있고 매력적으로 표현하여 불만에 차 있던 대중은 그를 기꺼이 대통령으로 선출하려 했다. 하지만 증거가 제시되었다면 그 주장의 박약함은 쉽게 드러났을 것이다. GDP 대비 연방 세수의 비중은 1950년대 중반 이래 줄곧 17~18%로 거의 변화가 없었다. GDP 대비 연방 총지출의 비중은 1950년대에 약 18%에서 1960년대에 약 20%, 1970년대 말에는 21%로 조금씩 증가했다.

그때나 지금이나, 1970년대의 충격이 당시 실시된 빈곤과의 전쟁이나 사회 프로그램, 인프라 투자, 과학기술, 지역사회 개발, 메디케어, 사회보장 혹은 기타 정부 프로그램과 유의미한 관련이 있다는 증거는 없다. 그러나 오일쇼크와 새로 도입된 변동환율제도, 연방준비제도의 느슨한 통화정책 등으로 혼란이 야기되자 예산 정책에 파문이 일었다. 감세, 정부의 민간 관련 부문 축소, 복지 정책의 후퇴가 갑작스레 바람을 일으키며 정책 변화의 진단 근거가 되었다. 복귀는 없었다. 1970년대의 경제 대혼란에 대한 해석이 아무리 의심스러울지라도, 정치적 현실만큼은 뚜렷한 결과물로 나타났다. 정부 역량에 대한 긍정적인 분위기가 사라져버린 것이다. 이 사실 하나로도 40년 가까이 미국을 이끌어온 경제적 합의는 치명타를 입은 듯하다.

레이건 혁명

레이건을 대통령으로 만든 정치 연합은 보다 작은 정부의 지속적 유산을 만들어 내려는('연방 기구들의 규모와 영향력을 제한하려는') 결의에 차 있었고, 이런 점에서 부분적으로 성공을 거두었다. 레이건 혁명에는 주요한 네 가지 도구가 있었다. 고소득층에 대한 감세, 민간 프로그램에 대한 연방 지출 제한(적어도 경제성장에 비해 상대적으로), 핵심 산업에 대한 탈규제, 정부 핵심 서비스의 아웃소싱이 그것이다. 이 네 가지 주된 정책 변화 모두 1980년대에 확고히 뿌리를 내렸고, 오늘날에도 여전히 영향을 미치고 있다.

총량적 수준에서 보면, 레이건 혁명이 연방 공공 행정의 규모를 축소까지는 아니더라도 확대를 억제하기는 한 듯하다. 1981년에 연방 관청에는 210만 9,000명의 정직원이 고용되어 있었고, 1988년에도 이 수치는 동일했으며, 그 다음 20년간 거의 변하지 않았다. 2011년에는 210만 1,000명일 것으로 예상된다.[14]

과세 측면에서 보면, 연방 총세수는 금융공황 이전인 2007년에 국민소득 대비 18.5%로 레이건 행정부 초기와 사실상 차이가 없다. 2007년의 총지출은 GDP 대비 19.6%로, 1980년의 21.7%보다 약간 낮아졌다. 2007년에 민수용 지출은 GDP 대비 13.9%로, 1980년 14.8% 수준에서 역시 약간 낮아졌다.

레이건 이후 줄곧 민수용 지출 전반에 큰 변화가 나타났다.[15] 앞서 77쪽의 〈그림 4.2〉에서 보았듯이, 재량적 민수용 지출은 1980년 GDP 대비 5.2%에서 2007년(경기 침체 관련 일시적 부양책 이전에) 약 3.6%로 하락했다. 한편 메디케어와 메디케이드, 사회보장, 보훈 급여 같은 주로 개인에 대한 소득 이전 프로그램인 비재량적 지출이 1980년 GDP 대비 9.6%에서 2007년 약 10.4%로 다소 증가했다. 이와 같이 레이건 혁명은 메디케어 대상자와 퇴직자들에 대한 이전소득 증가에는 대체로 영향을 미치지 않은 반면, 교육과 인프라, 에너지, 과학기술, 기타 생산성 향상 분야에 대한 정부 투자의 긴축을 촉발했다.

악마 같은 세금

레이건 시대가 낳은 가장 치명적인 영향은, 세금이 악마와 같이 여겨지게 된 것이다. 세금이 환영받는 경우는 드물지만 조세 저항을 기

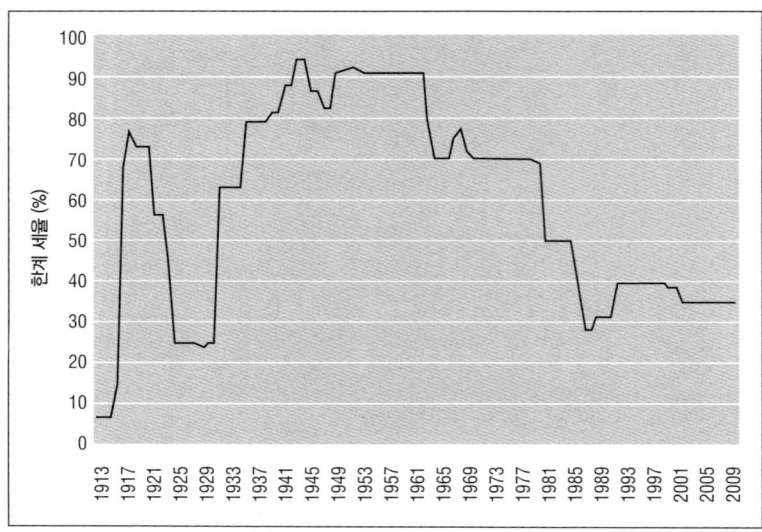

〈그림 4.3〉 개인소득 최고 한계 세율 (1913-2009)

출처: Tax Policy Center (Urban Institute and Brookings Institution)

반으로 세워진 나라인 미국에서는 특히 더 그렇다. 세금이란 단지 호주머니에서 돈을 빼가는 문제만은 아니다. 오늘날 많은 미국인들에게 이것은 자유 자체에 대한 부정으로 여겨진다. 자유지상주의의 표준 노선에 따르면, 정부가 국민소득의 3분의 1 가량을 거두어 가기 때문에 미국인들은 매년 1월에서 4월까지는 정부에 예속되어 도제 생활 혹은 심지어 노예살이를 하는 것이나 다름없다. 이것이 맞든 아니든, 반세금 정서는 미국인들의 정치적 담화 속에 깊이 배어 있다.

레이건의 주된 목표는 부유한 납세자들에 대한 최고 한계 세율을 낮추는 것이었다. 최고 한계 세율의 역사는 〈그림 4.3〉에 나타나 있다. 연방 소득세는 역사가 고작 100년에 지나지 않는 근래의 발명품이다. 처음에 최고 한계 세율은 그다지 높지 않은 7%였는데, 몇 년 만에 그리고 미국이 제1차 세계대전에 참전하는 바람에 1918년 77%까지 치솟았다. 1920년대에 캘빈 쿨리지Calvin Coolidge와 허버트 후버 Herbert Hoover의 보수적 행정부가 이를 25% 수준으로 끌어내렸다. 대공황의 시작을 알린, 검은 화요일이라 불리는 1929년 10월 29일 주식시장 붕괴 당시의 세율이 바로 25%였다.

뉴딜과 더불어 최고 한계 세율은 다시 63%로 높아졌고, 제2차 세계대전 동안에는 더욱 상승하여 1945년에는 94%에 도달했다. 이 엄청난 수준은 1960년대에 이르기까지 계속 유지되다가 1960년대 존슨 행정부 시기의 감세와 더불어 1965년에 70%로 떨어졌다. 레이건 혁명기까지 대체로 이 정도를 유지했다. 이후 레이건의 핵심 의제였던 일련의 감세 조치를 통해 1988년 28%까지 단계적으로 떨어졌다. 그 뒤로 최고 한계 세율이 다시 40%에도 도달하지 못한 것은 레이건의 유산이 이어지고 있음에 대한 표식이다. 오바마는 35%의 최고 세율 수준에서 대통령직을 시작했다.

레이건은 다음의 세 가지를 주요 근거로 하여 감세를 주장했다. 첫째, 한계 세율을 낮추면 혁신을 위한 인센티브와 기업가 정신이 고취될 것이다. 둘째, 감세에 따른 성장 증대로 인해 정부 세수는 오히려 늘어날 것이다. 셋째로, 세금이 낮아지면 조세와 지출 양면에서 전반적으로 더 작은 정부를 향한 길이 열릴 것이다. 모순적인 메시지였다. 결과적으로 세수는 늘어날 것인가, 줄어들 것인가? 인기 있는 프로그램들을 위한 지출도 감축되어야 하는가? 이에 대해 레이건 진영은 서로 대립되는 두 가지 주장을 동시에 제시했다. 우선, 감세는 더 빠른 성장을 통해 자체적인 재정 보완 수단을 창출할 것이다. 또한, 감세는 정치적 난제인 지출 삭감을 위한 첨단이 될 것이다. 이 책의 이어질 장들에서 우리는 감세의 함의를 계속해서 되짚어 볼 것이므로, 여기서는 그와 같은 주장이 실현되지 못했음을 언급하는 것으로 충분하다. 결과적으로 감세는 대규모 예산 적자와 재량적 대내 프로그램에 대한 정부 지출 압박으로 이어졌고, 이런 압박은 군비 지출 증가로 더욱 가중되었다.

민수용 지출 삭감

군비 지출을 늘리는 동시에 정부의 민수용 지출 규모를 줄이는 것도 감세 못지않게 중요한, 레이건과 그 지지자들의 명시적인 목표였다. 민수용 프로그램은 돌볼 가치가 없는 빈민들에게 향하는 불필요하고 낭비적인 소득 이전으로 간주되었다. 이와 관련해 레이건이 끈질기게 활용한 이미지 중 하나는 여러 개의 가명을 이용해 수당을 신청함으로써 연방 복지 프로그램을 등쳐 먹는 '복지 여왕'이었다. 이 인물은 언제나 흑인 여성으로 묘사되는, 과장된 이미지의 개인이었다. 그런 인물이 실존했는지 여부에 대해서는 많은 논란이 있었지만, 복지 정책을 이용한 사기가 만연한다는 생각이 대중 사이에 널리 퍼졌고, 이 때문에 다양한 소득 지원 프로그램의 지출 삭감이나 폐지를 지지하는 분위기가 형성되었다. 따라서 빈곤과의 전쟁은 가난한 자들과의 전쟁이 되었다.

1980년대 이후의 변화를 보여주는 가장 개괄적인 지표는 여러 범주에서 공공재와 서비스의 공여에 할애되는 지출의 국민소득 비중이다. 앞서 76쪽에서 보았던 〈그림 4.1〉은 GDP 대비 연방 정부의 전반적인 민수용 예산 비율을 보여준다. 여기서 레이건 혁명이 손대기 시작한 첫 번째 작업들 중 하나가 목표를 달성했음을 알 수 있다. GDP 대비 민수용 지출의 증가 추세가 멈춘 것이다. 민수용 예산 비중은 1955년 약 6%에서 1981년 16.9%로 최고치에 달했다. 그런 다음 그 증가세는 멈추었다. 이후 총 민수용 지출은 GDP의 15~17% 범위에 머물렀다. 금융 붕괴 전해인 2007년에 15.9%였으며, 이듬해에는 경기 부양적 지출로 상승했다.

'물적 자원', 그중에서도 주로 인프라에 대한 지출이 급격히 감축되어 GDP의 약 2%에서 약 1%로 절반이나 하락했다.[16] 그 결과, 미국의 인프라 실적과 수요를 측정하는 미국 토목학회에 따르면, 미충족 인프라 수요 누적 잔액이 2조 달러 이상(GDP의 약 15%)으로 앙등했다.

급격히 축소되었던 또 다른 영역은 교육과 직업훈련, 고용 프로그램이다. 특히 지구화라는 맥락에서 이것들은 모두 인적 자본 투자의 핵심 영역이다. 또 대부분의 교육 지출은 주 수준에서 이루어지지만 취학전교육과 고등교육, 직업훈련과 취업 알선에는 연방 정부의 역할이 매우 중요하다. 그러나 연방 교육 프로그램은 1980년대에 축소되었는데, 이 분야의 전반적인 공공 지출은 1981년에 GDP 대비 0.85%에서 1988년 0.5%로 낮아졌다. 경제 위기 전해인 2007년에 GDP의 0.53%로 미미하게 상승했다.[17]

레이건 행정부가 내린 중대한 결정 중 하나는, 지미 카터가 시작했던 대체에너지원 R&D 프로그램의 폐지였다. 우리가 왜 석유 금수 조치가 처음 단행된 1973년보다 2010년대에 더 석유에 의존하고 위험한 심해 유정을 시추하고 있는지 궁금하다면, 에너지 R&D 지출을 보여주는 〈그림 4.4〉를 살펴보기 바란다. 지미 카터는 에너지 위기를 실로 "도덕 차원의 전쟁moral equivalent of war"이라고 선언했다. 하지만 자유시장주의 우파는 국가 에너지 전략의 필요에 대한 카터의 호소를 조롱했고, 약삭빠르게도 이 표현에서 각 단어의 첫 철자를 따 MEOW 로 희화해버렸다.[a]

카터는 태양에너지와 바이오 연료, 석탄액화가스 및 기타 여러 기술에 대한 R&D를 상당히 신장시켰다. R&D 지출은 1974~1980년에 29억 달러에서 90억 달러(2009년 불변가격 기준)로 약 세 배 증가했다.[18] 그러나 레이건은 일단 자신의 눈에 들어온 것을 폐지하기 시작했다. 그 일환으로 R&D를 약 30억 달러 수준으로 되돌려 놓았으며, 이 중 상당 부분을 핵 발전을 위한 민군 겸용 기술 쪽으로 돌렸다. 이러한 레이건의 정책 방향 및 그에 대한 의지를 보여주는 한 가지 상징적인 사건으로, 레이건은 카터가 백악관 지붕에 설치했던 태양전지판을 제거했다. 이는 재생에너지를 향한 움직임의 종결을 명백히 보여주는 것이었다. 그리고 사반세기가 지난 지금, 우리는 레이건이 취했던 조

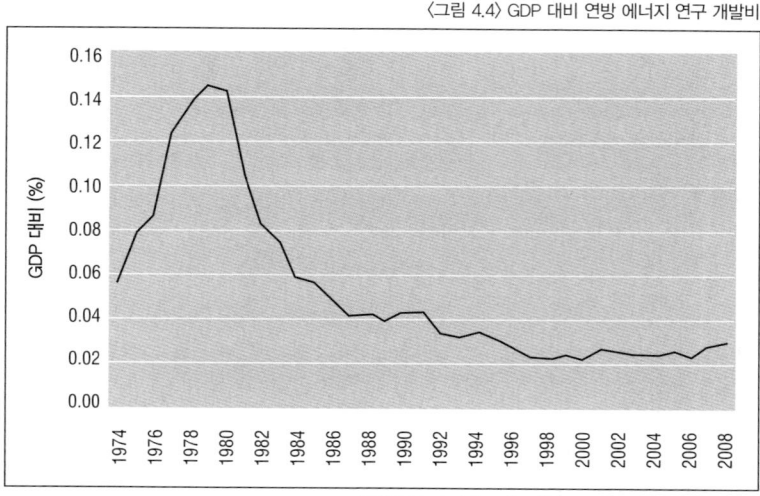

〈그림 4.4〉 GDP 대비 연방 에너지 연구 개발비

출처: Data for International Energy Agency Data Services

치의 대가를 치르고 있다.

대규모 탈규제

레이건 혁명의 자유시장 이데올로그들은 규제를 사유재산에 대한 침해로 규정하며 혐오했고, 좀 더 실용적인 차원에서는 정부 규제를 단기적 수익성에 대한 장애물로 보았다. 그들에게 정부 관료는 시장의 천재적 솜씨에 쓸데없이 간섭하는 존재, 그리고 분수처럼 쏟아져 나올 기업의 수익을 가로막는 걸림돌과 같았다. 1980년대 초 이래로, 규제의 필요성을 뒷받침하는 근본적인 개념들 — 외부성externalities, 정보 비대칭성, 본인-대리인 문제principal-agent problems, 노골적인 사기, 자기 충족적self-fulfilling 시장 공황의 위험 등 — 은 더 많은 기업들의 재량권을 허용해서 하루빨리 얻을 수 있는 편익에 비해 주목할 가치가 없는 것으로 경시되었다.

탈규제의 가장 큰 실수는 금융시장과 환경 영역에서 발생했다. 두 영역 모두에서, 시장은 그 자체로는 효율적으로 기능하지 않는다. 대공황은 사기 행각과 과도한 레버리지 위험을 방지하기 위해서는 철저한 금융 규제가 필요함을 미국에 가르쳐주었다. 그러나 레이건 행정부는 이러한 규제의 철폐를 촉발시켰다. 이와 관련한 첫 번째 조치는 1982년의 가안-세인트 저메인 예금 금융기관법Garn-St. Germain Depository Institutions Act이었다. 그로써 예금 기관과 대출 기관에 대한 규제를 해제했고, 이는 몇 년 후 대규모 예금 및 대출 위기로 이어지는 방향타가 되었다. 1980년대 이래 줄곧 금융 탈규제는 당파에 상관없이 월스트리트에 대한 정치적 선물과 같았고, 이에 대해 월스트리트는 일자리와 아낌없는 선거 기부금으로 정치인들에게 두둑한 보상을 제공했다. 몇 가지 핵심 조치로, 상업은행과 투자은행 간의 장벽을 허물었고 클린턴 행정부 말기에는 파생 금융 상품에 대한 규제 해제를 결정했다. 앨런 그린스펀Alan Greenspan은 금융기관들이 규제에 대한 경멸감에서 자신들을 스스로 감시할 것이라고 믿었지만, 이는 세계경제에 수조 달러의 비용을 초래하고 말았다.

1960년대와 70년대에 도입된 대기와 수질 오염에 대한 강경한 환경 규제도 1980년 이후 부분적으로 약화되었다. 레이건 시절 내무 장관이던 제임스 와트James Watt는 내무부 내 규제 기관들에 대한 기금을 삭감하고 연방 황무지들에서의 채광 및 석유 생산을 지지했다. 물론 1980년 이후 환경 규제가 사라지지는 않았지만, 규제 적용에 일관성이 없었고 분쟁이 들끓었으며 공화당 내 자유지상주의 집단이 공격적으로 내세운 사유재산권 주장으로 제약을 받았다.

한편, 심각한 영향을 미쳤음에도 불구하고 잘 알려지지 않은 사실이 있는데, 그것은 미디어 특히 텔레비전에 대한 탈규제다. 1980년대까지 텔레비전 방송망은 공익 프로그램 제작과 보도의 균형으로 공공선에 기여할 의무가 있다는, 이른바 공정성 원칙Fairness Doctrine을 바탕으로 전파를 이용할 수 있었다. 그러나 탈규제의 물결 속에서 이 의무는 완전히 제거되었다. 텔레비전 방송국 소유주들은 한 가지 목표, 즉 광고와 높은 시청률을 통한 이윤 창출에 가장 우선적인 관심을 갖게 되었다. 미약하게나마 대중의 교육과 자각을 증진시킬 그 역량은 완전히 유기되었다. 미디어로 포화된 우리의 시대가 대단한 활력을 받으며 도래한 것이다.

공공서비스의 민영화

지금까지 여러 행정부를 거치며 존속된 레이건 행정부의 일반적인 신념은, 정부가 자금을 대는 경우라 해도 민간 서비스 제공자들이 정부의 직접적인 공급을 대체해야 한다는 것이다. 그리하여 실제로 정부는 기지 운영 같은 군사적 서비스, 연방 교도소와 같은 사법 서비스, 의료와 교육 그리고 계약을 통해 소득 지원 같은 사회적 서비스를 민영화하는 일에 대대적인 박차를 가해왔다. 이 각각의 영역에서 정부와 계약을 맺은 민간 기업들이 과거 정부가 직접 공급했던 서비스를 제공한다. 탈규제와 감세, 정부 지출의 제한 등과 마찬가지로 아웃소싱은 레이건 행정부에서 시작된 이래 초당파적 전략이 되어 왔다.

이라크 전쟁과 아프가니스탄 전쟁을 통해 알려졌듯이, 현재 민간 도급업체들이 놀라울 정도로 많은 군사적 활동을 수행한다. 그러나 이런 형태의 계약은 계약 할당에서의 정실, 리베이트, 계약된 서비스의 불이행, 과다 청구 등으로 남용되기 쉽다는 점에서 위험하다.

민간에 의한 공공서비스의 공급이 직접적인 정부 서비스 공급보다 자연히 더 많은 화폐가치를 창출할 것이라는 관념은 일련의 혼동에 기반을 두고 있다. 문제의 대다수 서비스는 공공재이고 따라서 이 영역에는 본질적으로 민간의 경쟁이 존재하지 않기 때문이다. 따라서 정부 아웃소싱은 공공 독점을 서비스의 질에 대한 경쟁이 필요 없는 사적 독점으로 전용시키는 것에 지나지 않는다. 자유시장 이데올로기는 계약 과정에 만연한 문제의 존재도 인정하지 않는다. 뇌물이나 선거운동 기부금에 대한 대가로, 계약자들은 종종 부정한 방식을 통해 선발된다. 일례로 의회는 종종 펜타곤Pentagon이 반대하는 값비싼 무기 체계에 일상적으로 돈을 지불하곤 한다. 지방 군수 계약 업체들이 그들 의회 대표단의 후원을 받기 때문이다.

국가 문제 해결자로서 정부의 종말

레이건 혁명의 마지막 유산은 무엇보다도 중요하다. 1980년대 초 이래 워싱턴은 국가 경제문제 해결자로서의 역할을 중단했다. 앞선 1930년대부터 1970년대까지, 주요한 국가적 문제가 제기되었을 때 연방 정부는 이를 해결하려고 노력했다. 1930년대의 실업 감소, 1940년대의 전쟁 승리, 1950년대의 국가 인프라 건설, 1960년대의 빈곤과의 투쟁, 1970년대 환경과 에너지 위협에 대한 정면 대응 등이 그 예다. 주요 경제문제는 정책적 지도력과 연방의 개입을 필요로 한다는 것이 당연시되었다.

그런데 지난 30년 동안 미국의 삶은 달라졌다. 레이건은 정부가 미국 경제적 질병의 해결책이 아니라 원인이라고 선언함으로써, 새로운 정책들뿐만 아니라 새로운 사고방식의 서막을 열었다. 만약 당신이 보통의 미국 시민이라면, 워싱턴이 당신의 관심사를 다루어 주리라고 기대하지 말라. 그러나 당신이 특수한 이해관계자라면, 규제를 다루는 협상 테이블 앞에 와서 앉으라. 규제는 철폐되거나 혹은 당신의 필요에 맞게 다시 작성될 것이다. 지구화, 기후변화, 금융 불안정, 치솟는 의료비 등 새로운 과제가 제기되어 왔음에도 불구하고, 정치 무대의 중심을 흔들림 없이 차지해온 것은 국가적 이해가 아니라 특수한 이해관계다.

레이건의 부적절한 진단

진단은 그에 대한 처방이 유용한 결과를 낳았는지 여부로 검증될 수 있다. 연방 정부를 억제할 필요가 있다는 레이건의 판단은 한계 세율의 급격한 인하, 광범위한 탈규제, 정부 서비스의 민영화, 본격적으로는 GDP 대비 약 18% 수준으로의 세수 상한 설정으로 이어졌다. 관련된 모든 지표들에서, 1981~2010년은 1970년대라는 끔찍한 시대가 오기 전인 이른바 1955~1970년 시기보다 좋아지기는커녕 훨씬 더 나빠졌다. (우리가 최근의 시기를 오바마 행정부 출범 전인 2008년까지로 제한한다고 하더라도 똑같은 결론이 도출된다.) 〈표 4.1〉에 나타나듯이 1970년대에는 실업률, 수익 성장, 예산 적자, 인플레 등 많은 영역에서 경제 상황이 악화되었다.

〈표 4.1〉 경제적 성과 (1955–2010)

지표	1955–1970	1971–1980	1981–2010
최고 한계 세율	82.3%	70.0%	39.3%
GDP 대비 연방 세수 비율	17.7%	17.9%	18.0%
GDP 성장률	3.6%	3.2%	2.8%
1인당 GDP 성장률	2.2%	2.1%	1.7%
총 고용 성장률	1.7%	2.7%	1.1%
평균 실업률	4.9%	6.4%	6.3%
소득 불평등의 변화: 최상위 1%가 차지하는 소득의 비중	−2.0%	0.6%	10.9%
국민 빈곤율의 변화	−9.8%	0.5%	0.3%
남성 상시 근로자 소득의 성장률	2.9%	0.5%	0.2%
GDP 대비 예산 균형 비율	−0.7%	−2.4%	−3.0%
인플레율	2.3%	7.7%	3.2%

출처: Tax Policy Center; Office of Management and Budget Historical Tables; U.S. Census Bureau; Saez and Piketty Dataset on Income Inequality; U.S. Bureau of Economic Analysis[19]

레이건의 처방이 겨냥했던 것은 1970년대에 보인 추세를 역전하는 것이었다. 이런 점에서 그의 처방은 대부분 실패했다. 1981~2010년까지 최고 한계 세율은 상당히 낮아졌는데, 이것은 전반적으로 경제에 유익한 영향을 미치지 않았다. 경제성장은 쇠퇴했고, 고용 창출도 마찬가지였다. 실업률은 평균적으로 6% 이상이었다. 최상위 1%가 차지하는 가계소득의 비중이 1980년 10%에서 2009년 21%로 늘어난 가운데, 불평등이 급격히 확대되었다.[20] 소득은 정체되었고 적자는 늘어났다. 인플레만이 1970년대와 비교해 눈에 띄게 개선되었다. 결론은 명백하다. 레이건 혁명은 미국을 높은 고용률과 번영의 폭넓은 공유라는 이전의 성장 가도로 되돌리는 데 실패한 것이다.

---

[a] 카터의 이 호소는 큰 대중적 반향을 얻지 못했고, 고양이 울음을 연상시키는 MEOW로 희화되었다.

5장
분열된 국가

　1980년 이후 정부의 후퇴는 부분적으로, '큰 정부'가 1970년대의 경제 위기를 야기했다는 레이건의 부정확한 진단이 원인이다. 정부가 후퇴한 또 하나의 원인은 6장에서 살펴보겠지만 바로 지구화다. 세 번째 요인은 미국 내 사회적 긴장의 고조다. 사회의 긴장으로 인해 미국은 공통의 원칙과 가치를 인정하고 그에 따라 행동하기 어렵게 되었다. 1980년대부터 지금까지 미국은 분열로 서로가 팽팽히 대립해왔다. 대다수 미국인들을 단결시킴으로써 경제정책의 바탕이 될 수 있고 또 되어야 하는 중요한 가치들에 집중하기보다는 사회적 분열에 엄청난 국가적 에너지를 낭비해왔다.
　우리 시대의 사회적 균열은 미국인이라면 누구나 익히 알고 있는 사실이다. 공화당 지지자 대 민주당 지지자, 교외 대 도심, 농촌 대 도시, 백인 대 소수자, 근본주의자 대 주류 교파, 보수주의자 대 자유주의자liberals[a], 선벨트 대 스노우벨트Snowbelt[1]와 같은 분할이 실제로 존재한다. 미국인들은 자신들의 종교적 선호에서부터 문화적 기준과 사회적 정의에 대한 태도에 이르기까지 여러 중대한 문제들에 대해 매우 다양한 관점을 가지고 있다. 그리고 인생의 많은 일들이 그렇듯 "당신이 어떤 입장에 서는가는 당신이 어디에 앉아 있는가(더 정확히 말하자면 어디에 거주하는가)에 달려 있다." 남부의 교외 지역에 사는 백인이 된다는 것은 북부의 도심에 사는 흑인과는 다른 현실을 만들고, 전혀 다른 문화적 태도와 사회적 기준과 정치적 관점을 낳는다.

이 같은 분열은 미국에 닥친 상황 때문에 잠시 동안 누그러졌다. 1930년대와 1940년대에 미국인들은 '한마음'이었다. 대공황, 그리고 다음으로 제2차 세계대전을 겪으며 그러했다. 이 역사적인 사건들은 합의로 나아가기 위한 혹독한 시련의 장이었다. 냉전기 또한 공통의 위기의식과 책임감을 일구어 냈다. 따라서 해리 트루먼Harry Truman과 드와이트 아이젠하워Dwight Eisenhower, 케네디, 그리고 존슨 모두 적어도 1965년 무렵까지는 자신들이 어떤 기준들을 공유하는 사회를 이끌고 있다고 여길 수 있었다. 그러나 이 의식은 1960년대 초에 해체되기 시작하여 1980년대에는 완전히 소멸하기에 이르렀다.

이렇게 된 데에는 이유가 너무나 많아서 일일이 따져보기 어려울 정도다. 몇 가지만 들자면, 냉전기의 긴장이 잦아들면서 역설적이게도 사회 내의 들끓는 긴장이 분출될 수 있는 환경이 형성되었다. 합의의 겉치레 아래서 억압되기보다는 그런 사회적 긴장이 인정될 수 있는 환경이 조성된 것이다. 제2차 세계대전과 산아제한의 산물이자 여성들을 고등교육과 취업으로 이끈 경제 상황의 결과물로서, 여성들의 사회적 역할이 급격히 변화했다. 이런 변화의 결과 새로운 사회적 분업이 창출되었고, 결국 문화적 가치에 대한 대립으로서 1960년대부터 줄곧 이어진 이른바 "문화 전쟁culture wars"의 한 원인이 되었다. 베트남 전쟁은 나라를 매파와 비둘기파로 분열시켰고, 이 분열은 이후의 갈등에서도 계속 나타났다. 1960년대의 반문화 운동은 전통적 가정으로 하여금 좀 더 실험적인 생활양식에 맞서도록 했으며, 성에 대한 변화하는 관습은 오늘날까지 계속되는 논쟁을 일으켰다.

나는 네 가지 추세를 더 다룰 것이다. 이 추세들은 사회적 분열과 관련하여 근본적이고도 영속적인 역할을 해왔고, 워싱턴에서 일어난 변화들과도 더욱 직접적으로 관련 있다. 첫째는 민권운동이다. 이는 흑인들의 경제적·사회적 여건의 상당한 개선을 가져왔지만, 또한 일부 백인들, 특히 남부의 백인들 사이에 정치적 반발도 빚어냈다. 두 번째는 또 다른 갈등인 민족 간 분열을 낳은 히스패닉계 이민자들의 증가다. 세 번째는 아마 가장 심각한 변화로, 선벨트의 인구학적·경제적 상승이다. 이로써 미국 정치에 새로운 지역과 가치가 전면 부각되었다. 마지막으로, 주거 측면에서 인구의 계급별 분급分級 작용을 포함한 미국의 교외화를 다룰 것이다. 이는 정치의 양극화를 촉진했다.

민권운동과 정치적 재편성

민권운동은 정치권력이 스노우벨트에서 선벨트로 이동하는 기점이 되었다. 나는 1960년대에 미시건 주 디트로이트에서 성장한 덕분에 사회적·정치적 풍경의 변화를 본능적으로 깨달았다. 나의 아버지는 노동 변호사이자 지역 민권운동의 대표자였고, 우리 집은 진보 정치인들의 회합 장소였다. 우리는 당시의 긴장을 충분히 잘 알고 있었다. 그러나 나의 가족과 디트로이트 지역사회는 1967년 흑인 거주지에서 일어난 폭동의 참화에 전혀 대비하지 못했다. 수십 명이 사망하고 도시가 불탔으며 디트로이트는 빈곤과 도피의 흐름 속으로 빨려 들어가기 시작했다. 그 폭동에 이어 백인들이 대대적으로 교외로 이동했고 이들은 놀랄 만한 정치적 반발을 일으켰다. 극단적 인종차별주의 성향의 앨러배마 주지사 조지 월리스 George Wallace가 1968년 대통령 선거에 제3 정당 후보로 출마해 노동자 계급의 폭발적 지지를 받았고, 1972년에는 미시건 주의 대통령 예비선거에서 승리하기에 이르렀다.

바로 이 지점에서, 1980년 레이건의 선출로 정점에 달한 반정부와 반세금 운동에 대한 이야기를 해야 한다. 민권운동은 거의 직접적이고 결정적으로 미 전역의 정치적 재편성을 야기했다. 남북전쟁 이후 1세기 동안 확고한 민주당 지지 지역이던 남부가 갑자기 공화당 지지로 뒤집혔다. 최남동부와 남서부(두 지역이 함께 선벨트를 형성한다)가 이제 정치적으로 우위를 자치했다. 이 지역이 공화당 대통령들을 배출했기 때문이다(1968년 리처드 닉슨, 1980년 레이건, 1988년 조지 H. W. 부시와 2000년 조지 W. 부시). 이는 연방 프로그램에 대한 백인의 반대가 근본적으로 인종이라는 요소를 내포하게 된 시대를 예고했다. 민권운동 이전까지만 해도 연방의 사회적 지출은 주로 백인 유권자들을 위한 것이었다. 1930년대에 도입되어 1950년대까지 지속된 농장주와 주택 소유자, 은퇴자에 대한 연방의 지원은 압도적으로 다수 백인 공동체에 이로웠고 또 그런 식으로 설계되었다. 1930년대에 사회보장이 도입되었을 때, 이 프로그램은 농장 미소유 농업 노동자, 따라서 남부의 가난한 흑인 인구 대다수를 배제했다.[2]

그런데 1960년대 민권운동의 승리 및 빈곤 퇴치 프로그램의 출현과 더불어 연방의 혜택은 점점 더 소수집단들로 흘러들어 갔다. 이에 대한 정치적 반동으로, 많은 백인 유권자들이 정부의 지도적 역할에 급격히 등을 돌렸다.[3] 이런 반발은 자유주의적liberal 지도자들의 과도한 처사가 반복되면서 더욱 증폭되었다. 인종차별 철폐는 백인 노동자 계급 사이에 널리 받아들여졌지만, 적극적 조치affirmative action[b]는 많은 백인들에게 너무 멀리 나간 움직임이었다. 동네 학교들의 인종 간 격리segregation를 폐지하는 것은 받아들일 만했지만, 그렇다고 아이들을 버스에 태워 장거리의 학교로 보내는 것은 다시 한 번 도를 넘어서는 일이었다. 민권운동의 시대가 종국에는 인종 폭동과 도시 폭력 및 범죄로 마감되었던 사실 역시 긍정적인 영향을 주지는 못했다.

백인 복음주의 기독교도들이 견고한 공화당 몰표 집단으로 떠오른 데에도 인종적 배경이 존재했다. 기존에 이들의 표는 두 정당으로 흩어져 있었다. 그러나 1970년대 말, 연방이 종교계 학교들에 인종 격리 폐지에 대한 압력을 강화하자 주로 그 대응으로서 공화당 진영으로 대거 이동했다.[4] 중산층 백인 투표자들의 이러한 방향 전환은 1980~2008년의 28년 중 20년에 이르는 기간 동안에 공화당 대통령이 출현하는 데 막대한 기여를 했다.

히스패닉계 이민자의 급증

미국에서 히스패닉계 인구의 급증은 정치적·민족적 분열의 또 다른 원인이 되었고, 백인 투표자들을 감세와 정부 축소라는 철학 쪽으로 밀어붙였다. 1965년에 미국은 이민 및 국적법을 채택했다. 이로써 1924년 이민법으로 도입되었던 국적별 쿼터를 철폐했고, 이것은 미국의 인구 구성을 대대적으로 변화시켰다. 〈그림 5.1〉은 외국 출생 인구 비중이 1924년 이래로 현저히 하락하다가 1965년 이후 급상승하는 추세를 보여준다. 1970년 당시 미국 내 히스패닉 인구는 약 1천만 명으로 미국 전체 인구의 5% 가량을 차지했고, 캘리포니아와 텍사스 지역에 상당히 집중되어 있었다. 1965년 법률의 자유화 규정 하에서, 1990년 히스패닉 인구는 그 두 배인 2,200만 명으로 늘어나 8.6%를 차지했으며, 2009년에는 다시 두 배로 늘어난 4,800만 명으로 15.7%를 차지했다. 이들은 남서부와 플로리다, 뉴욕, 뉴저지, 북서부에서 상당한 규모의 공동체를 이루고 있다.[5] 히스패닉계의 투표는 주 및 국가 단위의 선거에서 결정적 요인이 되었다. 그 일례가 2008년 대통령 선거로, 이들은 압도적으로 오바마에게 표를 던졌다.

히스패닉계 이민자의 급증은 인종적 긴장을 악화시키고 이민정책을 미국 내 정치 전면에 부각시켰으며, 1970년대 및 이후의 반세금 정서에 직간접적으로 반영되었다. 전국적 조세 저항 운동은 1978년 캘리포니아의 제안 13호Proposition 13에 대한 주민투표로 활발하게 시작되었다. 캘리포니아 내 히스패닉계 인구의 급증, 또 그 히스패닉계 학생들의 교육을 목적으로 추가 부과되던 재산세에 대한 백인 사회 구성원 상당수의 반발이 이 운동에 강한 영향을 미쳤다.[6]

여기서 불법 이민에 따라붙는 특수한 적대감을 이해하는 것이 중요하다. 가난한 이들을 지원하는 프로그램(예를 들어 의료, 교육, 소득 지원, 푸드 스탬프, 기타 프로그램 등)에 대한 사회 구성원들의 정치적 지지는 그들이 공동체 의식을 공유하는지 여부에 전적으로 달려

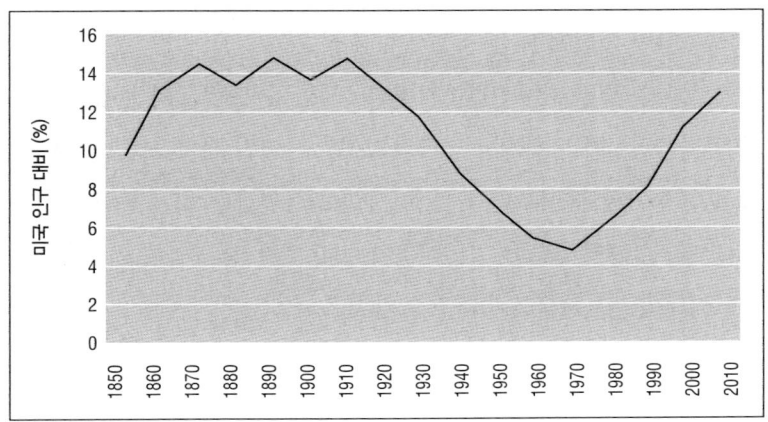

〈그림 5.1〉 미국의 외국 출생 인구 비율 (1850-2010)

출처: Data for U.S. Census Bureau

있다. 그러한 의식은 민족적·종교적으로 분열된 공동체에서는 성립하기가 매우 어렵다. 불법 이민자들에게 국경이 열려 있을 경우라면 더더욱 불가능하다. 미국에 들어오기를 갈망하는 사람들이 말 그대로 수억 명 존재하는 이 방대하고 빈곤한 세계에서, 만약 미국이 국경을 단단히 지키지 못한다면 중산층 및 노동 계층 납세자들은 당연히 자신들의 수표책에 대한 재정적 요구가 무한정해지리라고 믿을 것이다. 그런 적대감은 가령 히스패닉계 같은 특정 집단에 대한 것이라기보다는, 자신들은 열심히 일함에도 불구하고 수백만 게다가 점점 늘어나는 수의 완전히 낯선 사람들을 지원하도록 요구받는 것이 불공평하다고 느끼는 데에서 비롯된다.

이런 정서는 진지하게 다루어져야 한다. 사회적 소득 이전 프로그램은 더욱 투명한 이민정책 및 신규 이민자들(합법이든 불법이든)의 사회 프로그램 가입에 대한 더 명확한 기준과 병행하여 실행되어야 한다. 지금까지 워싱턴은 이러한 문제들에 정직하고 분명하게 대응하지 못했고, 그 결과 대중의 신뢰를 얻지 못했다. 다행히 불법 이민을 포함하여 이민에 대한 재정적 비용 수준은 결코 이민 반대 집단들이 생각하는 것만큼은 심각하지 않다. 또한 수백만 명의 불법 이민자들이 제한적이기는 하지만 궁극적으로는 사면될 것이라는 희망을 갖고서 연방 세금을 납부한다. 또한 사회보장 연금은 매년 불법 이민자들로부터 수십억 달러를 거두어들이며, 수백만 명의 불법 이민자들이 개인소득세 신고서를 제출하고 있다.[7]

스노우벨트를 추월한 선벨트

민권운동과 이민의 급증은 미국인들을 인종과 민족에 따라 나누었을 뿐만 아니라 정치권력의 지형을 바꾸는 데에도 일조했다. 남북전쟁 이후 1세기 동안 미국의 국가권력은 북부 특히 북동부와 중서부에 집중되어 있었다. 거의 모든 대통령이 북부 출신이었다. 산업도 북부에 집중되었고, 부 역시 마찬가지였다. 남부는 남북전쟁에서의 패배라는 명백한 한 가지 이유 외에도 여러 가지 복합적 요인 때문에 성장이 지체되었다. 공업보다는 농업에 더 적합한 생태, 뒤처진 과학기술, 열악한 공공 교육, 그리고 황열병과 말라리아, 십이지장충 같은 열대성 질병에 대한 부담 등이 그것이었다. 이 모든 요인들 때문에 경제력은 여전히 북부에 편중되어 있었다.

그런데 엄청난 정치적 변화가 찾아왔다. 앞선 1900~1960년에는 한 명을 제외하고 모든 대통령이 북부인 스노우벨트 지역 출신이었다. 그러나 1964년부터 2008년 오바마까지 모두, 남부인 선벨트 지역에서 대통령을 배출한 것이다![8] 민권운동은 스노우벨트 대통령 시대와 선벨트 대통령 시대 사이에 확연한 구분선을 그었다. 닉슨을 시작으로 공화당 후보들은 남부의 몰표를 얻었다. 오바마에 이르기까지 단 두 명의 민주당 후보(카터와 클린턴, 둘 모두 선벨트 출신이다)만이 현재는 강력한 공화당 지지 지역인 곳에서 당시 극소한 표를 얻을 수 있었다. 북부의 민주당원들은 남부 백인 중산층의 반대라는 장벽에 직면하곤 했고, 따라서 당선 가능성이 희박했다. (저소득층 백인 유권자들은 민주당 지지 대열에 잔존하는 경향을 보였다.)

그러나 1960년대 이후 선벨트가 대통령을 배출할 힘을 갖게 된 것이 단순히 민권운동에 대한 반발의 결과인 것만은 아니다. 제2차 세계대전 이후 남부의 경제력이 점진적으로 상승한 것 역시 한 가지 주요한 배경이다. 전화, 냉방, 공공 인프라 투자(서부의 댐과 대규모 수자원 사업 등), 의료 및 교육의 상당한 개선 등 이 모든 것 덕택에, 고비용에 노동조합 조직률이 높은 북동부에서 저비용에 노조가 없는 선벨트로 섬유 및 의류 같은 산업이 들어올 수 있었던 것이다. 이처럼 스노우벨트에서 선벨트로 산업이 이동한 것은, 많은 면에서 후에 고임금인 미국에서 저임금인 아시아로 산업이 이전하게 되는 흐름에 대한 예행연습과 같았다.

선벨트 경제가 번창하고 미국 인구(미 본토 태생 및 히스패닉계 이민자 포함)가 점점 더 선벨트에 정착함에 따라, 정치권력의 무게중심도 점점 더 선벨트 쪽으로 기울게 되었다. 〈그림 5.2〉는 인구 비중, 국민소득 비중, 의석수 비중(이것은 또한 대통령 선거를 위한 선거인단 비중을 따른다)이라는 세 가지 결정적 차원에서 스노우벨트에 대한 선벨트의 현저한 상승을 보여준다.

〈그림 5.2〉 선벨트의 상승 (1940-2010)

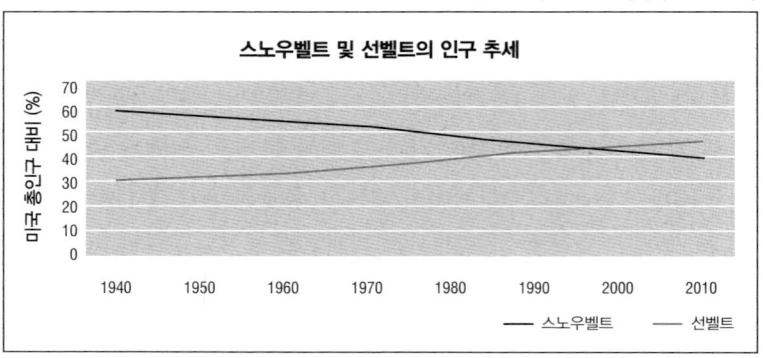

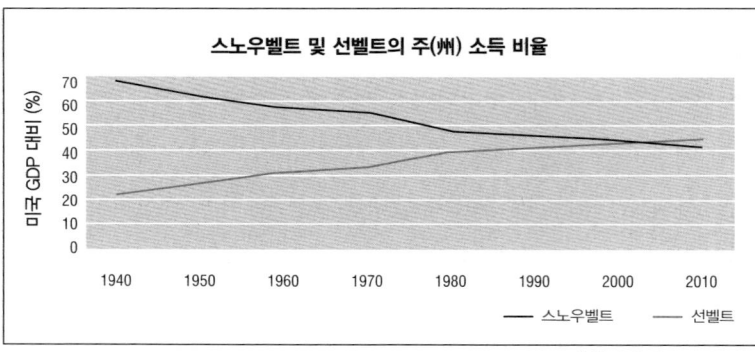

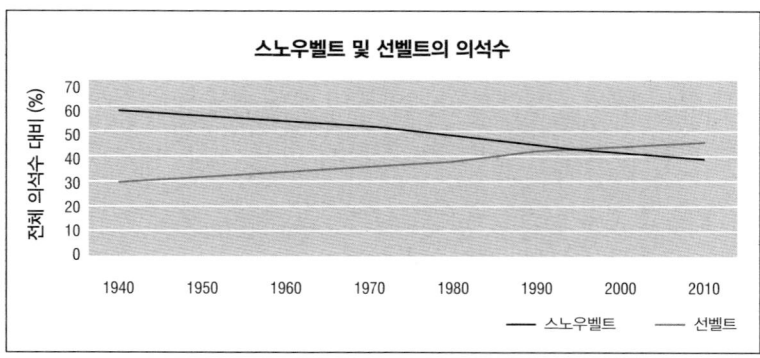

특히 1940년대부터 1960년대까지 선벨트는 세 가지 모두에서 스노우벨트보다 훨씬 적은 비중을 차지했지만, 이를 급속히 따라잡아 2000년에는 스노우벨트를 앞질렀다. 인구와 소득 비중의 증대와 더불어 정치권력도 함께 변화했다.

선벨트의 반정부 정치권력 상승과 관련하여 흥미로운 측면이 있다. 선벨트의 권력이 창출되는 데에 전국적 차원의 가치 변화가 필요하지 않았다는 사실이다. 선벨트의 인구 및 경제 비중의 변화만으로도 전국적 차원의 새로운 정치적 지향을 형성하기에 충분했다. 인구의 변화가 국내 정치에 얼마나 강력한 영향을 미칠 수 있는지 간단한 수치를 통해 살펴보자.

스노우벨트 유권자들이 연방 정부의 사회 프로그램에 대해 7대 3의 비율로 찬성 입장에 기울고, 선벨트 유권자들은 그 프로그램에 7대 3의 비율로 반대하는 쪽에 기운다고 가정해보자. 예를 간단히 하기 위해 또한 전체 유권자 수가 1억 명이고 이 1억 명이 스노우벨트 6천만, 선벨트 4천만 명으로 나뉘어 있다고도 가정하자. 의석수의 60%와 따라서 (대략) 60%의 선거인단이 스노우벨트에 있을 것이고 40%는 선벨트에 있을 것이다. 전체적으로 54%의 유권자들이 사회 프로그램을 지지하고, 46%가 반대한다는 것을 쉽게 알 수 있다.

이제 무작위 구성의 스노우벨트 지역민 2천만 명이 선벨트로 이주한다고 가정하자. 역시 이들 중 70%(1천 400만 명)가 정부의 사회 프로그램을 지지하고 30%(600만 명)가 반대한다. 또한 앞선 1억 명의 미국인 사이에 정치적 입장의 변화는 없고 따라서 전체적으로 사회 프로그램에 대한 찬성과 반대 비율이 54와 46을 계속 유지한다고 가정하자. 그럼에도 불구하고, 새로운 인구 구성 때문에 이제 의회는 그 프로그램을 폐지하는 쪽으로 표결할 가능성이 있다. 그 이유는 이렇다.

'새' 선벨트에는 이제 6천만 명의 유권자가 있을 것이다. '기존' 4천만 선벨트 거주자들은 2천 800만 표와 1천 200만 표로 반대 입장이 우세하다. (스노우벨트에서 이주해온) '새' 거주자들은 1천 400만 대 600만의 표 차이로 찬성이 우세하다. 따라서 전체적으로, 새 선벨트의 3천 400만 유권자들(약 57%)이 정부 사회 프로그램에 반대하고, 2천 600만 명(약 43%)은 그 프로그램을 지지할 것이다.

남부는 북부로부터 사람들이 이주해오기 전보다 반대의 정도는 덜하겠지만 여전히 반정부적 태도가 다수를 차지하는 지역일 것이다. 그러나 이제 남부는 **의회의 의석수**와 선거인단에서 다수를 차지하고, 반정부적 성향의 의원 다수와 대통령을 선출할 것이다. 전국적 여론(여전히 다수가 사회 프로그램을 지지한다)에는 변화가 없음에도 불구하고, 선벨트의 인구 증가 자체로 워싱턴을 친정부 성향에서 반정부 성향 쪽으로 바꿔 놓기에 충분하다. 인구 변동이 숙명적 이유라고 할 수는 없지만, 확실히 이는 큰 역할을 한다.[9]

선벨트의 가치들

선벨트의 부상과 더불어 미국 정치의 저변에 문화적 균열이 생겨나기 시작했다. 사실 1960년대 훨씬 이전부터, 남부의 주 정치와 지방 정치는 지방 경제에서 정부의 역할이 큰 것에 대해 오랫동안 저항해 왔다. 남부는 '주 권리states' rights'의 본거지였고, 남북전쟁의 패전 측이기도 했다. 더욱이 남부 주들의 인구 중에 흑인 소수자들이 상당수 존재했기에 백인 유권자들은 줄곧 공공재 투자에 반대해왔는데, 반워싱턴 정서는 바로 이런 전통을 반영한 것이었다. 선벨트가 부상하면서 그와 같은 반정부 열기가 고조되었고 마침내 이들은 국내 정치에서 실효성 있는 다수가 되었다. 연방 정부에 대해 뿌리 깊은 역사적 반감을 품어온 지역에서 반워싱턴 정서는 너무나 쉽게 격발될 수 있었고, 이제 그러한 정서는 민권운동과 이민, 1960년대의 문화적 격변으로부터 새롭게 자극받는다.

남부는 근본주의 기독교의 보루이기도 하다. 남부인의 37%가 자신을 복음주의 프로테스탄트라 여기고, 65%는 주류 교파와 복음주의 교파를 포함한 프로테스탄트다.[10] 이 수치는 북부인들이 스스로를 복음주의 프로테스탄트로 간주하는 13%, 종파를 막론하고 프로테스탄트에 해당한다고 보는 37%와 비교된다. 선벨트 출신 대통령들이 강력한 복음주의 유권자들의 지지를 받는 가운데, 복음주의적인 문화의 의제―생명권, 학교와 기타 공공시설에서의 기도, 산아제한 반대, 동성 결혼 반대, 반진화론적 학교 커리큘럼 등―가 국가적으로 전면 부상했고, 미국의 문화적 균열에 강한 압력을 가했다.

다양한 전선에서 열려 있었던 문화 전쟁은 민권운동과 도시 봉기, 범죄율 증가와 더불어 1960년대에는 마약과 성 해방, 여권 신장, 동성애권 같은 반문화를 낳았다. 이러한 반문화적 격변의 효과는 불과 몇 년 안에 압축적으로 나타났고, 여기에 더해 도시 간 버스 통학, 적극적 조치, 1973년 대법원의 낙태 합법화 같은 점점 더 급진적인 사회적 규제가 도입되었다. 그러자 종교적 보수주의자들은 자유주의자들이 단지 빈곤 및 차별과 싸우는 것이 아니라 새로운 사회 질서를 강제하려 한다고 생각하게 되었다. 문화적 용광로가 끓어넘치기 시작했다. 선벨트 보수주의자들은 전통적인 기독교 가치들을 위협한다고 보이는 행동가적 연방 정부activist federal government^{c}에 맞서 들고일어났다.

교외로의 탈출

민권운동의 시대와 1960년대 도시 지역에서 일어난 인종적 동요는 또 하나의 거대한 지리적 경향을 가속화시켰다. 바로 부유한 백인 가계들이 교외로 이동하는 것이었다. 교외화는 인종에 바탕을 둔 정치가 전면에 등장하기 이전인 1950년대에 이미 진행되고 있었다. 전후 베이비붐 및 정상화 복귀와 더불어 자동차가 증가하면서 교외화에 박차를 가했다. 그러다 1960년대 이후로 백인들이 교외로 대대적인 이동을 하게 되는데, 이것은 사회적 힘과 경제적 힘이 함께 작용한 결과였다. 많은 백인들이 같은 백인 지역에서 살고자 하는 욕구가 주된 사회적 힘이었고, 부유한 (그리고 주로 백인인) 가정들이 자녀들을 위해 양질의 학교교육을 찾아 나선 것이 주된 경제적 힘이었다.[11]

부유한 가구일수록 더 높은 세금에 기초한 더 나은 공공 교육을 지원하는 교외로 이동해 자신들만의 영역을 확보해 갔다. 부유한 가계들이 인기 있는 교외로 유입되면서 부동산 가격이 올라갔고, 이 높은 부동산 가격을 감당할 수 없는 노동자 계급의 가계들은 인기가 덜한 도시나 교외로 이주할 수밖에 없었다. 가난한 사람들은 일반적으로 선호도가 가장 낮고 집세가 저렴한 도심에 남겨졌다. 그리하여 미국인들은 인종과 계급에 따라 분류되어, 이로부터 오늘날 주거지별로 분할된 미국이 형성되었다.

교외-도심의 분할이 가져온 경제적 분화는 학교 재정 면에서 가난한 도심과 부유한 교외 간 차이로 극명하게 나타났다. 주거의 분급은 교육과 소득 불평등이 한 세대에서 다음 세대로 대물림되는 핵심적인 방식이 되었다. 오래도록 이어지는 빈곤의 덫을 거두기 위해서는, 극빈한 교육구에 대한 연방과 주 수준의 재정 지원이 그 어느 때보다 더 중요해진 것이다.

정치적 분화 역시 현저하게 드러났다. 부유한 교외는 더욱 공화당 쪽으로 기울었고, 가난한 도시 지역은 더욱 민주당 쪽으로 방향을 돌렸다. 결과적으로 부동층 선거구가 줄었으며, 따라서 이는 민주당에든 공화당에든 더 '안전'한 정치적 기반이 되었다. 어느 한 정당이 우세를 보이는 안전한 선거구에서, 진정한 정치적 경쟁은 11월 선거가 아닌 예비선거를 통해 이루어진다. 이런 선거구에서 공화당원들은 더 오른쪽으로, 민주당원들은 더 왼쪽으로 기우는 경향이 있다. 하지만 우리는 대기업의 자금이 양당 모두를 오른쪽으로 견인해 왔다는 점을 기억해야 한다. 따라서 전반적으로는, 매우 보수적인 공화당과 대체로 중도적인(혹은 선거 자금 모금액이 특히 큰 선거구에서는 중도 우파적인) 민주당이라는 결과를 낳았다.

그러나 합의는 존재한다

이 장을 읽는 한 가지 관점으로, 미국 내의 새로운 경제적 합의에 대한 모색은 헛된 일이라고 볼 수도 있다. 결국 미국은 문화적·지리적·인종적·계급적 차이로 깊숙이 쪼개져 있고, 이 모든 분열은 최근 몇십 년간 더욱 깊어졌다. 게다가 티 파티Tea Party[d]는 현재 진행 중인 자유주의자와 보수주의자, 북부인과 남부인, 백인들과 소수집단 사이의 갈등을 단계적으로 가중시키는 래칫ratchet 장치인 듯하다. 이러한 상황에서 어떻게 새로운 공통의 가치가 형성될 수 있을지 의심해 볼 수도 있다. 그러나 나는 이 나라가 근본적이고 결코 타협할 수 없는 경계로 나뉘어 있다는 관점은 틀렸다고 생각한다. 눈에 보이는 것 이상의 합의가 존재한다.

합의란 미국인들이 그들 삶에 중요한 모든 것에 관해 의견을 같이 하는 것이 아니다. 이에 대한 명백한 답은 "아니오"다. 진정한 합의의 쟁점은 전반적인 효율성과 공정성, 지속 가능성을 높이기 위한 일련의 국가 경제정책에 합의할 수 있는지 여부다. 미국인들이 광범위하게 동의하는 몇 가지는 다음과 같다.

미국인들은 시민에게 동등한 기회가 존재해야 한다는 점에 동의한다. 그리고 개인들이 스스로를 구제하기 위해 최대한의 노력을 기울여야 한다는 점에 동의한다. 또 이렇게 곤궁한 자들이 스스로 노력하는 한, 정부가 그들을 도와야 한다는 점에 동의한다. 그리고 부자들이 더 많은 세금을 내야 한다는 점에도 대체로 동의한다. 이러한 핵심 가치들은 경제정책의 방향에 있어 폭넓고 효과적인 합의의 기초를 형성할 수 있다.

2007년에 정치학자 벤저민 페이지Benjamin Page와 로렌스 제이콥스Lawrence Jacobs는 미국인의 72%가 "소득 차이가 너무 크다"는 데 동의하고, 68%는 부와 소득의 분배가 공정하다는 관념에 반대한다는 점을 밝혀냈다.[12] 또한 "정부가 음식과 옷, 또는 집이 없는 사람이 있는지 살펴봐야 한다"는 점에 다수가 동의하고(68%), "모든 아이들이 갈

수 있는 정말로 좋은 학교를 만들기 위해 필요한 모든 것을 해야 한다"는 점에 동의한다(87%). "보육원과 유치원에서의 유아 교육 등에 도움이 되도록 세수가 사용되어야 하고"(81%), "일자리를 잃은 사람들을 위한 재교육 프로그램에 세수를 지출해야 하며"(80%), "모든 미국인이 의료보험 혜택을 받도록 하는 것이 연방 정부의 책임"이라는 데 동의한다(73%).[13]

페이지와 제이콥스의 데이터에 따르면 95%나 되는 사람들이 "어느 누구든 자신보다 못한 사람들을 도울 방법을 항상 찾아야 한다"는 일반적 원칙을 지지했다. 정부가 "부자들에 대한 무거운 세금을 통해 부를 재분배해야 한다"는 명제에 동의하는 비율은 1939년 35%에서 1998년 45%, 2007년에 56%까지 상승했다. 소득 불평등이 엄청나게 증대된 현실에 대한 반발로 이 같은 정서가 높아졌다고 보는 것은 충분히 타당성이 있다.

이러한 평등주의적 관점은 최근 퓨 리서치 센터가 행한 설문 조사에서 확증되었다.[14] "사회는 모든 사람들이 동등한 성공의 기회를 갖는 데 필요한 일을 해야 한다"에 87%가 동의했다. 또 "스스로 돌볼 수 없는 사람들을 돌보는 것이 정부의 책임"이라는 점에 63%가 그렇다고 답했다. 물론 언제나처럼 미국에서 일차적인 책임은 개인에게 돌아간다. "삶에서의 성공은 우리가 통제할 수 없는 힘에 의해 상당 부분 결정된다"에는 32%만이 동의했고, "열심히 일해도 성공할 보장은 없다"는 관점에는 33%만이 동조했다. 미국인의 정신에서는, 필요할 때라면 정부가 도와야 하겠지만 기본적으로 개인이 스스로의 운명을 써 가는 작가가 될 수 있고 또 되어야 한다.

가난한 자들에 대한 공공의 책임을 지지하는 한편, 대기업들이 성과를 손쉽게 얻도록 허용되어 왔다는 강력한 합의 역시 존재한다. 대중은 경제에서 사기업의 중요성을 전적으로 인정함에도 불구하고 "소수 대기업에 너무 많은 권력이 집중되어 있다(2009년 4월, 77%가 찬성하고 21%가 반대)"는 점과 "기업 조직들이 너무 높은 수익을 올리고 있다(2009년 4월, 62%가 찬성하고 33%가 반대)"는 점에 압도적으로 동의한다.[15] 또한 부유층에 대한 과세 증가에 찬성하는 다수가 여전히 존재한다.

또 조사 결과는 자연환경의 중요성에 대한 인식이 꾸준히 이어짐을 보여준다. 연방 정부는 그렇지 않지만 미국인들은 환경의 중요성을 의식하고 있다. 퓨 설문 조사에서는 83%의 미국인들이 "환경을 보호하기 위해 보다 엄격한 법률과 규제가 있어야 한다"고 답했다.[16] 2010년 6월 《USA투데이》와 갤럽이 시행한 여론조사에서는 "지구온난화를 줄이기 위한 노력의 일환으로 사기업의 온실가스 배출을 규제하는" 입법에 50%가 찬성, 40%가 반대를 표했다. 이와 비슷하게 ABC 뉴스와 《워싱턴포스트》의 여론조사에서도, 71%의 미국인들이 "정부가 지구온난화의 완화를 위해 발전소, 자동차, 공장 등의 온실가스 배출을 규제해야 한다"는 데 동의했다(반대는 26%).[17] 또한 2011년 1월 라스무센Rasmussen 조사에서 66%의 응답자들은 재생에너지가 화석연료보다 장기적으로 더 나은 투자라고 답했다(그렇지 않다고 답한 사람은 23%).[18] 일반적으로 환경보호와 경제성장은 거의 동등하게 우선시된다. 물론 젊은 사람들은 환경을, 나이 든 사람들은 경제성장을 우선적으로 생각한다. 그러나 차츰 성장보다는 환경이 전체적으로 가장 우선시되는 추세다.

유권자들에게 더 많은 정보가 제공되면 의견의 불일치는 훨씬 더 줄어들 것이다. 많은 연구와 조사에서 밝혀졌듯이, 흔히 대중은 미국의 소득 분배 및 여기에 공공 정책이 실제로 어떻게 영향을 미칠 수 있는지에 관한 구체적인 지식이 매우 부족하다. 미국인들은 빈곤 가정에 주어지는 '복지'(저소득 가정 임시 보조로 알려진)나 대외 원조 같은 '무상 제공' 프로그램에 대한 연방의 지출을 지나치게 과대평가한다. 그래서 종종 이런 것을 예산의 주요 부분으로 보지만, 사실은 극히 일부에 지나지 않는다.

가장 중요하고도 흥미로운 혼동 중 하나라면, 연방 세금과 소득 이전에 대한 실질적 부담과 혜택에 관해서다. 선벨트의 공화당 지지 주들은 연방의 과세와 지출에 극렬히 반대하는 경향이 있는데, 물론 이는 부분적으로 연방 통치에 대한 그들 남부의 반감에 뿌리를 둔다. 그러나 이곳 주민들은 일반적으로 자신들이 오늘날 연방 세금과 이전소득의 주된 수혜자라는 사실을 깨닫지 못한다. 백만장자와 억만장자들은 민주당 지지 주—캘리포니아, 뉴욕, 코네티컷, 뉴저지—에 살고 있고, 이들의 소득세가 공화당 지지 주의 거주자들을 위한 메디케이드와 장애, 고속도로 사업을 지탱한다.

〈표 5.1〉에서 볼 수 있듯, 연방 프로그램에 대한 공격을 주도하는 바로 그 지역들이야말로 정부가 철수한다면 생계와 복지를 위협받을 곳들이다. 이 표는 각 주의 거주자들이 워싱턴에 내는 연방 세금 1달러당 그들이 돌려받는 연방 지출의 순위를 보여준다. 수치가 1달러보다 높은 경우, 곧 그곳 거주자들은 다른 주들이 낸 세금으로 충당된 연방 지출의 순 수혜자임을 나타내고, 1달러보다 낮은 경우는 해당 주의 세금이 다른 주 거주자들을 위한 혜택으로 돌아감을 의미한다. 2008년 선거에서 오바마는 최대 수혜 주 열 곳 중 뉴멕시코와 버지니

⟨표 5.1⟩ 주별 납세 1달러당 연방 지출

	납세 1달러당 받는 연방 지출	순위	오바마 득표율
최상위 10개 수혜 주(州)			
뉴멕시코	$2.03	1	57%
미시시피	$2.02	2	43%
알래스카	$1.84	3	38%
루이지애나	$1.78	4	40%
웨스트버지니아	$1.76	5	43%
노스다코다	$1.68	6	45%
앨러배마	$1.66	7	39%
사우스다코다	$1.53	8	45%
켄터키	$1.51	9	41%
버지니아	$1.51	10	53%
최상위 10개 납세 주(州)			
콜로라도	$0.81	41	54%
뉴욕	$0.79	42	63%
캘리포니아	$0.78	43	61%
댈러웨어	$0.77	44	62%
일리노이	$0.75	45	62%
미네소타	$0.72	46	54%
뉴햄프셔	$0.71	47	54%
코네티컷	$0.69	48	61%
네바다	$0.65	49	55%
뉴저지	$0.61	50	57%

출처: The Tax Foundation (2005) and CNN Election Center (2008)

아 단 두 곳에서만 승리했다. 반면 열 곳의 최대 납세 주에서는 모두 승리했다. 역설적이게도 현재 조세 저항 운동을 이끄는 주들은 사실 연방 지출의 최대 수혜자들이다. 그곳 주민들이 알지 못하는 것은 바로 이 점이다.

새로운 합의를 향하여

언뜻 보기에 미국은 가망이 없을 정도로 분열되어 있다. 그러나 자세히 들여다보면, 미국을 분열시키는 힘보다는 통합하는 힘이 여전히 더 강하다. 우리의 정치가 분열적으로 보이는 것은 상대적으로 부동층이 많은 중서부 지역의 치열한 선거전 때문이 아니라 (1) 미국인들이 믿는 것과 (2) 미국인들이 믿는 것이라고 매스미디어가 말하는 것, (3) 미국인들이 믿는 것과는 상관없이 정치인들이 실제로 결정하는 것 사이의 커다란 간극 때문이다. 지역, 계급, 인종, 민족 간 차이에도 불구하고, 미국인들은 일반적으로 온건하며 관대한 편이다. 미디어가 극단적인 것을 강조하고 심지어 부추기는 경향이 있음에도 불구하고 말이다. 정치인들이 부자와 특수 이해관계자들을 따라 표를 던지면서, 우리는 결국 자신의 나라에 대해 매우 편향된 관점을 갖게 되었다. 그러나 공공 정책이 기업에 잠식된 미디어가 포장하는 가치가 아닌 진정한 미국의 가치를 따르기 시작한다면, 이 나라는 지금보다 훨씬 더 나아질 수 있다.

이를 위해서는 대중이 새롭고도 더 높은 수준의 정치적 책임을 발휘해야 할 것이다. 특수 이해관계자들이 우리 정치를 지배하는 것은, 그들이 더 많은 돈을 가졌기 때문만은 아니다. 많은 일반 대중이 공공의 심의에 참여하지 않아서이기도 하다. 그렇다. 일반적으로 정치인과 기업 이해관계자들은 대중의 눈과 귀를 가리려고 애쓰고, 많은 대중은 알고자 하는 노력을 충분히 하지 않았기에 이런 일이 일어나도록 허용해온 것이다.

a 흔히 '보수'에 상반되는 의미로서 '진보'로 번역되기도 한다. 미국 정치 지형에서 대체로 민주당 좌파를 가리킨다. 이들은 루즈벨트 이후 성립된 복지국가를 적극 지지한다는 점에서 레이건으로 대표되는 자유지상주의자들(libertarians)과는 구별된다.
b 고용과 교육, 취업 분야에서 그동안 차별을 받아온 소수자들에게 혜택을 주기 위해 인종과 피부색, 종교, 성, 출신 민족 등을 고려하도록 한 정책으로서, 과거의 차별로 인한 효과를 상쇄하는 것으로 정당화되었다. 일종의 소수자 우대 정책.
c 국민의 경제 및 사회 생활에 적극 개입하는 연방 정부를 가리킨다.
d 미국의 보수주의 풀뿌리 유권자 조직.

6장
새로운 지구화

지구화는 지난 40년 동안 우리가 제대로 대응하지 못한 경제적 과제다. 레이건은 큰 정부를 미국 병폐의 원인으로 진단한 데서 틀렸을 뿐만 아니라 1970년대와 1980년대에 몰려오던 진정한 폭풍을 무시했다는 점에서도 실수를 범했다. 1970년경부터 미국과 세계는 크게 세 가지 전 지구적 변화의 바람을 맞았다. 디지털 전자 시대로 시작된 인터넷과 이동전화 및 컴퓨터 기술 혁명, 세계경제에서 아시아의 부상과 이것이 가져올 역사적 변동, 새롭게 출현한 전 지구적 생태 위기가 그것이다. 이로써 미국을 포함한 전 세계적 차원에서 소득과 일자리, 그리고 투자에 대한 거대한 변화가 생겨났다. 그 변화는 너무나 방대하고 곳곳에 스며들어 있기에, 지구화의 책임과 편익이 국민 전체에 널리 공유되고 미국의 국제경쟁력이 유지되도록 하려면 연방 정부에 의한 적극적인 방향 제시가 절실하다.

모든 세대는 효율성과 공정성, 지속 가능성의 조화라는 새로운 과제에 직면한다. 200년 전 서유럽과 미국의 새로운 과제는 첫 번째 산업혁명을 진전시키고 인간의 필요에 맞게 조율하는 것이었다. 150년 전에 주된 과제는 대도시 인구가 폭발적으로 증가함에 따라 안전하고 살 만한 도시 환경을 조성하는 것이었다. 그리고 75년 전 주요 과제는 대공황 극복이었다. 지금 우리의 과제는 새로운 지구화를 활용하는 것이다. 이 혼잡하고도 긴밀하게 상호 연관된 세계 속에서, 효율적이고 공정하며 지속 가능하게 살아갈 새로운 방법을 찾아야 한다.

새로운 지구화

지구화의 본질은 세계의 모든 부분이 무역과 투자, 생산망(컴퓨터와 이동전화 혹은 자동차 같은 최종 제품은 종종 10여 개국을 거치는 생산과정의 결과물이다)을 통해 연계되는 것이다. 어떤 면에서 지구화는 수천 년 동안 계속되어 왔다. 2,000년 전에 중국의 한漢 제국은 로마 제국과의 교역에서 비단을 수출하고 금과 시리아산 유리를 수입했다. 15세기 말에 크리스토퍼 컬럼버스와 바스코 다 가마는 유럽을 아시아 및 아메리카와 연결하는 해로를 발견하여 전 세계의 경제적 연계를 위한 막을 열었다. 이 발견에 대해 애덤 스미스는 "인류 역사상 가장 위대하고 중요한 두 사건"[1]이라고 말한 바 있다. 그러나 지구적 무역의 이 오랜 역사에도 불구하고, 우리 시대의 지구화에는 무언가 질적으로 다른 것, 새로운 지구화라고 일컬을 만큼 충분히 다른 무언가가 존재한다.

그 새로움이란, 혁신적 기술과 지정학적 변화가 서로 결합하여 그 어느 때보다 더 강력한 경제적 상호 연계망이 창출된 것이다. 새로운 지구화에서 가장 중요한 기술은 정보, 통신, 그리고 수송 기술이다. 새로운 지구화는 곧 디지털 시대의 지구화다. 정보를 처리하고 저장하는 컴퓨터, 그 정보를 순식간에 매끄럽게 전송하는 인터넷과 이동전화, 저비용의 전 지구적 교역을 가능하게 하는 항공 및 컨테이너식 해양 수송 등과 더불어 세계경제는 어느 때보다 긴밀히 연계되었다. 동시에 노동의 전 지구적 분업도 과거보다 더 복잡하고 정교해졌다. 19세기, 아니 사실 1950년까지만 하더라도 공업 생산은 세계의 다양한 곳에서 유럽이나 미국 혹은 일본으로 몇몇 원료를 수송하는 데 기반을 두었다. 오늘날은 재료부터 최종 포장에 이르기까지 가치 사슬 value chain의 모든 단계에서 지역 간 복합적인 망 속에 생산이 이루어진다. 전 세계에 흩어져 있는 수십 개의 생산 시설들이 종종 이 망을 통해 연결된다.

새로운 지구화의 선두에 선 주체는 여러 개 나라, 때로는 100여 개국 이상에 사업 기반을 두고 있는 다국적기업MNC이다. 미국의 거대 다국적기업(2008년 해외 자산 순위 기준)에는 제네럴일렉트릭(GE), 엑슨모빌, 쉐브론, 포드자동차, 코노코필립스, 프록터앤갬블, 월마트, IBM, 화이자 등이 있다.[2] 이 회사들은 대개 자사 총노동력의 절반 이상을 미국 바깥에 두고 있다. 예를 들어 2010년에 제너럴일렉트릭은 미국 내에 13만 3,000명, 해외 60여 개국 이상에 15만 4,000명을 고용했고, 1,550억 달러의 매출액 중 절반 이상(830억 달러)을 미국 밖에서 벌어들였다.[3] 미 경제에서 지구화의 역할 증대를 보여주는 또 하나의 핵심 지표는 해외에서 벌어들인 기업 이익의 비중이다(《그

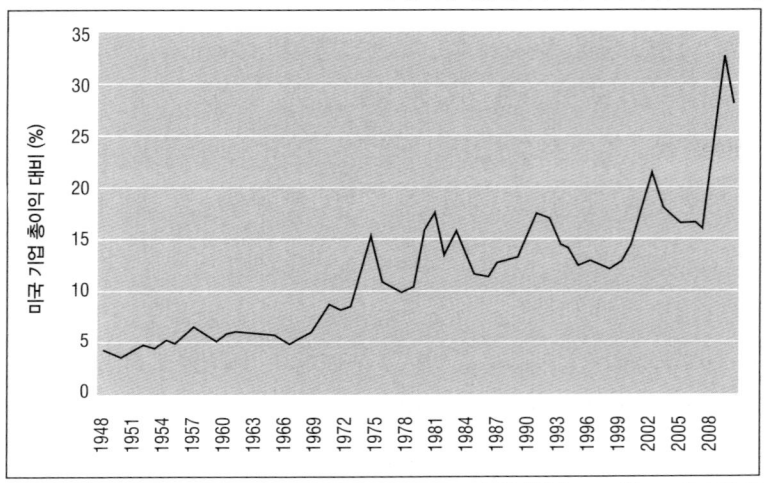

〈그림 6.1〉 기업 총이익 대비 해외 이익 (1948-2010)

출처: U.S. Bureau of Economic Analysis

림 6.1〉). 측정상의 어려움이 있긴 하지만, 기업 부문이 점점 더 국제화하고 있다는 점에는 의심의 여지가 없다. 국민소득 계정은 최근 기업 이익의 25% 이상이 해외에서 유래했음을 보여준다. 이는 1960년대의 약 5%에서 대폭 상승한 것이다.[4]

정보와 통신, 수송 기술의 중추적인 진보와 더불어 지정학적 변화도 새로운 지구화의 출현에 핵심 역할을 했다. 첫 번째 대대적인 사건은 제2차 세계대전 이후 유럽의 옛 식민지들이 독립한 것이었다. 이로써 향후의 경제적 발전을 위한 정치적 기초가 형성되었다. 그 뒤 1960년대에 아시아의 여러 발전도상국, 두드러지게는 홍콩과 타이완, 한국이 전 지구적 시장 기반의 교역 시스템에 동참하기 시작했다. 특히 이 과정에서 미국과 유럽, 일본 등의 해외 투자를 받아들이고, 수출자유지역을 조성해 수출 지향적 생산 시설들을 유치했다. 그리고 1978년에 무엇보다 큰 변화가 발생했다. 당시 약 10억(오늘날 13억) 인구를 가진 중국이 그들 경제를 전 지구적 무역과 금융, 외국인 투자에 개방한 것이다. 1991년에 인도가 그 뒤를 따랐고, 지금은 사실상 세계 거의 모든 나라가 무역과 금융, 생산을 통해 연결되어 있다.

지구화가 갖는 주된 경제적 함의는, 과거에 미국이나 유럽, 일본에서만 수행되었던 경제활동이 굉장한 규모로 급속히 확장되고 복잡해지면서 이제 중국이나 인도, 브라질을 비롯한 다양한 나라에서 더 큰 수익을 올리며 수행될 수 있다는 것이다. 과거 미국과 유럽에서 생산되던 재화와 서비스들이 지금은 전 세계 발전도상국들에서 생산된 뒤 중간 제품이나 최종 제품의 형태로 고소득 국가들에 수출되고 있다. 점점 더 폭넓은 범위의 재화와 서비스의 생산이 신흥 경제에 재배치됨에 따라 미국의 고용과 소득 상황이 엄청난 격변에 노출되었다.

1985년에 미국과 중국 사이의 상품 무역은 각각 39억 달러 수준에서 균형을 이루었다. 이는 그해 미국 GDP의 0.09%에 해당하는 수준이다. 이후 2009년 중국의 대미 수출은 2,964억 달러로 급증했는데, 이것은 미국 GDP의 2.1%, 미국 제조업 부가가치(총산출 빼기 총투입)의 약 19%에 해당하는 수치다. 미국의 대중 수출도 상당히 증가하여 695억 달러에 달했다. 미국으로 들어오는 중국의 수출품 대부분은 공산품이고(약 98%), 이는 놀라울 정도로 광범위한 부문에 걸쳐 있다.[5] 그러나 그중 절반 이상은 컴퓨터와 통신 장비, 텔레비전, 기타 전자 기기, 섬유, 의류, 신발, 가구, 장난감 같은 몇몇 핵심 부문에 집중되어 있으며, 미국에서는 1998년부터 2009년 사이에 그 부문들에서 약 200만 개의 일자리가 사라졌다.[6]

새로운 지구화는 세계경제와 지구 정치를 근본적으로 변화시키고 있다. 중국과 일본 두 나라의 국민소득을 시장 환율을 적용하여 공동

통화로 환산해보면, 2010년에 중국 경제는 세계 2위로서 일본을 추월했다. (시장 환율이 아니라 구매력에 따라 국민소득을 비교하면 중국은 2001년에 이미 일본을 추월했다.) 추측하건대 중국은 향후 20년 내에, 구매력 조정치를 적용하면 2020년경에 미국을 추월할 것이 확실하다. 그리고 이것은 당연히 무역과 투자 패턴만이 아닌 지정학적 패턴까지 바꿔 놓을 것이다. 점점 더 많은 나라들이 중국을 무역과 금융의 주요 파트너로 보게 됨에 따라, 중국은 국제 외교에서 더욱 중요한 존재로 떠오르고 있다. 이처럼 권력이 대서양에서 태평양과 인도양으로 이동하면서, 세계 정치에서 200년 이상 고수해온 북대서양 패권은 종말을 향하고 있다고 해도 과언이 아니다. 석유와 석탄, 구리, 콩 같은 세계 천연자원의 열렬한 수입국으로서 그 어느 때보다 커다란 존재로 부상 중인 중국은, 최근에는 온실가스 최대 배출국으로서 미국을 추월하기도 했다.

새로운 지구화를 과소평가하는 경향

이 대대적인 경제의 드라마에도 불구하고, 미국 정치인들과 심지어 학자들까지도 시종일관 지구화의 영향을 과소평가해 왔다. 또 그들은 변화의 주된 동인이 전 지구적 차원에 있음에도 불구하고 현상에 대한 설명을 내부에서 찾으려 했다. 미국은 '1등 국가'로서 관심의 중심에 서는 데 너무나 익숙했기에, 그 주변에서 일어나는 지구적 변화의 규모를 가늠하지 못했다.

이러한 과소평가는 미국이 제2차 세계대전 이후의 지배적 위치에서 처음으로 밀려난 1970년대로 거슬러 올라간다. 1970년대는 미국이 일종의 국제적 인과응보를 거듭 겪은 시기였다. 먼저, 1971년에 미국이 온스당 35달러라는 고정 가격에 외국인 소유의 달러를 금으로 태환해주겠다는 공약을 폐기하면서, 미국 중심의 국제 화폐 체제가 붕괴했다. 2년 후에는 석유 가격이 치솟았다. 이것은 중동 산유국들이 새로이 조직한 힘 때문이기도 했고, 세계경제가 기존 방식으로 공급되던 석유의 고갈에 직면한 때문이기도 했다. 그 뒤 1975년 미국은 베트남 전쟁에서 패하며 재래식 군사력의 한계를 드러냈다. 1970년대 후반에는 일본이 자동차와 전자 기기 부문을 통해 미국의 소비 시장에 침투하기 시작했다. 이는 미국이 자랑하는 기술적 선도력이 아시아 산업체들로의 기술 이전 및 아시아 자체의 제반 혁신들로 인해서 급속히 무너질 수 있음을 단적으로 보여주었다.

이와 같은 국제적 현실이 1970년대 말 미국 정치의 초점이 되었어야 했다. 하지만 그렇지 않았다. 당시의 쟁점은 거의 전적으로 국내 이슈였다. 레이건의 '진단'은 1970년대 미국 경제 위기 — 통화정책, 자원 부족, 대외 경쟁 — 의 다양하고 새로운 국제적 차원에 주목하기보다는 연방 정부의 규모 축소에만 집중했다. 마치 연방 정부가 늘어나는 국제 경쟁에 대응하지 못한다는 듯이 말이다.

앨런 그린스펀의 오판

1987년부터 2006년까지 앨런 그린스펀은 연방준비제도 의장으로서 새로운 지구화가 출현하는 동안 연준을 이끌었다. 그러나 레이건과 마찬가지로, 그는 이 결정적인 현상을 여러 차례 오해하거나 무시했다. 그는 미국을 닫힌 경제로 간주함으로써 자신의 정책이 초래할 심각한 위험을 간과했고, 따라서 2008년의 대붕괴를 포함한 심각한 금융 위기에 불을 지피는 데 일조했다.

그린스펀의 생각은 한 가지 핵심에 고착되어 있었다. 개인 소비와 주택 구매를 촉진하기 위해 자신이 이자율을 낮추었음에도 불구하고, 미국의 인플레율이 계속 낮은 상태를 유지한 사실이었다. 그는 이것을 미국 생산성의 기적이라고 간주했다. 바로 정보 기술이라는 '신 경제'에서의 혁신 덕분에 경제가 새로운 성장 잠재력을 갖게 되었다는 것이다. 그의 부하 직원들은 그와 같은 생산성의 증가가 데이터에 포착되지 않는다며 수차례 이의를 제기했다. 하지만 그린스펀은 생산성의 기적 외에는 낮은 인플레를 설명할 길이 없다고 주장하며 태도를 굽히지 않았다.

그는 대단히 나쁜 결과를 초래할 수 있는 진정한 핵심을 놓쳤다. 인플레는 생산성 기적이 아니라 중국에서 물밀듯이 들어오고 있던 소비재 때문에 낮은 상태로 머물렀던 것이다. 미국 소비자들이 소비재에 대한 수요를 늘림에 따라, 중국은 미국의 지칠 줄 모르는 욕심을 이용해 하룻밤에 공장들을 세우다시피 하며 공급을 확대했다. 그린스펀이 통화 공급의 가속 페달을 더 강하게 밟을수록, 소비와 주택 경기가 흥청거렸다. 따라서 그의 정책은 과잉 지출의 결정적 요인이었고, 이것이 끝내 2008년 금융 붕괴로 이어졌다.

미국이 생산성 붐을 누리고 있다는 그린스펀의 판단이 정확했다면, 미국은 GDP와 임금, 고용의 급성장을 경험하게 되었을 것이다. 국민 총생산도 소비지출을 앞질렀을 것이고, 저축률은 상승했을 것이다.

물론 실제로는 정반대의 일이 벌어지고 있었다. 미국의 GDP 성장은 부진했고 임금은 정체되었으며 고용은 감소하고 있었다. 1990~1998년에 제조업 고용은 약 1천 720만 명 수준으로 비교적 안정적이었음에도 불구하고, 1998~2004년에 320만 개의 제조업 일자리가 사라지면서 노동시장의 기초가 붕괴했다.[7] 이 모든 부정적인 결과는, 저인플레의 주된 이유가 생산성 증대가 아닌 해외로부터의 수입이었음을 시사해준다. 또한 연방준비제도의 느슨한 화폐 정책은 미국이 아니라 중국의 제조업 일자리를 창출하는 데 기여한 것이다.

연준의 정책이 2002~2006년에 걸쳐 약 100만 개의 건설업 일자리를 창출하기는 했지만, 이는 일시적인 것이었다.[8] 연준이 통화 공급을 가속화함에 따라 미국의 이자율은 최저 수준까지 내려가 모기지론 수요가 치솟는 결과로 나타났다. 월스트리트는 모기지를 증권화하여 이것을 연기금 같은 공공 기금이나 외국 은행, 보험회사 등에 판매하기 시작했다. 지금은 모두가 알고 있듯이, 증권을 패키지화하는 과정에 참여하는 모든 당사자가 얻는 거액의 수수료는 모기지 부문에서 대출 기준－과 윤리적 기준－의 붕괴를 야기했다.

여기에는 두 가지 교훈이 있다. 첫째는, 화폐 정책이 미국의 고용 문제를 해결할 수 없다는 것이다. 그럼에도 불구하고 그린스펀은 값싼 신용을 통해 그와 같이 해보려는 헛된 노력을 여러 차례 시도했고, 현재 벤 버냉키Ben Bernanke도 똑같은 처사를 반복하고 있다. 이것은 성공할 가망이 없으며 자멸적인 전략이다. 연준이 주도하는 주택 시장 버블을 통해 건설업 일자리가 한시적으로 창출될 수는 있지만, 거품이 꺼지고 미국에 남게 될 것은 대외 경쟁 압박과 국제경쟁력 약화로 인해 제조업 고용이 더욱 하락하는 현실이다. 두 번째 교훈은, 지구화에 대한 무시나 무지는 몇 번이고 되풀이해 우리를 따라다닌다는 점이다. 지금 미국이 세계경제에 단단히 통합되어 있고 전 세계 생산망을 통해 60억 이상의 사람들과 연계되어 있다는 현실에 초점을 맞추지 않으면, 우리는 유의미하고 지속 가능한 방식으로 번영을 회복할 수 없을 것이다.

새로운 지구화의 장기적 효과

새로운 지구화는 미국의 최근 거품-붕괴 주기boom-bust cycle의 한 요인이었지만, 여기에 그치지 않고 훨씬 더 심층적인 영향을 미친다. 중국과 인도, 기타 신흥 경제국들이 지구 경제로 통합되면서 소득분배와 고용, 투자, 무역에 근본적인 변화가 일어났다. 심지어 미국의 국내 정치도 막대한 영향을 받고 있다. 나는 전 지구적으로 혁명적 변화를 일으키고 있는, 새로운 지구화의 세 가지 포괄적인 효과에 주목하고자 한다. 정리하자면 이는 수렴 효과, 노동 효과, 이동성 효과라고 할 수 있다.

수렴 효과란, 새로운 지구화가 오늘날 신흥 경제에 도약 기술로 접근할 도관을 제공하고 그럼으로써 이들과 부국들, 특히 미국과의 소득 격차를 급속히 줄이도록 해주는 사실을 가리킨다. 생산 시스템이 지구화되면 발전도상국들은 유럽과 일본, 미국에서 온 첨단 기술을 더 빨리 습득하게 된다. 중국은 해외로부터 수입된 선진 기술에 기초하여 생산 시스템을 개량할 뿐 아니라, 직접 수입 기술을 익히는 데에도 지대한 노력을 기울여왔다. 중국 정부의 한 가지 핵심 전략은,

외국인 투자자가 중국 시장에 들어오려 할 경우 중국 기업과의 합작을 통해야 한다는 것이다. 중국 측 합작 파트너는 수입된 기술을 재빨리 습득한 다음 자체 사업을 전개한다. 이 계획적이고 선별적인 기술이전 과정(보다 적절히 표현하자면 흡수 과정)은 그들의 괄목할 만한 경제성장과 기술 향상을 설경하는 데 도움이 된다. 중국의 성장률은 1980년 이후 연평균 약 10%였고, 이것은 1980~2009년 사이 GDP를 20배 증가시키기에 충분했다.

노동 효과란, 1978년 중국의 세계무역에 대한 개방으로 수억 명의 미숙련 노동자들이 전 지구적으로 통합된 노동력 풀pool에 편입되었다는 의미다. 이를 통해 상대적으로 미숙련 노동자의 공급이 급증하여 세계 미숙련 노동자들의 임금을 끌어내렸다. 물론 이런 현상이 즉각적으로 일어난 것은 아니다. 중국이 세계무역에 문호를 개방할 시점에, 중국의 잠재적 제조업 노동자 대다수는 아직 구석진 시골의 농민들이었다. 이들은 노스캐롤라이나 주의 의류업 노동자들에게 위협이 될 만큼 교육과 숙련도, 상호 보완적 기술, 사업 자금, 항구들과의 물리적 근접성을 갖추고 있지 않았다. 그러나 중국 정부 하에 추진된 결연한 교육정책과 의욕적이고 근면한 중국인들의 노력으로, 시간이 흐르며 숙련도가 향상되었다.

이 새로운 산업 노동자들을 고용할 자본과 기술은 대부분 중국 바깥에서 유입되었다. 외국인 투자자들이 '경제특구'로 지정된 중국의 해안 도시들에 사업체를 세우면서 자본과 기술이 들어왔다. 약 1억 5,000만 명의 중국인 노동자들이 시골을 떠나 도시로 이주하면서 새로운 일자리와의 물리적 거리가 좁혀졌다. 그곳의 새로운 제조업체에서 그들은 더 나은 일자리를 찾을 수 있었다.[9] 그리하여 일례로 중국의 선전深圳 같은 지역에서 교육과 숙련도, 기술, 자본, 물리적 근접성이 한데 합쳐졌다. 홍콩 바로 북쪽에 위치한 해안 도시인 선전은, 1975년 약 2만 명이 거주하는 작은 어촌에서 2010년 약 900만 인구의 도시로 성장했다.[10]

이동성 효과란, 지구화가 갖는 기본적 비대칭성을 가리킨다. 즉 국제적으로 이동 가능한 자본과 이동 불가능한 노동 사이의 차이를 말한다. 자본이 국제적으로 이동 가능해지면, 세계의 여러 국가들은 그 자본을 유치하기 위해 경쟁하기 시작한다. 그러면서 다른 나라에 비해 더 높은 수익성을 제공한다. 예를 들어 법인세를 낮추거나 규제를 완화하며, 오염을 허용하고 또는 근로 기준을 무시한다. 각국 정부들 간의 잇따른 경쟁 속에서 자본은 이 같은 '바닥을 향한 경주race to the bottom'를 통해 이득을 얻는다. 이 경주에서 정부들은 서로 다른 나라보다 한발 앞서기 위해 감세와 규제 완화의 악순환에 빠져든다. 모든 나라가 경제를 관리하는 데 필요한 규제와 세수를 잃게 되므로, 결국 모든 나라가 패배자가 된다. 그리고 여기서 최대의 패배자는 자본에 대한 정부의 과세 손실을 만회하기 위해 더 높은 세금에 직면할 가능성이 있는, 국제적으로 이동 불가능한 노동자일 것이다.

소득 불평등과 새로운 지구화

원칙적으로, 새로운 지구화는 궁극적으로 세계 전체에 유익할 수 있다. 중국과 인도를 비롯한 여러 신흥 시장에서의 생산성 증대와 전 세계 수송 및 통신 비용의 하락은 전 세계의 소득을 높일 수 있다.[11]

신흥 경제들이 큰 성공을 거둘 수 있음은 확실하다. 기술 유입을 통해 생산성을 높이고, 국제적 유동 자본을 끌어들이며, 새로운 수출산업에 고용되는 노동자들의 실질임금을 높일 수 있기 때문이다. 이는 실제로 입증되었다. 중국과 인도를 비롯한 여러 신흥 경제국들은 지구화 덕분에 역사상 가장 빠른 경제성장률을 달성할 수 있었다.

미국과 유럽, 일본을 포함한 고소득 국가들 역시 승자가 될 수 있다. 신흥 경제국들은 우리가 필요로 하는 매우 광범위한 종류의 저비용 재화와 서비스를 생산하지만, 고소득국도 신흥 경제국들에 다양한 종류의 재화와 서비스를 수출할 수 있다. 강력한 규모의 경제economies of scale를 보유한 부문들은 시장의 전 지구적 확대로부터 혜택을 입을 것이다. 첨단 혁신에 몰두하며 정보 기반 제품과 서비스를 생산하고 마케팅하는 하이테크 기업들(제약 회사들과 정보 기술 회사 등)이 여기에 해당된다. 구글, 마이크로소프트, 애플, 아마존닷컴 등이다. 무역을 통해 전문화와 혁신이 더욱 확대될 수 있고, 고소득국 소비자들은 더욱 더 많은 종류의 재화를 얻을 수 있다.

그러나 이런 이득은 고소득 경제국들 안에서 불균등하게 분배될 가능성이 크다. 고숙련(따라서 고소득) 노동자들은 즉각 이익을 얻겠지만, 저숙련(따라서 저소득) 노동자들은 해외로부터의 더욱 극심한 경쟁 압박을 받을 수 있다. 그러므로 사회의 모든 부분들이 지구화의 이득을 골고루 얻으려면, 승자들이 패자들에게 보상을 해주어야 한다. 지구화의 결과 소득과 부의 증대를 누리는 고소득자들은 패자가 되는 사람들을 위한 공공투자(예를 들어 직업훈련 등)와 이전소득의 증대를 재정적으로 뒷받침하도록 더 많은 세금을 지불해야 한다.

그런데 신흥 경제국들에서의 소득 증대가 전 지구적 환경 재앙을 야기한다면 결국 세계 전체가 지구화의 실패자가 될 수도 있다. 가령 중국의 성장 과정에서 석탄 사용으로 이산화탄소 배출량이 폭증해 전 지구적 기후변화가 파국으로 치달을 경우에 말이다. 그러므로 지구화의 편익을 거둘 수 있으려면, 일국 내 협력뿐만 아니라 국제적 차원에서도 협력이 필요하다.

국제적으로 유동적인 자본(중국에 투자하는 미국 헤지 펀드hedge fund나 해외로 사업체 이전이 가능한 미국 의류 회사 등)은 중국의 부상에서 세 가지 방식으로 이득을 얻는다. 첫째로, 기술 유입을 통한 중국의 급격한 생산성 증대(수렴 효과)와 더불어, 높은 수익률을 제공하는 큰 투자 기회가 중국에 창출된다. 둘째로, 세계에 공급되는 노동력의 급증(노동 효과)과 더불어, 전 세계의 임금 수준이 경쟁적으로 하락하여 기업 매출액 중 더 많은 부분이 이윤으로 남는다. 셋째로, 전 세계 정부들이 유동적인 자본을 서로 끌어들이려 경쟁하면서 법인세를 인하하고 규제를 완화함에 따라 기업들은 급격한 세금 인하를 누리게 된다.

이 세 가지 효과 모두는 미국 법인 투자자들을 유리하게 만들지만, 동시에 세 가지 모두 미국 노동자들을 위험에 빠뜨린다. 미국의 기업 투자가 신흥 경제국들로 옮겨감에 따라 미국 내 임금과 고용 성장은 지체되어 왔다. 이와 비슷하게, 중국과 인도 노동자들의 유입으로 인한 전 지구적 노동력 풀의 대대적 팽창은 미국의 임금 하락을 부채질해왔다. 더욱이 법인세 및 규제의 바닥을 향한 경주에 휘말린 미국 정부는 노동자들을 위한 정부 프로그램(직업훈련 등)을 축소하면서 법인세를 인하해주었다.

결과적으로, 승자 그룹에는 물리적 자본의 소유자들(사업체를 해외로 이전할 수 있는)과 금융자본 소유자들(자금을 해외에 투자할 수 있는)뿐만 아니라 기술 집약적 서비스를 신흥 경제에 수출할 수 있는 인적 자본 소유자들이 포함된다. 월스트리트 은행가, 법인 고문 변호사, 하이테크 기술자, 디자이너, 건축가, 고위 간부, 기타 고학력자와 하이테크 분야에 종사하는 사람들이 이 범주에 속한다. 운동선수와 공연 예술가, 유명 브랜드 제품들 역시 시장의 전 지구적 확대로부터 활력을 얻는다. 현재 미국과 유럽의 많은 브랜드들이 신흥 경제국들로 뻗어 나가 호황을 누린다. 그곳에서는 소득이 급증한 수억 명의 소비자들이 서구의 소비자들을 따라 하려 애쓰고 있다.

한편, 미국 노동자들 중 최대의 패배자는 단연 교육 수준이 낮은 사람들이다. 전 지구적 노동시장에 새로 진입한 중국과 인도의 신참 노동자들도 고졸 이하의 학력이기 때문이다. 신흥 경제 노동자들은 플라스틱 사출 같은 표준화된 제조 공정과 의류 재단, 재봉, 제화, 가구 제조, 전자 제품 조립 같은 노동 집약적 수출 부문으로 노동시장에 들어온다. 전 지구적으로 거래되는 이 노동 집약적 제품의 가격이 하락하면서, 미국의 저숙련 노동자들의 임금도 끌어내려진다. 또한 이런 부문의 미 기업들이 사업장을 중국으로 이전하면서, 고용자들은 실업 상태로 혹은 급격한 임금 삭감을 받아들여야 하는 상태로 내몰린다.

새로운 지구화가 가져온 중요한 현실 하나로, 미국 노동자들과 신흥 경제국 노동자들 사이의 경쟁 범위가 더욱 확대되었다. 반세기 전만 하더라도 미국 노동자들은 외국인들과의 경쟁을 두려워할 필요가 전혀 없었다. 특히 저임금 국가들과의 경쟁에 대해서는 더욱 그랬다. 미국 기업들이 아시아의 저소득국에서 인력을 구하기에는 운송 및 물류 비용이 너무 높았기 때문이다. 더욱이 그 나라들 대다수는 미국으로부터의 투자에 폐쇄적이었다. 그러나 운송과 통신, 물류 비용이 떨어지기 시작하고, 또 그러한 경제권 국가들이 무역과 투자에 문호를 개방함에 따라, 미국의 몇몇 저급 기술 산업이 해외로 공장을 이전할 수 있었다. 비용이 더 떨어지면서, 컴퓨터를 비롯한 선진 기기의 제조 같은 고급 기술 산업도 그들 가치 사슬의 일부 단계-예를 들면 최종 조립 작업-를 해외로 이전하는 것이 가능해졌다. 그런 다음 주로 인터넷의 영향을 받아 비용이 훨씬 더 떨어지자, 인력 운용과 회계 같은 비영업 업무까지도 인도로(영어를 사용하는 노동자 때문에 중국보다 선호된다) 이전할 수 있게 되었다. 이 모든 것이 인터넷을 통해 이루어지고 있다. 이제 기업들은 인터넷 연결만 되어 있으면 물리적 자본을 옮길 필요가 없는 상황에서, 미 노동자들은 신흥 경제국 노동자들과 직접적으로 경쟁해야 한다.

그러므로 새로운 지구화는 미국 내 소득분배에 막대한 변화를 일으켰다. 자본 소유자들은 엄청난 승리자로서, 세전 수익의 상승과 세율 인하를 누리게 되었다. 반면 교육 수준이 낮은 노동자들은 신흥 경제국들과의 경쟁에 직접 노출된다는 점에서 패배자가 되는 경향을 보였다. 게다가 연방 정부는 이런 경향을 더욱 악화시켰다. 즉, 먼저 시장의 힘이 부자들의 소득을 높여주었고, 그 후 다른 나라들과의 경쟁에 사로잡힌 정부가 개인과 법인들의 소득세를 삭감해주었다. 정부는 그처럼 부자들에게 혜택을 더 얹어주고는, 돌아서서 가난한 사람들을 위한 공공 지출을 줄였다.

고소득 경제국 전역에서 각 정부들은 법인소득에 대한 평균 유효세율EATR을 삭감했고, 따라서 국가 간 유효 세율의 차이도 줄어들었다. 미국을 포함한 19개 고소득국에 대하여, 이러한 EATR 하락과 국

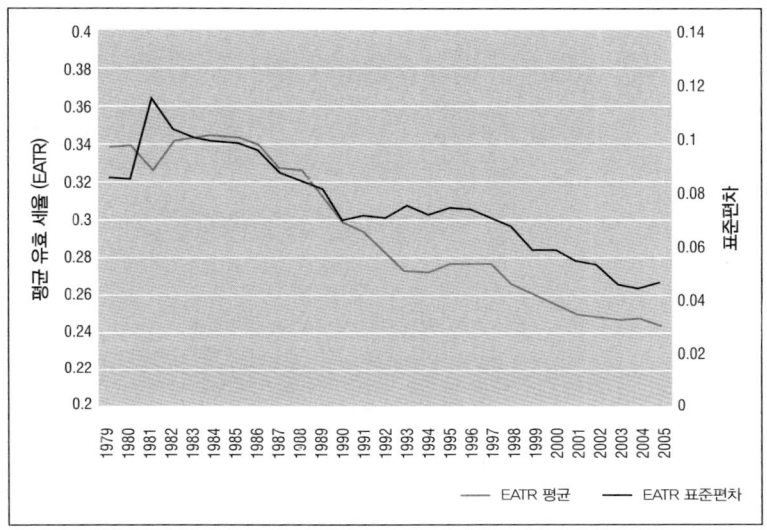

〈그림 6.2〉 고소득 국가들의 평균 유효 세율 (1979-2005)

출처: Alexander Klemm, "Corporate Tax Rate Data," Institute for Fiscal Studies, August 2005

가 간 EATR 격차의 축소에 대한 내용이 〈그림 6.2〉에 있다. 이 면밀한 통계 연구는 '자본 이동성의 증대가 법인세율에 부정적인 영향을 미쳤다'는 점을 실증한다.[2]

미국의 법인소득 유효 세율은 다른 고소득국의 경우와 똑같이 하락하는 양상을 보인다. 미국의 EATR은 1960년대에 30~40%, 1970년대 중반 이후 줄곧 30% 이하로, 현재는 20% 이하로 떨어졌다(〈그림 6.3〉). 부분적으로 이 하락세는 미국 기업들이 자기 이익을 연방 국세청의 암묵적 혹은 공공연한 지원 속에 역외의 조세 피난처tax havens로 숨길 능력이 커졌음을 반영한다. 연방 법인세의 GDP 비중은 1960년대 평균 3.8%에서 2000년대에 고작 1.8% 수준까지 떨어졌다.[13]

바닥을 향한 경주는 이 같은 법인세율 하락은 물론 근로 기준 약화와 금융 부문 탈규제, 환경기준 집행의 부재 등 다른 많은 측면에서도

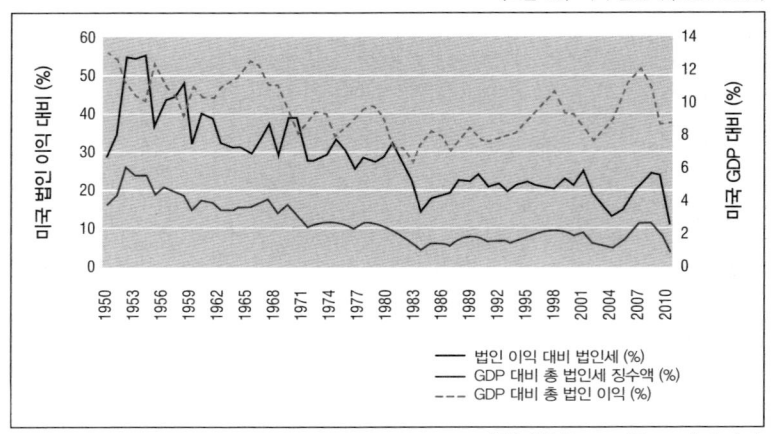

〈그림 6.3〉 미국 법인세 (1950-2010)

출처: U.S. Bureau of Economic Analysis

나타난다. 과거 20년 동안 뉴욕과 런던은 금융 규제를 해제하면서 월스트리트와 시티오브런던의 금융 기업들을 기쁘게 해주었다. 이는 최종적으로, 2008년에 폭발한 엄청난 금융 거품을 부추기고 말았다. 그리고 더블린에서 두바이에 이르기까지 수십 개 지역이 법인세율을 삭감하고 스스로를 조세 피난처로 탈바꿈했다.

이런 문제들에 대한 한 가지 포괄적인 해결책이 있다. 그것은 바로 국제적 협력이다. 오늘날 세계의 모든 나라들이 법인세율 하향 조정과 금융, 환경 및 기타 규제 완화에 대한 압박으로 고통을 받고 있다. 그러므로 국제적 차원에서 금융 및 환경 규제의 공통 기준, 혹은 조세 피난처 제거에 대한 공통된 접근법 같은 최소한의 규범을 수립하도록 일치단결한다면 모든 나라가 이득을 얻을 수 있을 것이다. 물론 기업들의 로비력이 지나치리만치 커진 상황에서, 기업들은 정부들을 차례로 하나씩 농락하면서 늘 그렇듯 전 지구적 협력 시도를 무산시키곤 하지만 말이다.

천연자원의 고갈

새로운 지구화는 중대한 문제를 한 가지 더 제기한다. 담수와 화석연료 같은 필수적인 1차 상품의 고갈, 그리고 전 세계적 경제 발전의 압력 하에 발생하는 지구 생태계의 장기적인 훼손이 그것이다. 오랫동안 경제학자들은 유한한 자원과 취약한 생태계라는 문제를 무시해왔다. 그러나 더 이상은 불가능하다. 세계경제가 다양한 환경적 한계에 강한 압박을 가하는 가운데, 더욱 대대적인 경제성장ㅡ따라서 환경 파괴와 고갈ㅡ이 진행되고 있다. 중국과 인도를 비롯한 많은 신흥 경제국들의 생산성이 폭발적으로 성장하면서 이미 식용 및 사료용 곡물, 석탄, 석유, 그 밖에도 두수히 많은 1차 상품들의 세계 가격이 치솟고 있는데, 이는 극심한 희소성과 고갈의 시대가 도래할 조짐이다. 최근 연료(석유와 가스, 석탄), 광물(구리, 알루미늄, 철광석 등), 곡물(밀, 옥수수, 쌀 등)을 포함한 1차 상품의 가격 급등이 〈그림 6.4〉에 제시되어 있다. 상품군별 인플레 조정 지수를 얻기 위해서 각 상품 가격지수는 미국 GDP 가격 디플레이터[a]로 나누어진다. (참고로 2008년 정점에 달했던 상품 가격이 2009년에 하락한 것은 단지 급격한 경기침체 때문이다.)

그런데 환경 위기가 임박했음을 경고해줄 시장가격이 정해지기 어려운 영역에서 희소성 문제는 더욱 심각해질 수 있다. 기후변화와 삼림 파괴, 생물 다양성 소실, 토양 침식 등 많은 종류의 대규모 오염이 이런 경우에 해당한다. 이 도두에서 유례없는 환경 파괴가 진행 중이며 갈수록 악화되고 있지만, 우리를 지속 가능한 기술과 사업 방식으로 이끌어줄 시장의 신호는 존재하지 않는다.

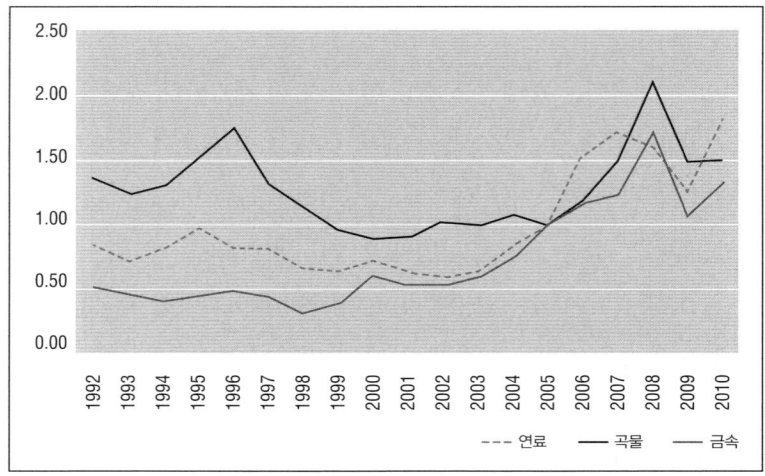

〈그림 6.4〉 1차 상품 가격(1992-2010, 인플레 조정치)

출처: International Monetary Fund World Economic Outlook, 2011

지속 가능한 환경이라는 이슈가 너무나 광대한 것이어서 우리가 너무 멀리까지 살피게 되는 것일 수도 있다. 나는 이전에 나의 책 『커먼웰스Common Wealth』에서 상호 연관된 복잡한 문제들에 대한 개괄을 제시하고자 했다. 그러나 현재의 맥락에서 나는 미국이 지속적인 번영을 이루려면 급속히 밀려오는 자원 압박에 대한 해결책이 우선 필요할 것임을 강조하고 싶다.

지속 가능한 발전의 길에는 넘어야 할 두 개의 주된 장애물이 존재한다. 첫째로, 보다 지속 가능한 기술(태양열발전을 통한 저탄소 에너지의 대량 공급 등)을 배치하기 위한 과학기술적 노하우에 대규모의 연구와 개발이 여전히 필요하다. 둘째로, 시장을 지속 가능한 해법으로 이끌 시장 인센티브와 규제를 강화하기 위해 기업들의 로비력을 극복해야 한다. 지금까지 공해 기업들의 로비로 그러한 조치들이 저지되어 왔기 때문이다.

하이예크와 프리드먼을 포함하여, 자유시장을 옹호하는 경제학자들은 자연환경을 보호하기 위한 공적 조치의 필요성을 인정했다. 미국인들 역시 환경 전반에 대해 강한 문제의식을 갖고 일관되게 합의를 표해 왔다.[14] 그러나 이 기본적인 진실은 거대 석유 및 석탄 기업들의 압력 때문에 미국 내에서 아직 정치적으로 표현되지 못했다. 10장에서 나는 특수 이해관계자들의 이러한 행위를 바로잡을 몇 가지 정책들을 제시할 것이다.

미국의 대응 실패

이 장의 내용을 요약하자면, 미국이 그간 새로운 지구화가 몰고온 도전 과제에 효과적으로 대응하지 못했다는 것이다. 공장과 일자리가 해외로 이전하면서 제조업 부문이 위축되었다. 노동자 계급이 특히 압박을 받았다. 경제정책은 무대응으로 손 놓고 있었다기보다 오히려 기대와 정반대로 대처했다. 부자들에 대한 세금을 삭감했고, 증대하는 대외 경쟁에 직면한 제조업 부문을 방치했다. 연준의 느슨한 화폐 정책과 서브프라임 대출로 건설업 고용이 일시적으로 자극을 받았지만, 이러한 임시방편은 서브프라임 거품이 꺼진 2007년까지만 지속되었을 뿐이었다. 따라서 2008년 금융 위기는 곧 철저히 잘못 관리된 지구화의 위기였다. 미국은 장기적인 제조업 경쟁력 상실에 주택경기 부양이라는 미봉책으로 대응했다. 이후 그 붐이 붕괴하자 실업률이 치솟았고, 미국식 단기주의의 공허함이 만천하에 그대로 드러났다. 그러나 거품 붕괴 후에도 워싱턴은 제조업 경쟁력에 대해 장기적이고 진지한 대책을 마련하기는커녕 이전에 실패했던 것과 똑같은 정책 조합으로 회귀했다. 느슨한 화폐 정책과 감세로 막대한 재정 적자를 낳았고 2011년부터는 교육과 인프라, 과학기술, 즉 장기 경쟁력을 위해 투자가 절실한 분야에 대해 정부 지출을 삭감했다.

---

a   명목 국민총생산을 실질 국민총생산으로 나눈 값. 한 나라의 물가가 한 해 동안에 얼마나 올랐는지를 나타내는 지수가 된다.

7장
속임수 게임

　한 가지 수수께끼가 있다. 건강한 경제는 정부와 시장이 각자의 역할을 하는 혼합경제다. 그러나 연방 정부는 30년 동안 자신의 역할을 방기했다. 지구화의 우여곡절 속에서 국가의 진로를 정하기 위해 정부가 필요한 바로 그 시점에 정부는 직무에서 이탈했다. 좀 더 정확히 말하자면, 정부는 권력의 수단을 기업 로비 쪽으로 넘겼다. 그러므로 미국의 경제적 실패는 최소한 경제적인 만큼 정치적인 것이기도 하다. 이 장에서는 기업 지배 체제의 미국 정치를 검토할 것이다. 기업 지배 체제란 강력한 법인 이익집단이 정책 의제를 지배하는 정치 체제를 가리킨다.

　우리는 어떻게 기업 지배 체제가 출현했는지를 다음의 네 가지 추세가 합류하는 지점에서 살필 수 있다. 첫째로, 미국의 정치 시스템에서 전국 정당 및 개별 선거구는 정치적으로 강력한 대표성을 띤다. 그리고 이것은 특수한 이해관계자들이 지방 대표들을 통해 강력한 발언권을 행사할 수 있도록 허용했다. 둘째로, 제2차 세계대전 이후 미국의 거대한 군사 조직이 최초의 거대 압력단체인 군산복합체를 형성하게 되었다. 셋째로, 거대 법인의 돈이 미국의 선거운동에 자금줄 역할을 했다. 넷째로, 지구화와 바닥을 향한 경주가 힘의 균형을 노동자에서 기업 쪽으로 기울게 만들었다. 이러한 추세들에 더해 우리는 거센 정치적 폭풍에 사로잡혀 있어서, 워싱턴은 압력단체들로 들끓고 또 그들에 압도당해 왔다. 부와 권력의 소용돌이가 정치적 재난을 지속적으로 증폭시켰다.

이 장의 주된 목표는 오늘날 돈에 흠뻑 젖은 미국의 정치 시스템이 어떻게 작동하는지를 설명하는 것이다. 또 하나는 미국인들의 게으른 습관을 털어내는 것이다. 말하자면 워싱턴에서 이루어진 결정이 미국인들의 의지와 가치 지향을 반영한다는, 검증되지 않은 관념을 털어내는 것이다. 대중은 2년마다 하루씩 중요한 결정권을 갖는다. 바로 선거일이다. 그러나 선택의 폭은, 부자와 힘 있는 자들을 겨냥한 정책을 실행하기 위해 선거 바로 다음 날이면 그 유권자들을 냉소로 외면하는 두 정당뿐이다.

워싱턴을 진정한 민주주의로 되돌리는 데에는 투표자들도 상당한 책임이 있다. 그러나 대다수 사람들은 관련 정보가 빈약하며 선거를 앞두고 기업들이 퍼붓는 선전에 쉽게 휘둘린다. 오늘날 우리는 수준 낮은 정치적 함정에 빠져 있다. 즉 냉소주의로 인해 대중은 정치에서 이탈하고, 대중의 정치적 이탈은 기업의 부패에 문을 활짝 열어주며, 기업의 부패는 다시 냉소주의를 더더욱 심화시키는 악순환에 놓여 있는 것이다.

미국의 허약한 정당 제도

정치학자들은 다수결majoritarian 선거제도와 합의제적consensus 선거제도를 구별한다. 다수결 제도는 두세 개의 주요 정당만을 갖는 경향이 있고, 선거에서는 일반적으로 득표수를 통해 확실한 승자 정당을 낳는다. 승리한 정당(혹은 두 정당 연합)이 통치하는 동안 패배한 정당은 정부에서 물러나 있다. 한편 합의 제도는 다수의 정당을 낳고, 일반적으로 여러 정당이 광범위한 연합에 참여하여 통치한다.[1]

미국이 다수결주의 성격을 띠게 된 주된 이유는 의회 선거제도 때문이다. 의원들은 소선거구에서 '결승점 먼저 통과하기FPTP: first-past-the-post' 원칙에 따라 선출된다. 단순히 다수 득표자가 의석을 차지하게 된다는 뜻이다. 패배한 정당은 아무런 대의권도 갖지 못하게 된다. FPTP 선거는 소수의, 때로는 단 두 개의 주요 정당을 낳는 경향이 있다. 이는 정치학에서 뒤베르제의 법칙Duverger's Law으로 알려져 있다.[2] 작은 정당들은 FPTP 선거에서 무시된다.

미국의 FPTP 시스템에는 두 가지 주된 함의가 있다. 첫째로, 양당 제도에서 부동표는 소득 분포와 정치적 이데올로기에서 각각의 중간 지점에 가깝게 위치한다. 따라서 두 정당 모두 중산층과 무당파 유권자들의 지지를 얻으려 한다. 가난한 사람들은 일반적으로 호소의 대상이 아니고, 선거운동에서 전혀 언급되지 않는 경우도 흔하다. 이들은 결코 부동층이 아니기 때문이다. 2008년 대통령 선거 토론에서 '가난한'과 '빈곤'이라는 단어는 단 한 번도 언급되지 않았다(후보들은 물론 질문자들에 의해서도). 가난한 사람들의 의견과 필요는 빈곤율이 높은 선거구에서만 대표된다.

반면 유럽의 비례대표 시스템에서는 가난한 사람들에게서 전국적으로 더 많은 표를 받으면 전체적으로 더 많은 의석을 얻게 된다. 가난한 이들은 그들 자신의 정당에 의해 대표되거나 중도 좌파 노동당 안에서 강한 세력을 확보할 것이다. 빈곤층이 전국적으로 분산되어 있을지라도 이들은 여전히 강력한 투표 집단을 형성한다.[3]

이와 같은 기본적인 차이점은 투표 시스템별 사회적 지출의 차이로 나타난다. 비례대표 시스템은 사회적 지출과 가난한 사람들 쪽으로의 재분배를 더 많이 지원할 가능성이 있다. 14개 고소득국을 샘플로 하여 세 가지 선거 시스템(FPTP, 비례대표, 혼합) 간 2007년도 GDP 대비 공공 부문 사회적 지출을 살펴보자. FPTP 시스템을 채택한 나라들(미국, 영국, 캐나다)의 GDP 대비 사회적 지출 비중은 평균 19.9%다. 비례대표제를 채택한 나라들은 평균 28.1%의 사회적 지출 비중으로 최상위 수준에 올라 있다. 혼합 시스템을 채택하고 있는 나라들은 평균 24.6%의 사회적 지출로 중간에 위치한다. 이러한 상관성은 FPTP 투표 시스템이 낮은 수준의 사회적 지출을 야기한다는 증거는 아니다. FPTP 국가들 중에서도 미국의 사회적 지출 비중은 매우 낮다. 하지만 이 패턴은 적어도 FPTP 시스템이 가난한 사람들의 필요를 외면하는 경향이 있음을 확실히 시사해준다.

미국의 FPTP 시스템이 가진 두 번째 함의는, 두 전국 정당 내 강력한 규율의 부재다. 비례대표제에서 전국적 정당들은 의회 선거에 있어 거의 언제나 단결한다. 영국과 캐나다와 같은 의원내각제적 FPTP 시스템에서도 역시 집권당 혹은 집권 정당 연합은 주요 선거에서 단결한다. 주요 정책 투표에서의 패배는 보통 새로운 전국적 선거 혹은 정부의 붕괴를 촉발하기 때문이다.

이와 대조적으로 미국의 FPTP 시스템에서는 의회와 정부가 분리되어 있고 의회 선거에서 패하더라도 정부가 무너지지 않으므로 전국 정당의 규율은 약하고 제한적이다. 또 의회 선출은 지방 차원에서 이루어지기 때문에 의원들은 전국적 이해관계보다 지방적 이해관계를 우위에 둔다. 강력한 전국 정당 지도자들이 때때로 의회에서 당 규율을 세우기도 하지만, 선거구 간에 이해 충돌이 있을 경우 당의 대열은 쉽게 무너진다.

그러므로 의회 내에서 안정적인 전국적 다수파 연합은 성립하기도 유지하기도 어렵다.[4] 더욱이 의회의 절차는 개별 의원들이 입법을 지연시키고 행정부와 규제 기관의 관직 임명을 가로막을 상당한 여지를 준다. 상원에서는 소수인 41석의 의원만으로도 합법적 의사 진행 방해 행위인 필리버스터filibuster를 통해 다수가 동의하는 입법을 저지할 수 있다. 의회의 힘은 파편화되어 있고, 거부권은 너무나 자주 사용되며, 특수한 이해관계는 대단히 잘 대변되고 입법 과정에도 큰 영향을 미칠 수 있다.

경제 입법을 통과시키기 위해서 대통령은 불가피하게 그러한 지방적 이해관계의 지뢰밭을 통과해야 한다. 비록 대통령이 행정 부서와 관련 기관들에 대하여 상당한 권력을 갖고 제한적으로는 입법 과정에도 영향력을 행사할 수 있지만, 백악관이 의회에서 어떤 프로그램이나 예산을 통과시키리라고 장담하기는 어렵다. 각각의 주요 예산안 투표는 그 자체가 모험으로서, 대통령은 몇몇 경우에 승리하지만 많은 경우 패배한다.

이처럼 전국 정당이 허약하고 의회 선거가 소선거구제로 치러지게 되면, 지방의 주요 산업체와 각 선거구의 부유한 유권자들이 그들 대표에게 막강한 영향력을 행사하기 쉽다. 탄광 지대 선거구의 대표는 정당이나 전반적인 이데올로기와는 무관하게 광산 이해관계자들 편에서(또한 기후변화 방지 입법에는 반대하는) 투표할 가능성이 있다. 선거구의 군사 기지와 광산, 대규모 공장, 금융시장 및 기타 주요 산업체가 의원들의 투표 행위를 규정지을 수 있는 것이다. 그러므로 의회는 특수한 이해관계들로 뒤얽힌 미로와 같으며, 전국적 입법을 통과시킨다는 것은 곧 지방 이익집단의 연합, 그리고 이들 간 상호 지지가 거래됨을 의미한다. 이러한 종류의 정치는 당연히 좁은 범위의 이익집단에 치중하게 된다.

특수 이해관계자들의 힘은 '끊이지 않는 선거운동'이라는 미국 정치의 또 한 가지 특이한 성격 때문에 더욱 가중된다. 1789년 헌법에서 이루어진 낡은 결정으로 인해, 미국은 2년마다 총선을 치른다. 어떤 민주주의 고소득국보다도 단연 가장 짧은 주기다. 1960년에서 2009년 사이에 스웨덴은 15회, 영국 12회, 미국은 25회의 총선을 치렀다.[5] 2년 주기의 선거 때문에 미국은 항상 선거운동 중이고, 의원들은 다음 선거를 위해 자금을 모으는 데 에너지를 소모한다. 이런 가운데 특수 이해관계자들은 언제든 선거 자금과 중대 쟁점에 관한 표를 거래할 준비가 되어 있다.

거대 자본의 힘 증대

정치에서 거대 자본의 역할이 크고, 또 더욱 커지는 것이 우리 시대의 암울한 정치 현실이다. 이는 기업 지배 체제의 촉수가 확장되고 있

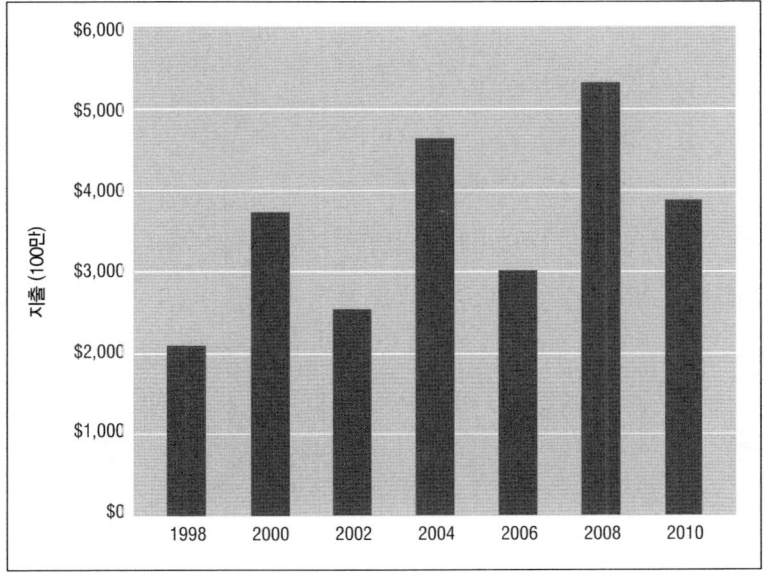

〈그림 7.1〉 선거 주기별 총 연방 지출 (1998-2010, 2008년 불변 달러)

출처: Center for Responsive Politics

음을 파악하는 열쇠다. 그 예로 선거운동 비용은 특히 고액의 미디어 경비를 충당할 목적으로 〈그림 7.1〉과 같이 치솟았다. 이것은 1998년 이후 각 연방 선거의 총선거비에 대한 책임정치센터Center for Responsive Politics의 추산이다. 이 비용에는 후보자들의 직접적인 지출과 정당들의 지출, 미디어와 마케팅에 대한 제3 그룹의 직접적 지출이 포함된다. 전체적인 상승 추세는 4년을 주기로 약 4억 5,000만 달러 이상의 선거비용이 증가했음을 보여준다.[6] 그리고 비대통령 연방 선거조차 이제 40억 달러 이상의 비용이 든다. 이 금액은 가구당 약 50달러로 국가 규모에 비해 그리 큰 것은 아니어도, 여기에는 부자들이 주된 자금원이고 그 결과 이들이 지배적인 정치적 영향력을 획득한다. 공공 기금을 도입하면 사적 기부를 쉽게 대체할 수 있겠지만(연방 예산의

0.13%에 지나지 않을 것이다), 부자들은 당연히 자신들의 입지를 잃고 싶어 하지 않으며, 따라서 공적 자금의 역할이 조금이라도 확대되는 것을 적극 방해한다.

〈그림 7.2〉에 나타나 있듯이 로비 지출도 매년 약 2억 달러씩 급증하고 있다. 또한 그 지출액은 2009~2010년 선거 주기 동안 50억 달러 이상에 달했던 선거비용에 맞먹는 수준이다.(선거운동 기부금과 비교하기 위해 연간 로비 지출액을 선거 주기인 2년에 걸쳐 더하면 그렇다.) 이 지출 중 일부는 로비스트들에 대한 지출로 가장된 사실상의 선거운동 기부금이다. 기업은 로비 회사에 비용을 지불하고, 그런 다음 로비 회사들은 이 자금을 자기 직원들의 선거운동 기부와, 후보들과 연계된 특정 이슈 캠페인에 대한 자금 지원을 통해 선거운동 쪽으로 돌린다. 또 로비스트들은 정치인의 가족들을 고용하고, 정치인이나 군 장성, 규제 당국 담당자들이 퇴직할 경우 이들에게 제공할 수익성 있는 일자리를 확보해둠으로써 신망을 얻는다.

로버트 카이저Robert Kaiser는 최근 기업 로비에 관한 탁월한 책 『정

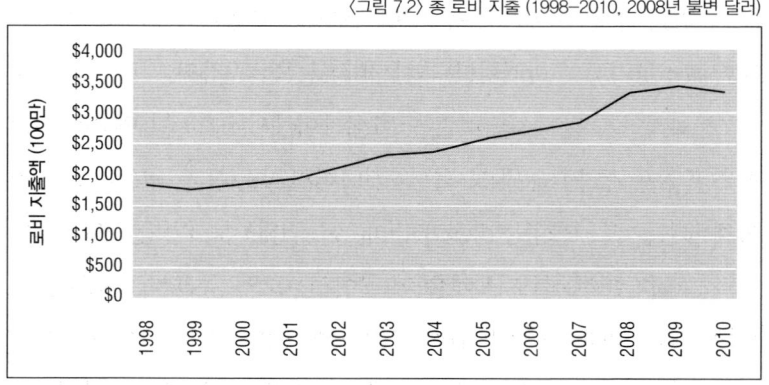

〈그림 7.2〉 총 로비 지출 (1998-2010, 2008년 불변 달러)

출처: Center for Responsive Politics

말 더럽게 많은 돈So Damn Much Money』에서 이렇게 기록하고 있다.

> 2007년에, 상당 비율의 구성원과 직원들이 결국 회전문을 통과할 것임을 그 시스템 내의 모든 사람들이 당연하게 생각했다. 이전에도 너무나 많은 사람들이 그랬기 때문이다. 2007년 워싱턴 로비스트 인명록에는 188명의 전직 상·하원 의원이 포함되어 있었다. 퍼블릭 시티즌Public Citizen이라는 한 시민 단체의 연구에서, 1998년에서 2004년 사이에 의회를 떠난 상원 의원의 50%와 하원 의원의 42%가 로비스트가 되었다는 사실이 밝혀졌다. 또 다른 연구에서도 3,600명의 전직 의원 보좌관들이 회전문을 통과했음이 밝혀졌다. 행정부 쪽 관직에 지명되었던 사람들 역시 동일한 길을 걸었다. 2008년 초에 감시 단체인 책임정치센터는 조지 W. 부시 행정부 관료들 중 310명이 로비스트나 워싱턴 상주 에이전트가 되었다는 것을 확인했다. 또한 클린턴 행정부 관료 283명도 마찬가지로 로비스트가 되었다는 사실을 확인했다.[7]

로비 활동이 가장 왕성한 부문에 대한 목록은 가장 나쁜 기업 활동을 벌이는 부문 목록과 동일하다. 〈표 7.1〉은 책임정치센터의 자료를 근거로 하여 1998~2011년 동안 부문별 로비 활동 총지출액을 보여 준다. 최고액 부문은 경제적으로 심각한 어려움에 처해 있는 부문, 그리고 여러 이유에서 규제 실패와 직접적으로 관련된 부문들과 일치한다. 금융과 의료, 수송, 그리고 농업 관련 산업 등이다. 각 부문은 놀라울 정도로 순쉬운 연방 계약, 보조금, 세금 감면, 느슨한 규제 및 감독이라는 특혜를 누려 왔다. 금융과 부동산, 의료, 제약 회사들이 갤

⟨표 7.1⟩ 부문별 로비 활동 (1998-2011)

부문	총 로비 지출액 (10억)
금융, 보험, 부동산	$4.5
의료	$4.5
기타 여러 가지 사업	$4.5
통신 및 전자	$3.7
에너지 및 천연가스	$3.3
수송	$2.4
기타	$2.3
이데올로기/단일 이슈	$1.5
농업 관련 산업	$1.3
국방	$1.3
건설	$0.5
노동	$0.5
변호사 및 로비스트	$0.4

출처: Center for Responsive Politics

럽 조사에서 대중 지지도가 가장 낮은 등급에 속하는 것으로 나타난 사실도 결코 의아한 일이 아니다. 이들은 모든 항목에서 대중으로부터 '순 마이너스' 등급을 받았다(2009년 8월 조사).[8] 이 산업들은 기업 지배 체제에서 양산된 파괴적 정책을 압축적으로 보여주며, 대중은 이를 알고 있는 것이다.

미국의 두 중도 우파 정당

최근의 모든 대통령들은 선거 자금과 부유한 특수 이해관계자라는 똑같은 거미줄에 걸렸다. 모든 후보는 똑같은 원천에서 자금을 얻고, 그에 맞추어 자신의 정책적 입장을 다듬어야 한다. 방송에서 정치가들이 말싸움으로 열을 올린다 하더라도, 실제 정책적 처방은 놀라울 정도로 비슷하다. 오바마가 우파로부터 미국을 사회주의로 이끌고 있다는 비난을 계속 받아왔음에도 불구하고, 오바마 정책의 실질적인 내용은 종종 전임자의 정책과 구별하기 어렵다. 워싱턴의 정치적 교착상태에 관한 그 모든 이야기는 접어두고, 오바마와 부시 사이에 실제로 어떤 차이가 있을까?

- 부시는 100%의 가구에 대한 감세를 원했다. 오바마는 95%의 가구에 대한 감세를 내걸고 선거운동을 했지만, 2010년 12월 선거일이 다가오자 감세를 전체 가구로 확대하는 데 동의했다.
- 부시는 낮은 세금과 높은 군비 지출을 지탱하기 위해 높은 적자를 옹호했다. 오바마 역시 주로 거시경제적 부양책으로서 높은 적자를 옹호했다.
- 부시는 은행과 자동차 회사들에 구제금융을 해주었고, 오바마도 그 정책을 지속했다.
- 부시는 이민정책 개혁을 지지했지만, 그 자신의 정당이 반대했다. 오바마도 이민법 개혁을 지지했지만, 두 정당 모두에서 반대를 받았다.
- 부시는 핵 발전과 심해 유정 탐사를 지지했고, 오바마도 그러했다.
- 부시는 백악관을 골드만삭스와 시티그룹 임원들로 채웠고, 오바마 또한 그러했다.

이렇게 차이가 거의 없는 데에는 여러 가지 이유가 있다. 가장 중요한 이유로, 각 정당은 똑같은 출처에서 선거 자금을 끌어오고, 따라서 기업 부문과 거부들의 핵심 메시지를 크게 벗어나지 않는다. 그동안 미국은 '중앙값'으로 끌려왔지만, 사실 이 중앙값은 정치적으로 중도 우파 쪽으로, 대중이 바라는 진정한 가치에서 오른쪽으로 멀리 나간 것이었다. 연이은 이슈에 관하여 워싱턴의 정치는 광범위한 대중보다는 특수한 이해관계자들을 지지해왔다.

오늘날 미국의 정치 시스템은 진정한 민주주의라기보다는 두 지배 정당의 안정적인 **이원적 독점**이라고 할 수 있다. 이 두 정당의 구성원들은 때때로 서로에게 언성을 높이기도 하지만 기본적으로 기업과 부자, 군대의 이해관계를 건드리는 이슈에 관해서는 많은 경우에 동일한 입장을 취한다. 이들은 힘센 기업과 부자들의 도구다. 양당제 선거에 관한 이론서에서 제시하듯이[a] 중산층 유권자들을 겨냥하기보다는, 두 정당 모두 고소득 선거 자금 기부자들의 마음을 잡기 위해 중도 **우익** 쪽을 겨냥한다. 공화당의 경우에 이것은 쉽고 자연스럽다. 한편 표면상으로는 가난한 사람들의 이해를 대변한다고 하는 민주당의 경우, 이는 클린턴과 오바마 대통령 같은 정당 지도자를 의미하게 된다. 이 두 대통령은 앞뒤 가리지 않고 월스트리트와 부자들 편을 들고, 그들의 지지층에는 끊임없이 변명을 늘어놓는다.

정치에서 돈이 압도적인 역할을 한 결과, 과거 30년 동안 다섯 가지 주요 정책에 관해 정치인들 사이에(광범위한 대중들 사이에서도 꼭 그런 것은 아니지만) 상당히 안정적인 초당파적 합의가 형성되었다. 기득권의 이해를 충실히 반영하는 이 정책들은 부자들에 대한 낮은 한계 세율, 연줄 좋은 사기업에 공공서비스를 발주하는 것, 세금과 지출 이슈에 관한 투표를 할 때 예산 적자를 무시하고 부채를 미래 세대로 떠넘기는 것, 민수용 지출이 삭감되더라도 대규모 군비 지출을 지지하는 것, 그리고 장기적 예산 계획을 진지하게 수립하지 않는 것 등으로 요약된다. 이러한 정책 편향은 레이건 이후 여러 대통령들이 부침을 겪는 와중에도 시종일관 유지되어 왔다.

보수적 입장을 견지한 오바마와 클린턴의 그 유명한 삼각화triangulation[b]는 중도 성향 유권자를 얻기 위한 것이라기보다는 기업의 돈으로 선거 자금 금고를 채우기 위해 고안된 것이다. 기업과 부자들의 이해관계를 과잉 대표하는 기업 지배 체제는 이원적 독점의 본질적 특징이다. 그리고 선거 자금의 모금과 로비 활동이 그 시스템을 유지하는 핵심 요소다.

부자들과의 타협은 여론과 끊임없이 충돌한다. 대중은 부자들에게 더 많은 세금을 부과하고 군비 지출을 줄이며, 석유를 대체할 수 있는 재생에너지 개발을 원한다. 그러나 이런 대중의 열망 대신 나타나는 결과는 부자들에 대한 감세, 변함없는 군비 지출, 그리고 석유와 가스, 석탄을 대체할 방안의 여전한 정체다.

두 정당 모두 본래의 방향을 벗어난 이런 정치적 목표들 때문에 균형예산의 중요성을 끊임없이 경시해왔다. 레이건의 공급 주도 자문가들은 감세가 그 감세액을 보충하고도 남을 만큼 충분한 성장을 자극할 것이라고 주장했다. 오바마의 경기 부양 지지자들도 이와 유사한 주장을 폈다. 즉 경기 침체기의 적자는 장기적인 경우가 거의 없으며, 침체기에 적자 축소는 실현 불가능하다고도 주장했다. 모두 지나친 이데올로기적 열정 말고는 아무런 경험적 근거도 없는 불가사의한 주장들이다. 더욱 중요한 것은, 이것은 각 정당이 단기적 이익(더 많은 감세나 지출)으로 유권자들의 비위를 맞춰주면서 그에 불가피하게 따라올 부채의 누적을 경시하게끔 하는 편리한 주장이라는 점이다. 예

7장 속임수 게임 151

산 적자를 만성적으로 무시해온 흐름에서 벗어난 예외가 짧게 단 두 번 있었다. 첫 번째는 1990년, 예산 적자를 줄이기 위해 '세금 신설 없음no new taxes'이라는 1988년 선거 공약을 깬 조지 H. W. 부시였다. 두 번째는 최상위 소득세율의 일정한 인상(31%에서 39.6%로)을 추진하고 공화당 주도의 예산 삭감에 동의한 클린턴이었다. 이 예산 삭감으로 1990년대 말에 한동안 흑자로 돌아섰지만, 조지 W. 부시 정권에서 이는 순식간에 다시 역전되었다.

이원적 독점은 또한 대외 정책에도 적용된다. 두 정당 모두 중동과 그 더 큰 이웃(서쪽으로 예멘과 아프리카의 뿔 지역에서부터 동쪽으로는 아프가니스탄까지)을 미국 대외 정책의 핵심적인 위협자로 여긴다. 여기서 미국 대외 정책의 일차적 관심은 중동의 석유를 세계경제로 계속 흘러가게 만드는 것이다. 카터는 석유에 대한 중동의 어떤 위협이든 미국의 안보 위협으로 간주할 것이라는 군사 독트린을 선언했다. 최근 대통령들 중에서 부시 주니어가 가장 호전적인 태도를 취하긴 했지만 그동안 두 정당 간 군사적 성향의 차이는 미미했고, 또 그 차이가 과장되어서도 안 된다. 오바마는 부시 정부의 국방 장관을 유임시켰을 뿐만 아니라, 이라크에서 군대를 철수시키면서도 아프가니스탄 전쟁은 확대했다. 육군 대령 출신의 저술가 앤드류 바세비치Andrew Bacevich가 명확히 하고 있듯이, 미국의 군사적 핵심 원칙 - 군사력의 전 지구적 배치에 기초한 - 은 40년 이상 초당적 토대 위에서 변함이 없었다.[9]

과거 30년간 두 정당의 이원적 독점은 정부 내 장기적 사고思考 또한 의도적으로 배제했다. 미미하나마 장기적인 예산 수립이 이루어지는 곳은 의회예산국CBO뿐이다. 예산국은 입법 제안의 비당파적 예산 '점수'를 보통 10년, 때로는 좀 더 긴 안목에서 제공한다. 그러나 이 점수도 인프라와 균형예산, 교육, 에너지 정책, 기후변화 등 장기적 이슈에 관한 체계적 사고와는 거리가 멀다. 어느 정당이 주도하든, 미국 정부가 어떤 장기 과제에 대해 계량적 평가를 실시하고 그 결과에 근거하여 정책 개혁을 행한 경우는 최근 단 한 번도 찾기 어렵다. 수십 년 동안 워싱턴은 정권 교체를 거치며 임시변통적 조치만 취해왔다.

거대 로비 부문 4가지

기업 지배 체제는 피드백 루프feedback loop의 전형적인 예다. 기업의 부는 선거 자금 기부와 로비, 정부와 산업 간의 회전문 인사를 통해 정치권력으로 전화된다. 정치권력은 감세와 탈규제, 정부와 산업 간의 특혜적 계약 등을 통해 더 큰 부로 전화轉化한다. 부는 권력을 낳고, 권력은 다시 부를 낳는다.

미국 경제의 네 가지 핵심 부문은 이 피드백 루프의 실례라고 할 수 있다. 먼저, 군산복합체는 아마도 가장 악명 높은 예일 것이다. 아이젠하워가 1961년 1월 그 유명한 고별 연설에서 경고했듯이, 군대와 민간 산업의 결합은 미치지 않는 곳이 없는 정치권력을 창출하여, 그 이후로 미국은 군사화와 쓸모없는 전쟁, 수십조 달러에 이르는 재정 낭비의 늪에 빠지게 되었다.[10]

두 번째의 강력한 로비 부문은 월스트리트-워싱턴 복합체다. 이 복합체는 금융 시스템이 정치적으로 힘 있는 몇몇 월스트리트 기업들에 의해 제어되도록 유도해왔다. 특히 골드만삭스와 JP모건체이스, 시티그룹, 모건스탠리를 비롯한 소수의 금융 기업들이 상당한 발언권을 행사한다. 금융과 워싱턴의 긴밀한 결탁은 무분별한 탈규제와 그에 이은 정부 감시의 철저한 결여를 야기했고, 결국 2008년의 금융 위기와 거대 구제금융으로 이어졌다. 월스트리트 기업들은 여러 행정부에 걸쳐 워싱턴에 최고위 경제정책 입안자들을 공급했다. 레이건 행정부의 도널드 리건Donald Regan(메릴린치)과 클린턴 행정부의 로버트 루빈Robert Rubin(골드만삭스), 부시 주니어 행정부의 행크 폴슨Hank Paulson(골드만삭스) 등이 이에 해당하는 인물들이다. 오바마 정권에도 윌리엄 데일리William Daley와 래리 서머스, 진 스펄링Gene Sperling, 잭 류Jack Lew 등 월스트리트와 연관된 고위 공직자들이 많다.

세 번째 부문은 거대 석유-수송-군산복합체다. 이 복합체로 인해 미국은 심각한 석유 수입 의존과 중동의 심화되는 군사적 함정에서 헤어나지 못하게 되었다. 1세기 전 '석유왕' 존 D. 록펠러와 스탠더드 오일트러스트Standard Oil Trust의 시대 이래로, 거대 석유 회사는 미국의 정치와 대외 정책에서 그 존재감이 엄청났다. 대형 석유업체는 자동차 산업과 연합하여, 미국을 대중교통에서 벗어나 국비로 운영되는 고속도로를 달리며 석유를 잡아먹는 자동차 쪽으로 이끌었다. 그리고 원자력과 풍력, 태양열을 포함한 비석유 에너지원이 그들 영역을 침범하지 못하도록 끊임없이 싸워 성공을 거두었다. 그들은 국방부 편에 서서 미국이 페르시아 만으로 가는 해로를 지키도록 만들었고, 연료에 대해 매년 1,000억 달러 이상의 보조금 - 이 보조금이 없으면 연료 문제는 국가 안보를 위협할 것이다 - 을 지출하게 했다. 뿐만 아니라 거대 석유 회사는 기후변화를 미국의 의제에서 배제시키기 위한 싸움에서 악명 높은 역할을 담당해 왔다. 특히 엑슨모빌Exxon Mobil과

코크인더스트리스Koch Industries를 비롯한 여러 기업들은 미국 대중을 혼동시킬 목적으로 반과학적 선전을 위한 비용을 댔다.

네 번째의 거대한 산업-정부 간 결탁 부문은 의료 산업이다. 이것은 GDP의 17%를 차지하는, 오늘날 미국에서 최대의 단일 산업이다. 정부가 산업과 한통속이 되어 체계적인 감독과 통제 없이 비용을 지불해주는 것이 이 부문의 주목할 만한 핵심이다. 제약 회사들은 특허권의 보호 하에서 가격을 아주 높게 책정한다. 메디케어와 메디케이드, 민간 보험회사들은 의사와 병원 측에 원가 가산 방식으로 보상해준다. 또 미국 의사협회AMA는 미 의과대학들의 현장 실습을 통제함으로써 신규 의사 공급을 제한한다. 이 같은 유사-시장 시스템의 결과, 고비용과 민간 의료 부문의 막대한 수익을 초래했다. 반면, 개혁에 대한 정치적 의지는 소멸되었다.

기업 지배 체제의 최근 사례

자, 이제 기업 지배 체제가 어떻게 작동하는지, 그리고 로비가 어떻게 국가를 희생시키면서 미국인들의 여론에 반하는 정책 결정을 지휘하는지 살펴볼 때다. 최근의 몇 가지 사례들 속에서 이 작동 방식을 탐구해보겠다.

사례 1: 부자들에 대한 감세 확대

2008년 선거운동 기간에 오바마 대통령은 최상위 5% 고소득 납세자들에 대한 부시 시대의 감세를 바로잡겠다고 약속했지만, 나머지

95% 인구에 대해서는 부시의 감세 정책을 유지했다. 게다가 부자들의 세금을 높이겠다는 그의 공약은 소득 25만 달러 이상 가구들에 대한 한계 세율을 35%에서 겨우 39.6%로 올리겠다는 데 불과했다. 세금 정책에 관한 그 모든 소란에도 불구하고 존 매케인과 오바마 간 공약에 차이는 별로 없었고, 본질적으로 최상위 소득에 대한 4.6%포인트의 차이만이 있을 뿐이었다.

더욱 시사적인 것은, 2010년에 부시 시절의 감세 조치를 부자들에게까지 확대할지 여부를 결정할 시점이 되었을 때, 오바마는 재빨리 공화당원들과 입장을 같이하여 이를 전면 확대하는 안을 지지했다. 적자를 막기 위해서는 더 많은 세수가 절실했음에도 불구하고 두 정당의 이원적 독점은 확고했다.

여론이 오바마를 강제했다고 볼 수도 있겠지만, 그것은 명백히 사실이 아니다. 감세를 연장하기로 한 오바마-공화당 합의가 이루어지기 몇 달 전, 광범한 대중은 최상위층의 감세에 대한 철폐를 지지했다. 퓨 리서치 센터에 따르면, 2004년 9월부터 2010년 12월까지 줄곧 대다수 미국인들은 고소득층에 대한 부시의 감세 조치 또는 모든 감세 조치의 폐지를 요구했다(〈표 7.2〉를 보라).

2010년 12월 의회 레임덕 회기의 결정적 순간, 최상위 소득층에 대한 감세 조치 연장에 관해 사실상 대중의 3분의 1만이 찬성했고, 약 60%가 그에 반대했다. 그러나 소수의 관점이 이겼다. 정치 시스템은 대중의 견해를 무시했다.

오바마 자신과 그의 최고위 자문가들은 오바마의 교육, 과학 및 인프라에 대한 적극적인 목표와 그의 세금 정책 사이에 심각한 모순이 있음을 정권 초기부터 잘 알고 있었다. 그러나 당선을 위해 낮은 세금

⟨표 7.2⟩ 부시 감세의 철폐에 대한 태도

	2004년 9월	2006년 10월	2007년 10월	2008년 10월	2010년 7월	2010년 9월	2010년 12월
모든 감세 유지	27%	26%	24%	25%	30%	29%	33%
일부 혹은 모든 감세 철폐	59%	62%	61%	62%	58%	57%	58%
그중에서:							
부자들에 대한 감세는 철폐하고 나머지에 대해서는 유지	31%	36%	31%	37%	27%	29%	47%
모든 감세 철폐	28%	26%	30%	25%	31%	28%	11%

출처: Richard Auxier, Pew Research Center for the People & the Press, "Taxed Enough Already?," September 20, 2010, and Pew Research Center, "Mixed Views on Tax Cuts, Support for START and Allowing Gays to Serve Openly," December 7, 2010

7장 속임수 게임 157

을 약속했고, 그러한 노선을 계속 견지했다. 사적인 자리에서 그 자문가들은 더 높은 세수의 필요성을 인정했지만, 정치적으로 실행 불가능한 일이라고 단언했다. 그들은 대중에게 진실을 설명하며 진정으로 방어할 수 있는 입장을 내세우기보다는 부유한 선거 자금 기부자들에게 특히 영합했다. 오바마는 2012년 선거를 위해 약 10억 달러의 모금을 목표했는데, 이를 위해서는 부유한 기부자들에게 매우 유리한 정치적 환경을 마련해 주어야 할 것이다.

이러한 영합의 증거는 핵심 자문가들이 공직을 떠난 다음 보이는 행위들이다. 백악관 예산관리국장 피터 오재그Peter Orszag는 백악관을 떠나자마자 GDP 대비 더 높은 세수의 필요성에 관해 썼다. 예산관리국장 시절에는 결코 공공연히 취하지 않은 입장이었다.[11] 경제자문위원회CEA 위원장인 크리스티나 로머Christina Romer도 다음과 같이 세금 인상의 필요성을 역설했다. 물론 백악관을 떠나자마자.

> 결국 대통령은 더 많은 세수의 필요성을 솔직히 인정해야 한다. 지출 삭감을 감행하더라도 여전히 대규모 적자는 불가피할 것이다. 이 간극을 메울 현실적인 방법은 세수를 늘리는 것뿐이다.[12]

여기서 솔직하게 인정해야 한다는 주장은 꽤 재미있다. 미국은 2년마다 수십억 달러를 들여 정치인들을 선출하고, 그러면 이 정치인들은 학계의 최고 전문가들을 워싱턴으로 데려온다. 그리고 이 전문가들은 미국인들에게 진실을 숨기다가, 그들의 관직을 떠난 뒤에야 비로소 진실에 관해 다시 말하기 시작하는데, 그렇다면 이런 주장이 다 무슨 소용이란 말인가?

사례 2: 의료 개혁의 대실패

의료 부문을 개혁하려는 노력 또한 특수한 이해관계자들의 힘을 예증해주었다. 오바마는 이 분야에서 다소간 진전을 이루기 위해 매우 애썼고, 일정한 성과를 거두었다. 하지만 이는 대중의 사기를 크게 저하시켰을 뿐만 아니라 사실 기업 권력에 엄청난 대가를 지불하고 이루어진 것이었다. 2009년 초 오바마 행정부는 의료 개혁 입법에 착수하면서, 계획을 제시하지 않기로 결정했다. 클린턴 집권 첫해에 의료 계획을 마련하려던 시도가 실패로 돌아갔다는 근거에서였다. 계획이 제시되면 그것이 로비스트들의 변덕에 너무 심하게 시달릴 것이라고 관계자들은 주장했다.

오바마는 의료보험업과 제약 산업이라는 두 핵심적인 기업 부문과의 대결을 피할 작정이었다. 만약 비용을 정말로 통제하거나 혹은 이른바 공공 보험public option을 통해 보험 시장에 정부라는 경쟁 요소를 도입하면 민간 보험 산업이 이탈할 것이었다. 그러므로 처음부터 오바마는 보험 산업에 눈을 찡긋하고는 비용이나 경쟁 문제와 관련하여 큰일은 없을 것임을 로비스트들에게 보장했다. 한편 유권자와 일반 대중에게는 많은 것을 이야기해주지 않았고, 비용 통제가 중점적인 사안이며 공공 보험이 활발하게 논의 중이라는 말만 반복했다. 이와 비슷하게 그는 미국이 약값 책정 방법을 새롭게 모색하지는 않을 것이라고 보증해주며 거대 제약 회사들과 때 이른 휴전협정을 맺었다. 이 역시 대중에게는 명확히 공개되지 않았다.

그 뒤로 15개월간 의료에 관한 모든 토론은 초현실적인 분위기를 띠었다. 오바마는 계획을 심의에 부칠 수 없었다. 제약 산업과의 암묵적인 합의안이 많은 민주당원들의 관점은 물론 대중의 전반적인 의견과 정면으로 충돌했기 때문이다. 2009년 실시된 여론조사에서, 대중들은 민간 보험 상품과 경쟁할 정부 주도의 보험 안을 지지하는 것으로 여러 차례 확인되었다. 2009년 6~7월 CBS와 《뉴욕타임즈》의 조사에 따르면, 66%의 다수가 공공 보험 안에 찬성했다(반대는 27%). 퓨 리서치 센터를 통한 조사에서도 52%의 수치로 찬성 비율이 높았다(반대는 37%).[13] 하지만 오바마는 민간 업체와 백악관 사이의 실제적인 양해 사항에 대해서는 국민들에게 분명하게 설명하지 않은 채, 해당 정책을 여전히 검토 중이라고 말해줌으로써 공공 보험 지지자들을 만족시키려 했다.

상황은 더욱 더 난처해졌다. 만약 그러한 고비용의 계획안-보조금 지급을 통해 의료보장 범위를 확대하는 것-이 채택될 경우 2010년대 후반에 GDP의 약 1%에 이르는 연 지출이 추가로 발생하는데, 고소득층에 대한 증세를 통해 이 비용을 충당하는 것은 정치적으로 힘 있는 집단에게 결코 환영받지 못할 것이기 때문이다. 결국 누더기식 재정 패키지가 대충 꿰맞추어졌다. 이 패키지에는 메디케어 지출의 일정한 축소-물론 실현 가능성은 별로 없지만-와 고소득 가계에 대한 급여세payroll tax[c]의 증가, 또 주로 고소득 가계가 보유한 고액 민간 보험 상품에 대한 소비세excise tax의 일정 증가 계획이 포함되었다(급여세와 소비세 인상으로 얻게 되는 세수는 2015 회계연도에 GDP의 약 0.1%, 2018 회계연도에 0.2%, 2021 회계연도에 0.3%만큼 증가할 것으로 예상된다).[14]

의료 개혁 논란이 한창일 때 나는 한 선도적인 여성 의원에게 의료 개혁 입법의 한심스러운 상황에 관해 질문했다. 그러자 이 의원은 말 그대로 양손으로 머리를 감싸 쥐고는 "로비야, 로비"라고 말했다.

이것은 나에게 조셉 콘래드Joseph Conrad의 소설 『어둠의 심연Heart of Darkness』 마지막 부분에 주인공 커츠가 "공포야, 공포"라고 중얼거리는 것과 똑같이 들렸다.

의료 개혁 논쟁은 실로 미국의 정치가 특수 이해관계라는 아주 좁고 깊은 홈을 향해서만 흐르고 있음을 다시 한 번 드러냈다.[15] 15개월의 논쟁으로 대중의 신뢰를 잃었고 일관성 있는 개혁 추진도 하지 못했다. 오바마는 이 과정 내내 일관된 계획을 제시하지 못했으며, 이로써 대중을 방관자 위치에 머물게 했다. 오바마는 의욕적으로 "의료 개혁"을 외쳤지만, 그때그때 당면한 개혁 입법의 실제 내용을 제대로 파악할 수 있는 사람은 별로 없었다(오바마 자신을 포함하여). 대중도 마찬가지였다. 공공 보험, 비용 통제를 위한 시스템상의 개편, 보장 확대를 위한 재정 조달 방법 등 주요 변화의 장점 및 가능성에 대해서 투명한 정보를 제공받지 못했다. 행정부와 의회는 그저 자신들 마음에 드는 전문가들에게 의존했고, 반면 미국 전체는 여러 가지 대안들이 갖는 장단점에 대해 전문가들의 의견을 체계적으로 들을 기회가 없었다. 간단히 말해, 그들은 우리에게 의사당에서 이루어지는 '소시지 만들기'에 적극적으로 관심을 기울이라고 했지만, 그러고 나서 우리는 좋든 싫든 우리 의사와 무관하게 그 소시지를 먹을 수밖에 없었던 것이다.

사례 3: 난국에 처한 에너지 정책

미국은 일관된 에너지 정책이 절실히 필요하다. 현재 미국이 세 가지 면에서 포위되고 있기 때문이다. 전 지구적인 석유 부족, 불안정한 지역에서의 석유 공급을 둘러싼 경쟁의 격화, 화석연료 사용의 지속적인 급증에 따른 환경 위기가 그것이다. 오바마 대통령은 기후변화 문제에 대한 교착상태를 타개하고 미국의 에너지 안보를 위한 새로운 틀을 짜겠다고 약속하며 취임했다. 그러나 취임한 지 2년이 넘은 2011년 현재, 아주 미미한 진전이 있었을 뿐이다. 재생에너지 R&D, 핵에너지 관련 기금 조성, 도시 간 고속철도에 대한 일정 기금 등 소소한 몇 가지 정책만이 도입되고 있다. 포괄적인 전략이라든가 어떤 명확한 것은 없다. 탄소 배출량을 2020년까지 17% 줄이겠다는 행정부의 계획에 대해, 나는 당시 국가경제위원회NEC 의장이던 래리 서머스에게 설명을 부탁했다. 그 계획은 오바마가 2009년에 발표한 것이었다. 이에 대해 서머스는 "미국에서 계획하고 있는 것이 아니다"라고 대답했다. 이것이 사실이라면, 우리는 에너지는 물론 환경상의 목표도 달성하지 못하는 셈이다.

에너지 정책의 필요성이 너무나 뚜렷이 드러난 시점에 우리는 왜 이를 계획하지 않는가? 여기서도 기업의 힘이 결정적인 이유다. 나는 이것을 백악관의 또 다른 모임에서 목격했다. 당시 에너지 및 기후변화 분야의 '차르(czar, 총괄 책임자)'이던 캐럴 브라우너Carol Browner와 만난 자리였다. 나는 브라우너가 에너지 계획을 공표하는 데 관심이 있으리라고 생각했다. 어쨌든 그것이 그녀의 임무일 것 같았다. 그러나 대화를 통해 브라우너가 전혀 다른 역할, 즉 거의 순전히 기업 지배 체제를 관리하는 일을 맡고 있음이 분명해졌다. 그녀는 나와 함께 에너지 정책을 논의하기보다는, 상원 의원 목록을 열거하며 그들이 기후변화 저지 입법에 찬성하겠다고 약속하는 대가로 각자 요구 중이라는 사항들을 언급했다. 어떤 상원 의원은 자동차 산업에 대한 특별 규정을 요구했고, 다른 의원은 해양 시추에 관계된 주들에 좀 더 유리한 특혜를, 또 다른 의원은 핵 발전에 대한 특별 규정을 요구하는 등 그 목록은 끝도 없이 이어졌다. 브라우너는 정책의 껍데기를 얻기 위해 특혜 보따리를 꾸리고 있었던 것이다. 하지만 결국에는 전 과정이 실패로 돌아갔다. 거대 석유 회사와 석탄 회사들이 입법을 무력화시켰기 때문이다.

사례 4: 금융권의 구제금융 토비와 보너스

금융권 이야기도 사태의 진상을 여실히 보여준다. 2008년 금융 붕괴는 여러 가지 원인이 복합되어 발생했다. 탈규제, 잘못된 통화 관리, 그리고 주주와 노동자와 고객들을 깡그리 무시한 채 이윤에만 눈먼 월스트리트 최고 경영관리자들의 무책임과 무모함 등이 그 원인이다. 물론 이 모든 것의 배후에는 놀라운 부와 권력이 자리하고 있었다. 2008년 상황이 어려워졌을 때 월스트리트가 대대적인 구제금융을 획득할 수 있었던 것은, 이 거대한 부가 권력으로 전화되는 것을 압축적으로 보여준다.

월스트리트만 구제금융을 받은 것이 아니다. 기업 대표자들 또한 자기 회사가 워싱턴의 구명 시스템에 의존해 있음에도 불구하고 엄청난 보너스를 계속 긁어모을 수 있었다. 2009년에 나는 그 말도 안 되는 보너스를 통제할 필요성에 관해 여러 차례 래리 서머스와 의견을 교환했다. 이런 보너스는 결코 시장의 힘과 관련해서나 윤리적으로나 바람직한 일이 아니었다. 서머스는 행정부의 '불간섭' 입장을 확고히 옹호했다. 여기서 불간섭이란 구제금융을 제공하더라도 그 CEO들이 보너스를 챙기는 것은 허용한다는 독특한 의미다. 부조리한 일이 아닐 수 없다. 재무부는 AIG에 수백억 달러의 구제금융을 퍼부었고, 서머스는 그와 같은 재난을 초래한 장본인들에게 엄청난 보너스를 제공하는 기업의 행위를 통제할 방법이 없다고 주장했다. "우리는 법치국가다. 계약이라는 것도 있다. 정부가 계약들을 일방적으로 폐기할 수는 없다. 그러한 보너스들을 제한할 수 있는 모든 법적 조치는 티모시 가이트너Timothy Geithner 재무 장관과 연방준비제도가 취하고 있다."

그런 조치들은 전혀 없었다고 봐도 무방하다. 월스트리트의 특별한 정치적 힘의 원천은 다양한 방면에 존재한다. 로버트 루빈과 행크 폴슨, 래리 서머스, 람 이매뉴얼Rahm Emanuel, 피터 오재그, 잭 류(전 시티그룹 임원이었다가 오재그의 후임으로 백악관 예산관리국장이 됨), 윌리엄 데일리 등 최고위 의사 결정자들은 물론 무수히 많은 사람들이 한 발은 월스트리트에 다른 한 발은 워싱턴에 걸치고 있다. 당연하게도 월스트리트는 오바마의 주된 선거 자금원 중 하나였다. 오바마는 인터넷을 통한 소액 기부를 동원한 것으로 유명하지만, 전체 금액의 65%는 200달러 이상 기부자들에게서, 42%는 1,000달러 이상 기부자들에게서 온 것 역시 사실이다. 다른 전통적인 후보들과 마찬가지로 오바마는 월스트리트 등 유력자들의 기부에 의존했다.[16]

월스트리트와 워싱턴의 유착은 백악관과 연준, 재무부를 넘어 훨씬 더 광범위하게 뻗어 있다. 책임정치센터가 꼼꼼히 정리했듯이, 산업계는 놀랄 만한 로비스트 집단을 구축했다.[17] 책임정치센터에 따르면 2009~2010년 금융 서비스업계(은행과 투자회사, 보험회사, 부동산 회사를 포함한)의 경우 1,447명의 전직 연방 관료들에게 의회와 연방 기관들을 상대로 한 로비 업무를 위탁했다. 그중에는 73명의 전직 의원도 있었는데, 이 수치는 그 시기에 로비 업무를 신고한 전직 의원 156명 중 47%에 해당한다. 또한 이 73명 중 17명은 이전에 상·하원

은행위원회에서 일했다. 그리고 최소한 42명의 금융 서비스 로비스트들이 과거 어떤 형태로든 재무부에서 일했고, 적어도 일곱 명은 통화감독청에 근무했으며 이 중에 두 사람은 감독관이었다.[18]

사례 5: 조세 피난처의 확산

자본시장의 지구화로 인해 기업들은 역외의 조세 피난처에 자신들의 이윤을 숨기기가 더 쉬워졌다. 과거 30년 동안 조세 피난처의 활용이 급증했고, 한때 부유한 개인들이 미국 국세청을 피하기 위한 술수였던 것이 기업들의 과세 회피를 위한 조직적인 수단이 되었다. 그러나 더욱 주목할 만한 것은, 미국 국세청이 이런 관행에 적극적인 시녀가 되는 경우가 흔하다는 것이다. 최근 구글Google에 관한 보고로 장막이 걷히면서 그 실체가 다소 드러났다.[19]

구글은 미국에 기반을 둔 법인이지만 전 세계에서 수익earnings을 얻는다. 그리고 주된 자본은 지적재산IP, 특히 강력한 검색엔진이다. 미국의 세법을 기준으로 하면, 구글의 이와 같은 세계적인 수익은 그 핵심 지적재산이 미국에 기반을 두고 있다는 현실을 반영해서 배분되어야 한다. 즉 구글의 해외 자회사가 외국인 고객에게 검색엔진 서비스를 판매하면, 그 자회사는 해당 수익의 상당 부분을 지적재산 사용에 대한 내부 로열티 지급의 형태로 미국 본사에 이전해야 한다. 미국에서의 과세를 위해서 구글이 국제 사업체들 사이에 소득을 분배하려면, 서로 무관한 기업 간의 독립적 상업 거래와 유사한 로열티 요율로 내부 이전이 이루어져야 한다.

그러나 이렇게 하는 대신 구글은 미국 국세청에서 친구를 찾아냈다. 2006년에 구글과 국세청은 비밀 협약을 맺었고, 이로써 구글의

100% 출자 자회사들은 수입과 이윤을 해외에서 보유할 수 있었다. 특히 구글은 구글 아일랜드 홀딩스Google Ireland Holdings라는 해외 자회사에 비상업적 요율로 지적재산에 대한 사용 허가를 제공할 수 있었다. 구글의 해외 사업체들은 구글 아일랜드 홀딩스에 지적재산권 사용료를 지급하고, 이로써 구글 아일랜드 홀딩스는 유럽과 중동, 아프리카에서 벌어들인 이윤의 거의 전부를 회계 처리한다. 이 세 지역에 있는 구글 사업체들은 구글 아일랜드Google Ireland Ltd.라는 또 다른 독립체로, 아일랜드 더블린에 본사를 두고 있다. 구글 아일랜드는 그들 시장에서 거두어들인 수입 125억 달러 중 90% 가까이를 흡수한 다음 그 이윤을 로열티 지급의 형태로 구글 아일랜드 홀딩스로 보낸다. 이 멋진 사슬의 마지막 단계는, 구글 아일랜드 홀딩스가 그 명칭에도 불구하고 버뮤다에 소재하고 있으며, 따라서 지급받은 수십억 달러의 로열티에 대한 과세를 피한다는 것이다.

이 밖에도 초거부들을 위한 수많은 조세 피난처가 존재한다. 헤지 펀드 매니저들에 대한 이른바 성과 보수 규정도 그런 것이다. 대개 헤지 펀드 매니저들은 관리 중에 있는 자산의 일부나 포트폴리오에서 얻어지는 이익의 일부 - 예를 들어 자산의 2%와 이익의 20%를 뜻하는, 통상 2와 20의 규칙에 따라 - 를 보상으로 받는다. 국세청의 모호한 규칙 하에서, 그렇게 얻은 소득은 35%의 세율로 과세할 수 있는 그 매니저의 일반적인 소득이 아니라 15%의 세율로 과세되는 자본이득으로 취급된다.[20] 믿을 수 없는 일이지만, 최근 월스트리트의 행태에 대한 대중의 항의에도 불구하고 이 규정은 폐지되지 않았고, 이것은 과세 규정의 모든 불편함을 없앨 헤지 펀드를 위해 행해진 선거 자금 기부의 힘이다.

물론 이 과정에서 우리 대중은 순진하게 당하고 있다. 세제 전문 변호사와 그 고객들 외에 과연 얼마나 많은 사람들이 '두 개의 아일랜드'라는 조세 피난처 및 그와 유사한 수많은 속임수들을 알고 있을까? '자유시장' 옹호자들은 구글의 기술적 경이에 환호하지만(나 역시 이 점에 대해서는 찬탄한다), 구글 검색엔진을 개발한 세르게이 브린의 천재적인 작업이 미 국립과학재단의 지원을 받았다는 사실을 그들 중 몇 사람이나 알고 있을까?

세금에 대한 구글의 속임수는 국세청의 묵인과 지원 하에 작동하는 기업들의 방대한 조세 회피 시스템을 예증한다. 이 주제에 관한 미국 연방회계감사원GAO의 최근 보고는 그저 놀라울 따름이다.[21] 미국의 100대 상장 기업 중에서 83개가 조세 피난처에, 그것도 종종 여러 개의 조세 피난처에 근거지를 두고 사업을 하고 있다고 밝혔다. 또 미국 의회조사국CRS의 한 연구에 따르면, 기업들이 이전가격 조작이나 그와 비슷한 수단들을 통해 이윤을 미국 밖으로 빼돌린 결과 매년 수백억 달러가 유출되었다.[22]

누구의 의견이 중요한가

의회 안에서 행해지는 의원들의 투표가 유권자들의 의견과 어떻게 관련 있는지를 보면, 정치에서 돈의 역할에 대한 매우 흥미로운 통찰을 얻을 수 있다. 래리 바텔Larry Bartels은 고소득, 중소득, 저소득으로 나눈 소득 집단별 유권자들이 설문 조사에서 보인 경향과 상원 의원들의 의회 내 투표가 어떻게 연관되는지를 연구해왔다. 그 결과가 대단히 새로운 것은 아니지만, 시사점을 제공하는 것은 분명하다.

> 공화당 상원 의원들의 경우 저소득 유권자들은 말할 것도 없고 중소득 유권자들의 요구에 부응한다는 증거가 없다. 그러나 (연구 대상이 된 주제들에 관해) 고소득 유권자들의 관점은 공화당 상원 의원들의 관심을 상당히 많이 받은 것 같다. 민주당 의원들의 경우보다…… 거의 세 배 더 많이. 반면에 민주당 의원들은 고소득 유권자들 못지않게 중소득 유권자들의 요구에도 강하게 반응한 것으로 보인다. 그러나 여기서도 저소득 유권자들의 관점에 대해서는 반응을 보인 어떤 증거도 없다.[23]

요점은, 유권자들의 열망이 의회 내 투표로 전환될 경우에 결국 중요한 것은 돈이며 가난한 사람들은 사실상 소외된다는 것이다. 이는 단순히 의원들이 중간층 혹은 중앙값에 해당하는 사람들을 표적으로 삼는다는 이야기가 아니다. 선거 자금을 기부할 사람들에게만 과도하게 영합하고 있다는 의미다. 물론 적어도 민주당 의원들은 중소득층의 요구에 어느 정도 반응하는 경향을 보인다.

이 같은 대표성 편향의 결과는 다음과 같이 드러난다. 부자들을 위한 '일시적인' 감세가 연장된다. 아프가니스탄에서 평판 나쁜 전쟁이 계속된다. 의료 개혁에서 대중의 의견은 배제된다. 대체에너지 기술은 미개발 상태로 방치된다. 대규모 은행들은 엄청난 구제금융을 받아 이것을 터무니없는 보너스를 계속 지급하는 데 사용한다. 이 모든 경우에 대하여 대중의 의견은 워싱턴의 초당파적 의회 다수가 내린 그 결정에 정면으로 배치되는 것이었다.

기업 홍보의 기능

　기업 지배 체제는 선거 자금 기부와 로비는 물론, 끈질긴 홍보 작업에 의해서도 지탱된다. 최근 일련의 연구에서 폭로되었듯이, 핵심 부문들―군수업체, 석유와 석탄 회사, 보험회사, 월스트리트―은 자신들의 사회적 해악을 은폐하기 위해 홍보업체 및 허위 정보를 담은 캠페인을 활용해 왔다. 신문과 텔레비전 방송망을 거느린 루퍼트 머독Rupert Meudoch의 뉴스코퍼레이션News Corporation 제국이 운영하는 주요 매체들이 그 과정을 도와주고 또 부추긴다. 머독 자신은 석유를 비롯한 여러 산업 부문에 개인적으로 투자를 하고 있고(전 부통령 딕 체니와 함께), 따라서 홍보에 따른 이해관계는 종종 기업의 이득뿐 아니라 개인의 직접적인 이득과도 관계가 있다.[24]

　석탄 화력발전소의 유해 배출 물질로 인한 산성비, 프레온가스CFCs로 인한 오존층 파괴, 화석연료 사용으로 인한 기후변화 등 주요 산업들이 환경을 파괴하고 대중의 건강을 위협하는 상황 속에서, 산업 로비스트들은 풍부한 자금에 기초해 교묘한 홍보 캠페인을 개발해 왔다. 이런 캠페인들은 반과학적 선전을 통해 연방의 규제를 사전에 차단할 목적으로 이루어진다. 거대 석유 및 석탄 회사들은 이와 관련해 가장 악명 높은 기업들이고, 《월스트리트저널》은 가장 일관되고 수완 있는 반과학 선전 매체가 되어 왔다. 주된 전략은 대중의 머릿속에 혼동을 심어 주는 것이다. 즉 충분한 근거를 갖는 기존의 과학적 결론이 사실은 매우 의심스러운 것이고 따라서 과학적 반박을 받을 소지가 있는 것처럼 보이게 만든다. 그동안 산업계는 보수만 적당하다면 어떤 허위 주장도 인증해줄 박사 학위 소지자들을 구할 수 있음을 여러 차례 보여주었다. 또 충분한 정보가 없는 대중들은 로비스트들이 완강하게 내세우는 속임수에 매우 취약하다는 것 역시 경험을 통해 수차례 보여주었다.

최근 과학에 대한 기업들의 가차 없는 공격은 기후변화에서 찾아볼 수 있다. 엑슨모빌과 코크인더스트리스(미국에서 가장 큰 개인 소유의 석유 회사), 뉴스코퍼레이션 등 많은 기업들이 수년간 공모하여, 기후변화에 대한 비과학적이고 말도 안 되는 주장을 유포해 왔다. 그 중심 내용은 인간이 야기하는 기후변화가 아직 과학적으로 확실하게 합의된 것은 아니라는 이야기다. 로스 겔브스펀Ross Gelbspan 같은 몇몇 집념 강한 저널리스트와 나오미 오레스케스Naomi Oreskes 같은 연구가들은 이 지속적인 홍보 활동에 돈을 대는 대기업 자금망을 적나라하게 밝혔다. 전문가의 눈으로 보면, 기업들의 그런 노력은 측은하기까지 하다. 터무니없을 정도로 반과학적일 뿐더러 기초적인 사실조차 잘못 사용하는 어리석음을 보인다. 그러나 혼란스러워하는 대중에게 이것은 먹힌다. 인간 활동이 기후를 위험할 정도로 이미 교란시켰고 앞으로 더욱 큰 피해를 초래할 것이라는 압도적인 과학적 합의에도 불구하고, 미국인의 약 절반은 인간이 기후변화를 야기하는 현실을 부정하고 있다.

기업 부문의 계속되는 승리

기업 지배 체제와 관련하여 기억해야 할 점은, 그 체제가 자기 유지 시스템을 가지고 있다는 점이다. 주식회사 미국에 경제 위기란 절대로 존재하지 않는다. 기업 부문의 맥박을 그 안에서 일하고 있는 종업원들의 맥박과는 반대된다고 생각해보라.

- 2010년에 기업 이윤은 사상 최고치였다.[25]
- 2010년에 CEO들의 봉급은 금융 위기로부터 다시 강력하게 상승했다.[26]
- 2010년에 월스트리트의 급여는 사상 최고치였다.
- 여러 월스트리트 기업이 금융 부패로 과징금을 물었지만, 고위 은행가들 중 어느 누구도 형사적 기소를 당하지는 않았다.
- 금융과 의료, 군수, 에너지 부문에서 기업 이윤에 손실을 낳을 불리한 규제 조치는 없었다.

미국의 부자(연 소득 40만 달러 이상의 최상위 1% 집단)와 초거부(연 소득 800만 달러 이상의 최상위 0.01% 집단) 계층은 30년 기업 지배 체제의 산물이다. 이제 우리는 그 메커니즘을 알 수 있다. 그것은 지구화와 더불어 시작되었다. 지구화는 임금을 압박하면서 자본 소득을 밀어올렸다. 이러한 변화는 최상위층에 대한 감세로 확대되었고, 이로 인해 그들의 실수령 급여가 늘어났으며, 저축에 대한 더 높은 세후 이득을 통해 더 많은 부를 축적할 수 있었다. 게다가 CEO들은 우호적인, 또 종종 자신들이 직접 선정한 보상 위원회의 기이한 스톡옵션 보상을 통해 자기 몫의 회사 지분을 챙겼다. 그러는 동안 증권거래위원회는 이를 모른 척했다. 두 정당이 기업들의 명령을 따르겠다고 대기 중이라면, 이는 결코 어려운 일이 아니다.

a 다수제와 양당 경쟁의 조건 하에서 선거 승리를 목적으로 하는 정당들이 중위 투표자(median voter)의 정책 선호로 수렴한다는 이론적 예측.
b 클린턴이 채택한 선거 전략으로서, 삼각형의 아랫변 두 꼭짓점에 민주당과 공화당을 놓고 위쪽 꼭짓점에 클린턴을 위치시킨다는, 이른바 좌·우파를 뛰어넘어 미래 지향적 대안을 찾는다는 전략이다.
c 임금이나 봉급에 부과되어 고용주가 내는 각종 세금. 근로소득 원천징수와 사회보장세 등이 포함된다.

8장
산란한 사회

　현재의 경제 위기를 설명하려는 시도는 거의 대부분 무모한 금융 탈규제를 집중 조명하고, 일부는 워싱턴의 부패한 정치와 잘못된 규제를 연결 지으며, 극소수는 시민들을 향해 스포트라이트를 비추기도 한다. 우리의 정치인들과 탐욕스러운 CEO들을 비난하기는 쉽다(그리고 비난하는 것이 온당하다). 대중은 내막을 알고 있고 그런 진상을 혐오한다. 그러나 결국에 미국인들은 자신들의 지도자를 선출해왔으며, 기업의 선전술에 조종당하도록 스스로를 허용해왔다. 더불어 개개인의 예산 관리에 있어 매우 근시안적으로 행동함으로써 위험할 정도로 심각한 부채의 늪에 빠져 결국 파산에 이르렀다. 수천만의 미국인들이 오늘 과도한 행위를 하고서 내일 후회한다. 과식을 하거나, 차입이나 도박을 지나치게 하거나, 아니면 TV를 과도하게 보거나 혹은 다른 어떤 중독 행위로든 말이다.

워싱턴이 경제의 장기적인 방향타를 버렸던 것과 똑같이, 가계들도 그간 자신들의 개인 예산에 대해 명확하게 사고하지 않았다. 가계들은 연방의 예산에 대해서도 일관적이지 않은 경향이 있다. 정보가 부족한 탓에 모순된 태도를 보이는 경우가 많다. 이를테면 중산층의 감세와 정부 지출의 증가를 꾸준히 지지하면서도, 예산 적자에 대해서는 대단한 우려를 표한다. 때로는 부자들의 상속세 감면을 옹호함으로써 부자들에게 무임승차권을 주기도 한다. 그들은 단기적으로 더 높은 소득에 대한 약속에 쉽게 유혹당하고, 훗날의 결과에 대해서는 아무런 걱정도 하지 않는 것처럼 보인다.

이를 이해하려면, 우리의 심리를 더 깊이 파고 들어가 소비자이자 시민으로서의 우리 행동을 파악해야 한다. 로비 단체들로부터 정치권력을 되찾고 미국을 위한 의미 있는 해결책을 수립하기 위해서는 장기적 관점을 취할 필요가 있다. 그러나 이것은 매우 어려운 일이다. 특히 경제의 상당 부분이 우리를 유혹에 굴복시키려 열심히 부추기고 있는 상황에서는 더욱 그렇다. 따라서 이 장에서는 우리가 사고하고 계획하며 의사 결정을 할 때 보이는 심리적 허약함을 이해하고자 한다. 우리 머릿속의 기만을 지워냄으로써, 경제를 재건하는 데에도 도움이 될 수 있다.

풍요의 심리학

사회가 가난할 때 소비자 행동은 비교적 단순하다. 소비자들은 자신에게 무엇이 필요한지를 안다. 바로 의식주다. 특정 지역의 생산자들은 그곳 주민들의 이러한 필요needs를 충족시키는 데 집중하고, 가난한 가계들은 소득을 생존에 써야 하기 때문에 저축을 하려고 해도 할 수가 없다. 그러나 빈곤한 가계들이 생존의 문턱을 넘어서면, 곤궁한 때에 대비하기 위해 저축을 하기 시작한다.

소비자 행동이 복잡해지기 시작하는 것은 사회가 훨씬 더 풍요로워지고 기본적 필요가 충족될 때다. 미국 같은 고소득국에서 중산층과 부자들의 소비자 '필요needs'를 언급하는 것은 더 이상 적절하지 않으며, 우리는 단지 소비자 '욕구wants'에 대해 이야기할 수 있다.[a] 경제학자들은 그러한 욕구가 뿌리 깊은 선호에 기반을 둔, 실재적이고 안정적이며 심지어 거의 태생적인 것인 양 가장한다. 이에 대해서는 브랜드 매니저와 광고 책임자들이 훨씬 더 잘 알 것이다. 성공하는 사업가는 제품을 만들기만 하는 것이 아니라 욕구를 만들어 내기도 한다. 오늘날 기업들은 소비자의 수요를 창출하고 또 조장하기 위해 매년 약 3천억 달러의 광고비를 사용한다.[1]

소비자들은 힘들게 의사 결정을 하면서, 강렬한 열망과 변덕, 중독, 혼동, 유혹, 그리고 신분에 대한 욕구에서 물건을 구매한다. 저축을 하려고 하지만, 종종 유혹에 압도당한다. 이런 비합리성의 문제는 사실상 우리의 풍요 때문에 증폭된다. 진정으로 가난한 사람들은 살아남기 위해 필요한 것이 무엇인지를 알기 때문이다. 그것은 음식과 집, 의복, 안전한 물과 의료다. 반면에 풍요로운 소비자들은 무엇이 자신들을 행복하게 해줄지에 대해서 사전에 명확한 생각을 못할 수도 있다. 즉 소비해야 하는가 아니면 저축해야 하는가? 길 건너 이웃 사람을 따라잡아야 하는가, 아니면 직장 동료 혹은 좋아하는 유명인을 따라잡아야 하는가? 텔레비전이나 컴퓨터 화면에 휙 등장하는 신제품을 구매해야 하는가?

　미국의 소비지출 중 상당량은 소비 자체의 즐거움을 위해서가 아니라 부와 신분 혹은 성적인 매력을 과시하기 위해 이루어진다. 경제학자이자 사회 비평가인 소스타인 베블런Thorstein Veblen의 유명한 표현대로, 이것은 "현시적 소비conspicuous consumption"에 해당한다. 다시 말해 그 자체의 즐거움이 아닌, 타인에게 깊은 인상을 심어주기 위해 소비하는 것이다.[2] 이런 현상은 동물들의 세계에서 매우 흔하게 나타난다. 진화적 경쟁 하에, 수컷들은 서열에서 상승해서 암컷들의 주의를 끌기 위한 목적으로 놀라운 '장식물'을 발전시킨다. 이와 같은 소위 자웅선택sexual selection의 결과 수컷 공작은 화려한 깃털을, 엘크는 큰 뿔을 갖게 되었다.

　그러므로 현시적 소비는 두 라이벌 간의 군비경쟁과 닮았다. 투자의 거의 대부분 혹은 전부가 쓸모없는 무기(비유하자면 사슴의 뿔이나 인간의 요트)로 낭비되고 만다. 이런 경제적 군비경쟁은 결국, 모든 사람들이 단지 타인을 따라잡기 위해 탈진할 때까지 일하는 무한경쟁rat race으로 귀결된다. 하나님이 안식일은 쉬라고 모두에게 명한 적어도 한 가지 이유가 여기에 있다. 그런데 만약 우리가 쉬려 한다면, 우리는 이웃 경쟁자들도 똑같이 그렇게 할지를 걱정할 것이다. 때문에 십중팔구는 우리와 우리 경쟁자 모두 주말 내내 일하게 된다. 바로 이와 비슷한 이유 때문에 유럽의 정부들(미국 정부는 아직 아니다)이 모든 노동자들에게 매년 최소 4주의 유급 휴가를 강제함으로써 이런 종류의 '자기 착취'를 방지하는 것이다.

　현시적 소비와 유사하면서도 뚜렷하게 구별되는 것으로 '사회적 소비social consumption'가 있다. 이것은 어떤 개인이 자신이 바라는 사회

집단에 속하기 위해 특수한 소비재를 필요로 할 때 일어난다. 예를 들자면 폭주족들과 함께 오토바이를 타기 위해서는 할리데이비슨을 사야 한다. 소셜 네트워크의 일원이 되기 위해서는 스마트폰이 필요하다. 또는 부유한 이웃과 훌륭한 공립학교를 원한다면 교외에 집을 사야 한다. 단, 이 마지막 예시는 단순히 과시signaling나 신분에 관계된 것만은 아니다. 부유한 이웃을 갖는 것은 가령 자녀를 좋은 학교에 보내는 것처럼 또 다른 결정적인 결과를 촉진하기 때문이다.

미국에서 가장 중요한 종류의 사회적 소비는 단연 주택이다. 여기서 주거지의 선택은 주택 자체와는 별로 관련이 없다. 하지만 그 주택에 딸려 오는 동네 및 이웃 사람들과는 상당한 관련이 있다. 앞서 지적했듯이, 미국의 주거 지역들은 소득과 인종, 민족적 배경에 따라 매우 심하게 분급되어 있다. 세계의 다른 많은 나라들과 달리 미국의 공립학교는 재정을 지역 재산세에 크게 의존하기 때문에, 부유한 주거지에 사는 것이 좋은 교육 환경을 얻는 데 결정적으로 중요하다. 가계들은 아이들을 양질의 학교에 보낼 수 있도록 추가 비용을 들여서라도 값비싼 지역의 일원이 되려고 한다. 자기 강화적self-reinforcing 사이클이다. 부가 특정한 주거지로 몰려들고 이로써 가격을 상승시키고, 다른 부유한 가계들을 끌어들이며, 가난한 가계들을 압박하여 그들을 학교와 노동시장이 열악한 주거지로 내몬다.

이 모든 소비는 최종적으로, 자기 자리를 지키기 위해 맹렬히 뛰는 사회를 만들었다. 사회 각 구성원의 과잉 노동은 타인에게 부담을 주어(부정적 외부성이다) 그 사람 역시 남을 따라잡기 위해 치열하게 뛰도록 만든다. 소비자들도 마찬가지다. 다른 소비자들이 뛰고 있기 때문에 뛰어야 한다. 원하지 않는 경주 속으로 우리 모두가 내몰린다.

대중 설득의 기술

주류 경제학자들은 소비자 행동에 대한 완전히 낡은 관점에 사로잡혀 있다. 더 많은 소비재를 끊임없이 추구하는 것이 더 이상 큰 혜택을 가져다주지 않음을 잘 알고 있으면서도, 이들은 여전히 더 많은 개인 소비를 추구하는 것이 인간 행복의 전부이자 궁극인 것으로 간주한다. 국민소득의 상승 – 이것의 80%는 소비지출로 인한 것이다 – 도 여전히 경제적 효율성의 선도 지표로 여겨진다. 이렇게 소비주의에 초점을 맞추는 것이 경제학자들에게는 전혀 이상한 일이 아니지만, 미국 사회의 움직임을 관찰하는 또 다른 부류인 심리학자와 사회학자, 철학자들에게는 하나의 충격으로 다가온다.

이 현상을 이해하기 위해서는 현대의 미디어, 특히 텔레비전의 유혹을 들여다보아야 한다. 1세기가 넘는 동안 상업광고와 홍보, 정치적 선전의 쉴 새 없는 파도는, 우리가 더 많은 소비를 원하도록 심리를 개조해왔다. 대중 설득의 기술은 닿지 않는 곳이 없을 정도로 대단히 발전했다. 먼저 20세기의 전반부는 신문의 시대였고, 그 다음은 라디오와 영화의 시대였다. 20세기 후반부는 그야말로 텔레비전의 시대였다. 그리고 현재 우리는 완벽하게 디지털화되고, 정보망으로 연결되며, 멀티미디어화된 세상에 살고 있다. 따라서 뭔가를 사고, 쓰고, 빌리고, 또 더 사라고 끊임없이 메시지를 보내는 다양한 종류의 스크린 앞에서 날마다 몇 시간을 보낸다. 고도로 전문화되고 대단히 효율적인 홍보와 마케팅, 광고 산업이 이러한 메시지를 주도한다.

현대적 홍보의 창시자인 에드워드 버네이스Edward Bernays는 인간의 무의식적 충동을 발견한 지그문트 프로이트Sigmund Freud의 조카이기도 했다. 마케팅 천재 버네이스는 대중을 조종하는 기본 과정(그가 "공학적 동의engineering consent"라고 부른)이 비슷한 방식으로 사회의 광범위한 영역에서 어떻게 작동할 수 있는지를 정확히 예견했다. 이를테면 담배 판매를 촉진하거나 선거 후보자를 홍보했고, 심지어 군사 쿠데타를 홍보하기도 했다(1953년 과테말라의 경우). 그 기술은 대중의 떼 지어 달리는 성향과 결합된 무의식적 충동을 은밀히 조종하는 것이었다.³

광고업자와 정치가, 선거운동 자문가와 로비스트들이 엄청나게 막강해진 디지털 기술의 힘을 이용해 우리를 집어삼키려 하는 것이 오늘날의 냉혹한 현실이다. 과거 1910년대부터 1930년대까지 버네이스는 신문과 관심 끌기 행동, 그리고 구전에 주로 의존했다. 그의 음험한 대중조작 기술은 신문에 흑백사진을 게재하는 데 크게 의존했다.

이후 1940년대 초, 텔레비전의 특출한 힘이 등장했다. 텔레비전은 주민들을 광장에서 집으로 돌려보냄으로써 그들을 원자화시켰다. 신기술이 유례없는 속도로 전파되면서 미국인들은 텔레비전을 중심으로 삶을 재구성했다. 1950년에 텔레비전을 소유한 가구는 전체의 9%였다. 그러나 1960년에 이미 그 비율은 87%로 증가하여, 주요 신기술이 대중에게 채택되는 데 있어 역사상 가장 빠른 속도를 기록했다.⁴ 처음부터 미국인들은 자유 시간의 상당 부분을 텔레비전에 할애하여, 1960년대 1인당 하루 시청 시간은 3~4시간에 달했다. 나아가 이 시청 시간의 3분의 1은 광고였다. 여기에 오늘날 여론 조작자들은 텔레비전은 물론이고 인터넷, 비디오, 게시판, 신문, 잡지, 특별 행사, 기타 전통적 미디어를 언제든지 적절히 조합해 이용할 수 있다. 또한 2~7세 아동이 연평균 1만 3,900건의 텔레비전 광고를 보고, 8~12세

아동은 3만 100건의 광고를 시청하는 것으로 추산된다.[5]

물론 텔레비전의 조작력에 관한 경고는 일찍부터 존재했다. 이를테면 1940년대에는 조지 오웰George Orwell이, 1950년대에는 밴스 패커드Vance Packard가, 1960년대에는 경제학자 존 케네스 갤브레이스John Kenneth Galbraith와 미디어 권위자 마샬 맥루한Marshall McLuhan이, 지난 20년 동안에는 언어학자 노암 촘스키Noam Chomsky가 그러한 경고를 했다. 그리고 1968년 조 맥기니스Joe McGinniss는 이미지 메이커들이 텔레비전에 기반을 둔 선거운동을 통해 "대통령을 팔고" 있다고 지적했다.[6] 그러나 이런 여러 차례의 경고에도 불구하고, 미국인들은 텔레비전에서 판매되는 것이 '대통령'이든 다른 어떤 것이든 계속해서 '구매'해왔다.

현재 전자 미디어를 통해 소비되는 시간은 믿기 어려울 정도다. 2004년 조사에서, 8~18세 청소년들은 하루에 약 세 시간 동안 텔레비전 앞에 앉아 있는 것으로 나타났다. 그리고 DVD나 영화에 한 시간, 컴퓨터와 비디오 게임, 기타 손으로 사용하는 장치에 두 시간, 오디오에는 한 시간을 할애하는 것으로 나타났다. 이 때문에 책을 읽는 시간은 하루 23분에 지나지 않았다. 멀티태스킹(두 개 이상의 미디어를 동시에 사용하는 것)을 고려하면, 미디어와 함께 보내는 총시간은 하루 평균 약 8시간 33분이라는 놀라운 수치다.[7] 우리 아이들은 점점 더 가상공간에 머물고 있고, 이 가상공간의 상당 부분은 끊임없는 메시지와 광고로 채워져 있다. 더욱이 부모들의 경우도 크게 다르지 않아서, 하루 평균 약 3~4시간 텔레비전을 시청하는 것으로 나타난다.

광고나 값비싼 멀티미디어 홍보물들이 우리에게 덜 소비하고 더 저축하라고 말해주지 않는 것은 당연하다. 유권자의 표를 획득해 갈 목적으로 만들어진 30초짜리 스폿광고를 의심의 눈초리로 보라고 경고해주는 것은 어디에도 없다. 어떤 광고도 우리가 기본적으로 밝은 색상과 멋진 구호, 아름다운 얼굴, 도발적인 몸짓, 감정적인 구호에 취약하다는 사실을 알려주지 않는다. 기업의 재정 후원 아래 날마다 쏟아져 나오는 홍보 캠페인의 가짜 과학을 무시하라고도 가르쳐주지 않는다. 우리에게 텔레비전을 끄고 책을 읽거나 산책을 하거나 혹은 무료 급식소에서 봉사 활동을 하라고 말하는 광고는 확실히 어디에도 없다. 이유는 자명하다. 이런 메시지에는 투입된 돈이 없기 때문이다. 그 대신 후보 선출이나 상품 판매가 목적인 광고에 3천억 달러가 동원된다. 그와 같은 투자에 대한 상업적 이득을 기대하는 사람들에 의해서 이 비용은 조달된다.

텔레비전의 효과는 단순히 광고 속 메시지에 머무르지 않는다. 텔레비전은 미국 사회의 무게중심을 공원과 볼링장으로부터 각 개인의 가정이라는 은신처로 이동시켰다. 그 전형적인 예가 소파에 앉아 감자칩을 먹으며 텔레비전만 보는 사람이다couch potatoes. 시간이 흐르면서 거실의 단독 브라운관이 가족 구성원들의 개별 침실로 이동했다. 가족들은 다른 가족들로부터 멀어졌고, 그런 다음에는 가족 구성원들이 서로에게서 멀어졌다. 정치학자 로버트 퍼트넘은 시민적 참여의 쇠퇴에 관해 쓴 권위 있는 저작 『나 홀로 볼링Bowling Alone』에서, 텔레비전 앞에 앉아 있는 시간의 증가는 시민적 활동에 할애하는 시간의 장기적 하락을 설명하는 가장 강력한 한 가지 요소임을 이야기했다.

국가별 증거는 매우 시사적이다. TV 시청은 사회적 건강에(그리고 개인의 건강에도) 해롭다. TV는 사회적 자본을 갉아먹는다. 국민들이 텔레비전을 더 많이 보는 나라일수록 사회적 신뢰 수준이 낮고 정치적 부패 수준은 높다. TV 시청과 사회적 신뢰의 반비례 관계는 〈그림 8.1(a)〉에 나타나 있는데, 이는 통계적으로 유의미하다. 성인 1인당 추정 TV 시청 시간은 스위스인의 하루 약 167분에서부터 미국인의 놀라운 297분(하루 5시간)에 이르기까지 다양하다. 시청 시간이 비교적 적은 집단(스위스, 핀란드, 스웨덴, 노르웨이, 네덜란드)과 중간 수준인 집단(프랑스, 독일, 일본, 스페인, 이탈리아)이 있고, 마지막으로 시청 시간이 가장 많은 미국이 있다. 여기서 우리는 TV 시청 시간이 사회적 신뢰 수준(세계가치조사에서 측정된)과 강한 반비례 관계에 있다는 것을 알 수 있다. 이를테면 스칸디나비아 국가들의 시민들은 TV 시청 시간이 매우 적고 사회적 신뢰 수준은 매우 높다. 한편, 부패 인지도(국제투명성기구가 측정한)는 〈그림 8.1(b)〉에서 보듯이 TV 시청 시간과 정正의 상관관계를 갖고 있다. 이탈리아는 두 척도 모두에서 매우 높은 점수를 기록하는데, 이는 이탈리아가 부패 혐의로 끊임없이 기소당하는 미디어 소유주에 의해 오랫동안 통치되어 왔다는

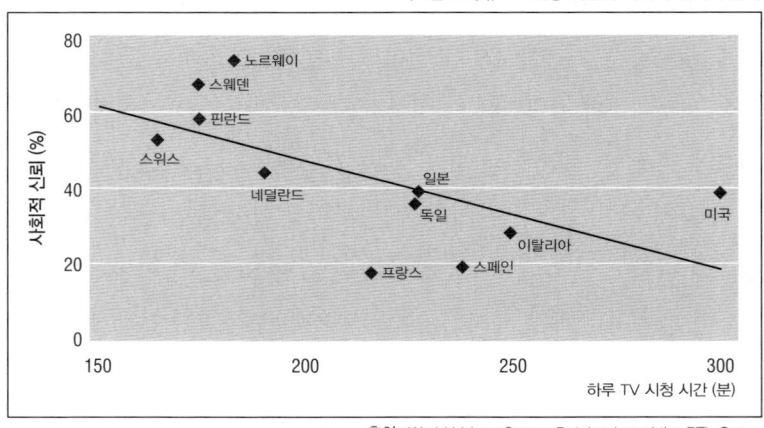

〈그림 8.1(a)〉 TV 시청 시간과 사회적 신뢰의 관계

출처: World Values Survey Databank and the RTL Group

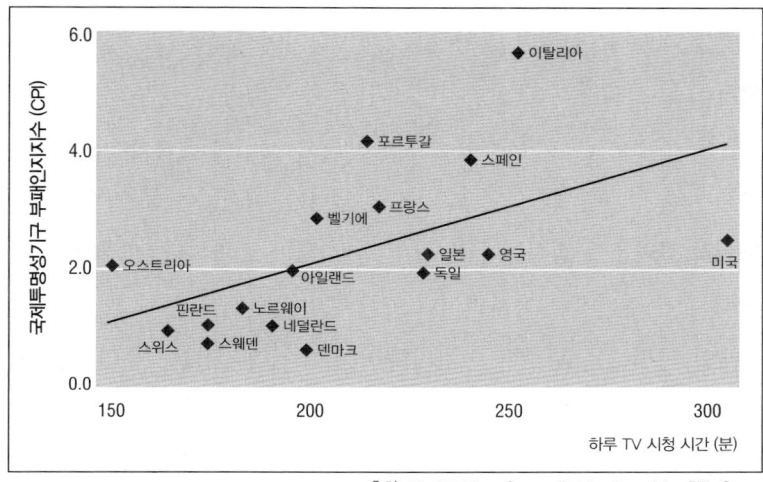

〈그림 8.1(b)〉 TV 시청 시간과 부패 인지도의 관계

출처: World Values Survey Databank and the RTL Group

점을 적절히 반영한다. 다행히 미국은 이 경우에 최적선[b] 조금 아래에 위치해 있다. 놀라울 정도로 긴 TV 시청 시간에도 불구하고, 미국의 부패 수준은 다른 나라들에 비해 그리 높지 않은 것으로 판단된다. (그러나 아마 이것은 미국의 부패 중 상당 부분이 기업 로비와 선거운동 기부를 통해 사실상 합법화되어 있기 때문인 것 같다.)

지나친 TV 시청은 개인의 정신적·신체적 건강에도 해로워 보인다. 여론조사에서 TV를 과도하게 시청하는 사람들은 자신이 평균적으로 덜 행복하며 심지어는 TV 시청 때문에 정서 불안까지 겪는다고 답한다. 따라서 과한 TV 시청은 건강한 소비 행동이라기보다는 심리적 중독과 패턴이 일치하는 것 같다. 〈그림 8.2〉에서 보듯이, TV 시청 시간과 비만 사이에 정의 상관관계가 있다는 것도 별로 놀랍지 않다. 부분적으로 이는 앉아서 하는 행동(TV 시청)이 비만으로 이어지는 직접적인 인과성을 드러내는 것 같다. 또한 이것은 그 시청자들이 TV 광고에서 조장하는 정크푸드 중심의 식습관을 갖게 되는 경향도 상당히 반영할 것이다. 심리적인 연관도 있을 것이어서, 과식과 과도한 TV 시청 모두 자제력의 상실을 의미한다고 볼 수 있다.

물론 지나친 TV 시청과 부정적인 사회적·개인적 결과 사이의 상관관계가 곧 인과관계임을 뜻하는 것은 아니다. 즉 TV 시청은 복합적인 사회적 결과를 규정하는 여러 요인 중 하나에 불과하다. 그래도 여전히 이 같은 연관성은 시사적이며 또한 우려할 만하다.

매일 직면하는 무수한 이미지와 미디어 메시지들은, 우리의 가장 중요한 의사 결정 과정을 왜곡하도록 전문가들에 의해 설계되어 있다. 우리는 이성이 아닌 충동과 환상에 따라 행동하도록 자극을 받는다. 미디어로 가득 찬 이 경제에서 균형을 유지하는 것이 불과 10~15년 전 짐작했던 것보다 훨씬 더 어려워졌음을 우리는 이해해야 한다. 현대 신경 생물학과 심리학의 진전을 통해, 인간이 프로이트와 버네이스조차 놀랄 정도로 허약하다는 사실이 밝혀지기도 했다.

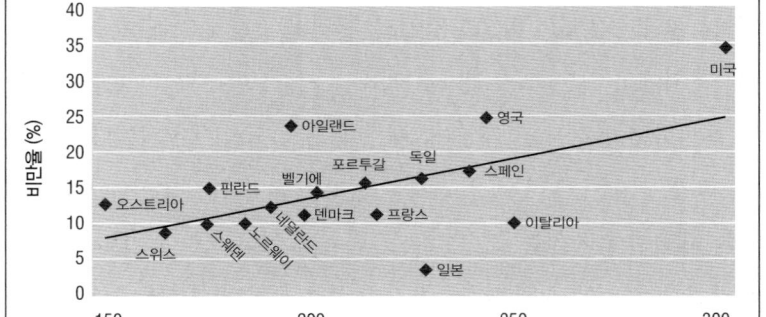

〈그림 8.2〉 TV 시청 시간과 비만의 관계

출처: The RTL Group and OECD

문제는, 우리가 단지 자각 없이 행동하는 합리적 또는 비합리적 동기를 갖고 있기에 그런 조작에 취약하다는 것이 아니다. 프로이트와 그의 조카 버네이스도 이 점을 알고 있었고, 이후 여러 세대의 실험심리학자들도 우리의 의사 결정이 분위기, 상황, 실험자가 조작하는 신호의 미세한 변화 등에 영향받는다는 것을 여러 번 증명했다. 새로운 사실이라면, 인간은 생물학적 '재공품在工品'이고 이는 나이가 들어도 변함없다는 사실이다. 우리의 뇌, 따라서 개성과 의사 결정 능력, 그리고 가치는 오랜 시간에 걸쳐 이루어지는 신경망의 광범위하고 지속적인 재구성에 영향을 받는다. 우리를 만드는 것은 그저 우리가 먹는 무엇이 아니다. 우리가 보고 듣는 것 역시 우리를 만든다. 보고 듣는 것들은 말 그대로 뇌와 마음, 미래의 판단까지 변화시키기 때문이다.

우리 두뇌가 끊임없이 재형성된다는 점과 조작에 상당히 취약하다는 점 때문에, 광고에 찌든 경제가 정말로 얼마나 이상한 것인지를 깨달을 필요가 있다. 우리는 인간이 조작에 취약하다는 사실을 점점 더 잘 알게 되었지만, 동시에 이 취약성을 먹잇감으로 삼는 방대한 광고와 홍보 산업을 발전시키기도 했다. 신경 과학자들은 광고와 대중소비주의가 우리에게 상상하기 어려울 정도로 큰 영향을 미칠 수밖에 없는 네 가지 이유를 제시한다.

첫째로, 우리의 뇌는 가소적可塑的이다. 과학자들은 우리가 선택하는 행동 방식과 우리가 받는 자극의 종류에 따라 두뇌가 끊임없이 재구성된다는 사실을 기술하기 위해 "신경 가소성neuroplasticity"이라는 용어를 사용한다. 일례로 명상이 우리가 평정을 얻는 데 도움이 된다면, TV 시청은 이러한 평정심을 깨뜨릴 수 있고, 이는 어린아이들에게 특히 더 그렇다는 것이다. 둘째로, 동물행동학자들이 강조하듯 "초

정상 자극super-normal stimuli"ᶜ이라는 것이 존재한다. 이것은 단순히 색상 신호와 성적 자극, 또는 매우 복잡한 행위를 유발할 수 있는 기타 감각 정보를 의미한다. 하버드의 심리학자 디어드리 배릿Deirdre Barrett은 동물에 관한 놀라운 발견에 비추어 인간도 생물학적으로 특정 신호에 강력하게 반응하도록 설정되어 있다고 설득력 있게 주장했다.[8] 식품 산업은 우리가 선천적으로 갈망하는 기름진 음식과 정제된 당류로 우리를 유혹한다. 마케터들은 자동차와 맥주, 담배 같은 것을 판매하는 모델의 성적인 포즈를 통해 그 제품을 사도록 쉽게 유인한다. 물론 이런 유혹들은 잘 알려진 사실이지만, 우리는 광고의 편재화遍在化를 통해 그것이 봇물처럼 쏟아질 문을 열었다. 세 번째로, 마케터들은 우리가 중독에 약하다는 점을 이용해 특히 어린아이들을 일생 동안의 소비 및 과소비에 쉽게 중독시킨다. 비유하자면 우리 사회는 밀매자들의 사회다. 마약 갱단 같은 것이 아니라, 광고 속 수많은 유명 이름들을 강매한다는 점에서 그렇다. 네 번째로, 우리의 많은 결정들은 무의식적으로 이루어진다. 종종 우리는 특정한 제품을 우리가 왜 구매했는지 또는 왜 그것에 혹하게 되었는지 알지 못한다. 두뇌는 눈앞의 구경거리와 냄새, 우리가 의식하지도 못하는 자극들로 쉽게 '채워진다'. 그리고 이런 자극들은 구매자 자신조차 명확히 알지 못하는 이유들로 제품을 사도록 유인한다.

   나는 20년도 훨씬 더 전에 이와 같은 이슈들을 살펴본 적이 있다. 당시 나는 이런 소비자 중독과 '비합리성'의 문제를 어디까지나 사회적으로 심각한 이슈라고 여겼을 뿐 거시경제적 이슈라고는 생각하지 않았다. 중독이란 사회사업가나 마약 단속국이 다뤄야 할 문제였고, 거시경제학은 수적으로 우세한 행위를 다루는 것이지 특이한 것이나 골치 아픈 예외들을 다루지는 않는다고 생각했다. 그러나 더 이상 나는 심리학과 경제학 간의 그러한 분업에 동의하지 않는다. 한 세대 만에 미국인들은 일련의 놀라운 중독 행위들(흡연, 비만, 텔레비전 시청, 도박, 쇼핑, 차입 등)과 자제력 상실을 보였다. 이러한 불건전한 행위들은 확실히 거시경제의 범위에 도달했고, 이는 끊임없는 광고와 과잉의 시대에 우리의 행복에 관해 근본적인 의문을 제기한다. 개인의 균형을 허물어뜨리도록 설계된 이 세계를 우리가 정말로 창조했는가? 우리 사회는 과소비와 가계 부채에 만성이 되어버렸다. 또한 33%라는 아찔할 정도의 비만율을 낳은 한심한 식단에 중독되었다. 게다가 텔레비전에도 중독되어 개인들은 하루 4~6시간을 텔레비전 앞에서 보내고, 그 결과 그들이 행복하지 않다는 징조가 나타나고 있다.

대중매체와 초상업주의의 결합

미국 미디어 시스템의 놀라운 사실은, 그 시스템이 사회적 통제를 벗어난 저거노트juggernaut[d]가 되었다는 것이다. 미국이 심연에 빠진 데에는 여기에도 부분적으로 책임이 있다. 미디어 저거노트는 미국인들의 거실은 물론 국가 정책, 심지어 전쟁터까지 집어삼켰다. 게다가 그것은 미국 사회를 불안정하게 만드는 통제 불능 요소 중 하나이기도 하다. 미디어와 거대 기업 이해관계자들, 그리고 정치인들은 상호 연계와 권력의 망을 완벽하게 이루고 있고, 그와 같은 연결망은 끊임없이 환상을 만들어 냄으로써 그 자신들을 영구화한다. 미디어는 환상을 퍼뜨리고, 이 환상은 미디어 자체에 대한 고착을 포함하여 더 많은 중독 행위를 양산한다.

많은 관측자들은 미국이 TV 시대에 어떻게 해서 독특한 경로를 취했고, 또 그럼으로써 기업과 정부 기관들에 의한 선전 기술에 극도로 취약해지는 길을 걷게 되었는지 기록해왔다. 이와 관련해서 가장 중대한 부분은, TV 시대 초기에 정부가 광고 주도형 방송 모델에 입각하여 텔레비전 방송망을 거의 전적으로 민간 부문에 넘긴 사실이다. 1934년에 의회는 통신법을 통과시키면서 민관 혼합 시스템이라는 대안적 접근법을 거부했다.

그렇지만 이후 수십 년 동안 연방 정부는 민영방송국들의 일정한 공익 정신과 경쟁을 강제하기 위해서 대체로 연방통신위원회FCC를 통해 필요한 최소한의 규제는 유지해왔다.[9] 그러다가 미국 사회의 다른 많은 영역에서와 마찬가지로, 1980년대와 1990년대에 기업 소유의 미디어들은 공적 규제의 손아귀에서 벗어났다. 21세기 초에 미디어는 정부의 제재를 받지 않는 존재로 우뚝 섰고, 더 나아가 워싱턴의 본격적인 선전 파트너가 되었다.

이처럼 민간 부문이 방송을 완전히 장악하게 된 한 가지 핵심 계기는 1996년 클린턴이 서명한 통신법이었다. 클린턴은 기업으로의 권한 이양에 대해 민주당과 공화당이 별다른 견해차 없이 동의한다는 것을 다시 한 번 입증해주었다. 그 새로운 법률은 텔레비전과 라디오 분야에서의 미디어 집중media concentration을 막기 위해 남아 있던 장벽마저 사실상 무효화시켜, 기업합병과 거대 미디어 기업 탄생의 고삐를 풀어주었다. 이로써 현재 디즈니Disney, 컴캐스트Comcast, 웨스팅하우스Westinghouse, 바이어컴Viacom, 타임워너Time Warner, 뉴스코퍼레이션 등의 거대 미디어 기업이 존재한다.

미디어와 정치인들은 지금 멋지게 공생하고 있다. 방송은 기업의 제품과 소비자 가치consumer values, 호의적인 정치인들의 경력을 홍보하며, 정치인들은 미디어에 대한 탈규제와 낮은 세금, 엄격한 실적 기준 및 공공서비스로부터의 자유를 조장하고 있다.

초상업화의 척도

미국의 매스미디어 문화와 도처에 존재하는 광고, 그리고 지나친 TV 시청이 곧 사회적 가치를 압도하는 시장을 방치하게 된 근본 원인 중 하나라고 증명하기는 어렵다. 하지만 미국이 선진 경제들 중에서 극단적 상업주의의 불행을 대표한다는 점은 증명할 수 있다. 이를 위해 나는 상업화지수(CI)라는 것을 만들었다. 각국 경제가 집단적(공적) 소비와 미래에 대한 고려보다 사적인 소비와 조바심으로 향하는 정도를 측정하기 위한 것이다. 그리고 여기서 내가 세운 가정은, 미국을 비롯하여 TV 시청 정도가 높은 사회들은 CI 점수가 높고, 높은 CI 점수는 다시 미국 사회를 괴롭히는 여러 부정적인 상황과 연관되리라는 것이다.

나는 상업화지수에 여섯 개 평가 항목을 넣었다. 각 항목은 사회적 선택의 공-사 혹은 현재-미래와 관련한 측면을 측정하도록 설계되어 있다. 각 경우에 높은 점수는 높은 상업화 정도를 나타낸다.

- 국가적 소비율(민간 소비 및 정부 소비 합계액의 GDP 비중)
- 상시 근로자의 연평균 노동시간(낮은 레저 시간, 높은 시장 소비

지향)
- 국가적 비투표율(공적 참여의 결여)
- 국가 총 의료 지출 대비 민간 의료 지출의 비율(공공재보다는 사적 재화로서의 의료)
- 국가 총 교육 지출 대비 민간 교육 지출의 비율(공공재보다는 사적 재화로서의 교육)
- 국가(민간 및 공공) 소비지출 대비 민간소비 지출의 비율(소비의 지배적 형태로서의 민간 소비)

간단히 하기 위해, 이 각각의 척도들을 0에서 1까지 세분하고, 상업화 지향성이 가장 큰 점수를 1로 정한다. 각국의 상업화 지수는 여섯 개 척도들의 단순평균으로 계산된다. 이에 따른 전반적인 순위와 척도별 수치가 192쪽의 〈표 8.1〉에 제시되어 있다.

미국은 이 샘플에서 단연 가장 상업화된 국가이며, 그 다음이 스위스다. 미국의 등급은 여섯 개 항목 중 한 개 척도(민간 의료 지출 비중)에서 1위, 나머지 다섯 개 척도 중 세 개에서 2위다. 그리고 전반적으로, 상업화지수를 구성하는 여섯 개 척도 각각의 수준은 한 국가의 전체적인 CI 점수와 상관성이 매우 높다. 오스트레일리아와 캐나다, 뉴질랜드, 영국과 미국은 대다수 척도에서 높은 수준을 차지하는 경향이 있고, 스칸디나비아의 사회민주주의 국가들(덴마크, 노르웨이, 스웨덴)은 모든 척도에서 낮은 수준을 보인다.

미국처럼 매우 상업화된 사회들은 가난한 사람들을 뒤처진 상태로 방치할 가능성이 더 크다. 높은 CI 점수는 〈그림 8.3〉에 보이듯이 높은 국가 빈곤율(OECD에서 측정한, 소득 중앙값의 50% 이하 가계 비중)과 강한 연관이 있다. 높은 CI값은 빈곤국에 대한 낮은 개발원조 수준(GDP 대비 공식 개발원조 비중으로 측정)과도 관련이 있다. 또한 높은 CI 국가들의 경우 최상위 1%의 부유한 가계들이 전체 가계소득에서 가장 큰 몫을 차지하기도 한다. 따라서 우리는, 고도로 상업화된 경제에서는 시장의 가치가 사회적 가치를 압도한다고 말할 수 있다. 미국이든 어디든 가난한 사람들은 대부분 잊힌다. 그리고 짐작컨대, 그런 사회에서 개인들은 시장의 가치(흥정, 이기심, 경쟁)에 너무나 심하게 제압당한 나머지 다른 가치들(동정, 신뢰, 정직)은 접하기 어려울 것이다.

원인이 무엇이든 미국은 개인적으로는 부유하지만 사회적으로는 빈곤하다. 미국 사회는 부를 추구하는 것에는 응답하지만, 뒤처진 자들에게는 주의를 거의 기울이지 않는다. 미국 문화가 개인주의와 개인적 부의 추구를 다른 어떤 사회보다 강조하기는 해도, 이를 따르는 것이 더 큰 행복을 낳지는 않는다.

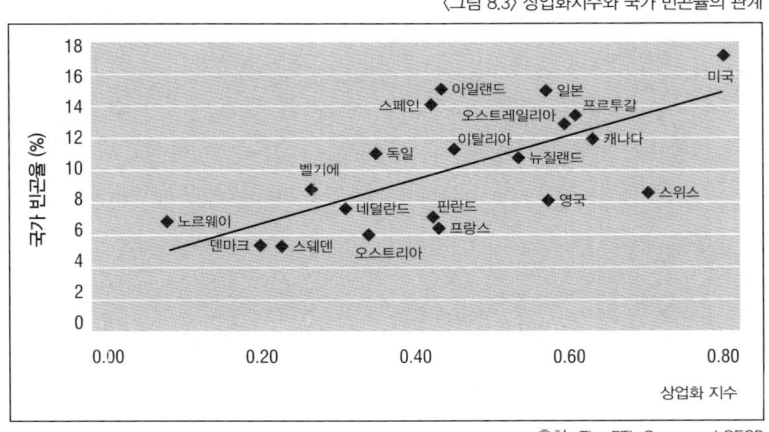

〈그림 8.3〉 상업화지수와 국가 빈곤율의 관계

출처: The RTL Group and OECD

〈표 8.1〉 상업화지수

참고: 미국의 등수는 괄호 안에 있다.

국가	CI 점수	국가 소비율	연평균 노동시간	국가 비투표율	민간 소비 지출 비율	민간 의료 지출 비율	민간 교육 지출 비율
미국	0.90 (1)	88% (3)	1,681 (8)	58% (2)	79% (2)	54% (1)	32% (2)
오스트레일리아	0.56	76%	1,713	17%	76%	33%	28%
오스트리아	0.35	74%	1,581	24%	71%	23%	11%
벨기에	0.26	76%	1,550	14%	66%	27%	6%
캐나다	0.60	76%	1,699	46%	71%	30%	26%
덴마크	0.20	78%	1,536	17%	61%	16%	8%
핀란드	0.39	82%	1,697	32%	65%	26%	3%
프랑스	0.42	81%	1,554	45%	69%	22%	9%
독일	0.35	78%	1,419	28%	73%	23%	15%

아일랜드	0.45	89%	1,584	31%	72%	23%	6%
이탈리아	0.49	84%	1,773	21%	74%	23%	8%
일본	0.55	73%	1,714	33%	74%	18%	33%
네덜란드	0.28	78%	1,378	23%	61%	38%	16%
뉴질랜드	0.51	84%	1,729	22%	73%	20%	20%
노르웨이	0.06	65%	1,403	23%	63%	16%	2%
포르투갈	0.57	91%	1,719	33%	74%	29%	8%
스페인	0.43	80%	1,653	23%	71%	28%	11%
스웨덴	0.21	77%	1,602	19%	62%	18%	3%
스위스	0.70	69%	1,640	60%	81%	41%	NA
영국	0.55	85%	1,646	42%	71%	17%	25%

출처: OECD Statistical Databases and International Institute for Democracy and Electoral Assistance (IDEA)

물론 초상업주의에 대한 이러한 우려들이 새로운 것은 아니다. 칼 마르크스Karl Marx는 좌파적 관점에서 사회생활의 '상품화'를 비판한 것으로 유명하다. 하지만 종교적 우파와 도덕적 우파 역시 과도한 소비주의를 통렬히 비판해왔다. 독일의 유명한 자유시장 사상가인 빌헬름 뢰프케Wilhelm Röpke는 20세기 중반 그의 책 『인본적 경제A Humane Economy』에서 삭막한 광고와 대중소비주의를 강하게 비판했다. 뢰프케는 광고를 "다른 어떤 것보다도 우리 시대를 이전의 모든 시대와 구분해준다. 그러므로 우리의 세기를 광고의 시대라고 불러도 결코 과하지 않을 것이다"[10]라고 일컬었다.

또한 우리의 위대한 사회학자들과 경제학자들은, 상업주의에 굴복한 것이 대중사회만이 아니라는 것을 깨우쳐준다. 부자들도 마찬가지라는 것이다. 근대 초기 자본주의는 사치스러운 소비라는 목표가 아닌, 신중한 소비와 기업가들의 더 많은 저축이라는 미덕 위에 세워졌다. 독일의 사회학자 막스 베버Max Weber는 초기 자본주의의 최고 윤리를 그 시대의 프로테스탄트적 가치에 부합하는 것으로서 "삶의 모든 충동적 쾌락의 엄격한 회피와 결합된 더 많은 돈벌이"라고 기술했다.[11] 영국의 경제학자 존 메이너드 케인스도 19세기 말에 영국 자본주의의 도덕적 기초에 관해 다음과 같은 말을 했다. 19세기 말 사회가 부자들을 용인한 것은, 그들이 방대한 부를 축적하지만 소비하지는 않음으로써 적절하고 올바르게 살았기 때문이라는 것이다.

> 사실 바로 여기에 자본주의 시스템을 정당화하는 주된 근거가 있다. 부자들이 새롭게 얻은 부를 자신들의 쾌락을 위해 썼다면 세상은 이미 오래전에 그런 체제를 용인할 수 없었을 것이다. 그러

나 부자들은 스스로 미래를 더 비관적으로 보기 때문에 마치 꿀벌처럼 돈을 저축하고 부를 축적하여 의외로 공동체 전체를 크게 이롭게 했다. …… 자본가 계급은 케이크의 가장 좋은 부분을 자기 소유로 주장할 수 있었고, 이론적으로는 그것을 마음대로 소비할 수 있었다. 그러나 여기에는 그들이 그것을 실제로는 매우 조금만 소비한다는 암묵적인 전제가 있었다. '돈벌이'라는 임무는 주요한 미덕이 되었고, 케이크의 크기를 키우는 것은 종교의 진정한 목표가 되었다.[12]

또 다른 사례로, 19세기 말 미국의 가장 위대한 자본가이자 철강왕인 앤드류 카네기Andrew Carnegie 역시 돈벌이라는 훌륭한 소명과 축적된 부의 올바른 사용을 구별했다. 카네기는 엄청난 사회적 영향을 미친 유명한 글 「부의 복음The Gospel of Wealth」에서 '부유한 자의 임무'라는 것을 이렇게 정의했다.

과시와 사치를 피하고 검소한 생활의 모범을 보이는 것, 그에게 의존하는 사람들의 정당한 욕구를 적절히 채워주는 것, 그리고 그런 후에 그에게 들어오는 모든 잉여 수입을 단순히 집행을 위임받은 신탁 기금으로 여기는 것, 또 그것을 스스로 판단하기에 공동체에 가장 유익한 결과를 낳을 수 있을 최상의 방식으로 관리할 엄격한 임무를 진 관리자가 되는 것이다. 따라서 부유한 자는 그의 가난한 동포들을 위한 단순한 수탁자 혹은 대리인이 되어, 자신의 더 뛰어난 지혜와 경험, 관리 능력을 활용해야 한다. 이럴 때 그는 자신을 위해서 일할 때보다 더 잘할 것이고 또는 잘할 수 있

을 것이다.[13]

카네기는 이런 방식으로 자본가들의 부는 공동체 전체의 이익을 위해 적절히 사용될 것이라고 썼다. 그는 미국과 유럽에 카네기 재단과 카네기 공과대학(현 카네기 멜론 대학교) 같은 여러 개의 대규모 자선 기관을 설립했고, 미국 전역에 무수히 많은 도서관을 세웠다. 또한 카네기는 존 D. 록펠러에게 영감을 주어 록펠러 재단을 설립하게 했다. 카네기 재단은 빈곤과 기아, 질병과의 싸움에서 근본적인 진전을 이루는 데 공헌했고 과학과 공공 행정 분야의 획기적 발전에도 기여하여, 아마도 근대 역사상 가장 성공적이고 영향력 있는 자선사업일 것이다. 그의 사회적 복음은 오늘날에도 살아 있어서, 빌 게이츠와 워런 버핏, 조지 소로스, 테드 터너, 빌 그로스 등 미국의 수많은 부자들에게 영향을 미치고 있다. 이들은 빈곤 근절과 공공 교육, 질병 통제, 민주적 제도의 강화를 위한 노력에 거액의 돈을 기부하고 있다. 게이츠와 버핏은 수십 명의 동료 억만장자들을 독려하여 자선사업에 그들 부의 최소한 절반을 기부하겠다는 약속을 하게 했다.

그러나 자본주의 본래의 도덕적 기초는 더 이상 살아 있지 않다. 몇몇 특수한 사례를 제외하면, 오늘날의 거부들은 금욕보다는 방탕함으로 훨씬 더 이름이 높다. 생일 파티, 결혼식, 각종 기념일이 성대한 행사로 열린다. 파파라치와 대중의 호기심을 자극하도록 준비된 수백만 달러짜리 행사들은 그들의 자기만족을 위한 것일 뿐이다. 대중의 감시는 소홀하다. 24시간 계속되는 케이블방송에만 시선을 고정시키고 있다. 초상업주의는 사회적으로 절정에 도달했고, 이는 부자들로 하여금 사회 나머지 부분이 겪는 비참함에 대해 눈을 감게 한다.

페이스북 시대의 광고

TV 시대는 이제 광대역 시대로, 즉 인터넷과 연결되는 어지러울 정도로 복잡한 기기들을 통해 정보가 우리 삶 속으로 들어오는 시대로 급속히 옮겨 가고 있다. 대대적인 논쟁이 시작되었다. 인터넷과 상시 접속은 우리 사회에 어떤 의미를 가질 것인가?

인터넷이 처음 발명되고 월드와이드웹이 정보 확산과 대중전달(매스컴)의 새로운 수단이 되었을 때, 그 신기술의 많은 개척자들은 그것이 대단히 민주적이며 반상업적인 효과를 가져올 것이라고 믿었다. 접근이 거의 무료이기 때문에 모든 사람의 목소리가 전 지구적 토론과 논쟁에 똑같이 기여할 것이고, 정보의 낡은 독점이 신속히 일소되어 그 자리에 전 지구적 협력이 찾아올 것이었다.

그러나 이러한 희망은 급속히 바래고 있다. 인터넷은 광장을 통합시키기보다는 분열시킨 것으로 보인다. 많은 관측자들이 설득력 있게 주장하듯이, 공유된 신념을 중심으로 인터넷에서 조직된 (대개 독립적인) 단체들의 논리는 신념들을 더욱 양극화시키고 논쟁을 점점 더 험악한 분위기로 몰아간다.

상업화에 관해 말하자면, 인터넷은 광고업자와 마케팅 담당자들이 표적 집단에 직접적인 메시지를 전달할 수 있는 더욱 강력한 도구를 제공한다. 광고업자들은 우리의 온라인 행동－방문 웹 사이트, 구매, 소셜 네트워크에서 우리가 '친구' 맺는 개인들－을 모니터링한다. 이로써 그들은 메시지를 전파할 새로운 도구를 갖게 된다. 사회적 관계도 활용할 수 있게 되어 소비자의 행동을 추적하고, 유행을 창출하며, 또래 집단의 압력을 유발하는 데 이용한다. 구글과 페이스북 같은 주요 웹 사이트는 자신들이 보유하고 있는 가상 공동체를 언제든지 마케팅 회사에 넘길 태세가 되어 있다. 구글은 2010년에 놀랍게도 250억 달러의 광고 매출을 기록했고 페이스북의 매출은 18억 6천만 달러였다. 새롭고 경이로운 사회적 연결망을 통해, 공공연한 상업적 설득자들이 우리의 삶과 취약한 부분들을 뚫고 들어왔다.[14]

우리는 웹-강화형 마케팅에 프라이버시가 노출되는 새로운 위험에 직면하고 있다. 몇몇 기업들이 이윤을 위해서라면 어느 선이든 넘으려고 한다는 점에 비추어보면 놀라운 일도 아니다. 최근에는 많은 기업들이 이름과 인구통계적 정보, 주소, 금융 정보, 구매 패턴, 소셜 네트워크, 가입 정당 등을 포함하여 웹 사용자에 관한 일체의 자료를 만든다. 이 정보는 '쿠키cookies' 혹은 '웹 버그Web Bugs'라는 컴퓨터 코드에 의해 수집된다. 어떤 사람이 특정한 웹 사이트를 방문하거나 구동할 때 기업들은 그의 컴퓨터에 쿠키와 버그를 비밀리에 심어 놓고, 그럼으로써 개인들의 인터넷 사용을 모니터할 수 있다. 또 기업들은 협력사들과의 웹 기반 네트워크를 통해 수백만 명의 개인들에 관한 대단히 상세하고 인권 침해적인 데이터를 수집할 수 있다. 그런 다음 이 데이터들은 상업적으로 판매되거나 정치적 캠페인 또는 정당들에 의해 활용된다. 《월스트리트저널》의 보도에 따르면, 이런 회사들 중 하나인 랩리프RapLeaf는 "6억 개 이상의 고유한 이메일 주소 목록을 만들었고 …… 매달 3,500만 개 이상을 여기에 추가해왔다."[15]

인터넷과 우리 심리의 관계에 대한 증거는 냉혹하다. TV와 DVD, 주문형 영화, MP3 플레이어, 더욱 똑똑해지는 전화기로 대중은 이미 머리가 빙빙 돌 지경인데, 인터넷은 우리의 사회적 연결망뿐 아니라 신경망까지도 재구성하고 있는 듯하다. 신경학자들의 최근 관심사는 인터넷 브라우징이 자극에 대한 단기적 반응성을 높이는 반면 장기적 집중력은 떨어뜨릴 수 있다는 점이다. 우리는 인터넷에서 뭔가를 읽지 않는다. 스크린을 대충 훑어볼 뿐이다. 웹 서핑은 정서적으로나 인지적으로 읽기와는 다르다. 정보를 훨씬 더 빠르게 검색할 수는 있지만, 그 정보를 기억하는 시간은 훨씬 더 짧다.

심리학자와 사회학자들은 틀림없이 우리의 감각적 과부하에 더욱 더 초점을 맞출 것이다. 디지털 시대의 정보 전달에 관한 연구들은 1인당 정보 흐름이 전반적으로 급증했음을 보여주지만, 그것이 우리의 정신적인 행복과 더 나아가 우리 사회에 가져올 결과는 아직 밝혀내지 못했다. 글로벌정보산업센터Global Information Industry Center에서 수행한 연구는 정보 흐름의 대단한 증가뿐만 아니라 그 구성상의 변화도 자세히 보여준다.[16] 2009년에 평균적인 미국인들은 하루에 약 11.4시간 동안 '정보'를 소비했는데, 이것은 1980년 하루 7.4시간에 비해 크게 증가한 수치다. 물론 그 이전에는 훨씬 더 적었다. 정보 흐름의 이러한 증가는 놀라울 정도로 광범위한 전달 시스템에서 기인한다. 나열하자면 텔레비전(네트워크와 위성, 케이블, DVD, 이동전화 등을 포함), 인쇄물(책, 잡지, 신문), 라디오, 전화(유선전화와 이동전화), 영화, 음반, 컴퓨터(게임과 휴대용 기기, 인터넷, 이메일, 오프라인 프로그램을 포함) 등이다.

그 연구는 정보 흐름을 세 가지 방식으로 측정했다. 정보를 수신하면서 소비하는 시간, 전송된 단어의 수, 전송된 정보의 기가바이트gigabyte 수가 그 세 가지다. 기가바이트 수와 관련해서는 비디오와 컴퓨터 게임이 중요하다. 2009년 미국인 1인당 정보에 대한 총계와 각 범주별 비중이 〈표 8.2〉에 제시되어 있다. TV가 소비 시간(하루당

⟨표 8.2⟩ 1일 정보 흐름 (2009)

	소비 시간	총시간 대비 비중	전송 단어 개수	총 단어 개수 대비 비중
텔레비전	4.91	41.6	44,850	44.8
라디오	2.22	18.8	10,600	10.6
전화	0.73	6.2	5,240	5.2
인쇄물	0.6	5.1	8,610	8.6
컴퓨터	1.93	16.4	26,970	27.0
컴퓨터 게임	0.93	7.9	2,440	2.4
영화	0.03	0.2	200	0.2
음반	0.45	3.8	1,110	1.1

출처: Global Information Industry Center (2009)

4.91시간)과 전송 단어 수(하루당 4만 4,850개) 면에서 아직은 지배적이다. 기가바이트 면에서 TV는 비디오 게임 다음으로 두 번째다. 나는 "아직은"이라고 표현했는데, 이는 젊은 사람들 사이에서 TV 사용이 컴퓨터와 이동전화, 전자책 등 다른 형태의 정보 흐름에 비해 확실히 하락 중이라는 증거가 나타나기 때문이다. 도처에서 24시간 사용되는 전자 스크린이 훨씬 더 다양한 기기들로 확대되고 있다.

무지의 유행병

인쇄 매체는 장기적인 쇠퇴를 보이고 있다. 1960년에 인쇄 매체는 전체 문자 전송량의 약 26%를 차지했다. 그러나 2008년 그 수치는 9%로 떨어졌다. 또 평균적인 미국인이 하루에 정보를 수신하며 소비하는 시간 중 42%를 텔레비전이 흡수한 반면, 인쇄 매체는 고작 5%에 지나지 않았다. 재미를 위한 독서는 젊은이들 사이에서는 사라져

가는 행위다. 도서 구입은 10년 전에 급격한 하락세로 접어들었다. 이렇게 미국인들이 책을 읽지 않게 되면서, 기본적 사실에 대한 무지, 특히 기후변화처럼 정치적 함의를 지닌 이슈의 과학적 사실에 대한 무지가 급증했다. 읽기 능력 또한 급격히 하락하고 있다.[17]

새로운 '정보 시대'라는 것이 사실은 개인뿐 아니라 시민으로서 대중이 직면하는 핵심 이슈들에 대한 기본 지식의 붕괴와 일치한다면, 이는 심각한 아이러니일 것이다. 인터넷을 비롯한 다양한 도구들이 결국 사회를 더 바보로 만들 것인지 아니면 더 교양 있게 만들 것인지에 대해 판단하기는 너무 이르다. 비디오 게임과 온라인상의 오락거리들은 보다 의미 있는 독서와 정보 수집을 몰아낼 것인가? 그런데 이러한 위험은 적어도 『가장 바보 같은 세대The Dumbest Generation』, 『멍청이 미국Idiot America』, 『미국의 무이성 시대The Age of American Unreason』와 『우리는 얼마나 멍청한가? Just How Stupid Are We?』 등 최근 쏟아져 나온 책들에 따르면 실제적인 것으로 보인다.

최근의 설문 조사 자료와 학술 연구들은 미국인들 사이에 기초 지식이 공유되지 않고 있음을 보여준다. 한 저자가 최근 지적했듯이, "역사와 시민론을 거의 알지 못하고 책 한 권 읽지 않으며 박물관에 가보지도 않는 개인들의 꽉 닫힌 사고방식이 빠른 속도로 일반적이고 부끄럽지 않은 상태가 되고 있다."[18] 미국 고등학교의 시험 성적이 다른 나라에 비해 계속 하위권에 머무른다면, 미국의 경제적 번영과 안정 그리고 세계 속에서 미국의 위치 또한 그렇게 될 것이다. 더욱 불길한 것은, 연방 예산의 균형화나 인간이 초래한 기후변화 같은 과제에 대응할 공유된 지식이 없다면, 시민으로서 우리의 역량은 무너질 것이라는 점이다.

퓨 리서치 센터는 때때로 뉴스 IQ 퀴즈를 통해 미국 대중의 기초 지식 수준을 조사한다.[19] 2010년 말에 실시된 조사에서 15%만이 영국의 수상 이름을 맞혔고, 네 개의 보기 중 미국 후임 하원 의장의 이름을 제대로 고른 사람은 38%였다. 공화당이 하원을 지배하지만 상원은 그렇지 않다는 것을 아는 사람은 절반이 약간 안 되었다(46%). 그리고 사회보장과 채무 이자, 메디케어 등의 정부 예산 목록 중에서 국방을 가장 큰 예산 항목으로 바르게 고른 응답자는 39%에 그쳤다. 이러한 지식적 격차 중 어느 것도 심각한 잘못이 될 일은 아니다. 퓨 리서치 센터가 지적했듯이, "대중은 정치와 경제에 관한 기본적 사실들을 알지만, 구체적인 것들과 싸운다." 그러나 국가가 세금과 지출, 군비 지출 등에 관한 복잡한 선택을 다루어야 할 경우, 기초 지식의 결여는 위험한 문제가 된다. 정보가 부족한 대중은 선전에 더욱 쉽게 휘둘리고, 워싱턴을 배후로 조종하는 특수 이익집단의 술책에 저항하기는 훨씬 더 어렵기 때문이다.

정신적 균형의 회복

요컨대, 미국은 역사상 처음으로 미디어 포화 사회가 되었다. 우리가 날마다 하는 업무는 화면상의 일들로 채워져 있다. 그리고 다른 모든 형태의 활동이나 사회적 교제를 압도하는 전자 미디어의 홍수 속에서, 집에 가서는 TV, DVD 플레이어, 비디오 게임, 인터넷 채팅, 페이스북 등에 들러붙어 시간을 보낸다. 우리 사회는 기술적으로 풍요롭고, 광고로 가득 찼으며, 지식은 부족한 사회다. 한편, 그 어느 때보다 정치 시스템과 밀접하게 연결된 거대 재벌 기업들이 미디어 네트워크와 사회적 네트워킹 매체들을 소유해 운영하고 있다. 이러한 거대 기업 및 그 소유주들의 경제적 이해관계는, 기업 메시지와 개인 맞춤형 광고, 그리고 기후변화 같은 주제들에 대한 의도적인 과학적 오보를 끊임없이 내보내게 만든다.

이윤 극대화의 논리는 정보와 통신 기술의 유례없는 혁신과 결합하여, 세계가 이전에는 결코 본 적 없는 오락의 경제를 낳았다. 그리고 이어진 결과는 소비 중독과 심리적 불안, 온라인 소셜 네트워크 속에서 더욱 커지는 고독, 재정적인 곤궁의 사회다. 이것은 사회 전반뿐 아니라 초거부들에게도 해당되는 이야기다.

미국의 막대한 부에도 불구하고 재화와 서비스, 정보의 소비자로서 우리의 결정은 우리가 갈망하는 마음의 평화와 행복을 주지 않고 있다. 그 토대를 되찾는 것이 절실하다. 이에 대한 출발점으로, 경제가 우리의 심리를 붙잡으려고 파놓은 함정을 인식해야 한다. 개인으로서, 소비자로서, 시민으로서. 그리고 사회 구성원으로서 우리의 균형을 회복하는 것으로 시작해야 한다. 다음 장에서 이 과제에 착수하자.

---

a 필요(needs)는 강한 결핍을 전제로 한, 주로 생리적인 것인 반면, 욕구(wants)는 약한 결핍을 전제로 한, 주로 심리적인 것이다.
b 산포도의 데이터들을 가장 근접하게 표시하는 선.
c 진화 과정에서 인간의 본능이 자연스러운 실체보다 인위적으로 만들어진 모조품에 더 큰 자극을 받는 것을 뜻한다.
d 힌두교 신화에 등장하는 영웅신인 크리슈나의 신상(神像). 통제할 수 없는 거대한 힘을 비유하는 표현으로 쓰인다.

2부 번영으로 가는 길

9장
깨어 있는 사회

 이 장과 다음 10장에서는 새로운 미국 경제와 보다 건강한 사회를 향한 몇 가지 실현 가능한 조치를 제시하고, 경제학 자체의 연구와 실천을 위한 보다 윤리적인 기초를 제안한다. 이는 간단한 한 가지 전제에서 시작한다. 미국의 문제가 가정에서, 즉 우리가 개인으로서 내리는 선택과 더불어서 시작된다는 것이다. 더 명확한 사고를 통해 우리는 개인은 물론 시민으로서 더욱 효과적인 역할을 할 수 있고, 기업들로부터 힘을 되찾아올 수 있다. 미국의 경제 자체는 계속해서 생산적일 것이며 기술 면에서 역동적일 것이다. 그러므로 문제는 생산성의 쇠퇴가 아니라 우리가 그 생산성을 받아들이는 방식이다. 삶의 구석구석까지 울려 퍼지는 소비주의의 끊임없는 북소리가 극단적인 근시안과 소비 중독, 동정심의 위축을 낳았다. 여기서 우리가 집중력을 잃으면, 우리는 당연히 시민의 것이어야 할 권력을 로비스트들이 가로

채도록 허용하게 된다. 이제 개인으로서 우리는 일과 여가, 저축과 소비, 이기심과 동정심, 개인주의와 시민 정신 사이에서 삶의 균형을 회복할 필요가 있다. 동시에 하나의 사회로서 우리는 21세기의 복잡한 도전 과제에 대응하기 위해 시장과 정치, 시민사회의 올바른 관계를 확립할 필요가 있다.

미래는 티 파티가 아니라 젊은이들의 것이다. 젊은이들은 오늘날 미국 사회에서 가장 진보적이고 가장 다양성을 강하게 띠는 집단이다. 변화는 이른바 새천년 세대Millennial Generation와 더불어 주로 시작될 것이다. 2010년을 기준으로 18~29세인 사람들이 여기에 해당하는데, 이 세대는 사회적으로 연결되어 있고, 인터넷 활용에 밝으며, 사회적·정치적으로 새로운 참여 방식을 모색하고 있다. 오바마는 이들의 사람일 수 있었지만, 그가 노선을 극적으로 바꾸지 않는 이상 혁신적인 인물이 아니라 과도기적 인물에 그칠 가능성이 크다.

미국은 지금 제시된 것보다 훨씬 더 근본적인 변화가 필요하다. 사회적 신뢰의 기초와 개인적 균형을 회복해야 한다. 즉 우리는 **깨어 있는** 사회를 필요로 하고, 그 속에서 자신의 행복, 타인과의 관계, 정치의 작동을 다시 한 번 진지하게 생각해보아야 할 것이다.

중도(中道)

인류 역사상 가장 위대한 두 명의 윤리학자인, 동양의 붓다와 서양의 아리스토텔레스는 인간의 장기적인 행복에 관해 상당히 비슷한 처방을 발견했다. 기원전 5세기에 붓다는 '중도'를 통해 인간은 한편에 있는 지나친 고행에 대한 그릇된 유혹과 다른 한편에 있는 쾌락의 추구 사이에서 균형을 찾을 것이라고 말했다. 2세기 후 지구 반대편에서 아리스토텔레스도 그의 제자들에게 비슷한 메시지를 주었다. 그는 '모든 것에서의 적당함'이 **에우데모니아**eudemonia: 행복 즉, 인간적 성취의 열쇠라고 말했다. 붓다와 마찬가지로 아리스토텔레스는 당대에 존재하던 보다 극단적인 두 관점 – 한쪽의 스토아주의와 다른 한쪽의 에피쿠로스주의 – 사이의 중간 경로를 추구했다.

붓다와 아리스토텔레스 두 사람 모두의 핵심적 가르침은 중용이 성취의 열쇠이기는 하지만 얻기가 힘들고, 따라서 근면과 훈련, 반성을 통해 일생 동안 부단히 추구해야 한다는 것이었다. 중용과 관련해서 결코 단순하고 쉬운 일은 없다. 우리를 극단으로 이끄는 함정과 혼란은 도처에 존재한다. 장기적으로는 불행으로 이어지지만 일시적으로 도취감을 주는 행위들, 이를테면 초상업주의에 중독되거나 감각적 쾌락을 좇으며 사리사욕에 탐닉하기는 쉽다. 타인을 무시하는 자멸적인 철학을 받아들이는 것 또한 쉽다. 그러므로 금욕주의나 사회적 격리 같은 회피적인 경로는 더 이상 충분한 답이 아니며, 자기 인식을 위한 노력에 기초한 중도가 해결책이다. 붓다나 아리스토텔레스 모두 이러한 중간적 경로가 손쉬울 것이라는 환상을 갖지 않았다. 아리스토텔레스가 말한 대로, "나는 적을 정복한 사람보다 자신의 욕망을 극복한 사람이 더욱 용감하다고 생각한다. 가장 힘든 승리는 자신에 대한 것이기 때문이다."[1]

이와 같이 고대의 윤리는 인간의 심리와 행복 추구에 대한 허약성을 자각하는 데서 시작된다. 우리 각자는 유혹과 욕망과 환상의 세계 속에 떠밀려 있고, 그 한복판에서 인생의 행로를 찾아야 한다. 이 모든 통찰은 텔레비전과 버네이스의 강력한 선전술이 등장하기 2천 년 전에도 이미 필요했다. 경제의 많은 부분들이 그러한 함정을 만들도록 정확히 조직되어 있는 오늘날, 그와 같은 메시지들은 얼마나 더 긴요할 것인가?

붓다와 아리스토텔레스의 중도는 현재 자유시장 우파의 조악한 자유지상주의로부터 도전을 받고 있다. 이 자유지상주의는 개인의 자유야말로 윤리와 정부가 지향하는 단 한 가지 유효한 목표라고 주장한다. 이 저열한 관점에서 보면, 개인은 자신에게 무엇이 최선인지를 알고 있다. 또 개인은 국가의 간섭을 받지 말아야 하고, 국가의 과세로부터 자유로워야 하며, 타인에게 직접적인 위해를 가하지 않는 한 타인에 대한 윤리적인 의무로부터도 자유로워야 한다. 티 파티와 미국의 가장 부유한 시민들 중 상당수가 이런 생각을 표명했다. 이들은 스스로 사회 전체에 대해 어떠한 윤리적 의무도 지지 않으려 한다.

자유지상주의 철학에는 많은 오류가 있지만, 무엇보다 큰 오류는 그 출발점에 있다. 즉 개인들이 아무런 간섭을 받지 않고 타인들에 대한 윤리적 혹은 정치적 의무의 부담을 지지 않을 때, 진정한 행복을 발견할 수 있다는 전제다. 이 점에 관해서는 붓다와 아리스토텔레스가 더 잘 알았다. 사회적·정치적 의무를 받아들이지 않으면 실제로는 개인들이 성취감을 찾을 수 없다. 행복은, 몇몇 경제학자들이 극도로 단순화하여 가정하듯 개인이 부와 관계를 맺음으로써 생겨날 수도 있지만, 타인들과의 관계를 통해서도 생겨날 수 있다. 동정과 상호부조, 공동의 의사 결정이 이루어지는 사회는 그 도움을 받을 가난한 사람들에게만이 아니라 그러한 도움을 줄 부자들에게도 긍정적이다.

정치는 각 개인이 갖는 목적의식에서 필수적인 부분을 규정한다. 정부의 역할을 제거하면 개인들은 방향을 잃는다. 무정부 상태에서 영속적인 행복은 있을 수 없다. 개인들의 도덕적 의무를 제거하면, 그들은 고독과 혼돈에 빠질 것이다. 동정과 협력, 이타주의는 인간의 행복한 삶에 필수적이다. 따라서 정치적 사회의 책임 있는 일원이 되는 것―국가가 당신에게 무엇을 허줄 수 있는지가 아닌, 당신이 국가를 위해 무엇을 할 수 있는지를 질문함으로써―은 사회에 대해서 개인들이 강요받은 양보가 결코 아니라 각 개인이 자신의 성취를 얻을 필수적인 방법으로 봐야 한다. 우리의 행복은 근본적으로 인간의 기본적인 이중성을 인식하고 함양하는 데 달려 있다. 여기서 이중성이란 독특한 취향과 소망을 지닌 개인이자, 타인에 대한 책무와 타인과 공유하는 가치를 지닌 사회 구성원이라는 우리의 특성을 가리킨다.

미국은 스스로를 치료할 시간과 엄청난 인적·기술적·자연적 자원을 아직 가지고 있다. 미국의 부가 쇠퇴하고 있기는 하지만, 다 같이 앞날을 주의 깊게 내다본다면 미래를 준비하면서도 매우 높은 생활수준을 유지하기에 충분한 정도다. 이를 위해 우리는 현재의 강박에서 벗어날 필요가 있다. 가장 우선으로, 더 많은 돈벌이와 쇼핑에 집중하라는 메시지가 주축을 이루는 미디어의 끊임없고 어리석은 선전에서 자유로워져야 한다.

간단히 말해, 우리는 개인적 필요와 사회적 필요를 새롭게 **각성**mindfulness함으로써 행복을 향한 더욱 견고한 길을 찾을 필요가 있다. 각성은 자각self-awakening으로 가는 도상의 8단계 중 하나라고 붓다는 가르쳤다. 이것은 경계심을 가지고 탐욕과 번뇌를 물리치며 자신의 상황을 조용히 관조하는 것을 뜻한다. 각성을 향한 지속적인 노력을 통해, 우리는 통찰에 도달하고 쓸모없는 갈망으로부터 자유로워진다.

그러한 각성은 먼저 우리가 자신의 판단에 대한 통제권을 되찾아

소비와 저축, 일과 여가, 개인주의와 사회적 소속 간의 균형을 맞추는 데에서 시작되어야 한다. 그런 다음 사회적 관계와 의무에 대한 – 노동자로서, 시민으로서, 공동체의 구성원으로서 – 더욱 사려 깊은 이해로 확장되어야 한다. 나는 각성이 우리 삶의 여덟 가지 차원에서 결정적으로 중요하다고 생각한다.

- 자신에 대한 각성: 대중소비주의를 피하기 위한 개인적 절제
- 일에 대한 각성: 일과 여가 사이에 균형을 잡는 것
- 지식에 대한 각성: 교육적 지식의 함양
- 타인에 대한 각성: 동정과 협력의 실천
- 자연에 대한 각성: 세계 생태계의 보존
- 미래에 대한 각성: 미래를 위해 대비할 책임성
- 정치에 대한 각성: 정치제도를 통한 집합적 실천을 위한 공유 가치와 공적 심의의 함양
- 세계에 대한 각성: 평화를 향한 길로서 다양성의 수용

자신에 대한 각성: 부에 대한 열망을 넘어

첫 번째로 자신에 대한 각성은, 우리가 다시 한 번 스스로의 행복에 대한 원천을 이해하려고 노력한다는 의미다. 타성에 젖은 오늘날의 미국인들은, 더 많은 급여와 재화의 소비가 곧 행복의 열쇠이며, 따라서 감세가 행복한 삶의 본질이라고 생각한다. 그러나 경험과 반성은 우리에게 전혀 다른 것을 이야기한다. 더 높은 소득의 편익이 가장

큰 것은 가장 가난한 가계다. 그 소득이 이들의 충족되지 않은 기본적 필요를 채워주기 때문이다. 중산층과 특히 부자들에게는 소득이 아닌 다른 많은 요인들이 개인의 행복에 훨씬 더 중요하다. 훌륭한 거버넌스와 공동체 내에서의 튼튼한 신뢰, 행복한 결혼 생활, 친구 및 동료들과 보내는 시간, 의미 있고 안정적인 직장 등 이 모든 것이 개인소득 몇 퍼센트가 오르는 것보다 훨씬 더 중요하다. 그러나 이러한 장기적 행복의 원천 중 많은 것들은 시장에서 개인의 의사 결정을 통해서가 아니라 정치를 포함한 **집합적 실천**을 통해서만 달성될 수 있다. 더욱 시사적인 것은, 오늘날 개인소득의 많은 용도 – 텔레비전 시청, 패스트푸드, 담배, 도박, 장거리 통근 등 – 가 진정한 만족보다는 '구매자 후회(소비 규모에 대한 후회와 줄이고 싶은 마음)'를 종종 불러일으키는 중독적 행위라는 사실이다.

또한 더 많은 소득(혹은 부)을 얻는 것과 더 많은 소득을 끊임없이 갈망하는 것 사이에는 큰 차이가 있다. 더 많은 소득은 적절히 사용된다면 개인적 행복과 안정의 기반이 될 수 있지만, 이를 얻고자 편협한 방식에 에너지를 쏟는 것은 영원한 좌절과 불행의 근원이 될 수 있다. 다른 요인들을 고려하지 않는다면, 일반적으로 소득이 더 많아질 경우 가벼운 만족감 상승을 일시적으로 가져다준다. 그러나 삶의 방향을 부자가 되는 쪽으로 공격적으로 설정하면, 이것은 장기적이고도 확연한 불행으로 이어진다. 돈을 벌고 쓰는 일이 삶의 중심 목표가 된 강한 '물질주의자'들은 비물질주의자들보다 덜 행복하고 더 불안정하다.

좋은 소식, 기본적 필요를 충족시키는 데에는 그저 적당한 수준의 소득이 필요할 따름이라는 점이다. 한 사회가 사회 전반에서 그런 수준의 소득에 일단 도달하면, 시장에 의해서만은 도달될 수 없는 복지의 원천 쪽으로 사회의 많은 에너지를 집중시킬 기회가 생긴다. 복지의 핵심 척도인 기대 수명을 살펴보자. 어떤 사회가 1인당 약 3,000달러 소득수준에 도달하면 기대 수명은 일반적으로 70세를 넘어선다(2009년 미국의 기대 수명은 78.3세). 미국보다 훨씬 더 가난한 많은 나라들이 미국의 기대 수명을 초과하거나 여기에 매우 근접한다. 예를 들어 칠레는 2009년에 1인당 GDP가 미국(4만 6,400달러)의 5분의 1 수준인 9,400달러였는데도 기대 수명은 미국보다 약간 높은 78.7세였다. 코스타리카와 그리스, 한국, 포르투갈은 1인당 GDP가 미국보다 상당히 낮음에도 불구하고 기대 수명은 더 높다.[2]

이와 비슷하게, 미국은 1인당 소득 면에서 세계에서 가장 부유한 나라에 속함에도 불구하고 삶의 만족도 면에서는 겨우 17위에 위치해 있다. 핀란드와 노르웨이, 스웨덴 같은 유력한 후보들 – 2장에서 보았듯이 이 나라들 모두 미국보다 상위에 있다 – 에게는 물론 코스타리카와 도미니카공화국 같은 덜 유력한 후보들에게도 자리를 내주었다. 삶의 만족도를 높여주는 가장 큰 요인은 소득이 아니라 건강과 장수라는 점을 짐작할 수 있을 것이다. 건강과 장수는 미국보다 한참 낮은 소득수준에서도 달성할 수 있고, 따라서 삶의 만족도도 그럴 수 있다. 한 마케팅 전문가는 이를 조금 과장하여 이렇게 표현했다.

> 기본적 생존을 위한 재화는 저렴한 반면, 자기도취적 자극과 사회적 과시를 위한 제품은 비싸다. 생존하는 데에는 많은 비용이 들지 않지만 과시에는 많은 비용이 든다.[3]

따라서 풍요로운 사회의 경우, 인간의 개인적 행복은 소득이 아니라 그가 개인적으로는 물론 집단적으로 그 소득을 사용하는 방식과 그 소득을 대하는 태도에 달려 있다. 우리의 물질적 욕망이 과도하지 않고 현실적이며 우리의 소비 행동이 더 근본적인 필요에 집중되면, 우리의 행복은 올라간다. 그러나 앞 장에서 보았듯이, 우리는 자신의 갈망과 욕구를 부분적으로만 깨달을 뿐이다. 개인들은 그러므로 인내와 훈련을 통해 비로소 맹목적 갈망과 중독을 극복하고 장기적인 만족을 얻을 수 있다. 다만 이런 중독을 물리치는 것은 과거보다 훨씬 더 어려워졌다. 스스로의 타고난 욕망을 통제해야 할 뿐 아니라, 유혹과 욕망의 촉진을 업으로 하는 광고업자와 장사꾼들의 밤낮 없는 감언이설에도 저항해야 하는 탓이다.

이 혼란스럽고 시끄러운 시대에 자신에 대한 각성을 회복하는 데에는 일반적으로 세 가지 접근법이 있다. 첫 번째는 소위 인지적인 것이라 불린다. 즉 자기 행복의 원천과 타인의 행복의 원천을 연구하는 것이다. 그러면 우리는 소득이 생각보다는 훨씬 더 적은 역할을 한다는 것을 알게 된다. 또 좋은 개인적 관계와 직업적 관계, 그리고 타인에 대한 관대함을 통해 우리 삶을 훨씬 더 풍부하게 만들 수 있다는 것을 배우게 된다. 예를 들어 행복과 관련하여 개인적 부의 역할이 제한적임을 균형 잡힌 시각으로 본다면, 공유된 사회적 가치를 위해 세금으로 소득의 일부를 포기하는 것은 충분히 타당한 일이다. 나아가 인지적 훈련을 통해서 우리는 일생의 계획에 대한 감각을 계발할 수 있다. 절제된 소비 습관, 그리고 미래를 위한 꾸준한 저축으로 이 감각을 얻을 수 있다. 이러한 도구와 더불어 금융 자문가들의 도움으로, 생애주기life cycle에 걸친 소비와 저축 간 균형을 잡는 것이 가능해질 것이다. 그러면 자녀들을 교육시키거나 우리 자신의 은퇴 이후를 부양하기에도 충분하다.

실험심리학자들은 소득이 충분하지만 개인적 행복은 그렇지 않은 사람들을 위한 흥미로운 인지적 가이드를 제공하고 있다. 하버드의 심리학자 대니얼 길버트Daniel Gilbert와 그 동료들의 '어떻게 쓸 것인가how-to-spend-it' 지침은 소득에서 더 많은 행복을 끌어내기 위한 여덟 가지 구체적인 원칙을 제시한다.[4] 첫째로, 물건이 아니라 경험(휴가, 박물관 탐방, 연주회, 외식)을 사라. 경험은 더 오래도록 음미할 수 있는 기억을 제공하기 때문이다. 둘째로, 가장 중요한 것으로서, 소득을 자신이 아니라 다른 사람들을 돕는 데 사용하라. 우리는 초사회적 동물로, "타인들과의 관계를 향상시키기 위해 하는 거의 모든 것이 자신의 행복도 높여주는 경향이 있다."[5] 셋째로, 몇 번의 큰 즐거움 대신 여러 번의 작은 즐거움을 구매하라. 속도를 늦추어 여유 있게 즐기는 것이 중요하다. 넷째로, 값비싼 보험(제품의 품질보증보험 등)의 구매를 줄여라. 우리는 부정적인 사건에 우리 스스로가 생각하는 것보다 훨씬 더 잘 적응한다. 다섯째로, 지금 신용카드로 구매하고 나중에 비용을 지불하지 말고, 지금 비용을 지불하고 나중에 사라. 미래에 구매할 일을 생각하면 그 기대감으로 즐거워질 수 있다. 이런 즐거움은 여러 책에서 "공짜" 행복의 원천이라고 부른다. 반면에 성급한 구매는 일시적인 편익과 장기적인 부채를 가져온다. 여섯째, 구매의 세부 사항에 주목하라. 사소한 사항이 그 구매가 주는 행복에 상당히 다른 영향을 미치기 때문이다. 일곱째, 지나친 비교 구매에 유의하라. 이런 방식은 중요하지 않은 요소에 우리의 주의를 집중시킨다. 여덟째, 무엇이 행복을 가져다줄지에 관해 타인의 말에 귀를 기울여라. 다른 사람들의 의견은 새롭고 유용한 관점을 줄 수 있다.

각성을 회복하는 두 번째 접근법은 반성적 혹은 명상적인 것이라고 명명할 수 있겠다. 오늘날 우리는 홍보와 광고가 조장하는 가짜 긴박함에 휩쓸린다. 광고는 우리에게 서둘러 사라고 외친다. 대통령은 기자회견에서 군사 침략을 선동한다. 메커니즘은 똑같다. 선전은 정서-특히 공포나 감각적 즐거움-에 호소함으로써 우리의 진짜 관심을 압도하도록 이용된다. 오랫동안 불교도들은 필요와 일상의 감각 사이에 균형을 다잡기 위해 특별한 도구를 개발하고 사용해왔다. 명상이 그것이다. 이런 종류의 정신 훈련은 매일매일의 감각적 과부하로부터 정신을 분리시켜, 보다 장기적인 필요와의 균형을 되찾는 것을 목표로 한다. 오늘날 이러한 조치라면 TV와 이동전화, 페이스북을 끄는 것이다. 조용한 시간과 마음의 평정을 위한 전원 끄기는 오늘날 수많은 중독적인 충동으로부터 자유로워지는 필수 조치다.

세 번째 접근법은 실천적인 것이다. 아리스토텔레스가 적절히 강조했듯이, 우리는 덕을 연습함으로써 덕을 함양할 수 있다. 도덕적 자질은 해로운 중독과 마찬가지로 자기 강화적이다. 타인에 대한 동정적인 행위는 더욱 더 동정적이고자 하는 우리의 욕망을 일깨우기 때문이다. 저축과 여가, 온정적 기부, 그리고 절제는 우리의 도덕적 행위에 힘과 용기, 또 기쁨이 된다.

일에 대한 각성: 의미 있는 직업의 중요성

개인의 행복에 관한 거의 모든 연구들이 의미 있는 직업의 중요성을 강조한다. 실업은 대중의 불행과 정치적 불안정을 야기하는 가장 큰 요인이다. 그러나 미국의 직업 환경은 과거 25년간 상당히 악화되어 왔다. 실업률은 높은 상태로 정체되어 있고, 직업의 안정성에 대한 불안이 널리 퍼져 있으며, 기업의 부정행위는 충격적일 정도로 흔하다. 또 직업과 기술의 불일치mismatch는 국가적 위기이자 수치가 되고 있다. 이제 우리는 직업에 대한 새로운 각성을 통해 방향 감각을 되찾을 필요가 있다.

평균적인 노동자들의 여건은 질적으로 개선되어야 할 부분이 엄청나게 많다. 미국은 직업적 안정성이 매우 낮고, 따로 휴가가 보장되지 않으며, 노동시간에 대한 유연성이 없다. 또 노동조합에 의한 보호가 미약하며, 노동자들은 보상과 고용, 업무 분담, 훈련 및 기타 이슈와 관련하여 기업 이사회에서 대표성을 갖지 못한다. 자유지상주의자들은 기업의 의사 결정에 노동자들이 더 참여하게 되면 미국의 경쟁력이 무너질 것이라고 주장한다. 그러나 북유럽의 모든 국가에서, 노동자들은 기업의 심의 활동은 물론이고 의사 결정에도 종종 참여한다. 그 결과로 생산성의 손실은 없었으며, 오히려 근무 유연성과 휴가에 대한 더욱 창의적인 해결책을 찾았다.

유럽의 많은 정부는 '적극적 노동시장 정책'의 유효성을 제시했고 실제로 그러함을 보여주었다. 정부 자금을 활용하여 노동자와 일자리를 서로 맺어주고, 요구되는 기술에 부합하는 특정한 직업훈련을 실시한 것이다. 이와 대조적으로 미국의 노동시장은 노동자와 일자리 간의 불일치가 점점 더 커지고 있다. 고숙련 노동자들은 좋은 일자리를 찾지만, 저숙련 노동자들은 빈곤 수준의 급여에 만족하거나 아예 노동시장에서 퇴출된다. 대학 졸업자의 실업률은 약 4%이지만, 고졸 이하 학력을 가진 노동자들의 실업률은 그 세 배에 이른다.[6] 그런데도 미국은 갈수록 훈련이 덜 된 젊은 노동자들을 노동시장으로 몰려들게 하고 있으며, 이들이 학교에서 꾸준히 학습하도록 돕는 일은 그다지 행하지 않는다.

지식에 대한 각성: 복잡성 시대의 지식

지식에 대한 각성은 달라이 라마가 실례로 보여준, 삶과 과학에 대한 접근법이다. 라마는 자신의 신념 체계인 티베트 불교가 과학에 언제나 열려 있어야 한다는 점, 불교의 모든 교리가 새로운 과학적 증거에 입각한 수정에 열려 있어야 한다는 점을 여러 차례 강조했다. 그는 불승과 서구 과학자들이 갖는 많은 회의들을 후원하고 또 참석함으로써 자신의 견해를 더욱 구체적으로 실천해왔고, 이 회의들을 통해 신경 과학과 인간 행복의 접점에 대한 새로운 통찰이 모색되고 있다. 과학에 대한 이와 같은 개방성은 오늘날 미국에 절실히 필요하다.

대다수 미국인들은 자신의 삶과 공적 논쟁의 바탕에 깔린 과학적 기초를 잘 알지 못한다. 컴퓨터에 글을 입력해 이메일을 전송할 때, 이 단순해 보이는 행위가 양자역학과 고체물리학, 광물리학, 컴퓨터 과학 같은 20세기의 위대한 몇몇 과학기술적 발견을 구현하고 있다는 것을 깨닫지 못한다. 또 미국인들은 그 이메일의 기초가 되는 자연 법칙이 똑같이 기후변화의 과학(예를 들면 이산화탄소가 적외선을 흡수해 지구를 덥힌다는 것을 규정하는 양자역학과 광물리학 법칙들)에 기초가 되기도 함을 깨닫지 못한다. 또 그들은 이산화탄소가 열에너지를 흡수한다는, 온실가스에 관한 기초적 물리학이 양자역학의 태동

보다 시간적으로 약 70년 이상 앞선다는 것도 알지 못한다.[7]

사실은 이렇다. 즉 기술이 우리의 전화기와 컴퓨터, 농작물 종자 등 어디에든 너무나 잘 통합되어 있고 너무나 효과적이기 때문에, 미국인들은 과학적으로 몽매하고 심지어 때로는 과학을 혐오하면서도 그와 동시에 그들이 경솔하게 부인하는 과학기술의 바로 그 진보로부터 혜택을 받을 수 있는 것이다. 만약 우리가 기술을 사용하는 전제 조건이 그 기술을 이해하는 것이라면, 우리의 과학 지식은 폭발적으로 향상되리라! 그렇지 않은 한, 우리는 과학 지식을 비롯한 전문 지식이 우리의 행복한 삶에, 그리고 생존에도 결정적으로 중요하다는 점을 동료 시민들에게 이해시켜야 한다. 다행히 미국인들은 자신의 과학 지식을 도야하지 않을 경우에도 과학이 갖는 가치에 대해서는 이론의 여지없이 인정한다. 최근의 퓨 리서치 센터 조사에서 84%의 미국인들이 "과학이 사회에 대체로 긍정적인 효과를 낳는다"고 보는 것으로 나타났다.[8]

그러므로 지식에 대한 각성은, 우리 경제의 복잡성을 인식하고 그러한 경제의 관리를 위해 과학적·기술적 전문성이 필요함을 인식하면서 비로소 바르게 시작된다. 이미 유례없는 생태적 압박을 받고 있는 혼잡한 지구에서 70억의 사람들이 번영의 발판을 얻으려 또는 유지하려 애쓰고 있다. 이런 상황에 적절히 대응할 수 있는 것은 진보된 기술―다수확품종 생산과 재생에너지원, 산업 재료의 정교한 리사이클링, 자원의 효율적 사용 등―뿐이다. 지구상에 수십억 명이 줄어든다면야, 보다 단순한 삶으로 회귀하는 것을 얼마든지 생각해 볼 수 있다. 그런 희망이 몇몇 사람에게 아무리 매력적일지라도 오늘날에는 시대착오적 생각에 지나지 않는다. 번영으로 나아가고, 공정하며, 지속 가능한 지구를 만들기 위해, 우리는 최고의 기술을 도구로 삼아 신속하고 열심히 노력해야 할 것이다.

반과학이 만들어낸 한 가지 선의의 변종은 우리가 예전의 더 단순한 방식으로 돌아가야 한다는 생각이다. 완전 유기농과 로컬 푸드local food[a], 산업화 이전의 지식이 그것이다. 그렇지만 이는 기후변화를 부정하는 것만큼이나 크나큰 환상이다. 일례로 산업화 이전의 지식 수준으로는 오늘날 지구상 인구의 약 10분의 1만을 지탱할 수 있다. 인간 역사의 현시점에서 결국 우리에게 다른 대안은 없다. 진보된 기술로 효율적인 삶을 살고자 노력하고, 그 기술을 이해하고 또 민주적으로 다루며, 그 기술이 폭넓은 인간적 목적에 봉사할 수 있도록 애쓰는 것만이 우리가 가진 대안이다.

지식에 대한 각성이 모든 문제를 전문가들에게 맡기는 것을 의미하지 않음은 당연하다. 물론 전문가에게 맡기는 것이 적절한 경우도 많지만, 사회적 가치와 위험, 우선순위에 관해서라면 그들은 우리 모두를 위하는 중대한 판단을 내릴 특별한 재능은 갖고 있지 않다. 전문가들도 각자의 선호와 특수한 이해관계가 있고, 그들 나름의 맹점도 확실히 가지고 있다. 그러므로 지식에 대한 각성은 전문가들에 대한 존중뿐만 아니라 민주적 거버넌스에 대한 존중을 필요로 한다. 다시 말해, 시민들이 전문가들의 조언을 구하되 자신의 미래를 만드는 데 중심 역할을 담당해야 한다는 전제 위에서, 우리는 대중이 복잡한 문제를 공유하며 함께 해결할 새로운 방법을 강구할 필요가 있다.

이런 맥락에서 근년에 연방 정부가 특히 제대로 수행하지 못한 부분이 있다. 복잡한 정책 선택지들이 정확한 정보에 근거해 활발히 논의되도록 북돋지 못한 것이다. 일례로 2009~2010년 의료 개혁 논쟁은 주로 비공개로 행해졌다. 그리고 비밀 정책 심의에 참석한 몇몇 지정 전문가들을 제외하면, 미국의 규모 있고 역량 있는 공공 의료계는 일반 대중과 마찬가지로 대부분 침묵으로 지켜보았다. 주요 공공 보건 대학의 교수인 나에게조차, 그 곡절 많은 심의 과정은 대체로 당혹스러운 것이었다. 힘 있는 이해관계들이 너무나 많이 개입되는 바람에 진솔한 의견은 결코 표출되지 못했다.

타인에 대한 각성: 동정심의 회복

오늘날 미국이 안고 있는 가장 어려운 과제는 타인에 대한 각성이다. 사회적 안전망이 해체되었다. 가난한 사람들이 고통을 겪고 있는 바로 그 순간에도 정치인들은 사회 안전망 예산을 더욱 삭감하려고 논의하고 있다. 일반적으로 타인에 대한 각성은 다양한 인종적·민족적 집단들 사이에서보다는 배타적인 소집단 안에서 훨씬 더 강력하다. 예를 들어 종교적 근본주의자들은 주류 종파의 신봉자들보다 인종주의적 정서를 품을 가능성이 훨씬 더 크다. 오랫동안 사회학자들은, 복음주의 신교도 안에서 인종주의가 더 강력하게 나타나는 것은 근본주의 종교를 가진 가족과 공동체 내부에서 소집단 유대가 더 강력함을 반영한다고 짐작해왔다.[9] 이 문제는 거주지의 사회적 계층화에 의해 더욱 악화되었다. 우리가 지적했듯이, 미국에서 지역사회들은 점점 더 인종과 계급, 심지어 정치적 이념에 따라 구분되어 왔다. 따라서 '나와 다른' 타인들의 삶을 어떤 식으로든 현실적으로 이해하려는 태도가 사라지는 경향을 보였다.

이미 논의한 바 있는 미국의 '빈곤 함정'은, 가난한 사람들이 빈곤을 완전히 극복하도록 돕는 것이 아니라 임시방편으로 여전한 빈곤 속에서 겨우 생활을 이어갈 정도의 도움만 제공하는 '원조handouts 시스템'을 낳았다. 따라서 원조를 혐오하는 사회에서는 지속적인 가치를 지닌 진정한 해결책보다 결국 그 원조에 의존하여 살아가게 된다.

이러한 빈약한 원조와 그에 부수되는 높은 사회적 비용(범죄와 처벌 같은) 대신, 타인들에 대해 진정으로 각성하는 사회는 빈곤 함정에 반응만 보이기보다 그 함정을 없애려는 방식으로 가난한 이들의 필요를 다룰 것이다. 그러기 위해서는 단기적으로 더 많은 공공자금이 요구될 것이다. 현재의 가난한 어린이들이 건강한 식단과 양질의 유치원과 학교의 혜택을 누려야 하고, 더 부유한 가계의 아이들과 마찬가지로 고등교육의 기회를 보장받아야 하기 때문이다. 그러면 이 아이들은 자라서 더 숙련된 기술과 소득을 얻게 될 것이고, 나아가 똑같은 혜택을 그들의 자녀들에게도 물려줄 수 있을 것이다. 이를 통해 세대 간 빈곤의 악순환이 종결되거나 최소한 크게 개선될 것이다. 현세대의 가난한 어린이들을 위한 자금 지원은 결국 일시적인 일이 될 것이다. 왜냐하면 훗날 이들의 자녀들에게는 그 정도의 도움이 필요하지 않을 것이기 때문이다. 가난을 종식시키는 데 드는 장기적 비용은 단순히 빈곤을 '관리'하는 현 상태에 드는 비용보다 확연히 낮을 것임이 틀림없다.

타인에 대한 각성이 절실한 이유는 단지 빈곤의 경감이라는 목적을 훨씬 넘어선다. 우리가 보았듯이 미국인들은 광장에서 사적인 공간으로 후퇴했다. 이는 종종 가족과 함께도 아닌, 오로지 혼자 자기 방에서 몇 시간이고 TV를 보기 위해서였다. 미국은 낯선 자들의 나라가 되었다. 그러한 소외에 동반하여 타인에 대한 신뢰는 떨어졌다. 우리는 사회학자 퍼트넘의 말대로 "쪼그리고 앉아hunkering down" 있고, 이 것은 서로를 알지도 믿지도 못하는 민족 집단들로 특징지어지는 대도시에서 특히 더 그러하다.[10] 시장은 불신을 극복할 수 없다. 오히려 시장은 분화를 촉진해왔다. 따라서 우리가 낯선 이들과 다시 한 번 대화를 나누고 함께 일하기 위해서는, 새로운 사회적 규범과 보다 참여적인 정치과정 – 지역공동체들 안에서 더욱 민주적인 의사 결정 같은 – 이 필요하다.

자연에 대한 각성: 생태 위기에 대한 대응

인류 역사 전체에 걸쳐, 윤리학자들과 종교적 지도자들은 그 무엇으로도 대체할 수 없는 삶의 원천인 자연을 존중하고, 인간 운명이 생명의 그물망 중 한 부분임을 진정으로 이해하자고 호소해왔다. 과거 거의 모든 인류가 농경 생활을 하던 때에는 자연의 결정적 역할이 명백했다. 빗물 모으기와 관개수로 청소, 토양의 양분 보충은 모두 삶과 죽음의 문제였다. 오랜 가뭄 같은 자연적 기후변동은 종종 방대한 문명의 몰락을 초래하기도 했다. 생명줄인 수원지가 말라붙으면 도시와 지역 전체가 버려져야 했다.

우리 시대는 두 가지 면에서 근본적으로 다르다. 첫째로, 오늘날의 지구 사회는 과거보다 자연으로부터 훨씬 더 격리되어 있다. 이제 인류의 절반 이상이 자연의 일상으로부터 차단되어 도시에 살고 있다. 이는 특히 세계의 부유하고 힘 있는 엘리트들에게 해당된다. 둘째로,

훨씬 더 위험한 것으로서, 자연에 대한 인간의 영향력이 인류 역사상 처음으로 지구의 핵심적인 생물물리학적biophysical 기능을 위협할 만큼 증대했다. 우리는 지구상의 생명을 근본적으로 위협하는, 인간 활동의 위험한 문턱에 이미 도달했거나 아니면 곧 도달하게 될 것이다.

그러므로 자연에 대한 각성은 급진적 환경 운동가들이 할 만한 주장이 아니라 21세기 생존을 위한 실제적인 명령이다. 이 전례 없이 위태로운 현실 앞에 인간의 지식과 가치, 사회제도들은 한참 뒤져 있다. 지구 경제가 갑자기 너무 커지는 바람에 ─ 연 70조 달러 규모로, 대략 20년마다 규모가 배증된다 ─ 지구의 공기와 물, 땅, 기후가 모두 위협받고 있다. 지금까지 우리의 전 지구적 대응은 너무나 어리석고 터무니없었으며 또 근시안적이었다. 마치 인류 스스로가 죽음을 원하는 듯한 방식이었다. 이러한 무지와 단기적 사고는 우리를 재난으로 이끈다. 그러나 여기에 훨씬 더 결정적으로 작용한 것은, 바로 힘 있는 기득권의 탐욕이었다.

생태적 위험에 직면한 상황에서 미국이 보이는 모습은 정신이 번쩍 들게 한다. 미국은 지구상의 한 사람에게 가장 큰 영향을 미치는 국가임에도, 동시에 스스로의 행동에 가장 신경 쓰지 않는 국가다. 1992년에 미국은 유엔 기후변화 협약에 서명하고 조인했지만, 그 이후로 상원은 기후변화에 대한 미국의 영향을 줄일 단 하나의 작은 조치도 취하려 하지 않았다. 미국의 많은 상원 의원들은 과학에 대해 뻔뻔스러울 정도로 무지하고 무관심하다. 그 예로 오클라호마 주 상원 의원인 제임스 인호프James Inhofe는 인간이 유발한 기후변화를 일컬어 "미국 국민을 상대로 지금까지 저질러진 가장 큰 사기"라고 규정했다.[11] 정치인들은 유식할지는 모르겠지만 과하게 냉소적이고, 그들 손자 세대의 복지보다는 오로지 선거 기부금을 위해서만 행동한다. 거대 석유 및 석탄 기업들과 유권자들에게 우리의 현실과 정책 선택지를 올바로 설명하고 정당한 보수를 받으려 하지 않으며, 다가오는 재난에 눈을 감으려 한다.

불행하게도 생태적 위협은 계속 증폭되고 있지만, 소극적인 미국은 행동에 나서기를 꺼린다. 그리고 슬프게도 시장의 힘은, 마침내 각성한 사회가 집단적 행동을 통해 지구의 방어막을 형성하고자 노력하기 전까지는 이 위협을 결코 해결하지 않을 것이며 다만 악화시킬 것이다.

미래에 대한 각성: 미래에 대한 책임

우리가 미래에 대해 체계적으로 사고하지 못한다면 이러한 문제들 중 어느 것도 제대로 다루지 못할 것이다. 미래란 다가올 다음 선거만이 아니라 그 너머로까지 뻗어 있다. 그럼에도 불구하고 미국에서 공적 심의의 시평time horizon은 상상할 수 없을 정도로 짧은 단위로 줄어들어 왔다. 인프라 건설이 필요할 때, 우리는 '삽질 준비shovel-ready' 프로젝트b에 착수하고자 한다. 그러나 구축할 가치가 있는 인프라가 단순한 삽질 준비 프로젝트일 수는 없다. 이것은 오바마가 2009년 경기 부양 패키지에 이 프로젝트를 포함시킨 후 2010년에 결국 인정한 사실이다. 마찬가지로, 단기적 '급성장'을 겨냥해 전쟁을 시작하기도 한다. 우리는 수차례에 걸쳐 그런 조치를 택함으로써 안타깝게도 우리의 목표에 도달하지 못한다.

그러므로 미래에 대한 각성은 특별한 의지력을 필요로 한다. 즉, 우리 행동의 장기적 결과에 대한 도덕적·실천적 책임을 지고, 또 그러한 결과를 가능한 한 먼 미래까지 꼼꼼히 추적하는 것이다. 위대한 철학자 한스 요나스Hans Jonas는 미래를 위해서는 완전히 새로운 윤리가 필요하다고 주장했다. 이전의 어떤 세대도 다가올 세대의 번영이나 파멸을 자신의 손아귀에 쥐고 있던 적이 없었기 때문이라는 것이다.[12] 이에 우리는 '지속 가능성'에 대한 책임을 공언한다. 다시 말해, 우리가 물려주는 환경과 자본과 지식으로 미래 세대가 자신들의 필요를 충족시킬 수 있도록 해야 한다. 계속해서 지구의 자원을 강탈하고 근거 없이 그저 낙관한다면, 어떤 일이 일어날지는 진정으로 알 수 없다.

미래에 대한 도덕적 책임을 다하는 것과 오늘 우리의 행동이 아직 태어나지 않은 세대들의 운명을 결정한다는 현실을 받아들이는 것은, 충분히 벅찬 일이다. 실질적인 책임을 지는 것 역시 그만큼 어렵다. 우리는 지구에 엄청난 혼란을 야기하고 있지만, 그러한 혼란이 어떤 결과를 초래할지에 대해서는 과학적 확신이나 신중함을 바탕으로 평가할 능력이 없다. 과거에 '미래학Futurology'은 사이비 과학으로 조롱받았으나 이제 우리는 최소한 우리가 이해하고 받아들일 능력 안에서 미래학을 활용해야 한다.

오늘날 워싱턴에 관한 슬픈 진실은, 미래에 대한 체계적인 계획을 세우는 임무를 띤 본격적인 기관이 없다는 점이다. 예산관리국은 1년 단위로 연방 예산안을 마련한다. 재무부는 장기 경제 전략을 수립할 권한도 역량도 없다. 연방 정부가 하는 공공투자들을 조정할 기관은 물론이고 계획할 기관 역시 없다. 각 부서와 기관은 특정한 관할권 하에서 특정한 투자 계획만을 관리한다. 이 과정에서 에너지와 기후, 물, 인구 변화 등의 이슈들은 외면되거나 다양한 정부 부처의 업무로

잘게 쪼개진다.

미국에는 지구적 추세를 상당히 훌륭하게 분석해온 주요 기관들이 존재한다. 국가정보위원회NIC는 2025년까지 미국이 직면하게 될 지구적 문제에 관한 중요한 연구를 진행해왔다. 대표적인 것이 2008년에 발표한 『지구적 추세 2025: 변화된 세계Global Trends 2025: A Transformed World』다.[13] 놀라운 발견들을 담은 이 연구 결과는 다음과 같은 내용을 제시하고 있다.

- 기후변화는 자원 희소성을 악화시킬 수 있다.
- 2020년대 혹은 그 이후 몇 년에 걸쳐 (에너지와 식량, 물을 포함한 전략적 자원의) 수요가 쉽게 구할 수 있는 수준의 공급을 초과할 가능성이 있다.
- 물 부족은 위험한 수준에 도달할 것이다.
- 위의 추세들은 굉장한 불연속성과 충격, 경악을 시사한다.

그러나 가장 놀라운 것은 정부가 그런 무시무시한 예측을 내놓으면서도 실질적인 정책 대응의 필요성을 인정하지 않는다는 점이다. 경종이 울렸지만, 아무도 반응하지 않고 아무도 신경 쓰지 않는 것 같다.

이것은 점점 더 일반적인 패턴이 되고 있다. 물론 주도적인 대학과 싱크탱크들뿐만 아니라 의학연구소IOM와 국립과학학술원NAS, 국립공학학술원NAE을 포함한 수많은 과학 학술원과 기관들에서 세심한 연구가 행해지고는 있다. 그러나 그 내용은 발표되자마자 무시된다. 이처럼 전문가의 의견은 배제되고, 워싱턴의 의제는 여전히 정치인들과 그 정치인들을 지원하는 이익집단의 편익에 의해 지배된다. 기후변화와 물 부족, 화석연료를 통한 에너지 전환 같은 골치 아픈 이슈들은 다음 해로 미루어진다.

　미래에 대한 새로운 각성은, 전문가들의 예측을 적절한 정책적 조치와 연계시킬 책임을 받아들이도록 할 것이다. 그리고 정부는 향후 10~20년을 내다보면서 미래의 주된 국가적 문제들에 관해 정기적으로 보고할 의무가 있음을 받아들일 것이다. 그렇게 되면 국가정보위원회 등 여러 기관들의 보고서들은 대통령과 의회에 의해 논의될 것이다. 백악관은 문제에 대응하기 위한 정책 보고서를 발표할 것이고, 의회는 그것을 채택할 책임을 맡게 될 것이다. 심의와 정책 설계가 순환 구조로 계속되고, 미래는 도덕적·정치적으로 충분히 진지하게 고려될 것이다.

정치에 대한 각성: 도덕적 책임으로서의 정치

　막다른 길에 이른 기업 지배 체제에 해독제를 주려면, 정치에 대한 각성이 필요하다. 미국인들은 정부와 시장이 보완적이고 균형 있는 역할을 해야 함을 올바로 이해해야 한다. 비록 시장경제에서 사기업의 역할이 결정적임을 인정할지라도, 동시에 우리는 사회가 윤리와 근거, 장기 계획의 토대 위에서 문제들을 다룰 수 있도록 힘 있는 기업들이 끊임없는 로비와 선전을 그만두어야 한다고 주장해야 한다.

　우리가 세 가지 위기를 극복하면 정치는 다시 작동할 것이다. 첫째는 자유시장만으로 우리의 경제문제를 해결할 수 있다는 잘못된 이데올로기적 신념이다. 경제의 보완적 축으로서 작용하는 시장과 정부만이 우리가 추구하는 공정과 번영을 이끌 수 있다.

둘째는 대기업의 정치적 역할을 수반하는, 제도상의 위기다. 우리는 신중한 관점을 유지해야 한다. 미국의 대기업들은 기술적으로 앞선 대규모 사업을 전 세계에서 운영하는 매우 정교한 조직으로, 분명 사회에 매우 큰 가치가 있다. 그러나 그들은 자신의 로비력을 활용해 입법과 규제의 조건들을 강요함으로써 사회에 위협적인 존재가 되었다. 기업으로서 활동할 허가를 받았다고 해서, 우리의 정치를 오염시킬 허가까지 받은 것은 아니다.

셋째로, 현대 민주주의 자체의 본성과 관련된 도덕적인 위기를 극복해야 한다. 오늘날 미국에서는 체계적인 공적 심의가 거의 없고, 대중의 의견은 정치과정에서 진지하게 고려되는 일이 드물다. 잇따른 정책 결정은 대중이 보이지 않는 곳에서, 종종 대중의 의견과 정면 배치되는 방향으로 이루어진다. 우리는 전 사회적 차원에 대해서 진정한 심의의 정신을 회복할 필요가 있다. 즉 정치를 상호 존중과 공유된 가치에 기초한, 집단의 정직한 문제 해결로 새로이 여기는 것이다.

세계에 대한 각성: 전 지구적 윤리를 향하여

경제 회복을 위한 마지막 여덟 번째 단계는 세계에 대한 각성이다. 가장 중요한 단계인 이것은, 상당한 불일치와 혼란에도 불구하고 오늘날의 세계가 경제·사회적으로 깊이 상호 연관되어 있다는 점을 인식하는 것이다. 세계의 어느 곳에서 일어나건, 의미 있는 경제적 추세는 다른 모든 세계에 영향을 미치게 되어 있다. 그 예로 2008년 월스트리트 위기는 세계경제의 모든 부분들로 신속히 퍼졌다. 에이즈와 신종 인플루엔자 A 바이러스 역시 **빠른 속도로 세계에 퍼져 나갔다**. 태평양의 엘니뇨 현상은 전 세계적인 기상이변을 야기하고, 이 기상이변은 다시 2010년 곡물 가격의 급등 같은 전 세계 식량 가격의 변화를 초래한다.

우리가 우리 행복을 위협하는 광고와 선전으로 찌든 국가 경제를 만들어냈듯이, 우리는 안정과 평화를 위한 협력이 결여된 지구 경제를 만들어냈다. 한편에서는 유례없는 경제적 상호 연관으로 맺어지면서 다른 한편에서는 국가적·지역적 경계를 넘어선 깊은 불신이 공존하는 것은, 오늘날 세계경제의 결정적 역설일 것이다. 그러나 우리의 주요한 지구적 문제들 — 기후변화, 전 지구적 인구 증가, 대규모 이주, 지역 분쟁, 금융 규제 — 은 세계의 강대국들 사이에 지금까지 해온 것보다 훨씬 더 높은 수준의 정치적 협력을 필요로 한다. 국경을 가로질러 충분한 신뢰가 구축되지 않으면, 점점 더 희소해지는 자원을 둘러싼 지구적 경쟁은 결국 커다란 힘의 대결로 전화될 것이다. 또한 신뢰가 없다면 빈곤과 기아, 질병에 맞서 전 지구적으로 협력해 행동할 기회가 별로 없을 것이다. 그리고 정부는 기업들, 특히 전 세계의 조세 피난처로 자신들의 돈을 빼돌리고 정부에 세율과 근로 기준, 환경 관련 통제, 금융 규제를 완화하라그 압박하는 고삐 풀린 초국적 기업들에 휘둘리고 말 것이다. 그러므로 세계에 대한 각성은 부국과 빈국, 강대국과 약소국을 모두 보호할 것을 목표로 하여 전 지구적인 선의의 행동 기준을 새롭게 채택하는 것을 의미한다.

위대한 신학자 한스 큉Hans Küng은 지난 사반세기 동안 세계의 지도적인 종교들에 기반을 두고 **전 지구적인 경제 윤리**를 찾아내려는 심오한 노력을 기울여왔다. 큉은 다양한 종교적 전통들이 경제생활과 경제행위에 대하여 근본적인 윤리적 기준을 같이할 뿐만 아니라, 이 기준을 통해 세계는 진정으로 전 지구적인 경제 윤리를 발견하고 또 받아들일 수 있다고 했다. 큉에 따르면, 그 공통된 신념은 바로 인간성의 원칙Principle of Humanity이다. "인간은 모든 경제행위의 윤리적 척도가 되어야 한다."[14] 즉 경제는 인간이 "품위 있게 살 수 있도록" 인간의 기본적 욕구를 충족시켜야 한다는 것이다. 이 기본적인 인본주의적 원칙으로부터 큉은 여러 가지 윤리적 주제를 보편적인 것으로 보았다. 타인에 대한 관용과 존중의 중요성, 생존권과 발전권, 자연환경에 대한 지속 가능한 조치, 법률에 의한 통치, 분배적 정의와 연대, 그리고 진실성과 정직, 신뢰성의 본질적 가치, 상호 존중의 핵심적 가치 등이 그런 것들이다.

큉의 이 같은 발견, 그리고 최근 이것을 다른 많은 윤리학자들이 받아들인 것은 매우 고무적인 일이다. 이로써 우리는 전 지구적 다양성을 활용하면서도 극복할 수 없을 것 같은 일부 차이들을 초월하는 공통의 가치 기준을 찾을 수 있게 되었다. 또한 우리에게 이 발견은 경제학을 단지 기술적 측면에서가 아닌, 인간적 원칙을 따르는 전 지구적인 인간 틀의 하나로 그려볼 근거를 제공해준다. 결국 전 지구적 시장경제는 그 자체로 목적이 되어서는 안 되며, 인간적 목적에 의해 인도되어야 한다.

이러한 인간성의 원칙에 따라, 우리는 새로운 인식 – 존엄과 연대, 지속 가능성에 대한 공통된 희망, 인간으로서의 공통 운명 – 을 드높여 서로를 존중해야 한다. 세계의 종교적 전통에 대한 큉의 연구는 인류를 통합하는 일이 우리를 갈라 놓는 그 무엇보다도 훨씬 더 중요하다는 핵심을 재차 확인해준다. 그의 연구를 보면 존 F. 케네디의 연설이 떠오른다. 쿠바 미사일 위기 이듬해이자 그의 사망 얼마 전, 그는 평화를 찾고자 하는 매우 인상적인 모습을 보여주었다. 케네디는 우리에게 다음과 같이 일깨워주었다.

> 우리를 나누어 놓는 심연과 장벽을 넘어, 영원한 적이란 없다는 점을 기억해야 합니다. 오늘날 적대라는 상황은 사실이지만, 그것이 지배적인 법칙은 아닙니다. 우리 시대의 가장 중요한 현실은 우리가 신의 자식으로서 나뉠 수 없는 존재라는 점과 이 지구상에서 공히 허약한 존재라는 것입니다.[15]

그렇다면 평화를 향한 길은 어떻게 찾을 것인가? 이어지는 내용에서와 같이 케네디의 생각은 이상주의적인 동시에 실용적이었다.

> 따라서 서로의 차이에 눈을 감지는 말되, 그러한 차이를 해결할 수 있는 수단과 공통의 이해관계에 주목합시다. 그리고 우리가 이런 차이를 당장 없앨 수 없다고 하더라도, 최소한 다양성을 허용하는 세상을 만드는 데 기여할 수는 있습니다. 왜냐하면 결국 우리를 연결해주는 가장 기본적인 공통점은 우리 모두가 이 작은 행성에 살고 있다는 사실이기 때문입니다. 우리는 모두 같은 공기를 마십니다. 우리는 모두 아이들의 미래를 중요하게 생각합니다. 그리고 우리 모두 언젠가는 죽게 마련입니다.[16]

이 말에 내재된 강력한 비전은 1963년 여름 제한적 핵실험 금지 조약Limited Nuclear Test Ban Treaty의 체결로 이어졌고, 이 조약으로 세계는 핵의 심연에서 벗어날 수 있었다. 오늘날 긴장의 원천은 이를테면 테러리즘, 불안정성, 극단적 빈곤, 기후변화, 기아, 권력의 지구적 이동 등으로 케네디 시대와는 다를 수 있다. 그러나 세계에 대한 각성 – 공통의 이해관계와 상호 존중을 기초로 – 을 통해 평화에 이를 수 있음은 그때와 전혀 다르지 않다.

개인적·시민적 미덕의 회복

사회의 각성은 특수한 계획이 아니라 삶과 경제에 대한 하나의 접근법이다. 그것은 우리 각자에게 개인적 행위(저축과 절약, 자기 파괴적 욕망에 대한 통제 등)의 면에서는 물론, 대학이든 기업체든 영향력 있는 조직의 일원 및 시민으로서의 사회적 행위 면에서도 덕성을 갖추도록 노력할 것을 요구한다. 오늘날 개인적 차원의 초소비주의hyperconsumerism와 사회적 차원의 기업 지배 체제는 우리를 위험 지대로 끌고 왔다. 우리는 순간적 쾌락을 위한 레버를 누르고는, 고갈에 이어 결국 아사를 자초하는 쥐떼와 같은 존재가 되었다. 미국인들은 놀랄 만한 부와 생산성을 보유한 나라를 이룩했지만, 이 나라는 그 궁핍한 국민들을 모멸적인 삶의 여건 속에 방치하고, 세계의 가난한 사람들이 겪는 고통을 거의 대부분 외면하고 있다. 또 한편으로 우리는 소비주의에 대한 일종의 중독과 끝없는 광고, 교활한 로비, 진지한 공적 심의가 결여된 국가 정치를 빚어냈다.

여덟 가지 영역 – 자아, 일, 지식, 타인, 자연, 미래, 정치, 세계 – 에서 각성된 사회가 목표하는 것은, 우리가 개인적 우선순위와 사회적 제도들을 개조할 수 있도록 돕는 것이다. 또 그럼으로써 경제가 다시 한 번 인간적 행복이라는 궁극적 목적에 봉사하도록 하는 것이다. 각성 그 자체가 우리의 자기 파괴적 소비 중독이나 기업 지배 체제의 정치적 무분별함을 뿌리 뽑지는 못할 것이다. 그러나 미국의 민주주의를 다시 세워 이를 국민의 손에 돌려줄, 덕성 있는 시민을 소생시킬 길을 열어줄 것이다.

---

a 장거리 운송을 거치지 않는, 지역 농산물.
b 경기 부양을 위한 단기적 건설 프로젝트.

10장
번영의 회복

이 장과 다음 장에서는 지금부터 2020년까지 미국 사회에 희망과 방향성, 품위를 회복시키기 위한 경로를 그려볼 것이다. 미국은 잘못된 길로 들어섰다고 모든 미국인들이 한목소리로 외친다. 이제 올바른 길로 되돌아가 우리가 어떻게 번영과 목적의식을 회복할 수 있을지 살펴보자. 출발점은 사회에 대한 더욱 명확한 목표, 그리고 이 목표를 달성할 수 있는 실용적인 방법이어야 한다.

목표 설정

〈표 10.1〉에서와 같이 나는 미국의 경제적 목표 및 일정표를 제시한다. 그중 첫 번째 목표는 현재의 일자리 위기를 다루는 것이다.

⟨표 10.1⟩ 목표 및 실천 방향 (2011~2020)

목표 1. 고용 증대 및 노동 생활의 질 향상

- 2015년까지 실업률을 5%로 축소
- CEO 보상 체계의 거버넌스 개선
- 종업원 100인 이상 규모의 모든 기업에서 출산 부모에 대한 유급 휴가 보장

목표 2. 교육의 기회 증대 및 질 향상

- 25~29세 학사 학위 소지자 비율을 2020년까지 50%로 향상
- 읽기와 과학, 수학 등 모든 분야의 국제 평가에서 상위 5위권 내에 진입

목표 3. 빈곤 경감

- 2020년까지 국가 빈곤율을 2010년의 절반 수준인 7%로 축소
- 빈곤 환경에서 양육되는 어린이 비율을 2020년까지 10% 이하로 축소

목표 4. 환경 재난 예방

- 미국 내 온실가스 배출량을 2005년부터 2020년까지 17% 이상 감축
- 미국 전체 발전량 대비 저탄소 에너지 공급원 비율을 2020년 최소 30%, 2030년 40%로 확대
- 전기 자동차 운행 대수를 2020년까지 500만 대로 확대

목표 5. 연방 예산의 균형

- 예산 적자를 2015년까지 GDP의 2% 이하 수준으로 축소
- 2020년까지 예산 적자 회복
- 정부의 의료 지출을 GDP의 10% 수준에서 안정화

목표 6. 거버넌스의 개선

- 모든 연방 선거에 대한 공적 자금 지원
- 기업의 선거 자금 기부와 로비스트 제한
- 회전문 인사 철폐
- 임기 및 연임 제한에 대한 헌법 수정 고려

목표 7. 국가 안보

- 이라크와 아프가니스탄의 군사 점령 중단
- 방위비, 외교비, 개발비 지출 간 균형 회복
- 국가정보위원회의 『지구적 추세 2025』에 의거하여 2012년까지 국가 안보 전략 수립

목표 8. 미국의 행복 및 삶의 만족도 향상

- 삶의 만족도를 측정하는 국가적 척도 수립
- 기대 수명을 최소 80세까지 연장
- 국가 청렴도를 현재 22위에서 5위로 상승 (국제투명성기구 부패인지지수 기준)

오늘날 9%에 이르는 실업률은 2010년대 중반에 5%로 낮추어지고 2020년까지 더 낮은 수준으로 유지되어야 한다. 이 지점에 도달하기 위한 많은 정책들이 있을 것이다. 예를 들면 노동시장 개혁과 여가 시간 증대, 노동자들의 기술 함양을 위한 장기적인 노력 등이다.

첫 번째 목표와 밀접하게 관련된 두 번째 목표는 교육 위기에 대처하는 것이다. 2009년 31%이던 25~29세 학사 이상 학위 소지자 비율이 2020년까지는 최소 50%로 높아져야 한다.[1] 이는 21세기 지구 경제에서 성공적으로 경쟁하기 위해 필수적이다. 이 지점에 도달하기 위해 오늘날의 학생들은 수학과 과학, 읽기 같은 핵심 과목에서 더 나은 성적을 보여주어야 할 것이다. 여기서도 우리는 전 지구적 기준에 근거하여 목표를 세워야 한다. 미국은 학교 성적의 오랜 하향세에서 벗어나야 한다. 2015년까지 미국은 이 세 과목에서 상위 10위 안에, 2020년까지는 상위 5위 안에 들어야 한다.

셋째로, 우리에게는 빈곤에 대한 정직한 접근법이 필요하다. 즉 빈곤을 가난한 사람들의 책임으로 돌리거나, 가난한 사람들을 그들의 운명에 내맡기지 않는 것이다. 우리가 이미 알고 있듯이, 빈곤의 악순환을 끝낼 가장 중요한 한 가지 열쇠는 오늘날 빈곤 속에서 자라는 어린이들이 충분한 잠재력을 발휘하도록 해주는 것이다. 이렇게 되려면 미국 사회는 빈부를 막론한 모든 아이들의 인적 자본 ─ 건강, 영양, 인지 기능, 교육 ─ 에 투자해야 한다. 2015년까지 미국의 모든 아이들이 종합적인 유아 발달 프로그램에 등록되어야 한다. 그럼으로써 가난한 노동자 계급 부모들이 양질의 보육과 영양 관리, 안전한 주간 탁아day care, 양질의 유치원을 활용할 기회를 보장할 필요가 있다. 뒤에서 다시 말하겠지만, 우리 아이들에 대한 투자를 하지 않으면 국가의 장기적인 미래가 심각한 영향을 받을 것이다.

　빈곤율은 지난 30년 동안 정체하다가 2008년 이후 증가하기 시작했다. 오늘날에는 어린이들의 5분의 1이 빈곤 속에서 자라고 있다. 2020년까지는 그 비율을 10% 이하로 낮추자. 또 2010년에 14% 이상의 미국인들이 빈곤선poverty line 이하에서 생활 중이었다. 2020년에는 그 비율을 절반으로 줄이자. 이것을 달성하기 위한 방법이 하나만 있는 것은 아닐 것이다. 교육과 훈련, 고용, 의료가 모두 제 역할을 해야 한다.

　넷째로, 만약 우리가 환경과 천연자원의 파국을 향해서 앞뒤 가리지 않고 계속 돌진한다면, 이런 계획들 중에서 어느 것도 오래 지속되지 못할 것이다. 그래서 미국은 어떤 일이 있어도 인프라를 정비해야 한다. 도로와 다리, 제방, 상·하수 시스템과 전력망이 이미 상당히 낡고 망가져 있다. 그러나 핵심 인프라에 우리가 투자해야 하는 데에는 사실 그 이상의 이유가 있다. 먼저, 21세기의 효과적이고 지속 가능한 에너지 사용과 수송 방식을 도입하기 위해서다. 더불어 수입 석유에 대한 의존 축소, 저탄소 경제로의 이행, 효율성 제고라는 상호 연동된 세 가지 목표를 달성하기 위해서도 핵심 인프라는 과감하게 재정비되어야 한다.

　저탄소 경제로의 이행과 관련해서 오바마는 2020년의 온실가스 배출량을 2005년 대비 17% 감축하겠다는 목표를 설정했다. 나는 여기에 목표를 한 가지 더 추가하고자 한다. 즉, 2010년대 말에 최소 500만 대 이상의 전기 자동차가 운행될 수 있도록 전력망과 수송 인프라를 손보는 것이다. 이로써 전기 자동차는 그 서비스를 이유로 특별한 정부 지원을 받지 않더라도 상업적으로 존립 가능한 사업이 되는 터

핑 포인트tipping point^a를 향해 나아갈 것이다.²

 다섯째, 치솟는 공공 부채를 통제해야 한다. 2010년에 예산 적자는 GDP의 약 10%였다. 이 중 일부는 경기순환적 적자로서, 이례적으로 낮은 세수와 높은 실업보험 지출, 부실한 경제로 인한 기타 소득 이전에 의해 야기되었다. 그러나 경제가 어느 정도 회복된다고 하더라도 중기적으로 볼 때 예산 적자는 GDP의 약 6% 수준에서 고착될 것이다. 이것은 치명적인 부채 누적으로 이어져 향후 몇 년 안에 예산 위기를 초래하기에 충분하다. 따라서 세금은 인상되어야 한다. 특히 과거 30년간 사상 유례없는 큰 행운을 누려 온 최상위 소득층에게는 더욱 그래야 한다.

 여섯째, 우리는 정부가 다시 한 번 효과적으로 기능하도록 만들어야 한다. 지금 정부는 기업 로비스트들의 손아귀에 있을 뿐만 아니라 정부의 기본적인 행정 기구들은 점점 무너져왔다. 정책 입안은 언제나 단기적이다. 계획이라는 게 없다. 게다가 미국의 방대한 전문 지식은 적절히 활용되지 않고 있다. 공공 행정이 효과적이지 못하면 아무리 재정이 넉넉한 정부라도 실패할 수밖에 없다.

 일곱째로, 현명한 외교정책이 성공의 열쇠일 것이다. 특히 '경성' 권력(군사력)에서 '연성' 권력(외교와 원조)으로의 전환이 필요하다. 우리는 수조 달러를 무의미한 전쟁에 낭비하면서, 예산을 잃는 동시에 국가적 사기를 저하시키고 있다. 이러한 불모의 전쟁을 끝내고 우리의 에너지를 갈등의 핵심 원인 – 전반적인 불안정과 극단적 빈곤, 자원 쟁탈전, 증대하는 환경문제 – 에 쏟으면, 오늘날 군비 지출의 극히 일부로도 우리의 안보를 충분히 강화할 수 있을 것이다. 2015년까지 우리는 군비 예산을 적어도 절반, 즉 GDP의 5% 수준에서 2~3% 수준으로 줄일 수 있어야 하고, 이렇게 절감된 예산의 일부를 전 지구적 안정성에 투자해야 한다.

마지막으로 여덟 번째, 이러한 모든 목표들을 곧 사회의 궁극적인 목적으로 여겨야 한다. 다시 말해, 이 목표들을 통해서 지금 세대와 미래 세대 모두가 삶에서 더 큰 만족을 얻어야 한다. 이를 위해서 우리에게는 삶의 만족감을 구성하는 기초 요소들에 대한 보다 나은 척도가 필요하다. 단순히 소득을 기준으로 하는 것을 넘어 여가, 건강, 안전한 환경, 공정성, 사회적 신뢰 등을 포함하는 척도가 마련되어야 한다. 행복에 대한 더 나은 지표와 지침이 있다면, 우리는 레이건이 1980년에 지미 카터와 맞붙은 대통령 선거에서 제기했던, "4년 전과 비교해서 더 나아졌습니까?"라는 유명한 질문에 진지하게 — 선전 구호로서가 아니라 — 답할 수 있을 것이다.

중기적 경제정책에 대한 새로운 접근법

앞에서 제시한 핵심 목표들을 달성하기 위해서는 경제정책에 대한 새로운 접근법을 취할 필요가 있다. 정부와 시장이라는 두 축에 의지하는, 혼합경제적 접근이 필요하다. 그리고 효율성을 위한 노력뿐만 아니라 공정성과 지속 가능성을 위한 노력도 함께 이루어져야 한다. 투자와 구조적 변화에 기초한 보다 장기적인 비전 역시 필요하며, 사회의 여러 부문에 걸쳐 동시다발적인 정책 혁신을 도입하여 전체론적으로 움직여야 한다. 다음은 가장 중요하다고 판단되는 몇 가지 정책안에 대한 간략한 개요다.

노동시장의 새로운 틀

미국의 일자리 위기는 거시경제의 실패가 아니라 주로 노동시장 자체의 붕괴를 반영한다. 이것은 결국, 일자리 문제에 대한 장기적인 해결책은 연준의 신용 확장 다이얼을 돌리거나 '경기 부양적' 예산을 통해 총수요를 진작시키는 것이 아니라, 노동력의 숙련도와 노동 생활의 질을 향상시키고 노동시장이 올바로 기능하게 하는 것임을 뜻한다. 스칸디나비아 국가들과 독일, 네덜란드를 포함한 유럽의 여러 나라들은 숙련도 향상과 유연하고 만족스러운 작업 환경 창출, 노동자와 적절한 일자리의 연결matching을 목표로 한 일련의 적극적 노동시장 정책을 통해 큰 성공을 거두었다. 이제는 미국이 그 나름의 적극적 정책에 관심을 돌려야 할 때다.

미국의 일자리 문제는 숙련도 부족에서 시작된다. 2010년 12월의 실업률을 보자. 총실업률은 9.4%였지만, 총노동력의 17.5%가 실업 상태 또는 비자발적 시간제 근무 상태였다. 그런데 실업률은 나이와 교육 수준에 따라 상당한 차이를 보인다. 16~24세 인구의 실업률은 19.3%라는 엄청난 수치를 기록했지만, 25세 이상의 경우 전반적인 실업률은 그 절반이 채 안 되는 8.3%였다.

여러 번 지적한 것처럼, 미국의 노동력은 대학 교육을 받은 사람들과 그렇지 않은 사람들로 확연히 나뉘어 있다. 주택 거품 이후 건설 일자리가 없어졌고, 저숙련 제조업 일자리는 이미 오래전에 중국과 멕시코를 비롯한 기타 신흥 경제들로 이동해버린 상황에서, 저숙련 노동자들은 매우 낮은 임금과 미약한 직업 애착도, 그리고 안정된 일자리에 자리 잡을 기회마저 줄어든 현실에 직면해 있다. 앞에서 보았듯이, 고등학교 졸업장이 없는 노동자들의 소득 중앙값은 연 2만 달러에 지나지 않고, 고졸자의 경우 2만 7,400달러에 그친다. 한편 대졸자의 소득은 평균 4만 7,800달러, 그 이상의 학위 소지자는 평균 6만 3,200달러다. 교육/소득 기울기는 그 어느 때보다 가파른데, 이는 저숙련 노동자들을 위한 노동시장이 붕괴했기 때문이다.

위기는 청소년층에서 가장 심각하게 나타나는데 특히 16~19세의 소수집단 노동자들이 그렇다. 그러므로 **장기적인** 일자리 전략의 핵심은 교육 수준과 숙련도의 향상이어야 한다. 이와 관련해서 고등학교 졸업의 보편화, 대학 및 직업학교 진학률 90% 이상, 학사 학위 소지 비율 50% 이상 등의 목표가 수반되어야 한다. 2020년까지 19~23세 인구의 최소 절반 이상이 학사 과정에 진학해야 한다. "미국의 전 지구적 경쟁력은 최소한 학사 학위 이상을 획득할 고졸자들의 능력에 달려 있다"[3]는 최근 의회 자문단의 의견은 수긍할 만하다. 이미 학교를 그만둔 학생들을 위해서라면, 적어도 고등학교 졸업에 준하는 학력 인증을 받거나 2년제 대학 또는 직업학교에 다닐 수 있도록 돕는 특성화된 노력이 필요할 것이다. 일자리에 비해 구직자가 적은 노동시장만으로는 충분하지 않을 것이다. 향후 40년 동안 노동시장에서 활동하기 위해-단지 다음 경기순환 때만이 아니라- 요구되는 숙련도를 갖춰야 한다.

미국 노동력의 숙련도를 강화하는 것이 장기적으로 중요한 과제이긴 하지만, 일자리 위기는 한시가 급한 문제다. 9%의 실업률과 관련하여 우리는 무슨 일을 할 수 있을까? 경기가 회복된다고 하더라도 변화는 아주 미미할 것이다. 즉 실업률이 대략 7~8% 수준, 그러니까 1천만~1천 200만 명 수준으로 낮아지겠지만, 약 1천만 명 이상은 보이지 않는 실업(노동시장에서 퇴장당했거나 한 달에 단 몇 시간 일하는 등)으로 여전히 고통받고 있을 것이다.[4] 이런 노동자들을 위한 방안은 개인의 형편을 돕는 데 달려 있다. 현재 실업 상태인 수백만의 젊은이들은 결코 노동인구로 편입되어서는 안 된다. 고등학교와 직업학교, 2년제 대학 혹은 학사 과정을 마쳐야 한다. 이들의 문제는 부족한 교육비, 그리고 당장 생계를 이어 가야 한다는 급박함이다. 그러므로 단기적 조치는, 현재 실업 상태인 25세 이하 인구에 대하여 최소 100~200만 명의 학교 복귀에 공적 보조금을 늘림으로써 실업률을 약 1% 줄이는 일일 것이다. 이에 대한 비용은 한 해에 학생 1인당 1만 5,000달러, 총 150~300억 달러일 것으로 예상된다. 국내총생산이 연 15조 달러인 점에 비추어보면 추가 지출은 GDP의 0.1~0.2%일 것임을 알 수 있다.

또 한 가지 단기적 해결책은 노동시간을 줄임으로써 일자리 나누기 job sharing를 확충하는 일일 것이다. 이는 실제로 보다 장기적인 이익과도 연동될 수 있다. 오늘날 미국의 상시 근로자들은 1년에 약 1,700시간을 일하는데, 이는 유럽 대다수 국가의 노동자들에 비해 1년에 약 200시간 혹은 5주 더 일하는 셈이다. 예를 들어 노동시간이 5% 줄어든다면, 그 총노동시간은 5% 더 많은 노동자들에게 배분될 수 있다. 더불어 이것은 단기적인 조치를 넘어 미국인들이 노동과 여가 사이의 균형을 다시 잡는 장기적 개혁의 일환이기도 하다.

노동시간을 줄여 일자리를 나누고 그럼으로써 고용을 늘리는 것은 독일에서 매우 성공적으로 진행되어왔다. 최근 침체기 동안 독일 정부는 노동자 수보다는 노동시간의 하향 조정을 촉진하기 위해 다양한 사회적 급여(예를 들어 실업수당) 제도를 재조정했다. 독일의 실업률은 일자리 나누기를 통해 약 1%포인트 감소했다. 그러나 미국에서는 이런 접근법이 검토되지 않았고, 조정 작업은 전적으로 기업에 맡겨져 있으며, 경기침체의 타격이 영향을 미친 것은 노동시간이 아닌 노동자의 수였다.

또한 유럽 국가들의 적극적 노동시장 정책은 노동자와 일자리를 연결해주는 경력 개발 서비스와 재취업 교육에 미국보다 훨씬 더 많은 비용을 지출한다. 세계경제와 기술이 변화하는 규모를 고려하면, 예전에 존재하던 일자리가 되돌아오지는 않을 것이다. 중년층 노동자들은 신경제에 필요한 정보통신기술ICT 활용 능력이 없는 경우가 많고, 따라서 이들이 취업 능력을 회복하려면 직업훈련이 필요하다. 여기에는 상당한 비용이 든다. 유럽의 많은 나라들은 적극적 노동시장 정책 프로그램에 GDP의 약 1%를 할애하는 데 반해, 미국의 경우 0.2%를 지출하고 있다. 이 모든 조치들―청소년의 학교 복귀를 위한 보조금, 중년 노동자들의 재교육, 일자리 연결 서비스―을 위해서는 매년 GDP의 0.5%가 추가로 소요될 것이다.[5]

재정적 부양책의 증대나 연준의 양적 완화 등 거시경제적인 총수요 진작 조치는 중단되어야 한다. 이 같은 방법은 미국의 일자리 위기에 대한 돌파구가 아니며, 오히려 금융시장을 불안정하게 만들고 미국의 장기적인 지불 능력을 약화시킬 위험이 있다. 그러나 인프라에 대한 공적 지출을 늘리는 것은, 재원이 적절히 조달된다면 총수요 자체를 통해서가 아니라 상대적으로 미숙련된 건설 노동자들의 고용을 통해서 일종의 '경기 부양' 효과를 창출할 것이다. 단, 뒤에서 서술하겠지만 정말로 필수적인 인프라는 대개 1년이 아닌 10년에 걸쳐 서서히 효과를 내는 것들이다. 진정으로 중요한 것은 삽질 준비, 즉 경기 부양을 위한 단기 건설 프로젝트가 아님을 인식해야 한다.

빈곤과 교육의 함정 타파

나는 미국 교육 시스템의 우울한 현실에 대해 여러 차례 강조해왔다. 저소득층, 심지어 중소득층의 아이들도 학사 학위를 획득할 성공적인 경로를 찾지 못한다.[6] 많은 가난한 아이들이 고등학교를 중퇴한다. 설령 이들이 고등학교 과정을 마친다 해도 대학에 들어가는 길 앞에 놓인 재정적 장벽을 극복할 수 없다. 다른 많은 아이들은 대학에 진학하기는 하지만, 늘어나는 부채와 일해야 할 필요성 때문에 중도에 그만두게 된다. 유치원에서 학사 학위에 이르는 전 과정에 걸쳐 소득의 격차가 확연하게 나타난다. 가난한 아이들은 뒤처진 상태로 사회 속에 방치되는데, 여기서 과중한 교육비 부담은 사회 전체가 아닌 개별 가계나 지역사회에 지워진다.

교육 재정이 지방 차원의 책임이 된 결과, 부유한 지역사회와 가난한 지역사회 사이의 학생 1인당 교육비 지출 규모는 엄청난 차이를 보인다. 한 주州 안에서 공공 교육구들을 학생 1인당 지출액에 따라 배열해보면, 95분위수에 위치한 교육구의 학생 1인당 지출액은 종종 하위 5분위수에 위치한 교육구의 학생 1인당 지출액의 두 배에 이르고, 중앙값 지출액보다 50% 더 많다. 예를 들어 내가 살고 있는 뉴욕 주의 경우, 중앙값 교육구의 지출액은 학생 1인당 1만 6,000달러인 반면, 상위 5% 지출 수준의 교육구는 학생 1인당 2만 9,000달러를 지원한다.[7] 많은 경우에 있어서 가난한 아이들에게는 그들이 안고 있는 여러 가지 불리한 점들을 극복할 수 있도록 평균 수준보다 더 많은 지출이 필요하다. 이 아이들은 가난한 동네에서 자라고, 뒤늦게 공부를 시작하며, 교육 수준이 낮은 부모 그리고 종종 한 부모 가정과 같은 환경으로 인해 집에서 배울 기회가 더 부족하다.

  교육과 관련한 연방 정부의 주된 기능은 저소득 교육구의 학생 1인당 재정을 보완해주고 이 재정을 혁신적 교육 프로그램을 포함하여 효과적인 방식으로 지출하는 것이어야 한다. 현재 초등교육에 대한 연방의 재정 지원은 초·중등교육의 총재정 중에서 약 8%를 차지하는데, 예를 들면 2006~2007학년도 총재정 5,840억 달러 중에서 연방의 지원액은 500억 달러였다.[3] 약 1천만 명의 학령기 아이들이 빈곤 속에서 살고 있다. 단순한 예로, 이들의 학교와 가정, 지역사회의 여건을 개선하기 위해 1년에 학생 1인당 약 5,000달러의 비용을 들여 그들의 교육을 보완해준다고 — 바우처 제도voucher[b]와 차터 스쿨charter school[c] 지원, 특별 과외활동 등을 통해 — 가정해보자. 이렇게 하려면 1년에 약 500억 달러의 총예산이 소요되는데, 이는 현재 연방의 초·중등교육 지원 예산을 두 배 늘리거나 혹은 그 예산에 GDP의 대략 0.3%를 추가하는 것을 의미한다. 이것은 아주 대략적인 추측에 불과하지만, 초등 및 중등 수준에서 필요할 추가적인 교육기금의 규모를 실로 짐작케 해준다.

  학사 학위까지 마치는 젊은이들의 비중을 높이는 데 필요한 고등교육 재원 증가분에 대해서는 다양한 추산이 있어 왔다. 현재 젊은이들의 약 30~35%가 학사 과정을 마친다. 매년 한 연령집단이 약 400만 명일 경우, 매해 약 120~150만 명이 학사 과정을 마치는 셈이다. 각 연령집단의 50~60%가 학사 과정을 이수하도록 하려면, 매년 100만 명이 추가로 학사 학위를 받아야 한다. 최근에 맥킨지McKinsey는 현재의 학생 1인당 고등교육비 규모에서는, 연방 차원의 등록금 지원액이 연간 약 3천억 달러인 현 수준을 넘어 연간 약 500억 달러, 즉 GDP의 0.3%만큼 증가해야 한다고 추산했다.[9] 시행 초기에 이 기금의 일부는 앞에서 제안한 바와 같이 25세 이하 실업 청년들 중 100~200만 명의 학사 학위 취득을 위해 학교 복귀를 돕는 데 사용되어야 한다.

전체적으로 교육기금이 GDP의 약 0.5~1%만큼 증가하더라도, 교육의 개선을 꾀하는 길은 여전히 불확실성으로 가득 차 있다. 따라서 실험과 혁신, 모범적 사례들을 통한 충분한 학습이 필요할 것이다. 지금 유행하는 한 가지 경향으로, 실력이 부족한 교사들에게 주로 책임을 지우고는 형편없는 교사들을 감싸고돈다고 하며 교원 노조를 공격한다. 그러나 문제가 훨씬 더 복잡하고 다양한 처방이 필요한 상황에서, 이것은 순진하지만 유혹적인 '매직 불릿magic bullet'[d]의 사례일 뿐이다. 교원 노조를 공격하는 것은 간단하고 비용도 안 들지만, 뭔가 상당히 잘못되었다. 고등학교를 그만두는 많은 아이들이 초등학교 4학년 때 이미 잘못된 길로 들어선다는, 반박할 수 없는 증거가 있다. 이 경우 문제는 특정한 교사가 아니라 그들의 전반적인 생활환경이다. 최근 한 보고서는 다음과 같이 요약하고 있다.

> 미래의 낙오자들 대다수는 이른 청소년기에 학업을 그만두고, 중등 과정에서 종종 성적 격차가 벌어지기 시작한다. 학생들이 고등학교에 진학할 때, 그들은 대학과 직업 준비를 위한 엄격한 고등학교 교과과정을 성공적으로 수행할 준비가 안 되어 있으며 한쪽 발을 학교 밖으로 내놓는다. 우리는 졸업률이 낮은 고등학교로 학

생을 배출하는 중학교에서 문제의 해결을 시작해야 한다. 즉 모든 학생이 중등 과정을 이수하는 도중에 학교를 떠나지 않도록 해야 할 뿐만 아니라, 고등학교 과정에 충분히 대비할 수 있도록 의미 있는 학습활동에 참여시켜야 한다.[10]

고등학교 중퇴가 이처럼 서서히 타들어가는 기폭 장치에 의해 야기되는 이유는 다음과 같아 보인다.

> 중도 탈락은 학생이 고등학교에 진학하기 오래전에 시작되는 한 과정이다. 연구에 따르면, 어떤 학생이 고등학교를 그만두기로 결정할 때 그 원인은 그가 중학교에서 흥미와 동기를 잃은 때문인데, 이는 종종 학업 부진과 그로 인한 유급으로 인해 유발되었다. 또 유급의 주된 원인은 진급에 필요한 교과 내용을 제시간에 익히지 못한 것이고, 다시 이는 많은 경우에 빠르면 4학년부터 내용을 유창하게 읽지 못하게 되는 양상의 결과임을 연구는 보여준다.[11]

교원 노조에 대한 맹비난은 다른 이유 때문에도 잘못된 것 같다. 교원 노조는 고소득 지역인 교외 지구에서는 큰 장애물이 아니고, 단지 저소득 지역 학교들에서만 그렇다. 노동조합은 도시 빈곤이라는 진짜 질병으로부터 관심을 다른 데로 돌린다는 점에서 도시 지역에서 편리한 희생양이 되어 왔다. 더욱이 노동조합을 길들이는 것은 표면적으로는 더 낮은 비용과 더 높은 질을 약속하는 것처럼 보인다. 이것은 모든 아이들, 특히 가난한 아이들을 위한 교육의 질을 높이기 위해 우리가 기울여야 할 일관된 노력으로부터 우리의 주의를 돌리는 또 하

10장 번영의 회복

나의 매직 불릿에 불과하다.

그렇지만 교육을 전달하는 데에서의 혁신뿐만 아니라 교사의 능력을 보장하고 증진시킬 방식에도 혁신이 필요한 것은 사실이다. 물론 최상의 차터 스쿨은 새롭고 획기적인 모델을 제공하고 있다(비록 차터 스쿨이 전반적으로 엇갈린 평가를 받고 있긴 하지만).[12] 그러나 혁신이 학교 행정가와 교사, 지역사회 사이의 높은 신뢰를 통해서 달성될 수 있다는 점은 명확해 보인다. 이런 신뢰는 교사들이 속한 곳이 노동조합이 있는 공립학교든 그렇지 않은 차터 스쿨이든 상관없이 구축될 수 있다. 교원 노조가 개혁의 희생자가 아닌 파트너가 된다면, 그들은 교육의 이러한 향상과 혁신에 동참할 것이다.

유아기에 대한 투자

취학 전, 특히 사회의 가장 어리고 취약한 구성원인 0~6세 영·유아들의 필요에도 관심을 기울여야 한다. 미국은 영·유아 성장의 모든 단계에서 수백만 명의 어린아이들에게 도움을 주지 못하고 있다. 아이들이 6세가 된 후에야 이런 실책을 메우려고 노력하는 것은, 출생 직후부터 지원을 시작하는 것보다 훨씬 더 많은 비용이 소요되고 성공 확률도 낮다. 노벨상 수상자 제임스 헤크먼James Heckman과 그의 많은 동료들이 보여주었듯이, 인적 자본에 대한 투자는 일생 초기에 일찍 이루어질 때 가장 수익이 크다.[13] 그러나 우리는 투자는커녕 다수의 아이들을 빈곤 속에서 자라게 방치함으로써 이후 평생 역경을 겪도록 만들고 있다.

우리의 아이들은 오늘날 가장 취약하고 빈곤에 시달리는 집단이다. 사정이 언제나 이렇지는 않았다. 반세기 전에 빈곤율이 가장 높은 사회집단은 노년층이었다. 1959년에 65세 이상 인구의 35.2%가 빈곤선 이하에서 생활했다. 그 후 사회보장이 확대되고 메디케어가 도입되었다. 노인 빈곤율은 1969년 25.3%에서 1979년 15.2%, 1989년 11.4%, 2008년 9.7%로 점차 개선되었다. 그러나 어린이들의 경우에는 전혀 다른 패턴을 보인다. 1959년에 18세 이하의 빈곤율은 27.3%였다. 이 비율은 1969년에 14%로 떨어졌지만, 그 다음부터 장기적 상승세가 시작되어 1979년 16.4%, 1989년 19.6%, 2008년 19%로 높아졌다. 지금 미국 아이들 5명 중 1명이 빈곤한 환경에서 자란다.[14]

우리 대다수는 유아 빈곤이 갖는 끔찍한 비용을 제대로 인식하지 못하고 있다. 빈곤에 대한 각성을 높이지 않으면 이러한 사실은 직관적으로 인식되지 않는다. 인간 발달과 관련한 최근의 가장 큰 과학적 발견은, 유아 발달기ECD로 알려진 태아기부터 6세에 이르는 삶의 가장 이른 시기가 결정적인 역할을 한다는 것이다. 이 시기는 후속하는 모든 것의 기초다. 어머니가 임신 기간에 건강하고 충분한 영양을 섭취하며 안전하게 출산한다면, 또 영아가 충분한 영양과 양질의 의료를 제공받으며 안전하고 양육적인 환경에서 길러지고, 유치원에서 배우고 사회화할 기회를 제공받는다면, 그 아이는 일생 동안 더 나은 건강과 더 높은 교육 수준, 더 많은 소득이라는 편익을 거둘 가능성이 있다. 반면에 아이가 체중 미달 상태로 태어나고, 위험하고 스트레스가 많은 환경에서 양육되며, 오염과 소음 등 환경상의 위험에 노출되고 빈곤 때문에 유치원과 양질의 탁아 서비스를 받지 못하면, 아동기만이 아니라 이후 수십 년에 걸쳐 비극적인 결과가 초래될 수 있다.

예를 들어 유아기에 영양이 불충분하면, 성년기가 되어 만성적으로 허약하고 일의 생산성도 대단히 저하될 수 있다.

또 하나의 핵심적인 발견은 인생에서 결정적으로 중요한 단계인 0~6세 아이들에게 투자하지 못하면 이를 나중에 만회하기는 매우 어려울 수 있다는 점이다. 초고층 빌딩이 허술한 기초 위에 세워져 있다면, 높은 층에서 추가적인 노력을 아무리 한다고 하더라도 건물은 결코 안전해지지 않을 것이다! 이런 점에 비추어보면, 미국의 교육 개혁에 대한 많은 노력들, 예를 들어 고등학교를 개혁하려는 노력은 너무 늦은 일이 될 수도 있다. 보완적인 조치들을 통해 일부 아이들을 도울 수는 있고 또 당연히 그래야 하지만, 처음부터 모든 아이들에게 유아기의 건강한 발달을 보장한다면 훨씬 더 큰 성과를 거둘 것이다.

스웨덴 사회복지국가론의 전문가인 괴스타 에스핑-안데르센Gösta Esping-Andersen은 한 탁월한 논문에서 지금 미국보다 스웨덴에서 사회적 계층 이동이 훨씬 더 많은 이유를 질문하고 있다.[15] 그는 모든 고소득국에서 부모의 사회 경제적 지위가 아이의 미래 교육과 소득을 규정하지만, 다른 어느 나라보다 특히 스웨덴에서는 그 정도가 훨씬 덜하고 미국에서는 그 정도가 훨씬 더 심하다는 점을 지적한다. 스웨덴에서는 상대적 빈곤 속에서 자라는 아이일지라도 최상위 소득 집단에서 자라는 아이와 거의 똑같은 교육과 장래 소득을 갖게 된다. 스웨덴의 특징은 공교육에 대한 지원-다른 나라들도 대략 이와 비슷한 일을 한다-에 있는 것이 아니라, **가족들과 그 아이들**을 정규 학교교육 이전인 **영아 단계**부터 공적으로 지원하는 데 있다는 점을 에스핑-안데르센은 설득력 있게 제시하고 있다.

스웨덴의 모든 가정은 나라에서 제공되는 양질의 탁아 서비스를 적절히 이용할 수 있다. 이 덕택에 어머니들은 아이들을 안전한 환경에 맡겨 두고 일을 할 수 있다. 여성 가구주는 미국에서는 빈곤율이 매우 높은 집단이지만, 스웨덴에서는 그렇지 않다. 에스핑-안데르센에 따르면, 스웨덴에서 이들의 빈곤율은 놀랍게도 4%에 지나지 않는다. 이에 비해 미국은 인구조사국 기록에 의하면 2009년 동일 집단의 빈곤율이 30%에 달했다.[16] 탁아 서비스와 마찬가지로 스웨덴의 모든 아이들은 양질의 유치원 교육을 제공받는다.

에스핑-안데르센에 따르면, 요컨대 아이가 있는 가족들의 빈곤을 타개하는 열쇠는 공공서비스를 제공하는 것, 특히 저렴한 탁아 서비스를 보편적으로 이용할 수 있게 하는 것이다. 이것은 가계에 대한 소득 지원보다 훨씬 더 중요하다. 한결같이 양질로 제공되는 스웨덴의 공공서비스는 모든 아이들이 꽤 괜찮은 상태에서 인생을 시작할 수 있게 해준다.

탁아와 유치원, 취학전교육에 대한 스웨덴의 공공 재정은 GDP의 약 1%에 이르는 반면 미국의 경우는 0.4%에 지나지 않는다.[17] 물론 빈곤한 환경에서 자라는 아이들의 비중이 미국에서 훨씬 더 크다는 점을 고려하면, 미국에 필요한 공공 재정은 스웨덴보다 훨씬 더 많다. 그러나 미국에서는 이 재정 중에서 최소한 절반은 보편적인 공적 보장을 통해서가 아니라 중산층과 부유한 가계들의 자체 소득을 통해 충족될 가능성이 있다. 일반적인 유아 발달 프로그램을 보장하는 데 필요한 재정으로, 2015년 시점에 GDP의 추가 0.5%를 지출하도록 설정해두자. 다시 한 번 예산을 정확히 수립하기 위해서는 많은 시행착오를 통한 학습이 필요할 것이고, 단계적으로 규모를 늘리며 성공적인 모델을 갖춰야 할 것이다.

실질적인 의료 개혁

중저소득 미국인들은 임금 수준의 정체로 고통을 겪을 뿐만 아니라 국제 경쟁과 의료비 증가로 인한 압박도 받아왔다. 지난 몇십 년간 줄기차게 오른 의료비는 오바마 행정부 출범 이래 16개월 가까이 계속된 의료 개혁 논란의 원인이 되었다. 그러나 의료 개혁이 두 가지 중요한 목표-가난한 사람들 및 질병이 있는 사람들로 수혜 범위를 확대-를 달성했음에도 불구하고, 실제 특정한 의료 공급량에 대한 의료비 증가를 늦출 입법은 별로 이루어지지 않았다. 사실 신규 조치들이 이행됨에 따라 향후에 의료비는 오히려 오를 가능성이 있다. 무슨 일이 일어났는지는 충분히 짐작할 수 있다. 비용 인플레를 통제할 수도 있었을 보다 심층적인 개혁을 민간 의료보험업계와 제약 산업, 미국 의사협회가 방해했던 것이다. 해당 업계의 어느 대표가 지적했듯이, "의료계는 스스로를 개혁하지 않을 것이다." 기득권이 너무나 강력하기 때문이다.[18]

여러 면밀한 연구에서 의료 부문의 비용과 가격 상승 메커니즘이 밝혀졌다. 즉, 의료 부문의 이익집단은 정부로부터(메디케어와 메디케이드의 경우)나 다른 실질적 대안이 없는 민간 의료보험 가입자들로부터 보상을 받을 것임을 알고 자신들의 비용과 가격을 올린다. 한 연구에 따르면, 2003년 미국의 의료 초과 비용은 1인당 1,645달러, GDP 대비 약 4%로 추산되었다.[19] 그리고 입원 치료, 통원 치료, 약품, 의료 행정 등을 포함한 의료 체계 전반에 걸쳐 비용이 과도하게 높다. 미국에서 의사들의 보수는 다른 나라들보다 매우 높다. 약값도 그렇다. 개인 병원들의 진료 수용 능력은 지나친 수준이고 비용이 또한 비싸다. 또 의료 행정비와 의료보험료는 OECD 고소득국 중앙값보다 여섯 배나 높은 것으로 추산된다![20]

스칸디나비아 국가들은 미국의 거의 절반 비용으로 의료 시스템을 운영하는데, 유아사망률과 기대 수명 면에서 훨씬 더 나은 결과를 보이고 있다. 이와 같은 성과를 거두는 비결은 건강에 대한 '체계론적 접근법systems approach'이다. 의료 재정은 공적인 것이지만 그 공급은 사적으로 이루어진다. 미국과의 시스템적 차이 한 가지는 스칸디나비아 국가들이 1차 의료에 훨씬 더 많은 주의를 기울인다는 것이다. 1차 의료는 너무 오래 방치할 경우 발생하거나 악화될 수 있는 질병, 즉 만성화되기 쉽고 상당한 비용이 드는 질병들을 사전에 차단한다. 그리고 1차 의료 의사들은 환자와 전문의 사이의 '연결자'들이다. 전체적인 의료 시스템이 전반적으로 훨씬 더 투명하게 운영된다. 수납과 행정은 민간 의료보험 회사들을 동반하는 관료적인 악몽이 아니다. 그리고 의사들은 환자의 복합적인 증상과 관련해 훨씬 더 매끄럽게 협력하고, 따라서 행정 간 또는 값비싼 각종 검사들 간의 엄청난 중복을 피할 수 있다.

의료 개혁의 논쟁이 벌어지는 동안 오바마 자신이 지적했듯이, 카이저퍼머넌트Kaiser Permanente와 클리블랜드클리닉Cleveland Clinic처럼 미국에도 성공 사례들이 존재한다. 오바마는 자신의 주장을 분명히 하기 위해 클리블랜드클리닉을 방문하기도 했다. 그러나 개혁 입법은 그와 같은 방향으로 진행되지 않았다. 오바마의 방문이 있기 오래전에, 로비스트들은 현 의료 시스템의 기본 구조를 건드리지 않는 한 그 입법을 지지하겠다(혹은 최소한 그에 반대하여 싸우지 않겠다)고 약속한 것이다.

에너지 안보로 가는 길

향후 몇십 년간 인프라와 관련한 가장 큰 과제는 미국을 화석연료 의존에서 떼어 놓는 것이다. 온실가스 배출을 줄이기 위해서, 또 급속히 고갈되는 매우 불안정한 에너지 공급원에 대한 미국의 의존도를 낮추기 위해서다. 이것은 복합적인 과제로, 네 가지 목표를 갖는다. 바로 국가 안보와 에너지 안보(저비용의 풍부한 에너지), 환경 안보, 산업 경쟁력이다. 그런데 지금까지도 이 네 가지 목표를 성취할 계획은커녕 그중 한 가지라도 어떻게 달성할 것인지에 관한 아무런 국가적 계획이 없다. 그러므로 포괄적인 전략으로서 여러 가지 유형의 에너지(태양열, 풍력, 원자력, 탄소 격리 방식의 화석연료)와 새로운 유형의 에너지 사용(수소 연료전지, 배터리 구동식 차량), 새로운 유형의 도시 설계 등이 필요할 것이다.

발전을 가로막는 장애물은 사방에 존재한다. 많은 국가 인프라를 처음 확충할 때, 연방 정부와 주 정부들은 공공재를 공급하는 데 필요한 토지와 기타 자원을 얻기 위해 토지 수용권을 활용했다. 그런데 시간이 흐르면서 이것이 점점 어려워졌다. 사업의 진행을 저지할 수 있는 개별 지주와 지역사회의 권리가 여러 가지 잘못된 일을 막는 데 긍정적인 역할을 하기도 했지만, 인프라의 현대화를 훨씬 더 어렵게 만들기도 했다. 환경주의자들은 석탄 화력발전소뿐만 아니라 저탄소 에너지 기술도 방해하고 있다. 최근 몇 년 동안 환경주의자들은 다양한 인프라 시설들의 구축을 무산시키려 애썼다. 케이프 코드 연안의 풍력 발전소와 모하비 사막의 태양열 발전소, 뉴욕 시에 재생에너지를 보내기 위한 고압송전선로 건설, 여러 후보지에서의 이산화탄소 지하

격리, 전국적인 원자력발전소 건립 등이 그런 사안들이다.

궁극적으로 무엇이 건설될지는 현재 아무도 모른다. 프로젝트들은 합의에 도달하는 데 수십 년, 첫 삽을 뜨는 데까지 수년 혹은 수십 년이 더 걸릴 수 있다. 최근까지 사람들은 이런 문제를 님비NIMBY: 내 뒷마당은 안 돼라고 불렀다. 그러나 지금은 사정이 훨씬 더 나쁘다. 우리는 지금 바나나BANANA: 언제 어디에든 아무것도 짓지 말라 경제에 도달했다.

눈에 띄는 공백은 국가적 전략이다. 에너지 입법과 관련하여 여기저기에 수십 개의 잡동사니 공공 정책이 있기는 하다. 예를 들면 2009년 경기부양법, 운송 입법, 대체에너지원과 전기 자동차에 대한 특별 조세정책 등인데, 이런 것들이 모여 일관된 전략을 이루지 않는다. 오바마 행정부는 2020년까지 온실가스 배출량을 2005년 대비 17% 줄이겠다는 목표를 발표했지만, 이것을 달성할 어떤 정책도, 나아가 그것이 어떻게 달성될 수 있을지에 관한 대략적인 계획안도 발표하지 않았다. 그렇다면 이러한 목표들은 허공에서 뽑아낸 것에 불과하고, 우리를 실제로 그 길로 인도해줄 새로운 배전망과 차량, 발전소 등에 대한 투자와도 동떨어져 있다.

저탄소 에너지 경제로의 이행은 공짜가 아닐 것이다. 저탄소 에너지는 종래의 화석연료보다 훨씬 더 비싸지만 종종 훨씬 덜 편리하다. 석탄은 밤낮으로 태울 수 있지만, 태양열은 해가 비치는 시간에만 집열이 가능하고, 바람은 이따금씩 분다. 현재 우리의 전력원은 석탄이 대략 50%, 원자력이 20%, 천연가스가 20%이고 나머지는 주로 수력이다.[21] 원자력이든 재생에너지든, 혹은 배출되는 이산화탄소의 포집 기술과 결합된 석탄이든, 주로 저탄소적인 에너지 시스템으로 옮겨가기 위해서는, 더 청정한 에너지로 전환함에 따라 배출하지 않게 되는 이산화탄소 1톤당 50달러 내외의 추가 비용이 소요될 것이다. 간단히 계산해보면, 따라서 저탄소 경제로 이행하는 데 드는 총비용은 2050년까지 매년 약 2천억 달러일 것이다. 이는 그 무렵 30조 달러에 이를 것으로 추산되는 GDP 대비 약 0.6% 수준의 지출이다. 물론 저탄소 에너지 기술이 지금보다 훨씬 더 저렴한 것으로 드러나거나 종래의 화석연료 에너지원 가격이 크게 오른다면, 저탄소 경제로의 이행에 드는 비용 증가분은 GDP의 0.6%보다 훨씬 더 낮을 수도 있다.

나는 동료들과 이와 관련한 점진적 이행 경로를 설계해왔다. 단기적으로는 화석연료 기반의 에너지 시스템에 지장을 주지 않으면서도 2050년까지 저탄소 에너지 시스템으로의 극적인 전환을 가능하게 해줄 방법이다.[22] 말하자면 기존의 화석연료에 세금을 소액 부과하여 이것을 저탄소 에너지(예를 들어 풍력과 태양열, 혹은 기존 석탄 발전소의 탄소 포집 및 저장)에 상당한 보조금을 지원하는 데 사용하는 것이다. 기존 화석연료 기반 에너지 시스템은 규모가 너무나 큰 데 반해 새로운 저탄소 에너지 부문은 현재 너무나 작다. 따라서 화석연료에 대한 매우 가벼운 세금으로도 새로운 저탄소 에너지원이 시장에 진입하도록 자극하기에 충분한 보조금을 충당할 수 있다. 이 보조금을 적절한 수준으로 유지함으로써 저탄소 부문의 규모는 성장해 나갈 수 있을 것이다. 시간이 흐르면서 화석연료 세금은 점차 높이고, 저탄소 에너지 생산자들에게 지급되는 보조금은 점차 줄어들 것이다. 즉 저탄소 에너지 시스템으로의 이행을 촉진할 인센티브(세금과 보조금의 합계액에 해당하는)를 전반적으로 유지하는 방식으로 이루어질 수 있을 것이다.

소비자들은 에너지 가격의 파동을 결코 겪지 않을 것이고 저탄소 에너지 생산자들은 새로운 시스템으로의 장기적 이행을 지탱할 예측 가능하고도 충분한 보조금을 받게 될 것이다. 이 새로운 시스템은 재정 면에서 자립적일 것이다. 화석연료 세금에서 얻어지는 세수로 대안적인 에너지에 제공되는 보조금을 감당할 것이기 때문이다. 수십 년의 과정을 거치면서, 기술에 대한 학습과 개선으로(예를 들어 전기 자동차와 태양열에 관해) 오늘날의 화석연료 기반 기술과 비교할 때 저탄소 에너지 시스템의 비용은 낮아질 것이다. 석탄과 석유는 점점 더 희소해지고 그에 따라 가격이 너무나 높아질 것이므로, 풍력과 태양열 같은 저탄소 재생에너지 시스템은 초기에 필요했던 공적 보조금 없이도 시장을 기반으로 한 저비용의 대안이 될 것이다.

군사적 낭비 중단

예산에서 단일 항목으로 가장 큰 비중을 차지하는 것은 군비다. 군비는 미국 대외 정책의 가장 우선적인 관심사로서, 연방 정부 총지출의 약 4분의 1, GDP의 최소한 5%를 차지한다. 이 터무니없이 막대한 규모에 대한 논리적 근거가 매우 의심스럽다. 군비 지출은 2012 회계 연도에 약 7,380억 달러에 달할 텐데, 여기에 국토안보부 예산, 정보 수집, 제대군인 수당, 기타 군사 관련 지출 약 2,500억 달러가 별도로 추가될 것이다. 따라서 군대와 직간접적으로 연관된 총예산은 연간 약 1조 달러라는 엄청난 금액이 된다.

매년 약 1,500억 달러가 이라크 및 아프가니스탄 전쟁과 직접적으로 관련하여 지출되는데, 이 두 경우 모두 과연 미국의 안보에 가치가 있는지 의문이다. 뚜렷한 목적도 없이 수천 개의 핵탄두를 보유하는 데에도 상당한 비용이 지출된다. 이 금액의 극히 일부만으로도 어떠한 공격이든 제지하기에 충분할 것이다. 또한 미사일 방어와 기타 조달 프로그램 및 연구 개발에도 2천억 달러라는 엄청난 금액이 지출된다.[23] 많은 경우에 군 장성들은 제안된 무기 체계들이 필요하지 않다고 단언했지만, 힘 있는 압력단체와 이를 지지하는 의원들이 그 체계를 도입한다.

이라크와 아프가니스탄에서의 전쟁을 끝내고, 제2차 세계대전 이후 설립된 전 세계 수백 개의 군사기지 중 상당수를 폐쇄하며, 고비용의 의심스러운 무기 체계 중 일부를 중단하면, 부풀려진 펜타곤 예산에서 3천억 달러 이상의 막대한 금액을 절감할 수 있다. 물론 이것은 미국의 주도적인 산업이자 여전히 가장 막강한 압력단체(석유, 석탄, 은행, 의료 산업과 치열한 경쟁 관계에 있는)와의 싸움이 될 것이다. 군수 계약자들은 사실상 모든 하원 의원 선거구에서 노동자들을 고용하는 이점이 있다. 수십 년 동안 방위보다는 일자리가 군산복합체의 표어가 되어 왔다. 이 군산복합체는 너무나 강력한 그물망이어서, 냉전의 종결조차 국민소득 대비 군비 예산 비중에 극소한 영향을 미쳤을 뿐이다.

우리 경제의 궁극적 목표

경제정책의 궁극적 목적은 전 국민의 만족스러운 삶이다. 이는 바로 그 양도할 수 없는 행복추구권을 지키기 위해 건국된 나라에서 논쟁의 여지가 없는 것이다. 그러나 우리는 공동의 노력을 통해 행복을 증진시킬 수많은 기회를 놓칠 뿐만 아니라, 행복도를 측정함으로써 하나의 국가로서 우리가 얼마나 잘하고 있는지를 판단할 기회도 놓치고 있다. 우리는 GDP와 GNP에 고착되어 더 중요한 지표들에 주의를 기울이지 않고 있다. 로버트 F. 케네디 주니어는 한 연설에서 다음과 같이 지적했다.

너무나 오랫동안 우리는 그저 물질적인 것들을 축적하느라 개인적 성취와 공동체 가치를 포기해왔던 것 같습니다. 이제 우리의 국민총생산은 연 8천억 달러가 넘습니다. 하지만 그 국내총생산은, 우리가 그것으로 미국을 판단한다면, 대기오염과 담배 광고, 고속도로에 널려 있는 시체들을 수습하기 위해 질주하는 구급차들을 계산에 넣습니다. 또 국민총생산에는 우리들 집의 문을 잠그는 특수한 자물쇠와 반대로 이것을 부수는 사람들을 가두기 위한 감옥도 포함됩니다. 미국삼나무의 파괴, 어지럽게 휘몰아치는 돌풍 속에서 소실되는 우리의 경이로운 자연도 포함되고, 네이팜탄과 핵탄두도 포함되며, 우리 도시에서 일어나는 폭동을 진압하기 위한 경찰의 장갑차들도 포함됩니다. 또 살인범들인 휘트먼의 라이플총과 스펙의 칼, 그리고 우리 아이들에게 장난감을 팔기 위해 폭력을 미화하는 텔레비전 프로그램도 포함됩니다. 그러나 국민총생산은 우리 아이들의 건강과 교육의 질, 그리고 놀이의 즐거움은 계산에 넣지 않습니다. 또 국민총생산은 우리가 노래하는 시詩의 아름다움과 결혼의 장점, 그리고 공적 토론의 지성이나 공직자들의 성실성을 포함하지 않습니다. 우리의 유머도 우리의 용기도 측정되지 않으며, 우리의 지혜도 배움도, 나라에 대한 우리의 헌신은 물론 우리의 동정심도 포함하지 않습니다. 간단히 말해 국민총생산은 삶을 가치 있게 만드는 것을 제외한 모든 것을 측정합니다. 그것은 미국에 관한 모든 것을 말해줄 수 있지만, 우리가 미국인이라는 것을 왜 자랑스럽게 여기는지에 대해서는 말해주지 않습니다.[24]

우리 행복에 무엇이 중요한지를 더욱 잘 측정할 지표의 범위를 확대하기 위한 노력이 증대되어왔다. 세계가치조사와 갤럽 인터내셔널은 각각 주관적 행복의 다양한 척도를 개척해왔다. 이 척도들에 대해 심리학자와 경제학자들은 안정적이고 서서히 진화하며 사회적 진단에 유용하다고 판단한 바 있다. 인간개발지수HDI는 행복에 대한 좀 더 완성된 상像을 제공하기 위해 경제지표와 사회지표(문해, 취학, 기대 수명)를 결합하려는 또 하나의 잘 알려진 시도다. 미국 인간개발프로젝트는 최근 HDI를 미국의 주, 카운티, 하원 의원 선거구 단위로 진전시켰는데, 이는 미국의 다양한 경제적·사회적 상태를 평가하는 데 엄청나게 기여했다.[25]

행복을 측정하고 또 높이려는 과제를 히말라야의 불교 왕국인 부탄만큼 진지하게 받아들인 나라는 없었다. 1972년으로 거슬러 올라가, 부탄의 네 번째 국왕인 지그메 도르지 왕추크Jigme Dorji Wangchuck는 국민총생산보다는 국민총행복GNH: Gross National Happiness을 증진시키는 쪽으로 정책 방향을 잡을 것을 호소했다. 이 과제는 단지 비유적 차원이 아니라 실제로 중요한 것으로 받아들여졌다. 부탄 정부는 국민총행복위원회를 만들어 국민 행복의 변화를 추적하고 계량하는 일련의 측정

기준을 감독하게 했다.[26] GNH는 다음 아홉 개 영역에서 측정된다.

- 심리적 행복
- 시간 사용
- 공동체의 활력
- 문화
- 건강
- 교육
- 생태 다양성
- 생활수준
- 거버넌스

각 영역은 일련의 정량적 지표들로 측정된다. 주목할 점은 이것이 가계소득과 교육 같은 비교적 표준적인 경제 척도들과 문화 보존(방언의 사용과 전통 스포츠 및 공동체 축제 참여 등), 생태(삼림 면적 등), 건강 상태(체질량지수, 1개월 중 건강한 일수 등), 공동체 행복(사회적 신뢰, 친족의 밀집도 등), 시간 할당, 전반적인 정신 건강(심리적 고통 지표)의 척도들을 통합하고 있다는 사실이다.

행복과 삶의 질을 측정하려는 전 세계적 움직임은 지금 매우 급속히 확대되고 있다. OECD는 2004년에 사회 발전 측정을 위한 글로벌 프로젝트를 시작했고, 유럽위원회EC의 경우 자체적인 통합 지표 쪽으로 옮겨가고 있다. 윌리엄 노드하우스William Nordhaus와 제임스 토빈이 개척했던 경제후생지표MEW: Measure of Economic Welfare를 필두로 하여, 많은 예외들을 고려하도록(표준 GNP 계정에서 오염과 혼잡, 자원 고갈 같은 다양한 '나쁜 것'을 공제하며) GNP를 정정하려는 시도가 무수히 존재해왔다. 실질진보지수GPI: Genuine Progress Indicator 역시 불평등, 혼잡, 오염 같은 여러 요인들을 고려하여 GNP를 정정하려는 유사한 시도다. 이코노미스트 인텔리전스 유닛EIU: Economist Intelligence Unit은 2005년에 국가별 '삶의 질'이 경제, 정치, 건강, 고용 안정, 그리고 공동체 지표들의 적절한 조합에 의해 통계적으로 꽤 잘 설명된다는 점을 보여주었다. 많은 학자들도 최근의 학술적 연구에서 비슷한 결과를 확증했다.[27] 최근에 프랑스 정부는 새로운 일련의 지표를 제안하기 위해 조셉 스티글리츠Joseph Stiglitz와 아마르티아 센Amartya Sen을 중심으로 해서 위원회를 조직했고, 2010년에 영국 정부는 연례조사를 통해 주관적 행복을 직접 살피겠다고 발표했다.[28]

이제 미국도 미국인들의 행복을 시계열적으로 관찰·측정하는 것을 진지하게 받아들일 때가 되었다. 이 새로운 노력이 시급한 것은 다음 두 가지 핵심적 사실 때문이다. 첫째로, 미국인들의 소득은 증가했지만 미국인들이 자체 평가하는 행복은 정체에 빠져 있거나 하락하고 있다. 둘째로, 미국은 행복과 그 근저에 있는 결정 요인들 면에서 다른 나라들에 비해 한참 뒤처져 있다. 〈표 10.2〉는 표준 국민소득 계정과 더불어 매년 수집되는 행복 척도들의 종류를 보여준다. 갤럽 인터내셔널은 178개국에서 평균적인 '삶의 만족도'를 평가하기 위해 설문 조사를 활용한다. 가령 이렇게 질문하는 것이다. "모든 것을 고려할 때, 요즘 당신은 삶 전반에 얼마나 만족하는가?" OECD는 물질적 조건, 주택, 교육, 건강, 위험 행동, 학교생활의 질 등 여섯 가지 이상의 측면을 통합한 어린이행복지수를 만들었다. 그 외 지표들은 〈표 10.2〉에 제시되어 있는 기대 수명, 학생들의 시험 점수, 빈곤율 같은

〈표 10.2〉 여러가지 국민 행복 지표와 주요국 순위

국가	갤럽 인터내셔널 삶의 만족도 (178개국 중)	OECD 어린이 행복 (21개국 중)	출생 시 기대 수명 (192개국 중)	OECD PISA (국제학업성취도평가) (65개국 중)	OECD 빈곤율 (16개국 중)
미국	14	17	6	17	16
덴마크	1	5	5	24	1
핀란드	2	3	4	3	5
네덜란드	4	1	4	10	6
노르웨이	3	6	3	12	5
스웨덴	4	2	3	19	2

출처: Gallup, OECD Statistical Databases, World Health Organization

변수들을 포함한다. 확실히 미국은 다른 고소득국들과 비교할 때 평균적인 행복 수준을 높이기 위해 힘겹게 애쓰고 있다.

---

a 작은 변화들이 어느 정도 기간을 두고 쌓여, 이제 작은 변화가 하나만 더 일어나도 갑자기 큰 영향을 초래할 수 있는 상태가 된 단계.
b 미국에서 공·사립을 불문하고 학생이 지원하는 학교에 재정이 투입되는 제도. 만약 학생이 사립학교에 지원하는 경우 공립학교에 다닌다면 지원받았을 만큼의 돈을 그 사립학교에 지원한다. 형식상으로는 학생은 정부로부터 바우처를 받아서 사립학교에 등록금 대신 납부하고, 사립학교는 정부에 바우처를 제출하여 재정을 지원받는다.
c 자율형 공립학교. 미국에서 1990년대에 도입된 학교 운영 제도로서, 기본적으로는 정부의 재정 지원을 받는 공립학교이지만, 학부모나 지역사회가 정부와 협약(charter)하여 교과과정과 예산집행 등을 자율적으로 운영하는 학교 형태를 가리킨다.
d 특효약과 같은 (심각한 문제에 빠르고 효과적인) 마법의 해결책.
e 환자의 심신을 종합적으로 진찰하여 초기 단계에서 건강 문제를 파악하고 일차적으로 시행하는 구급 조치. 일상적으로 나타나는 질병이나 가벼운 외상의 치료, 방문 치료 등을 행한다. 특수한 증례에 대해서는 그러한 증례를 적절히 식별하여 해당 과의 전문의에게 소개할 수 있어야 한다.

11장
문명의 비용 지불

    2011 회계연도에 연방 정부는 지출의 약 39%, 즉 3조 6,000억 달러 중 1조 4,000억 달러를 차입으로 충당했다.[1] 각 연도의 차입은 총 공공 부채에 추가된다. 2007년에 정부의 공공 보유 부채debt held by the public는 GDP의 약 36%에 달했다.[2] 2015년에 그 부채는 GDP의 75%로 치솟을 것으로 예상된다.[3] 일부 경제학자들은 부채 누적에 대해 걱정할 필요가 없다고 말한다. 이들은 오늘날의 감세를 수요 부양책(민주당원들에 따르면)이라든가 공급 부양책(공화당원들에 따르면)이라고 선전하면서, 장기적 비용에 대해서는 전혀 말해주지 않는다. 나는 이런 근시안적 주장에 심각한 의문을 갖고 있다.

    부채가 증가함에 따라 그 이자 상환 부담도 커질 것이다. 현재 우리는 이자를 지급하는 데 GDP의 약 1.5%를 지출하고 있다.[4] 2015년에 이 수치는 GDP의 약 3.5%로 증가할 가능성이 있다. 2020년에는 4%

이상에 달할 수도 있다. 이러한 이자 지급으로 인해 다른 중요한 지출, 예를 들어 인프라나 빈민 지원을 위한 지출이 밀려날 것이다. 아니면 논쟁 속에서 증세가 불가피할 것이고, 사실 이렇게 얻은 세수는 이자 지급이 아니라면 다른 필수적 공공재를 위해 쓰였을 것이다. 이자 지급으로 장래에 금융 위기가 닥칠 수도 있다. 전 세계 거부들이 인플레(통화 증발을 통한 부채 상환) 외의 수단으로 그 부채를 상환할 미국 정부의 역량과 의지를 신뢰하지 못할 경우에 말이다. 따라서 GDP 대비 부채 비율debt-to-GDP ratio을 안정화시키고 그런 다음 점진적으로 줄여가는 것이 좋을 것이다.

이 장에서는 정부가 미래로부터의 차입보다는 적절한 징세를 통해 그 비용을 제때 지불하는 것을 다룬다. 위대한 연방 대법관 올리버 웬들 홈즈 주니어Oliver Wendell Holmes, Jr.는 다음과 같이 말했다. "나는 세금을 내고 싶다. 이 세금으로 나는 문명의 대가를 지불한다."[5] 적절한 과세가 없으면, 우리는 문명화된 나라에 살 수 없다. 그러나 이것은 30여 년간 조세 저항이 지배적인 흐름으로 굳어진 오늘날 미국에서 전혀 인정받기 어려운 정서다. 미국의 중산층은 더 높은 실수령 급여가 행복의 열쇠라고 너무나 굳게 믿고 있다. 따라서 전 사회적 차원의 사업을 위한 자금을 조달하고 공공 부채의 폭증을 피하기 위해 세금을 낼 필요성을 깡그리 잊었다. 더욱이 미국의 중산층은 최상위 부자들의 감세를 거듭 허용해주고, 극소수 인구의 수중에 소득과 부가 집중되도록 여러 차례 용인했다. 한편 최상위 부자들은 부의 극히 일부를 투자하여 방송을 지배하고 의원들과 그 가족들을 부유하게 해주며 자신들의 특권을 지킨다. 의원들은 로비스트들의 회유가 사실 별로 필요하지 않다. 그들 자체가 이미 261명의 회원으로 이루어진 백만장

자 클럽이기 때문이다. 오늘날 이 의원들 중 약 절반이 최소 100만 달러의 자산을 보유하고 있다.[6]

부자들로 하여금 홈즈의 지혜를 따르도록 하는 것은 어려운 과제다. 정부로 하여금 장기 정책을 적절히 계획하고 유능하게 실행하도록 만드는 것 역시 또 다른 난제다. 물론 이 두 가지 변화는 불가분하게 연관되어 있다. 정부가 오늘날처럼 부패하고 무능한 상태에서 벗어나지 않으면 정부 규모를 키울 수 없다. 이 장은 정부가 그 본연의 일을 할 경우에 정부를 위한 비용을 어떻게 지불할 것인가를 다룬다. 그런 뒤 다음 12장에서 정치 개혁을 다루면서, 어떻게 기업 지배 체제로부터 정부를 되찾고 정부가 공공의 복지를 위해 다시 일하게 만들 것인지를 살필 것이다.

기초적 재정 산술

미국의 평화 시 예산 적자는 유례없는 일이다. 2010년에 그 적자는 국민소득의 9%에 해당하는 1조 3,000억 달러에 달했다. 그리고 이 적자는 향후 몇 년간 줄곧 1조 달러를 상회할 가능성이 농후하다. 미국에서 경제 개혁과 관련한 문제는 양질의 교육과 대학 이수, 선진적 에너지 기술, 도로 개량, 안전한 탁아, 괜찮은 의료 같은 공공재의 비용을 어떻게 지불할 것인가의 문제다. 삶의 질이 악화되고 있는 것은, 우리가 문명사회에 필요한 공공재의 비용을 내려고 하지 않기 때문이다.

티 파티의 대답은 필요한 투자를 사적 시장에 맡겨두라는 것이다. 우리가 앞의 장들에서 보았듯이, 이런 처방은 효과가 없다. 우리는 어떤 식으로든 예산 적자에 대응해야 하고, 동시에 이러한 시장의 실패로부터 물려받은 문제와 전 지구적 자본주의의 강력한 힘이 제기하는 문제를 다루어야 한다.

이제 예산 자원의 부족은 효과적인 거버넌스와 지속 가능한 경제 회복에 근본적인 제약이 되고 있다. 수급권 프로그램들entitlements programs[a]을 제외한 우리의 모든 민수용 지출은 빌린 돈과 빌린 시간으로 지불된다고 해야 마땅하다. 잘 알고 있듯이, 그 결과는 정치적 마비 상태다. 우리가 더 좋은 일을 더 많이 하고자 할수록, 그만큼 그 일을 할 재정적 여유가 없다. 더욱이 로널드 레이건이 미국을 감세의 길에 올려놓은 이래, 재량적 민수용 지출에 대한 압박은 여러 해에 걸쳐 상당히 강화되어 왔다.

오늘날 이 곤란한 상황을 이해하기 위해 가장 중요한 것은 정부 예산과 가계 소득의 기초적 산술을 이해하는 것이다. 〈그림 11.1〉에 이것이 나타나 있다. 현 세제 하에서 정부는 2015년에 GDP의 약 18%를 세금으로 거둘 것이다. 세부 명세는 표에 드러나 있다. 이 기준선[b] 계산을 위해, 2010년 말에 2년 동안 연장된 부시 시대의 감세가 2012년 이후 다시 연장될 것이라고 가정했다.[7]

연방 세수의 주요 세 가지 원천이 있다. 2015년에 GDP의 약 8%가 개인소득세에서, 약 6%가 사회보장 및 메디케어를 위한 급여세에서, 약 2%는 법인소득세에서 얻어질 것이다. 나머지 약 2%는 다양한 소비세와 기타 세금에서 얻어질 것이다.

2015년도 지출 기준선을 만들기 위해 나는 예산을 6개의 주요 범주로 나누었다. 현행 법률 하에서 사회보장은 GDP의 약 5%를 차지할 것이다. 현재의 추세대르라면, 의료 지출(메디케어와 메디케이드, 제

〈그림 11.1〉 2015년 예산 추정에서 GDP 대비 세수와 지출

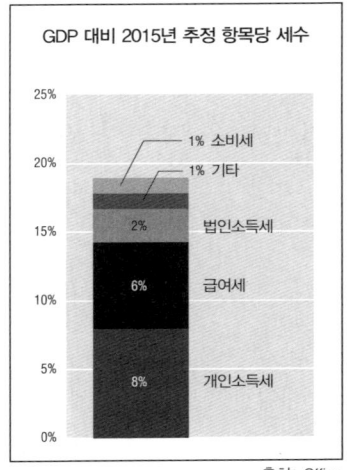
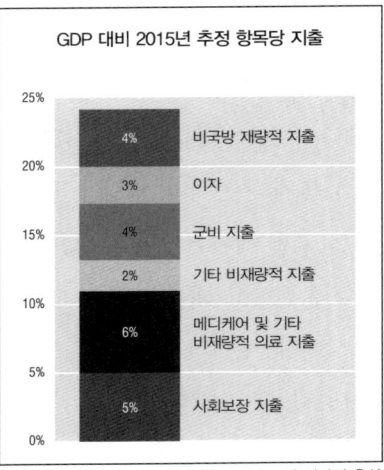

출처: Office of Management and Budget Historical Tables 및 저자의 추산

대군인 의료보호)이 약 6%를 차지할 것이다. 실업보험과 장애 급여, 근로소득세액공제 같은 기타 비재량적 지출이 추가 2%를 차지할 것이다. 또 군비 지출이 4%, 정부의 공공 보유 부채에 대한 이자 지급이 약 3%를 차지할 것이다. 그리고 재량적 민수용 지출은 금융 위기와 그에 이은 경기 부양 조치 이전인 2005~2008년의 평균치인 GDP의 약 4%에 달할 것이라고 전제했다. 따라서 전체적으로 2015년도 총지출에 대한 합리적인 기준선은 GDP의 약 24% 수준일 것이다.

이 계산과 관련하여 주목할 점 한 가지가 있다. GDP의 약 18%에 이르는 예산 세수 기준선은 지출 기준선의 비재량적 총지출(13%)과 군비(4%), 부채에 대한 이자(3%)조차 다 충당하지 못할 것이라는 점이다. **이것은, 기준선에서 모든 재량적 민수용 지출과 일부 다른 지출이 차입된 돈으로 지불되어야 할 것임을 의미한다.**

1990년대 말에 클린턴은 어떻게 하여 예산의 균형을 맞추고, 실제

로는 적게나마 흑자를 달성할 수 있었을까? 이는 네 가지 측면에서 이야기할 수 있다. 첫째로, 당시 군비 지출이 GDP 대비 오늘날의 5%에 비해 단 3%로 떨어졌다. 그로 인해 예산의 2%가 절감되었는데, 이것은 앞으로도 되풀이되어야 할 바람직한 대처다. 둘째로, 일시적인 닷컴dot-com 거품으로 인해 일어난 경기 활황과 오늘날보다 약간 더 높은 최고 한계 세율 덕택에 세수가 GDP의 약 20% 수준으로 상승했다. 불행하게도 현 세제 하에서는 GDP의 18%만을 기대할 수 있다. 셋째로, 2000년에 이자 지급은 GDP의 2%에 불과했다. 2015년에는 최소한 3%에 근접할 것이다.[8] 넷째로, 비재량적 지출이 GDP의 10%밖에 안 되었다. 2015년에 이것은 약 13%에 달할 것이다. 이렇게 되면 향후 군비 지출이 GDP의 3%로 떨어진다고 가정하더라도 전체적으로 계산하면 GDP의 6%만큼 적자 쪽으로 이동하는 결과가 도출된다.

클린턴과 그 시기 공화당 주도의 의회가 핵심적인 공공 지출 – 교육과 인프라, 에너지, 대외 원조, 빈곤 구제, R&D 등 – 을 대단히 삭감했다는 사실도 기억해야 한다. 그들은 민수용 지출을 GDP 대비 15% 선으로 유지하기 위해, 미국의 경쟁력과 사회적 복지를 유지하는 데 필요한 지출을 수준 이하로 줄였다. 인구가 노령화하고 의료비가 상승하며, 인프라와 교육, 에너지, 기타 영역의 필요가 증가하는 상황에서 2015년 민수용 지출은 GDP의 15%를 훨씬 상회할 것임이 틀림없다.

현실적인 적자 감축

따라서 적자를 0으로, 혹은 0에 가깝게 줄이고자 한다면(좀 더 정확한 목표치는 뒤에 제시된다), 우리는 예산 삭감과 더불어 GDP의 약 6%에 해당하는 증세를 고려해야 할 것이다. 대다수 미국인들은 증세보다는 지출 삭감을 통해 이 일을 했으면 하고, 실제로 예산에 엄청난 낭비 요소가 존재하는 한, 예산을 줄이는 쪽이 확실히 더 호소력 있어 보인다. 대중은 정말로, 민수용 지출이 과도하게 비대해졌다고 생각한다. 문제는 대중이 그처럼 선호하는 종류의 예산 삭감으로는 결코 충분한 효과를 낼 수 없다는 점이다. 예산 삭감만을 통한 적자 축소라는 관념은 비록 인기는 있지만 환상에 불과하다. GDP 대비 상당히 더 높은 세수가 필요할 것이다.

한편, 정치인들 쪽에서 선호하는 예산 삭감의 표적이 두 가지 있다. 의원 선거구 내의 선심성 사업pet projects에 대한 예산인 '이어마크earmarks'[c]와 대외 원조가 그것이다. "갈 곳 없는 다리"[d]라는 표현으로도 잘 알려진 이어마크는 그 예산이 연간 약 160억 달러에 달한다.[9] 그런데 GDP의 1%가 연 1,500억 달러인 점을 고려하면, 이어마크 예산은 GDP의 0.1%를 차지한다. 대외 원조의 경우 매년 약 300억 달러, 즉 GDP의 0.2%를 차지한다.[10] 옳든 그르든 두 가지 범주를 모두 완전히 제거한다고 해도, GDP의 고작 0.3%를 절감할 뿐이다. 그러나 적자 축소에 대한 우리의 목표치는 5~6%다. 가혹하고 또 현명하지 못한 일이지만 대외 원조까지 모조리 없애더라도 목표의 10분의 1에도 미치지 못하는 것이다. (하지만 대중은 대외 원조의 예산 비중이 지금보다 더 커져야 한다고 생각한다.[11])

낭비를 줄일 또 다른 잠재적 대상은 비재량적 프로그램들로, 언뜻 보기에 훨씬 더 규모가 크고 도려낼 게 많다. 많은 대중들은 비재량적 프로그램들이 거대한 소득 이전 장치라고 믿는다. 그들에 의하면, 이 장치 안에서 존중받아야 할 중산층은 존중받을 가치가 없는 빈민들, 특히 물적 지원에 의지해 생활하는 소수집단에게 소득을 이전한다는 이유로 세금을 부과받는다. 언급했다시피 1980년대에 레이건은 여러 개의 복지 계정에서 불법적으로 수당을 수령함으로써 대중의 지갑을 털었다는 '복지의 여왕'을 여러 차례 우려먹었다. 이 이미지가 대중의 뇌리에 박혀버렸다. 비재량적 프로그램들을 좀 더 깊이 들여다보면서 과연 무엇을 정말로 줄일 수 있을지 확인해보자.

〈그림 11.2〉에 보이듯이, 비재량적 프로그램들은 크게 사회보장과 메디케어 같은 보편적 프로그램과 실업수당 같은 사회보험 프로그램, 푸드 스탬프 같은 자산 조사부의 소득 이전 프로그램으로 구성된다.[12] 보편적 프로그램은 비재량적 지출의 3분의 2, 혹은 GDP의 약 10%를 차지한다. 이러한 프로그램들에 대한 지출과 관련해서는 정치적 논쟁이 별로 없다. 대중은 사회보장과 메디케어, 공무원 퇴직 및 장애, 제대군인 수당을 강하게 지지한다.[13] 따라서 이러한 지출들에 대한 어떤 축소도 수십 년에 걸쳐 매우 점진적으로 이루어질 수밖에 없을 것이다. 물론 이 범주에서 단기적인 절감이 있을 수는 있겠지만 그 정도는 미미할 것이다. 사실 인구가 노령화함에 따라 그 지출은 2020년에 GDP의 약 1%만큼 증가할 것으로 예상되며, 티 파티 운동가들조차 메디케어와 사회보장을 압도적으로 지지하고 있다.

사회보험 프로그램에서 주요 비중을 차지하는 범주는 실업수당이다. 이 프로그램은 2010년에 높은 실업률 때문에 GDP의 1.3% 수준에 도달했다. 하지만 실업수당 유자격자들의 점진적인 축소를 가정한다면 이것은 2015년에 약 0.4% 수준으로 복귀하는 경향을 보일 것이다. 참고로 이 비용 절감은 GDP의 6% 수준인 2015년도 적자 기준선에서 이미 고려되었다.

한편, 자산 조사부 범주의 지출은 확실히 정치적으로 가장 큰 논란을 일으킬 부분이고, 막대한 낭비를 줄일 여지가 존재한다고 대중이 믿는 영역이다.[14] 대중은 자산 조사부 지출이 주로 (돌볼 가치가 없는) 빈민들에 대한 복지 급여 형식으로 이루어진다고 믿는다. 이것은 사실이 아니다. 가난한 사람들에 대한 의료 보조인 메디케이드가 자산

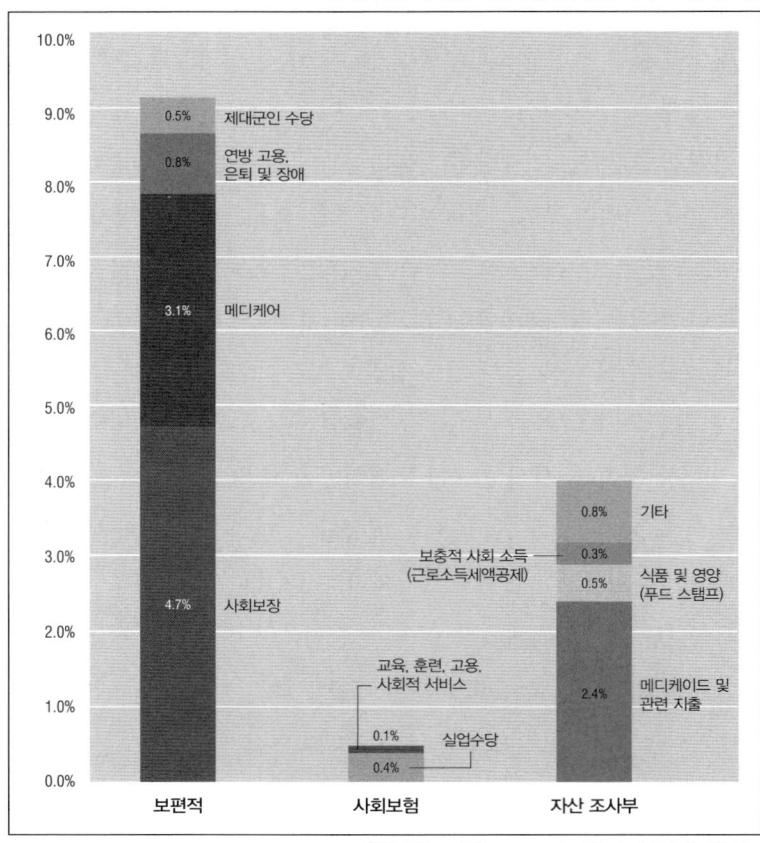

〈그림 11.2〉 2015년 예산 추정에서 GDP 대비 비재량적 지출

출처: Office of Management and Budget Historical Tables

조사부 전체 프로그램 중에서 60%로 가장 큰 부분을 차지하고, GDP의 약 2%에 해당한다. 가난한 사람들에 대한 의료 보조를 중단하는 것을 광범위한 대중이 지지하지는 않는다. 그 다음으로 비중이 큰 단일 프로그램은 푸드 스탬프인데, GDP의 약 0.5%에 해당한다. 역시 대중은 가난한 사람들의 식탁에서 음식을 치워버리라고 항의하지는 않는다. 세 번째로 큰 프로그램은 근로소득세액공제다. 가난한 근로자 가정에 세금을 환급해주는 것으로서, 그들의 일자리에 대한 중요한 인센티브로 널리 여겨진다. 이것은 GDP의 약 0.3%를 이룬다.

마지막 네 번째로, 기타 지출 중 수십 년 동안 무엇보다 대대적인 논쟁을 불러일으킨 복지 프로그램이 있다. '피부양 자녀가 있는 빈곤 가정에 대한 지원'이 그것이다. 전에는 이렇게 불렸지만, 지금은 저소득 가정에 대한 임시 보조TANF라고 불린다. **이 프로그램은 자산 조사부 프로그램의 단지 3.5%, GDP의 0.1%만을 차지한다.**[15] 미국은 1970년대 이후로 '복지'를 삭감했다. 일례로 가족 소득에 대한 지원은 1970년 GDP의 0.4%에서 2010년 0.2% 이하로 떨어졌다.[16] 따라서 복지가 대중의 머릿속에 여전히 큰 부분을 차지하고 있지만, 사실 예산 및 적자에 있어서는 큰 역할을 하지 않는다. 그리고 오래전부터 미국은 아이가 있는 가난한 가정에 관대했다!

이러한 결과, 우리가 대외 원조와 이어마크 예산, TANF 프로그램 전부를 지출 목록에서 제거할 수는 있겠지만, 이 모든 효과를 합해 봐야 GDP 대비 5~6%의 구조적 적자 중에서 고작 0.4% 정도를 메울 수 있다. 예산 항목에 대한 뜨거운 논쟁은 진정한 예산 균형을 찾지 못하게 방해한다. 사회보장과 메디케어, 메디케이드, 제대군인 수당, 푸드 스탬프 등을 철저히 삭감할 의사가 아니라면, 적자를 줄이기 위해 우리는 다른 곳을 살펴보아야 할 것이다.

 그러면 민수용 재량적 프로그램들에서 일어나는 낭비와 사기, 악용은 어떤가? 이 역시 보기보다는 훨씬 더 적다. 민수용 재량적 지출은 은퇴와 의료, 사회보험, 소득 지원, 군사 등을 제외하고 정부가 하는 모든 일들을 포함하지만 그 총액은 GDP의 약 4%에 불과하다. 그리고 이 지출은 과학 일반과 우주과학NASA, 보건학, 농업, 상업, 교통(고속도로 등), 환경(수자원 등), 에너지, 지역개발, 교육, 훈련, 주택, 사법제도(재판 및 형벌 제도 등), 공공 행정, 국제 외교, 국제 개발 원조와 같은 수많은 영역에 널리 흩어져 있다. 또한 이 각각의 영역은 그 지출이 GDP의 1%도 채 안 된다. 막대한 낭비가 눈에 띄는 영역은 없다. 낭비적인 농업 보조금을 없애면 확실히 몇십억 달러를 절감할 수 있지만, 전반적인 예산 적자에는 거의 영향을 미치지 않을 것이다. 2010 회계연도에 총 공공 행정 – 조롱하는 의미로 "연방 관료제federal bureaucracy"라고도 하는 – 지출은 고작 200억 달러, GDP의 0.13%에 지나지 않았다.[17] 낭비 감축을 통한 예산 자원의 방대한 절감에 관해 말하자면, 결국 민수용 지출에서 줄여야 할 엄청난 낭비 요소는 존재하지 않는다.

 민수용 예산에 상당한 낭비 요소가 숨겨져 있다는 생각이 잘못되었다는 것은 달리 이렇게도 보여줄 수 있다. 오바마는 '재정 책임과 개혁을 위한 국가 위원회National Commission on Fiscal Responsibility and Reform'를 설립하여 예산 균형을 위한 길을 모색하도록 했다. 이른바 이 적자 위원회는 예산을 삭감할 구체적인 영역을 찾아낼 책임이 있었지만, 그럴 만한 곳을 발견할 수 없었다. 다음은 위원회가 제안한 목록으로, 2015년에 GDP가 18조 6,000억 달러에 달할 것으로 예상

하면서 추정한 절감액이다.[18]

- 의회 및 백악관 예산 감축, 8억 달러
- 연방 공무원 급여 3년간 동결, 200억 달러
- 연방 공무원 수 감축, 130억 달러
- 연방 교통, 인쇄, 차량 예산 감축, 10억 달러
- 과도한 연방 부동산 매각, 1억 달러
- 모든 이어마크 예산 삭제, 160억 달러
- 메디케어 관련 지속 가능한 의료비 증가^{e}의 개혁, 30억 달러
- 장기 요양 환자 지원(CLASS Act: 생활보조서비스 및 지원법) 폐지, 110억 달러
- 메디케어 사기詐欺 행위 통제, 10억 달러
- 메디케어 비용 분담 개혁, 100억 달러
- 메디케어 추가 보험 제한, 40억 달러
- 메디케이드 환급을 '이중 자격자들'로 확대, 70억 달러
- 의료 교육을 위해 병원에 지급하는 과도한 비용을 축소, 60억 달러
- 메디케어 대손충당금 지급 축소, 30억 달러
- 가정 의료home health care 제공자들과 관련한 절감 가속화, 20억 달러
- 메디케이드 절감, 63억 달러
- 의료 사고 관련 개혁, 20억 달러
- 연방 공무원 보건 수당 개혁, 20억 달러
- 농업 지출 축소, 10억 달러

- 학생 대출 프로그램의 재학 중 보조금 지원 폐지, 50억 달러
- 기타 절감, 10억 달러

나열한 목록은 분명 많지만, GDP 대비 예산 절감의 측면에서는 그리 인상적인 수준은 아니다. 모두 합해서 1,150억 달러에 지나지 않는다. 2015년 기준 GDP의 약 0.6%에 불과한 것이다. 그리고 이것은 낙관적인 평가다. 가정한 절감 내역의 상당수가 실제로는 실현되지 않을 것이며, 일례로 장기 요양 환자에 대한 지원을 축소하는 것은 경솔한 일일 수 있다. 또 이 위원회는 특정한 부분의 삭감만이 아니라, 인플레를 반영하는 생계비 지원COLA: Cost-Of-Living Adjustment을 제한하는 안을 비롯해 다른 많은 수단들을 통해서도 절감을 요구했다.

이 모든 것은 영양가 없는 멀건 죽에 불과하다. 민수용 예산에서 잘라내야 할 막대한 낭비가 존재한다는 가정은 그야말로 근거 없는 신화다. 요컨대, 이 적자 위원회가 제안한 민수용 프로그램들의 구체적인 삭감안들을 전부 실행하고 모든 대외 원조와 이어마크 예산을 삭제하는 것은, 설사 이런 선택이 칭찬할 만한 일이라고 하더라도, GDP의 1%에도 채 미치지 않는다.

반면에 수혜 범위를 확대할 뿐만 아니라 비대해진 미국의 의료 비용을 줄이는, 진정한 의료 개혁을 추진한다면 여러 해에 걸쳐 시행되는 동안 순 예산 지출 면에서 아마도 매년 GDP의 약 1%만큼을 절감할 수 있을 것이다(더 낮은 지출과 더 높은 세금으로). 이는 정부가 공급하는 의료(메디케어 등)에 대한 직접 지출을 낮추고, 민간 의료보험-특히 고소득 개인들이 구매하는 고비용 보험-의 세액 공제를 삭감함으로써 가능하다.

예산의 다른 한 부분이 더 남아 있다. 바로 군비다. 군비는 절감에 있어 전망이 훨씬 더 밝다. 이라크와 아프가니스탄 점령으로 인해 현재 군비 예산은 GDP의 약 1%만큼 늘어났다. 불필요한 핵무기와 기타 무기들의 구매를 줄이고 국제 군사기지들의 규모를 축소하면 GDP의 추가 1.5%를 확실히 감축할 수 있다. 그러면 총 군비 예산은 2015년에 GDP의 약 2.5% 수준으로 축소될 텐데, 즉 내가 앞에서 개략적으로 제시한 기준선(4%)에서 GDP의 1.5%만큼 더 낮아지는 것이다.

그러므로 군비 예산을 GDP의 2.5% 수준으로 줄이면, 2015년에 적자 기준선도 GDP의 6%에서 4.5% 수준으로 낮아질 것이다. 여기에 앞서 적자 위원회가 제시한 영역들에서 GDP의 추가 0.5%가 절감되고, 진정한 의료 개혁을 통해 또 GDP의 1%가 추가로 절감될 수 있을 것이다. 전체적으로 이 범주들에서 우리는 적자 기준선으로부터 GDP의 약 3%를 삭감하게 되고, 그러면 2015년 적자는 GDP의 약 3% 수준이 될 것이다.

그런데 이것으로 끝이 아니다. 예산을 줄이는 한편 특정한 지출 프로그램들을 **늘릴** 필요성을 아직 고려하지 않았다. 앞의 10장에서 논의한 바와 같이, 우리는 특정 공공재의 지출을 늘릴 필요가 있다. 10장에서 언급한 목록은 다음과 같으며, 필요한 **추가** 지출에 대한 나의 대략적인 추정치를 GDP 대비 비율로 함께 제시한다.

- 직업훈련과 일자리 연결, 기타 적극적 노동시장 정책, 0.5%
- 초등학교 및 중학교, 0.3%
- 고등교육, 0.4%
- 탁아 및 유아 발달 프로그램, 0.5%

- 인프라 현대화, 1%
- 연구 및 개발, 0.3%
- 외교 및 대외 원조, 0.5%

이것은 일자리와 학교교육, 유아 발달, 인프라, 국제 관계 등의 중대한 문제들에 대응하기 위해 현재의 지출을 GDP의 약 3.5% 정도로 **늘릴** 필요가 있다는 점을 시사한다. 보수적인 관점에서, 끝자리를 잘라내고 GDP의 3%로 잡자.

결론은 다음과 같다. 출발은 GDP의 6%라는 예산 적자 기준선이다. 주로 군비 지출 삭감과 의료 비용 축소로, 우리는 지출에서 GDP의 약 3%만큼 타당한 절감이 가능함을 확인할 수 있다. 그러나 공공재들의 공급량을 늘리기 위해 우리는 GDP의 3%만큼을 추가 지출로 계산해야 할 것이다. 따라서 **기존 프로그램에서 가능한 축소와 다른 프로그램들의 확대 필요성을 모두 고려할 경우**, 2015년도의 자금 조달 갭 financing gap은 GDP의 약 6%가 된다.

앞서 보았듯 이 시나리오에서 총 연방 지출은 2015년에 GDP의 약 24% 수준에 도달할 것이고, 이에 비해 세입은 약 18% 수준이 될 것이다. 물론 이것은 다시 정리될 필요가 있는 대략적인 수치들이다. 그러나 이를 통해 우리는 다음과 같은 본질적인 결론을 확인할 수 있다. 즉, 예산 적자를 줄이기 위해서 미국은 상당한 세입이 더 필요할 것이고, 이는 몇몇 주요 영역들에서 연방 지출을 늘려야 함을 감안한다면 더욱 그렇다는 점이다.

나는 필요한 추가 지출을 비교적 보수적으로 설정했다. 이 추정에는 빈곤 경감을 위한 의미 있는 소득 이전, 신규 주택 지원, 공공 부채 이자율의 상승분에 대한 충당 등을 위한 여지가 전혀 없다. 또 이 추정은 국방비 지출이 GDP 대비 현 수준에서 절반으로, 즉 5%에서 2.5%로 감축될 수 있다는 것을 전제하는데, 펜타곤과 기타 핵심 이익 집단들은 여기에 틀림없이 저항할 것이다. 이런 가정이 너무 낙관적이라면, 실제 2015년도 예산 적자는 추정치보다 훨씬 더 클 가능성이 있다는 뜻이다. 따라서 세수를 올리고 지출을 삭감할 더욱 엄중한 조치가 필요한 셈이다.

적자 위원회의 작업에 대해 마지막으로 한 가지만 더 언급해두자. 그들은 총지출과 총세입이 GDP의 21% 수준에서 안착할 수 있을 것이라고 생각했다. 그러나 이러한 산출이 가능했던 것은 인프라와 교육, 훈련, R&D 같은 핵심 영역들에서 기존의 민수용 지출은 물론 새로운 민수용 지출의 필요성도 완전히 무시했기 때문이다. 새로운 종류의 공공 지출이 필요하지 않다고 전제한다면 예산의 균형을 맞추기는 비교적 쉽다. 그러나 그것은 문명의 비용을 지불하는 방식이 아니다.

예산에 대한 해외의 교훈

이 모든 논의는 한 가지 결정적인 질문을 제기한다. 캐나다와 덴마크, 노르웨이, 스웨덴 등의 국가들은 어떻게 하여 젊은이들을 교육시키고 빈곤과 싸우며 인프라를 현대화하고 미국보다 훨씬 더 높은 기대 수명을 누리면서도 미국보다 훨씬 더 균형 있는 예산을 유지하는가? 2010년에 미국은 고소득 국가들 중 아일랜드의 뒤를 이어 두 번째로 GDP 대비 가장 큰 예산 적자를 기록했다(〈그림 11.3〉). 경제에서 정부가 훨씬 더 큰 역할을 하는 북유럽의 사회민주주의 경제들 중 덴마크와 핀란드, 스웨덴은 GDP 대비 3% 이하의 적자를 기록했고, 노르웨이는 GDP 대비 10%의 흑자를 기록했다. 노르웨이는 석유와 가스에서 얻은 수입의 상당 부분을 미래 세대의 이익을 위해 저축한 결과 흑자를 이루었다.

앞에서 한 질문에 대한 대답은 다음과 같다. 다른 나라들, 특히 스칸디나비아 국가들의 경우에는 보편적인 의료, 고등교육, 탁아, 어린 아이가 있는 가정에 대한 지원 등을 포함한 더 많은 공공재를 공급하기 위해 국민들에게 더 무거운 세금을 부과한다는 점이다. 세금 징수에 대한 비교가 〈그림 11.4〉에 나와 있는데, 미국의 GDP 대비 세수는 최하위인 오스트레일리아보다 약간 더 높아서 두 번째로 가장 낮

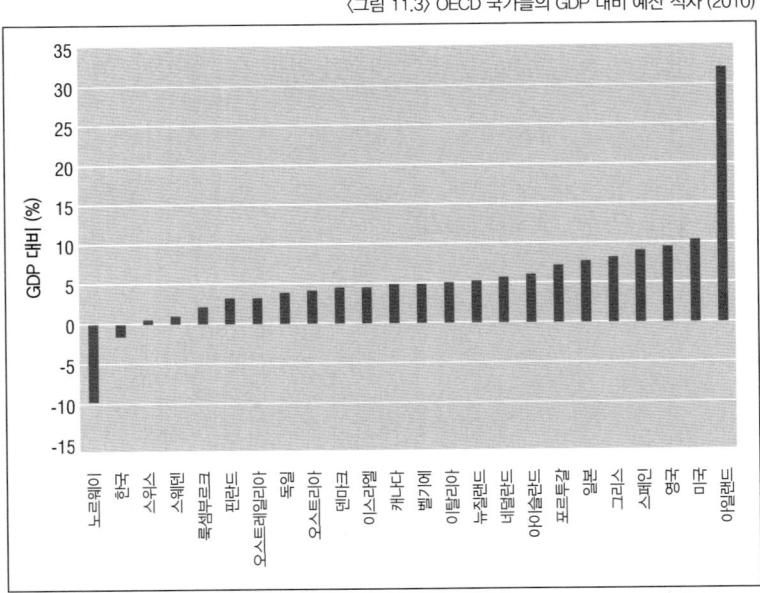

〈그림 11.3〉 OECD 국가들의 GDP 대비 예산 적자 (2010)

출처: OECD

다. 우리는, 2010년에 가장 심각한 예산 위기를 맞은 나라들은 정부 지출이 가장 높은 나라도 가장 낮은 나라도 아니며 세수가 가장 낮은 나라들이었음을 알고 있다. 바로 그리스와 아일랜드, 포르투갈, 스페인, 영국, 그리고 미국이다. 이 나라들이 막대한 예산 적자를 보이고 있으며, 공공서비스를 제공하고 소득 이전을 하려고는 하지만 공공의 세금을 통해 그 비용을 지불할 의사는 없다.

미국의 이러한 예산 난국을 이해하기 위해서는, 1960년대 초 이래 미국을 비롯한 고소득국에서 일어난 GDP 대비 세수 비율의 변화를 검토하는 것이 유용하다. 반세기 전에 미국과 유럽 국가들의 세수 비율은 GDP의 약 30%(국가, 주, 지방 수준의 세금을 포함)로, 서로 비슷한 수준이었다. 미국에서 이 수준은 지난 50년 동안 대체로 변하지 않았고, 유럽에서는 평균 약 10%포인트 상승했다. 이 변화가 〈그림 11.5〉에 나타나 있는데, 1965년과 2009년을 비교하여 GDP 대비 세수의 증가를 측정했다. 미국은 1965년 이래로 이 비율에 거의 아무런 변화가 없었다. 반면 유럽의 거의 모든 나라에서는 이 비율이

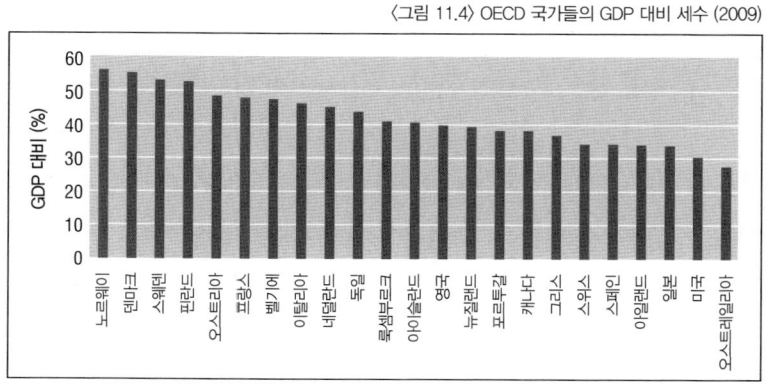

〈그림 11.4〉 OECD 국가들의 GDP 대비 세수 (2009)

출처: OECD Statistics Database

11장 문명의 비용 지불 283

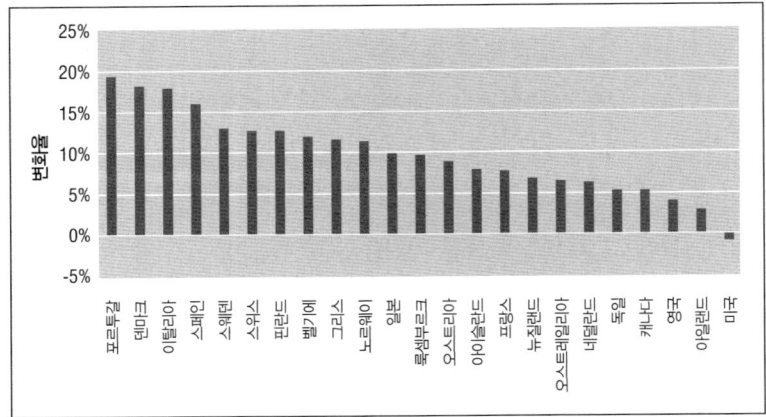

〈그림 11.5〉 OECD 국가들의 GDP 대비 세금 비율의 변화 (1965년과 2009년을 비교)

출처: OECD Statistics Database

5~20%포인트 상승한 것을 알 수 있다. 유럽은 이 세수 증가분을 〈그림 11.6〉에서와 같이 교육, 가족 수당family allowance, 보편적 의료, 인프라 현대화 등 더욱 폭넓은 공공재의 비용을 대는 데 사용했다. 일반적으로는 예산 적자를 통제하는 데 사용하기도 했다.

미국과 유럽 간의 차이는 재정 수단과 재정 목적 두 가지 모두에서의 차이를 반영한다. 유럽이 전반적으로 모든 종류의 소득에 대해 더 높은 세율을 매기고 있음에도 불구하고, 미국과 비교할 때 가장 다른 점은 유럽 국가들 모두 예산의 초석으로 부가가치세VAT를 책정하고 있다는 사실이다. 유럽에서 VAT는 보통 GDP의 약 10%를 거두어들인다. 이와 대조적으로 미국에서는 VAT와 비슷한 소비세로 GDP의 1%도 거두어들이지 않는다. 이것이 재정 수단의 주된 차이다.

재정 목적의 주된 차이는 미국과 유럽에서 정부를 보는 시각이 서로 다르다는 데 있다. 지난 30년간 미국에서 반정부적 정치가 요점이 된 결과, GDP 대비 총세수 비율은 증가하지 않았다. 따라서 미국은

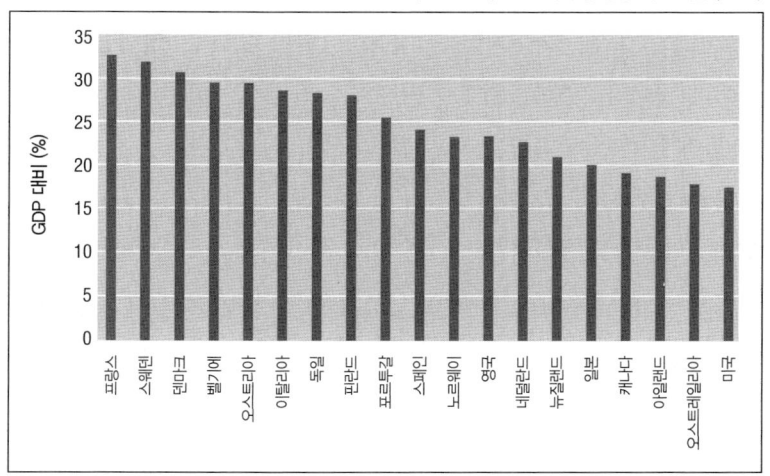

〈그림 11.6〉 GDP 대비 총 공공 사회 지출 (2010)

출처: OECD Social Database

교육과 과학, 에너지, 인프라 등에 대한 공공투자 및 빈곤층을 위한 지출을 그것이 가장 절실히 필요하던 바로 그 시점에 줄여버렸다.

미국의 반세금 이데올로그들은 유럽이 더 높은 세금 때문에 더 많은 대가를 치른다고 주장한다. 그러나 북유럽이 물질적 복지에 관한 대부분의 지표들에서 미국을 앞선다는 사실을 고려하면 이런 주장은 곧이곧대로 믿기 어렵다. 교육 성과, 주관적 행복, 빈곤율, 기대 수명 등 모든 면에서 북유럽은 미국보다 앞서 있다. 물론, 미국의 1인당 GDP가 대다수 유럽 국가들보다 훨씬 더 높은 것은 사실이다(단, 노르웨이보다는 높지 않다). 하지만 이것이 세금이나 사회적 복지에 관해 많은 것을 입증해주지는 않는다. 미국의 1인당 GDP가 더 높을 수는 있겠지만, 소득 중앙값 시민들의 평균적인 생활수준은 그렇지 않다. 더 높은 GDP에서 그 상당 부분은 더 비싼 의료비, 더 긴 노동시간, 더 적은 여가 시간, 더 먼 통근 거리, 더 많은 군비 지출, 전체 소득에서 최상위 소득층이 차지하는 더 높은 비중을 반영한다.

그리고 중요한 것은, 미국의 이러한 1인당 GDP는 세제상의 모든 차이가 생겨나기 전인 19세기 말로 거슬러 올라간다는 사실이다. 예를 들어 1913년에 미국은 서유럽보다 52% 더 부유했고, 1998년에도 유럽보다 52% 더 부유했다.[19] 1인당 GDP와 관련해서 미국이 오래전부터 갖고 있는 유리한 점은, 그 경제 시스템이 아니라 지리적 조건이다. 미국은 유럽보다 훨씬 더 넓은 1인당 면적, 훨씬 더 많은 천연자원을 보유하고 있다. 이것은 영속적인 우위의 원천이다(노르웨이가 미국보다 1인당 소득이 훨씬 더 높은 것이 주로 석유와 가스에서 높은 수입을 얻기 때문인 것과 같이). 미국이 석유와 가스, 석탄 같은 천연자원의 1인당 보유량이 더 많은 것은 말할 것도 없고, 더 큰 집과 더 큰 농장, 더 큰 차를 소유하고 있다. 바로 이런 것들이 19세기까지 거슬러 올라가는 더 높은 1인당 소득의 원천이다.

핵심은, 미국이 이 같은 방대한 우위에도 불구하고 많은 면에서 생활의 질은 북유럽보다 평균적으로 **더 낮아졌다는** 점이다. 그렇다, 미국의 1인당 GDP는 높지만 이것은 사회에 폭넓은 혜택을 가져다주지 않고 있다. 혜택이 사회에 더 광범위하게 미치도록 하려면, 미국은 교육과 인프라를 비롯하여 앞서 언급된 다른 많은 사항들을 위해서 공공 지출에 더 많은 투자를 해야 할 것이다.

연방 시스템에서의 예산 선택

예산의 균형을 맞추고 '문명의 비용을 지불'하려면 미국인들은 확실히 더 많은 세금을 내야 할 것이다. 그런데 한 가지 의문이 떠오른다. 왜 세금과 지출에 관한 결정이 주州나 지방 차원에서 이루어지도록 하지 않는가? 더 많은 공공재를 공급하고자 하는 지역들은 그렇게 할 수 있고, 공공재를 원치 않는 지역들은 자신들이 판단하기에 적절한 방식으로 주와 도시들을 조직할 수 있을 것이기 때문이다. 물론 이런 일이 이미 어느 정도는 일어나고 있다. 연방 정부가 총세수의 65%를 차지하는 한편, 주 정부와 지방 정부들이 35%를 차지한다.[20] 또 주민 1인당 세금은 주별로 막대한 차이를 보인다. 내가 살고 있는 뉴욕 주는 최고 9%에 이르는 소득세제를 실시하고 있고, 뉴욕 시는 여기에 2.9%를 추가한다. 뉴욕 주의 판매세는 4%이고, 뉴욕 시에서는 4.875%가 추가된다. 이와 대조적으로 뉴햄프셔 주는 소득세는 물론 판매세도 적용하지 않는다.[21]

경제학자들은 '재정 연방주의'라는 개념을 사용하여 미국과 캐나다, 중국, 인도 등지의 상황을 표현한다. 이곳들에서는 중앙과 주(혹은 성省), 지방 단위의 정부들이 각각 징세권을 가지고 공공재를 별도로 공급한다. 이 시스템에는 정부의 한 단위에서 세수를 거두고 다른 한 단위로 그 세수를 이전하는 것이 포함될 수도 있다. 예를 들어 연방 정부가 세금을 거둔 다음 다양한 프로그램을 운영하기 위한 포괄교부금block grants으로 주 정부들에 돌려준다. 여기서 우리는, 세금을 걷고 공공재와 서비스를 공급할 적절한 정부 단위가 무엇인지에 관한 질문을 해볼 수 있다. 모든 결정을 가장 작은 단위인 지방 수준에 맡기고 그럼으로써 선택의 자유를 최대한 보장하면 왜 안 되는가? 세 가지 이유가 있다.

첫째로, 어떤 공공재들은 가장 높은 수준의 정부에서 가장 잘 공급된다. 국방이 50개의 주 정부들이 아니라 연방 정부에 의해 결정되어야 한다는 것은 명백하다. 모든 단위의 정부들이 함께 관여되어 있는 일도 있다. 국가 고속도로 시스템이나 국가 전력망을 계획하고 실행하는 것이 이에 해당한다. 사실 이런 경우에는 상황이 훨씬 더 복잡해진다. 모든 수준의 정부들과 함께 민간 부문도 재화 및 서비스의 공급과 관련되기 때문이다.

둘째로, 집단행동 문제가 존재하기 때문에 더 높은 수준의 정부, 즉 주와 지방 단위보다는 연방 수준에서 징세하는 것이 더 편리할 수 있다. 50개 주들이 기업체와 부유한 시민들을 끌어들이기 위해 서로 경쟁한다고 생각해보자. 다른 주들보다 세금을 조금씩 더 낮춤으로써 기업체들과 세수를 끌어들인다. 그러나 그 결과는, 바닥을 향한 경주다. 지구 경제에서 국가들 사이에 세금 경쟁이 벌어지는 것과 똑같은 상황이다. 50개의 각 주는 기업체들이 주 경계를 넘어 들어오도록 세율을 깎고, 이 과정은 모든 주들이 다 함께 현금에 굶주릴 때까지 계속된다. 이 같은 문제는 통합적인 연방 세금 징수를 통해 부분적으로 해결할 수 있다. 그렇게 세금을 징수한 뒤 각 주의 개별적 필요에 맞는 프로그램이 수행되도록 주 단위에 반환할 수 있을 것이다.

셋째로, 행정구역마다 공공재 공급이 달라질 경우, 가계들이 주 정부와 지방 정부의 세금 및 지출 변화에 대응하여 분급되는 식으로 이동하게 된다. 부분적으로는 바람직한 일이다. 실제로 경제학자들은, 분급을 통해 각 가계가 살고 싶은 지역을 선택할 수 있게 되는 개념적 모델을 오랫동안 연구해왔다. 그러면 그곳은 공원과 학교, 공공 음악회, 기타 편의 시설 등에서 가장 적합한 조합을 지역민에게 공급할 것이고, 그 수준의 공공재를 공급하는 데 필요한 만큼의 높거나 낮은 세금으로 수지 균형이 맞추어질 것이다. 이러한 결과로 나타나는 것이 그 첫 제안자인 경제학자 샤를 티부Charles Tiebout의 이름을 딴 '티부 균형Tiebout equilibrium'이다.[22]

그러나 몇 가지 명백한 이유에서 이러한 분급은 심각한 문제를 초래할 수 있다. 만약 어떤 행정구역이 가난한 사람들에게 더 풍부한 도움을 제공하기로 결정한다면, 저소득 거주자들은 그곳으로 홍수같이 밀려들 것이다. 기업들과 부유한 개인들이 세금이 높은 행정구역을 피해 달아나는 것과 마찬가지다. 이렇듯 가난한 사람들을 지원하는 경우에 또 한 번 바닥을 향한 경주가 발생하므로, 이 지원은 사회의 일부가 아니라 전체적으로 공유되어야 할 공적 기능이라고 볼 수 있다. 한편 부유한 가계들이 좋은 학교를 비롯한 여러 공공 편의 시설들을 쫓아 풍요로운 행정구역으로 이주함에 따라, 분급은 소득에 따른 격리를 낳는 경향이 있다. 토지 가격과 재산세가 올라가고, 가난한 사람들은 부유한 지역사회로부터 퇴출 압박을 받는다. 사회는 부유한 지역사회와 가난한 지역사회로 분할되고 사회의 다양한 부분들 사이에 접촉과 일출 효과가 줄어든다. 이로 인해 가난한 사람들은 빈곤의 늪에 빠지게 되고, 이들뿐만 아니라 부유한 사람들에게도 막대한 복지 손실이 초래된다. 결국에는 부자들이 빈곤의 간접적 비용(낮은 노동생산성, 높은 범죄율, 소득 이전 프로그램, 정치적 불안정 등의 면에서)을 흡수해야 하기 때문이다. 요컨대, 인적 자본의 일출 효과가 존재한다고 하면, 지방 행정구역들 전반에 걸쳐 일어나는 인구의 분급화는 부자와 빈자들을 공히 포함해 사회 전체에 손실이 될 수 있다. 지방 수준의 재정 조달 및 서비스 공급에 대한 방어벽으로서 연방 정부가 전 사회에 공공재를 적절히 공급하는 것이 해결책이다.

결론적으로 지방 정부는 공공재 중에서도 종종 학교와 공공 의료, 지방 인프라(도로와 상·하수도 및 기타 시스템) 등의 가장 효과적인 공급자다. 이런 프로그램들은 각 지방의 필요에 가장 잘 맞추어져 있기 때문이다. 동시에 연방 정부는 연방 세금을 거두어 주 정부 및 지방 정부에 이전해줌으로써 지방의 사업을 수행할 수 있도록 재정을 보충해주어야 한다. 사업 수행에 가장 적합한 정부 수준은 그 유명한 '보충성 원칙subsidiarity principle'에 따라 결정되어야 한다. 이는 어떤 공공재를 공급할 때 그에 적절한 가장 낮은 수준의 정부에 의해서 그것이 공급되어야 한다는 원칙이다. 예를 들어 학교는 지방 정부 수준에서, 간선도로는 주 정부 수준에서, 전국 규모의 고속도로와 국방은 연방 정부 수준에서 공급되어야 한다. 온당하게도 미국인들은 이러한 보충성 원칙을 지지한다. 안정적 다수인 70%의 미국인들이 "연방 정부는 지방 수준에서 운영될 수 없는 것들만 운영해야 한다"는 관점을 지지한다.[23]

여기에 핵심이 있다. 현재 미국은 연방 수준에서는 GDP의 약 18%를 세수로 거두어들이고, 주 및 지방 수준에서는 약 12%를 거두어들인다. 워싱턴은 주 및 지방 수준에서 보건과 교육, 인프라 프로그램들을 실행하도록 GDP의 약 4%에 이르는 세수를 각 주에 돌려주고 있다.[24] 미국이 예산 적자를 줄이고 필요한 새로운 지출 프로그램들을 실시하려면, 전반적으로 GDP의 일정 정도에 해당하는 세수를 추가로 걷어야 할 것이다. 나는 새로운 지출 프로그램들 - 교육과 유아 발달, 인프라 등 - 은 할 수 있는 최대한으로 주와 지방 수준에서 실행하기를 제안한다. 그리고 이를 위해 워싱턴은 더 많은 세금을 걷되, 개별 주들에 돌려주어 그 프로그램을 설계하고 실행하게 해야 한다.

부자들이 마땅한 비용을 치러야 할 때

예산이 GDP의 약 6%만큼 만성적으로 적자를 기록한다면 세수가 높아져야 할 것이다. 바로 지금이 초거부 납세자들이 이 비용의 상당 부분을 받아들여야 할 시점이다. 현재 미국 최상위 1%의 가계들이 전체 가계소득의 21%를 가져가는데, 이것은 GDP의 약 15%에 해당한다. 이 가계들은 그들 소득 중의 약 31%를 연방 소득세로 내고, 따라서 그들의 세후 순소득은 GDP의 약 10%가 된다. 1970년에 최상위 1%는 가계소득의 약 9% 혹은 GDP의 6%를 가져가서 그중 약 47%를 연방 소득세로 냈고, 세후 순소득은 GDP의 약 3.3%였다. 가장 부유한 1% 인구의 세후 소득은 1970년 이래 GDP의 6% 이상 증가한 셈이다.[25] 대다수 인구는 압박을 받았지만 부자들은 큰 행운을 누려왔다. 이제 이들이 나라의 문제를 해결하는 데 더 많이 기여해야 할 때다.

문제 해결의 첫 단계는 소득 25만 달러 이상의 가계들에 대한 부시 시대의 감세를 끝내는 일일 것이다. 최고 세율이 35%에서 39.6%로 높아지면 세수가 GDP의 0.5%만큼 추가로 늘어날 것이다. 이것은 예산 적자를 줄이기에는 결코 충분하지 않지만 꼭 필요한 출발점이다. 더 많은 세수를 거두기 위해 유럽의 많은 나라들의 경우처럼 최고 세율을 39.6% 이상으로 올릴 수도 있겠다.

그러나 최고 세율을 39.6% 이상으로 올리지 않더라도, 지금 부자들에게 이익이 되는 일련의 조세 허점들을 메운다면 GDP의 약 0.5% 정도를 더 징수할 수 있을 것이다. 예를 들어 현재 자본이득은 정규 소득보다 훨씬 낮게 과세된다. 적자 위원회는 자본이득세를 정규 소득 수준으로 올릴 것을 요구했다(비록 정규 소득에 대한 과세율은 하락했지만). 모기지론 이자는 세금 공제가 되는데, 심지어 대저택 및 추가 보유 주택에 대한 모기지 이자도 그렇다. 따라서 이 공제를 주택 한 채로 제한하고, 세금 공제 가능한 모기지의 규모에도 상한선을 둘 수 있을 것이다. 부자들이 구매하는 값비싼 의료보험은 전액 세금 공제되는데, 여기에도 공제 상한선을 적용해야 한다. 헤지 펀드 매니저들 - 이들 중 일부는 세계에서 가장 부유한 집단에 속한다 - 은 조세 허점을 통해 소득의 15%만을 과세받는다. 의회와 대통령은 용기를 내어 자신들의 억만장자 기부자들에게 그들 역시 소득세를 일반적인 세율로 내야 한다고 말해야 한다.

또 다른 해결책은 부자들의 막대하게 축적된 부의 일부에 재산세를 부과하는 것이다. 최상위 1% 부자들은 미국 전체 부의 약 35%를 소유하고 있다. 이것은 하위 90% 인구가 보유한 부의 양과 거의 동일하다.[26] 연준의 자금 흐름표에 나타난 최근 수치에 따르면, 미국의 가계들이 소유한 부의 순 가치는 총 56조 8,000억 달러다.[27] 따라서 최상위 1%의 부는 약 20조 6,000억 달러다. 전체 가계의 수가 약 1억 1,300만이라고 할 때, 최상위 1%의 평균 부는 가계당 약 1,820만 달러가 된다. 가계당 500만 달러 **이상**의 부에 대해 세금을 부과한다고 가정하면, 총 과세표준 14조 9,000억 달러에 대해 평균 과세표준은 가계당 대략 1,320만 달러(1,820만 빼기 500만 달러)가 될 것이다. 가계당 500만 달러 이상의 순 부에 대해 단 1%만 부과하더라도 약 1,500억 달러, 즉 GDP의 1%에 해당하는 세금이 거두어질 것이다.

이와 같이 더 높은 소득세와 재산세의 결합으로, 최상위 소득자들부터 GDP의 최소한 2%만큼 세수를 더 거둘 수 있을 것이다. 그 부자들이 GDP의 2%를 추가로 더 내게 된다고 하더라도 그들을 위해 마음

아파할 필요는 전혀 없다. 그들의 세후 소득은 여전히 GDP의 약 10%를 유지할 것이고, 이 비중은 1980년 GDP의 6%보다 3분의 2배 더 높은 것이기 때문이다.

최상위 소득자와 조세 회피자들에게 세금을 걷을 방법은 또 있다. 오늘날 법인소득세는 체와 같다. 빠져나갈 구멍도 많고 소득을 해외 조세 피난처에 숨길 방법이 너무나 많아서 징세율이 1960년대 GDP의 약 3.5%에서 지금은 GDP의 약 1.5% 수준으로 떨어졌다. 해외 소득에 대한 규칙을 엄격히 하는 것을 비롯하여 여러 구멍들을 막음으로써 GDP의 추가 1%를 더 거둘 수 있어야 한다. 그런 세금 부담은 보통 지배주주들인 최상위 부자들이 지게 될 것이다. 물론 지금 전 세계 정치 동학은 법인세를 올리는 것이 아니라 깎아주는 방향으로 작동하고 있다. 그러나 사실상 이것은 모든 경제들이 더 높은 법인세를 징수하면 이득을 얻을 것임에도 불구하고, 몇몇 주도적 경제들이 벌이는 바닥을 향한 경주의 일환으로 벌어진다. 그러므로 G20 같은 주요 경제국들 사이에서 법인세 정책을 국제적으로 조정한다면 모든 국가들에 혜택이 돌아갈 수 있을 것이다. 그러한 조정을 통해 각국은 다른 나라들과의 경쟁 과정에서 발생하는 감세를 억제할 수 있다.

조세 회피를 줄이는 것 역시 세수를 늘리는 방법이다. 미국 국세청은 2001년 소득 신고서에 대한 매우 면밀한 연구를 통해 2001년에 약 3,450억 달러의 '조세 격차tax gap'가 있었다고 결론지었다(이는 부과된 세금의 16%가 불이행되었다는 의미).[28] 미국 국세청이 강제집행을 통해 그중 약 550억 달러의 미납세금을 거두어들인 결과, 순 미납세액은 약 2,900억 달러가 되었다. GDP의 거의 3%에 해당하는 액수가 여전히 납부되지 않았다는 뜻이다. 한 가지 가장 큰 요인은 사업

활동에서 얻은 개인소득의 축소 신고다. 특히 비농업 사업 활동에서 얻은 소득과 다양한 종류의 동업자 소득이 그렇다. 여러 가지 수단들을 통해 납세 이행을 엄격히 하면 축소 신고를 GDP의 약 0.5~1%만큼(결코 적지 않은 연 750~1,500억 달러) 줄일 수 있을 것이다.

또 하나의 방법으로, 석유와 가스, 석탄에 대한 과세를 늘릴 수 있다. 더 많은 세수를 거두면서도 기후와 국가 안보적 이유에서 에너지 수요를 저탄소 에너지원 쪽으로 유도할 수 있다. 대략 계산해보면, 이산화탄소 배출 1톤당 약 25달러라는 가격은 전력 1kWh당 약 2.5센트 또는 가솔린 1갤런당 25센트에 해당하는데, 이 금액을 통해 매년 GDP의 약 1%를 세수로 거둘 수 있다. 앞에서 설명했듯이, 화석연료에 대한 세금은 저탄소 경제로의 점진적인 이행과 더불어 몇 년 혹은 몇십 년에 걸쳐 단계적으로 실시될 수 있을 것이다.

미국에서는 가솔린 세금 인상을 위한 여건이 완전히 무르익었다. 명목 가솔린 소비세율은 1994년 이래 갤런당 18.4센트로 고정되어왔다.[29] 인플레이션만으로도 그 세금의 실질 가치는 갤런당 약 30%만큼 하락했다. 다른 연방 세율의 경우와 마찬가지로 가솔린에 대한 미국의 소비세율은 국제적으로 비교하여 매우 낮다. 보수적으로 추산하더라도, 2015년에 가솔린 소비세 인상과 다른 화석연료들(도시의 다양한 기반 시설에서 사용되는 석탄 등)에 대한 일정한 탄소세의 결합을 통해 GDP의 추가 0.5%를 징수할 수 있을 것이다.

또 다른 가능성으로, 은행 대차대조표에 대한 과세(오바마가 제안했지만 입법화되지 않았다)와 금융 거래에 대한 과세가 있다. 각각의 주식 거래와 외환 거래에 아주 조금만 과세하더라도 수백억 달러를 거두어들일 수 있다. 이 금액 중의 상당 부분은 현재 월스트리트에서 거대한 보너스로 나타난다. 예를 들어 주식 판매와 관련하여 뉴욕 주는 주식 가격에 따라 주당 고작 0.01~0.05달러의 양도세를 부과하는데, 이 가벼운 세금이 모여 1년에 약 150억 달러가 된다.[30] 그러나 월스트리트의 로비 압력으로, 뉴욕 주 정부는 1981년 이래 그 세수를 중개 회사들에 곧바로 돌려주고 있다.

마지막 선택지로서, 다가오는 10년 안에 채택될 가능성이 있는 이것은 바로 부가가치세의 도입이다. 미국은 고소득국 중에서 이런 세제를 도입하지 않은 나라고, 부가가치세가 존재하지 않는 것이 미국의 GDP 대비 세금 징수율이 유럽보다 훨씬 더 낮은 주된 이유다. 부가가치세는 상당히 많은 세수를 비교적 쉽게 거둘 수 있고 왜곡 또한 적다. 문제는 부가가치세가 약간 역진적이라는 것이다. 말하자면 부가가치세는 부유한 가계들보다 중저소득 가계들의 소득에서 더 높은 비율을 걷는 경향이 있다. 그러나 이렇게 걷힌 세수가 가난한 사람들을 위해 압도적으로 사용된다면, 이런 문제조차 받아들일 만하고 공정한 것일 수 있다. 그러면 높아진 세금과 지출의 복합적 효과는 결국 누진적이 될 것이다. 즉 소득에 비해서 지나칠 정도로 가난한 사람들을 도와줄 것이다.

정리하자면 이렇다. 주로 부자들에 대한 과세(2%)와 법인 과세의 엄격화(1%), 조세 징수 활동 강화(0.5~1%), 탄소 배출에 대한 과세(0.5%) 등을 통해 2015년 시점에 GDP의 약 4%를 추가로 거둘 수 있을 것이다. 부가가치세 도입은 여러 해에 걸쳐 단계적으로 이루어질 수 있을 것이고, 그러면 더 많은 세수가 거두어질 것이다. 결론적으로 우리에게는 많은 선택지가 있고, 이 선택지들 중 대다수는 응당 그래야 하듯이 최상위 소득층 부근에 집중될 수 있다.

세수를 거두는 일과 관련하여 우리는 얼마나 더 나아가야 하는가? 예산의 균형을 완전히 맞추려면 앞에서 자금 조달 갭이라고 확인된, GDP의 6%만큼을 거두어들여야 한다. 부채 비율을 안정화시키기 위해, 우리는 목표를 조금 더 낮게 잡을 수도 있다. 가령 부채 대 GDP 비율을 GDP의 약 60% 수준으로 안정화시킬 것을 목표로 한다고 가정해 보자. 적어도 이는 미국의 예산을 장기적 곤경에서 벗어나게 할 수 있는 정책이다. 만약 GDP가 연 약 3% 비율로 성장한다면, 매년 예산 적자는 GDP의 1.8%가 될 것이고, 이것은 안정적인 부채 대 GDP 비율과 일치한다. 달리 말해 우리가 구조적 적자 GDP의 6% 중에서 4%를 줄인다면, 부채 대 GDP 비율을 60%로 안정화시키기에는 충분하다.

여기서 내가 하고자 하는 것은 지출과 세금에 관한 이슈들의 해결이 아니다. 그런 것들은 전문가들의 좀 더 정밀한 분석과 활발한 공적 심의 및 의사 결정에 맡겨져야 하기 때문이다. 다만 나는, 부자들이 자신들 몫을 내야 하고 또 충분히 그럴 경제적 여유가 있다는 점을 말하고자 한다. 적자를 줄이기 위해 중요한 정부 프로그램들이 무효화될지도 모른다는 그 모든 걱정은 부자들이 자신들을 위해 과장해서 꾸며낸 구실이다. 공정한 세금 구조가 존재하고, 부자들이 사회의 나머지 전체에 대해 정당한 기여를 한다면, 우리는 진정으로 문명화된 미국을 건설할 수 있다.

한 가지 점을 명확히 하자. 부자들에 대한 증세를 반대하는 사람들은 부자들이 이미 합당한 몫 이상을 내고 있다고 주장한다. 그들은 미국 노동인구의 절반 이상이 연방 세금을 전혀 내지 않는다고, 또 최상위 1% 부자들이 21%에 불과한 세전 가계소득으로 전체 연방 소득세의 40%를 이미 내고 있다고 주장한다. 이런 수치에 따르면, 부자들에게 더 많은 세금을 부과하는 것은 징벌적으로 보인다.

그러나 이런 주장들은 틀렸다. 첫째로, 거의 모든 노동자들이 연방 소득세의 형태로는 아닐지라도 사회보장 및 메디케어에 대한 급여세 형태로 연방 세금을 납부한다. 따라서 가난한 사람들과 노동자 계급이 연방의 과세를 희피한다는 주장은 철저히 잘못되었다. 둘째로, 쟁점은 부자들이 내는 세금의 몫이 아니라 소득에 비한 과세의 수준이다. 최상위 1% 가계들을 제외한 모든 사람들의 과세를 없애고, 최상위 1% 가계들에 부과되는 세금이 연 1달러로 축소된다고 가정해보자. 이 극단적인(의도적인 것이지만 사실 말도 안 되는) 예에서 부자들이 세금을 내더라도, 결코 우리는 그들의 세금 부담이 높다고 말하지는 않을 것이다.

즉 과세 부담을 평가하려면 부과되는 세금을 소득과 비교해봐야 한다. 이런 점에서 최상위 1% 부자들의 소득세율은 1980년부터 지금까지 놀라울 정도로 하락했다. 1980년에 소득의 약 34.5% 수준에서 2008년에는 23.3% 수준으로 떨어진 것이다.[31] 물론 더 가난한 가계들도 감세 혜택을 입었지만(하위 50%에 대한 평균 세율이 1980년 6.1%에서 2008년 2.6%로 하락했다), 소득 자체가 미미하고 정체되었기 때문에 감세의 효과도 별로 없었다. 반면에 부자들은 치솟는 소득에 대해 커다란 감세 혜택을 입었고 그 결과 역사상 유례없는 세후 소득을 누리게 되었다.

내가 이 책의 첫머리에서 했던 주장으로 이 논의를 끝맺자. 나는 부, 심지어 방대한 부의 축적에 대해 조금도 반대하지 않는다. 나는 '계급 전쟁'을 권하는 것도 아니다. 대대적인 재분배를 통해 소득을 균등화하는 것은 있을 수 없는 일이고, 우리가 그렇게 시도한다면 엄청난 불행과 경제적 혼돈이 닥칠 것이다. 그러므로 내가 하고자 하는 것은 부자들을 갈취하는 것이 아니라, 그들에게 국가적 필요를 위한 비용 중 책임감 있는 상당한 몫을 내야 한다고 촉구하는 것이다. 만약 빈곤이 사라지고 원하는 모든 사람들이 대학에 갈 수 있으며 가난한 사람들이 부자들만큼 장수한다면, 우리는 사회 전체에 대한 부자들의 책임 같은 것으로 걱정할 필요가 없을 것이다. 우리는 이 신성한 목표점에서 그리 멀리 떨어져 있지 않다. 그곳에 도달하기 위해 투자를 하는 한 말이다. 그것이 바로 문제다. 오늘날 우리에게는 사회 전체가 번영을 공유하도록 적절한 역할을 해줄 부자들이 필요하다. 이 난관을 극복하면, 미래에는 부자들로부터 가난한 사람들로의 장기적인 소득 이전의 필요성도 줄어들 것이다.

시민적 책임성으로의 복귀

30년 동안, 미국의 선거에서 증세는 비난의 표적이 되었고 또 기각되었다. 이런 일은 계속될 수 있겠지만, 만약 그렇다면 전 지구적 선도자이자 번영한 경제로서의 미국은 오래 가지 못할 것이다. 지난 30년간은 인프라를 현대화하고 가난한 사람들을 위한 교육을 개선하자는 거의 모든 제안들이 불충분한 예산 때문에 좌절되었다. 그러나 앞으로는 적자를 줄이고 공공투자를 늘리는 프로그램을 중심으로 새로운 정치적 다수가 형성될 것이다. 다음의 세 가지 이유에서다.

우선, 무엇보다 중요한 것으로, 미국을 현재의 경제 위기와 위험한 수준의 예산 적자에서 구해내려면 새로운 재정적 틀이 필요하다. 둘째로, 부자들에 대한 더 높은 과세를 지지하는 여론이 보기보다 훨씬 강하다. 최근 설문 조사에서 고소득 가계들의 세금 부담 증가에 대한 대중의 지지 의사가 광범위하게 나타나고 있다. 셋째로, 미국에서 더 젊고 더 진보적인 세대가 정치 전면에 등장하고 소수자들(특히 흑인과 히스패닉)이 투표 인구에서 점점 더 높은 비율을 차지함에 따라, 재정 이슈에 관한 '지배적 다수'의 근본적인 재편성이 이루어질 토대가 마련된 것 같다.

새로운 지배적 다수의 관건은 두 가지 비약적 전진을 이루는 데 달려 있다. 먼저, 다시 한 번 거대 자본이 아니라 투표자들이 선거의 결과를 결정짓는 것이다. 우리는 돈-정치-미디어의 함정을 깨뜨리고 나올 필요가 있다. 다음으로, 정부가 증가한 세수를 효과적인 공공서비스와 인프라로 전환하는 것이다. 간단히 말해 우리는 시민적 미덕으로 돌아가야 하고, 이를 통해 미국인들은 공익에 기여하고 상생을 위해 협력해야 한다. 그러나 워싱턴에 대한 대중의 신뢰가 끔찍하게 낮은 상태를 벗어나지 않는 한, 우리는 시작조차 하지 못할 것이다. 정부 개혁은 경제 개혁의 성공을 위한 결정적인 요소다. 이러한 정부 개혁의 과제를 다음 장에서 언급하겠다.

a 사회보장과 메디케어 혹은 푸드 스탬프 같은, 법적 요건을 충족하는 개인들에게 특정한 수준의 수당을 보장하는 연방 프로그램. 금액을 얼마로 책정할지에 관하여 의회는 재량권이 없다.
b 기준선은 현행법과 제도가 그대로 유지된다고 가정하는 경우 향후에 수입과 지출, 재정 수지가 어떻게 될 것인가를 보여준다. 즉 현재의 정책이 변화 없이 유지되는 경우에 대한 전망치다.
c 소유주를 분명히 하기 위해 양(羊)의 귀에 표시를 하던 데서 유래한 용어. 의원들이 자기 선거구를 위해 예산을 특별히 할당받는 행위로, 자신의 지역구에서 실시되는 도로·교량·공항 신설 등 특정 사업에 정부 예산을 배정한다. 선심성 또는 낭비성 예산을 일컫는다.
d 어디로도 연결되지 않는 불필요한 다리. 어떤 목적이나 구체적 효과 없이 단지 예산을 소비하기 위한 사회간접자본 사업을 의미한다.
e 메디케어 진료비 상승을 통제하기 위하여 정부가 지속적으로 부담할 수 있는 진료비 증가율을 추계해서 다음 해의 메디케어 예산을 편성하는 방식.
f 법적으로 징수해야 할 세액과 실제 징수된 세액의 차이.

12장
효과적인 정부의 7가지 성향

　지금까지 우리는 선거에서의 승리와 권력의 획득을 위해서는 돈이, 그것도 많은 돈이 필요하다는 것을 확인했다. 돈을 권력으로, 권력을 다시 돈으로 바꾸는 것은 워싱턴의 두 가지 주된 사업이다. 대기업과 정치인들이 거기서 주도적인 역할을 한다. 기업들은 선거운동에 자금을 대고, 기업 규제 완화와 핵심적인 정부 기능들을 청부하기 위해 로비를 벌인다. 정치인들은 정치적 서비스에 대한 대가로 기업들로부터 돈을 짜낸다.

　2010년에 연방 대법원의 보수적인 판사들은 「시민 단체 대 연방 선거위원회」라는 판결에서 기업들이 주주들에 의한 허가나 고지할 의무, 특수한 내부 통제나 법률적 제한 없이 정치 캠페인에 주주들의 돈을 끌어넣을 수 있는 새로운 헌법적 권리를 '발견'했다. 존 폴 스티븐스John Paul Stevens 판사는 이에 대한 반대 의견에서, 보수적 다수파가

100년간 확립되어 온 법률뿐만 아니라 상식을 무시하고 있다고 거칠게 비난했다.

> 비록 기업들이 우리 사회에 엄청난 기여를 하고 있지만, 사실 사회의 구성원은 아니다. …… 기업의 재정 자원과 법률적 구조, 도구적 지향은 그들이 선거 과정에서 하는 역할에 관한 정당한 우려를 제기한다.[1]

정치에서 거대 자본의 역할은 유능한 공공 행정을 완전히 마비시켜 왔다. 정부의 기능은 민간 청부업자들에게 위탁되었다. 민간 업자들은 의회와 백악관 선거운동에 돈을 기부하고, 의회와 백악관은 그 청부계약에 대한 수표책에 서명을 해준다. 탈규제 및 연방 기능의 아웃소싱 결과 우리는 참담한 실패를 잇달아 겪게 되었다.

최근에 발생한 정부 실패의 사례만 해도 줄줄이 나열할 수 있고, 지금도 늘어나고 있다. 중앙정보국은 9·11 사태를 예상하지 못했다. 부시 행정부는 존재하지도 않은 이라크 대량 살상 무기에 대해 전쟁을 벌였다. 이라크 및 아프가니스탄 점령은 무지와 계획 부재, 미국 청부업자들의 부패로 완전히 엉망이 되었다. 허리케인 카트리나의 여파는 비상 대응 시스템에 대한 우리의 신뢰를 꺾었다. 은행 위기로 인해 금융 규제에 대한 신뢰가 무너졌다. 은행에 대한 구제금융은 월스트리트와 메인스트리트[a] 사이에 그나마 남아 있던 공정함에 대한 믿음마저 모조리 무너뜨렸다. 그리고 지금 우리는 유례없는 평화 시 예산 적자에 직면했지만, 여전히 이 나라의 가장 부유한 미국인들에게 막대한 감세 혜택을 제공하고 있다.

정부가 더 잘할 수 있을까? 세계의 다른 많은 나라들이 그렇듯이 물론 잘할 수 있다. 그러나 이를 위해서 우리는 무엇이 그토록 한결같이 잘못되고 있는지에 대해 인식할 필요가 있다. 나는 연방 정부가 효과적으로 가능하는 정부들의 일곱 가지 성향을 받아들일 것을 제안한다.

- 명확한 목표와 기준을 세운다.
- 전문적 역량을 동원한다.
- 다개년 계획을 수립한다.
- 먼 미래를 염두에 둔다.
- 기업 지배 체제를 척결한다.
- 공적 관리를 회복시킨다.
- 분권화한다.

명확한 목표와 기준 수립

우리가 목표를 명확히 공표해야 하는 충분한 이유가 있다. 미국의 가장 고무적인 지도자 중의 한 사람이었던 존 F. 케네디는 연설에서 그것을 이렇게 설명했다.

> 우리의 목표를 더욱 명확히 정의함으로써, 그 목표가 더 감당 가능하고 더 가까워 보이게 함으로써, 우리는 모든 사람들이 그 목표를 보고 그로부터 희망을 끌어내며, 그것을 향해 움직이지 않을 수 없도록 도울 수 있습니다.[2]

위대한 지도자들은 원대한 목표를 세운다. 케네디는 미국을 향해 1960년대 안에 인간을 달에 보내고 또 안전하게 지구로 귀환시키는 일을 추진해야 한다고 촉구하면서, 왜 그토록 힘들고 도전적인 노력을 하도록 자신이 호소하는지를 주목할 만한 이유를 들어 설명했다.

> 우리는 10년 안에 달에 가기로 결정했고, 다른 여러 가지 일들도 실행하기로 했습니다. 이 일을 하려는 것은 쉽기 때문이 아닙니다. 어렵기 때문입니다. 또 그 목표는 우리가 최상의 기술과 에너지를 조직하고 그것을 가늠하는 데 기여할 것이기 때문입니다.[3]

이와 비슷하게 미국은 장기적인 경제 목표를 정의해야 한다. 물론 우리의 모든 경제적 열망을 압축해줄 그 무엇, 즉 달 착륙 프로젝트에 명명했던 이른바 문샷moon shot이라든지 국내총생산이나 실업률 등의 척도 같은 것은 존재하지 않는다. 하지만 10장에서 내가 시도했듯이, 우리는 적어도 2020년에 대한 구체적인 목표들을 수립함으로써 각성된 경제의 주요 목적을 효과적으로 규정할 수 있다. 각성된 사회에서 그러한 목표는 널리 인식될 것이고, 그 목표를 향한 진전은 매년 대통령 연두교서와 연례 예산안에서 체계적으로 점검될 것이다. 물론 구체적인 목표는 수립하기도 어렵지만 달성하기는 더욱 어렵다. 하지만 케네디가 말했듯, 원대한 목표를 달성하려는 열망은 최상의 에너지와 기술을 도모하는 데 도움이 된다.

대담하면서도 달성 가능한 목표를 수립할 때 해야 할 한 가지 일은, 미국의 성과를 다른 나라들과 비교할 기준을 설정하는 것이다. 사실 그런 기준들이 이미 많이 존재하지만 워싱턴과 대중은 여기에 별 관심을 두지 않는다. 정치 지도자들과 미국의 대중이 더 많은 주의를 기울이기 시작한다면, 개혁이 필요한 이유를 더 잘 이해하게 될 것이다.

전문적 역량 동원

미국이 직면한 문제들은 시간이 흐르면서 더욱 복잡해졌지만, 이에 반해 정치 세력은 그 문제들을 다룰 역량이 없다. 그러한 문제들은 전 지구적 성격을 띠고, 정치와 정책의 많은 영역에 걸쳐 상호 연관되어 있으며 종종 매우 전문적이다. 예를 들어 기후변화만 하더라도, 이것은 농업(온실가스 배출의 원천이자 기후변화에 대단히 취약한 부문이다), 전력 생산과 분배, 연방 및 민간 토지 사용, 교통, 도시 설계, 핵 발전, 재난 위험 관리, 기후 모델링, 국제 금융, 공공 보건, 전 지구적 협상 등을 수반한다. 따라서 어떤 한 문제가 2년 주기로 활동하는 비전문가 집단인 의회에 의해 쉽게 다루어질 수 없음은 짐작 가능하다.

정부 부서들은 오늘날 우리가 당면한 범영역적 문제들을 반영해 조직되는 것이 아니라, 그저 당대에 전면 부각된 이슈들에 대응하는 전통적 방식에 따라 조직된다. 노동부와 상무부는 이른바 진보의 시대[b]인 1913년에 만들어졌다. 에너지부는 제1차 석유 위기 이후인 1977년에 설립되었고, 자유시장 원리에 기반을 둔 레이건 행정부에 의해 해체될 뻔했다. 미국에는 지속 가능한 개발, 기후변화, 국제적 경제 발전, 혹은 국가 인프라를 위한 부서가 없다. 이런 영역과 관련해 존재하는 백악관 비서실은 행정 부서를 대신하지 못한다. 오바마 정부의 전 '기후변화 차르'인 캐럴 브라우너는 10여 명도 안 되는 전문가들을 직원으로 두었고, 앞에서 말했듯이 기후변화와 에너지 의제에 대한 실무보다는 의회와의 연락에 몰두했다.

의회는 이런 전문적인 이슈들을 다룰 준비가 전혀 안 되어 있다. 535명의 의원들 중에 선진적인 과학 및 기술을 습득한 사람들은 5%밖에 되지 않는다. 물리학자 세 명, 화학자 한 명, 기술자 여섯 명, 미생물학자 한 명, 그리고 열여섯 명의 의사가 포함된 수치다.[4] 과거에는 기술평가국OTA이 의회를 도와 기술 분야의 복잡한 사안을 다루었다. 1972년에서 1995년까지 존속했던 OTA는 자유시장적 열정에 물든 공화당 지배 의회에 의해 폐쇄되었다. 당시 의회는 과학은 중요하지 않다는(좀 더 정확히 말하자면, 과학은 힘 있는 기득권에 위협적이라는) 신념에 사로잡혀 있었다.

미국의 학계 및 산업계의 과학기술 전문가들이 자신의 지식을 국가 문제의 해결에 활용하게 된다면 아마도 영광으로 생각할 것이다. 하지만 그런 요청을 받는 일은 거의 없고, 국가 과학 기관(국립과학학술원과 국립과학재단, 국립보건원, 국립연구소 등)의 주도 하에 수행되는 연구 프로그램이나 특수한 위원회들을 통해서만 참여하게 된다. 의회와 행정부 모두에 더 강력하고 체계적인 자문이 필요하다. OTA를 다시 설립하고 대통령과학기술자문위원회PCAST를 더욱 더 강화하면서, 핵심 정책 이슈들에 대한 연구들을 진행하도록 해야 한다.

다개년 계획 수립

어떤 일을 일관성 있게 수행하려 할 때, 만약 뚜렷한 목표가 없고 이슈들은 고유의 문제들로 복잡하게 얽혀 있으며, 과학적인 사실에 혼동이 있거나 허위 정보가 뒤섞여 있다면, 대부분의 경우 그 일은 중단되기 마련일 것이다. 특히 행정 분야에서라면 이것은 훨씬 더 커다란 장애물이다. 따라서 이런 상황에서는 연방 정부가 아무리 노력한다 해도 정교한 계획을 개발하고 실행하지 못한 채 만성적 무능에 시달릴 것이다.

앞에서 지적했듯이, 문제는 2년짜리 총선 주기에서 시작된다. 이 주기는 모든 주요 선진 경제들 중에 단연 가장 짧다. 대통령도 각 부서의 장관들을 상당히 빈번하게 임명한다. 겉으로 보기에 이것은 신선한 아이디어를 도입한다는 장점이 있다. 그러나 실제로는 아마추어리즘, 고위 관료와 사기업 간의 회전문, 그리고 행정부 최고위직 자리를 채우기 위한 믿을 수 없을 정도로 기나긴 과정을 야기한다. 공직조합에 따르면, 오바마가 취임한 지 1년이 지났을 때 행정부 최고위직 500개 중 약 60%만이 채워졌다.[5] 2010년 선거를 앞두고도 행정부 전반에서 고위 관료 조직이 꾸려지지 않았던 것이다.

단기적 사고방식으로 인한 이 모든 문제는 정부의 비계획적 성향에 의해 더욱 가중된다. 내가 이 글을 쓰는, 오바마 취임 2년이 지난 시점에서도 일관성 있는 계획은 거의 전 영역에서 드러나지 않았다. 의료 개혁은 의회 내에서 계획 없이 추진되었다. 에너지 및 기후 계획은 여전히 존재하지 않으며, 예산 적자를 해결할 수 있는 계획도 없다. 온전한 생각을 가진 사람이라면 경직된 중앙 계획화(정부가 경제 전반에 대하여 임금과 가격, 생산량을 정하려고 하는 것)를 옹호하지 않겠지만, 동시에 온전한 생각을 가진 사람이라면 과학기술과 고등교육, 인프라 현대화, 기후변화 완화, 예산 균형 회복 같은 복잡한 문제들이 정부의 면밀한 다개년 계획 없이도 다루어질 수 있다고는 믿지 않을 것이다.

현재 다개년 계획을 수립한다고 보기에 가장 근접한 것은 예산관리국이지만, 이 부서는 주로 전년 대비 예산에 초점을 맞춘다. 예산관리국이나 다른 기관들을 현대화하여 공공 부문 기능을 위한 다년간의 계획을 준비하도록 하는 것은, 대다수 미국인들에게 완전히 이단적인 생각으로 들릴 수도 있겠다. 하지만 진실을 말하자면, 대부분의 성공적인 정부에는 그런 기관이나 부서가 존재하고, 그곳에서는 특히 미국이 과거 30년 동안 무시해온 공공투자 문제를 다루고 있다.

효과적인 계획화의 한 가지 — 아마도 **유일한** — 열쇠는 복잡성을 받아들이는 것이다. 경제는 세계의 수십억 소비자와 수백만 개의 공기업 및 사기업들을 연결하는 복잡한 시스템이다. 그리고 시스템이 복잡할 때, 어떤 문제에 대한 단 하나의 해결책은 존재하지 않는다. 매직 불릿 혹은 단일한 해결책이란 피상적인 분석가들이나 즐겨 쓰는 처방이다. 조심하라! 예산 균형을 회복하는 일이든 교육을 개선하는 일이든, 실업을 줄이는 것이든 혹은 이민 문제를 다루든, 그 해결책은 아마도 복잡하고 시간이 흐르면서 변화하며 국제적인 것에서부터 지역적인 것에 이르기까지 다양한 수준의 정부가 관여될 가능성이 있다. 계획은 물론 중요하지만, 그것은 여러 개의 상호 연관된 정책들을 아울러야 하고, 시간이 흐름에 따라 조정될 수 있어야 하며, 기업과 정부 기관들, 시민 단체 등에 소속된 광범위한 참여자들에게 열려 있어야 한다. 요컨대 감세든 경기 부양적 지출이든, 이민 단속이든 교원 노조에 대한 엄중 대처든, 그 해결책이 우리 시대의 손쉬운 특효약에서 나오지 않는다는 것이다. 그런 종류의 '계획'들이 가진 유일한 공통점이라면, 복잡한 경제와 사회 속에서 과도한 단순화에 근거를 두고 있다는 것이리라.

먼 미래에 대한 고려

우리가 먼 미래를 내다볼 수는 없지만, 우리 자신과 정치 시스템의 지향점을 먼 미래를 염두에 두는 방향으로 설정할 수는 있다. 예를 들어 우리의 시계視界를 최소한 다가올 두 세대까지로 두는 것이다. 미국 정부는 율리시즈 S. 그랜트Ulysses S. Grant 대통령이 서명한 1872년 옐로스톤국립공원지정법, 테오도르 루즈벨트Theodore Roosevelt가 서명한 1906년 미국 유적지보존법, 우드로 윌슨Woodrow Wilson의 1916년 국립공원조직법 등을 통해 국립공원들을 설립함으로써 그런 사고방식을 선구적으로 실현했다. 새로이 설립된 국립공원청은 다음과 같은 일을 관장하도록 정해졌다. "국립공원 내의 경관과 자연물, 사적史蹟, 야생 생물을 보존하고, 이러한 것들을 현세대가 즐길 수 있도록 할 뿐만 아니라 똑같은 수단과 방식으로 미래 세대가 즐길 수 있도록 손상되지 않은 상태로 보존하는 것"이다.[6] 환경 파괴가 만연한 이 세계에서 그러한 미래 지향적 관리는 생존의 문제가 되어 왔다.

매 연두교서에서 대통령은 연설의 일부를 오늘날 우리가 취하는 조치들－과학기술과 환경적 위협, 인구 변화 및 노령화, 저축과 투자 등의 영역에서－이 2050년의 평균적인 미국인들에게 어떤 의미를 갖게 될지를 설명하는 데 할애해야 한다. 이것만이 미래를 위한 관리에 대하여 시민들의 눈을 뜨이게 할 것이다. 오늘의 신생아들은 21세기 중반에 겨우 40세가 된다. 우리가 먼 미래의 모습을 일일이 추정할 필요는 없다. 단지 지금 태어나는 세대의 가능성을 존중하면 된다.

기업 지배 체제의 척결

정치가 미디어 선거운동을 위한 거액의 모금을 중심으로 돌아가는 한, 미국의 기업 지배 체제는 존속할 것이고 경제의 하락세도 계속될 것이다. 그러나 지난 10년 동안에는 선거 자금의 모금과 로비 지출, 회전문 등을 부려온 워싱턴의 마법사들을 가리고 있던 장막이 걷혔고, 이제 대중은 기업의 돈이 어떻게 흘러가는지 과거보다 훨씬 더 잘 알게 되었다. 정치인들이 달리 믿는다면 미욱한 사람일 것이다. 따라서 나는 체념하기보다는 무엇을 할 수 있을까를 질문한다. 망가진 시스템을 어떻게 고칠 수 있을까? 이를 위해 우리는 연방 정부를 로비 단체들의 수중에서 구해낼 실질적인 조치들을 찾을 필요가 있다.

- **공적 선거 자금 지원:** 우리는 오바마든 다른 어떤 개혁 지향적 대통령 후보든, (오바마가 2008년에 그랬듯이) 더 이상 공적 선거 자금의 틀에서 이탈하도록 둬서는 안 된다. 민주당원들도 공화당원들도 똑같이 사적인 선거 자금으로 더럽혀진다면, 우리는 어느 쪽도 신뢰할 수 없다. 그리고 이러한 연방 차원의 선거 자금 지원은 의원 선거로 확대되어야 한다.
- **무료 미디어 홍보 시간 제공:** TV 방송은 명시적인 할당 규칙에 따라 무료 홍보를 위한 일정량의 시간을 별도 설정해야 한다.

- **로비업체의 선거 자금 기부 금지:** 로비업체들은 정치과정의 암적인 존재다. 로비업체로 등록된 회사의 직원들이 후보나 정당에 선거 자금을 기부하는 행위를 금지해야 한다.
- **회전문 중단:** 고위 연방 관료들이 공직에서 물러난 뒤 최소 3년 동안은 로비업체로 등록된 회사에 취업하는 것을 금지해야 한다. 또 재임 기간에는 자신의 소속 기관에 로비하는 모든 업체들의 고용 제안을 받아들이지 못하게 해야 한다.
- **여물통 치우기:** 기업들은 현재 선거 자금의 기부를 부자들에 대한 감세, 탈규제, 정부 발주에 대한 수의계약, 이어마크 예산, 기타 권력의 부산물을 얻기 위한 투자로 여긴다. 연방 예산에 대한 그러한 남용을 직접 저지한다면, 기업들이 선거 자금 기부를 통해 정치인들을 매수하려고 할 이유가 없어질 것이다.

오바마가 대통령이 되었을 때, 우리 중 많은 사람들은 그가 의사당에서 금융업자들을 내쫓기를 희망했다. 그러나 취임 이후로 첫 주식시장 개장을 알리는 종이 울리기도 전에 오바마는 래리 서머스를 필두로 한 친금융계 인사들을 백악관에 앉혔다. 그의 행정부가 출범한 이래 그간의 태도를 보면, 오바마는 대부분 은행가들 편을 들었다. 은행들에 구제금융을 제공하면서도, 그 대가로 봉급과 보너스를 비롯한 과거의 잘못된 행위들을 자제하도록 제대로 요구하지도 또 의미 있는 양보를 얻어내지도 못했다. 한편, 누군가가 금융 위기에 은행가들의 공동 책임이 있고 그들의 막대한 급여를 자제할 필요가 있다고 언급하기라도 하면, 당연하게도 은행가들은 놀란 척을 하거나 곤란한 척했다. 오바마가 월스트리트를 비롯한 기업 이익집단과 대결할지 여부는 이 글을 쓰는 시점에서 더 지켜봐야 하겠지만, 그런 기대는 점점 희미해진다.

물론 기업 지배 체제를 타파하는 것이 말처럼 쉽지는 않다. 미국의 정치가 확고부동하게 자리 잡은 두 정당의 상호 협력적인 이원적 독점 체제라면, 미국의 대중은 선전에 휘둘리며 산만한 상태에 빠져 있다. 우리가 권력과 돈의 연계를 깨뜨리는 데 필요한 도구를 알고 있을지라도, 그 도구가 채택되도록 하기 위해서는 적극적인 정치 투쟁이 필요할 것이다. 추측하건대 조만간 그 이원적 독점을 무너뜨릴 계기는 주로 정치에서 돈을 몰아내는 데 초점을 둔 믿을 만한 제3 정당의 출현이 될 것이다. 문제가 너무 복잡해서 우리 눈에 안 보이는 것 같지는 않다. 널리 알려져 있지만, 대중이 어찌할 바를 모를 뿐이다. 나아갈 길을 제시하는 그 모든 정치 운동은 우리의 뿌리 깊은 실망감과 분노, 그에 따른 정치적 동원의 배출구를 열어줄 것이다. 새로운 정당은 다른 형태의 정치 운동들 — 소비자 불매운동, 항의 시위, 미디어 캠페인, 소셜 네트워킹 — 과 결합하여 기업 지배 체제의 가장 악명 높은 권력자들에게 경고를 던질 것이다. 다음 장에서 논의하겠지만, 현재 18~29세인 새천년 세대는 이 과제를 짊어질 동기는 물론 수단도 갖게 될 것이다. 나는 이렇게 믿는다.

공적 관리의 회복

그동안 지속적인 정부 '개혁'은 대개 부실한 감독 하에서 민간 계약자들에게 주는 보조금에 지나지 않았다. 그런 계약자들은 주로 전쟁 지역의 석유 기업 핼리버튼과 용병 기업 블랙워터Blackwater, 그리고 미국의 개발원조 프로그램을 둘러싸고 존재하는 '순환도로 산적떼Beltway bandits'ᶜ를 가리킨다. 계약의 범위가 너무나 방대하여 정부 기관들은 수임 업체들의 일을 다 감독할 수 없다. 여기에 종종 비경쟁적 방식으로 이루어지는 계약 과정은 유례없는 규모의 부패를 조장한다. 최근 몇 년간 '전쟁 로비'의 부추김 때문에 의회가 이라크와 아프가니스탄에 대한 어리석은 점령을 연장하면서 수백억 달러가 엉뚱한 곳으로 사라졌다. 공적 관리를 걸신들린 사기업에 넘겨주지 말고 다시 확립해야 한다.

올바른 공적 관리를 위한 출발점은 각 정부 부서 내에 훈련된 전문 관리자들을 상당수 늘리는 것이다. 이때 민간 부문과 비교하여 경쟁력 있는 보수를 기반으로 그들을 채용해야 한다. 또한 임명 방식의 인사를 축소하고 이를 고위 공무원단ᵈ으로 전환해야 한다. 모든 아웃소싱 프로그램을 모니터링하고 평가하며 감사하기 위한 새로운 노력이 행해질 수 있다. 부패와 낭비가 판치는, 펜타곤의 어마어마한 비경쟁 계약들은 종결될 것이다.

분권화

미국은 규모가 크고 다양성을 보유한 나라다. 따라서 지역적 차이가 상당하며, 이를 정책적으로 고려할 경우에만 제대로 관리될 수 있다. 오랫동안 정치적 좌파는 워싱턴을 통해 성 관습과 소득재분배, 교육정책, 의료 등과 같은 사회적 이슈들에 관해 자신들의 의지를 전체 사회에 관철시키려 했다. 이것은 대개 반발을 불러일으켰다. 지역적 차이를 허용하는 타협책을 찾기보다 획일성을 강요하려는 시도는 종종 아무런 성과도 없이 워싱턴에 대한 반발만 촉발했다. 보다 적극적인 정부 개입을 지지하는 사람들은 이제 **보충성** 원칙을 받아들여야 한다. 앞에서 지적했듯이, 이 원칙은 정책 문제들이 그 해결책을 제공할 수 있는 가장 낮은 정부 수준에서 다루어져야 한다는 것이다. 교육, 보건, 도로, 물 처리 같은 것들은 일반적으로 지방 수준에서 다루어질 수 있다. 반면에 대부분의 세금 징수는 전국적 단위에서 다루어져야 한다. 그렇지 않으면 주와 지방들의 세금 경쟁으로 인한 심각한 문제가 나타날 수 있기 때문이다.

사회적 서비스를 분권화해야 하는 또 하나의 논박할 수 없는 이유가 있다. 극단적 빈곤을 타파하기 위한 가장 강력한 도구가 지역사회 기반의 통합적 발전 전략이라는 것이다. 이 전략은 직업훈련, 취업 알선, 유아 발달, 교육 개선, 지방 인프라 등을 모두 결합시키는데, 각 부분이 나머지 다른 모든 부분들을 서로 지지한다. 이러한 종류의 근본적인 노력을 지역사회 스스로가 주도하고, 동시에 연방과 주 정부의 재정적인 뒷받침도 수반되어야 할 것이다.

근본적 변화를 위한 선택지

이 장에서 내가 제시한 권고안들은 상황을 지금보다 나아지게 할 방법들로, 그리 심하지 않게 망가진 국면을 비교적 온건한 수단들을 사용해 호전시키는 것을 목표로 한다. 그러나 우리는 이것으로 충분할 것인지 질문해야 한다. 미국에서 실망과 냉소주의는 그 뿌리가 깊어서, 더 이상 어떤 변화도 일어나지 않을 것이라는 분위기가 팽배해 있다. 그러므로 오늘날 정치 상황과의 좀 더 근본적인 단절만이 의미 있는 효과를 낼 수 있을 것이다.

한 가지 확실한 기점은 민주당과 공화당의 부패한 이원적 독점을 깨뜨릴 제3 정당일 것이다. 현실적으로 이를 가로막는 벽은 분명 존재하지만, 사람들이 흔히 믿는 것만큼 그렇게 높지는 않다. 근래 여러 차례의 대통령 선거에 주요한 제3 정당 후보들이 여럿 출마했다. 1980년의 존 앤더슨John Anderson, 1992년과 1996년의 로스 페로Ross Perot, 2000년과 2004년의 랠프 네이더Ralph Nader 등이다. 이들 각자는 미국의 대다수 주에서 밸럿 액서스ballot access^{e}를 달성했고, 상당한 추종자를 낳았으며, 정치 토론에 중대한 기여를 했다.

나는, 효과적인 거버넌스와 기업 지배 체제의 종식, 미국의 미래에 대한 투자를 옹호하는 광범위한 전국 정당은 정치의 활력 있는 중도—일종의 급진적 중도주의—를 차지할 수 있다고 본다.[7] 급진적 중도 연합ARC 정당은 2012년에 조심스러운 시도를 해볼 수 있을 것이다. 이 정당은 미국의 중도적 가치, 즉 개인주의와 사회적 책임 사이의 균형을 지향하면서 새로운 번영의 기초를 제공한다는 점에서 중도적일 것이다. 그리고 가까운 과거와의 결정적인 단절을 시사한다는 점에서 급진적일 것이다. 제3 정당의 출범에 드는 비용은 비교적 적을 것이고, 그 잠재적 편익은 막대할 것이다. 그 정당이 대중을 일깨우고 부패한 두 정당에 정화의 압력을 가하기만 한다면 말이다.

한편으로 보다 근본적인 일련의 헌법 개혁을 통해, 프랑스식 혼합형 이원집정제를 지향하면서 미국의 다수결주의적 시스템을 의원내

각제 쪽으로 좀 더 이동시킬 수 있다. 다만 헌법상의 변화는 정치에서 궁극적인 판도라의 상자로서, 본래 그 속도가 느리고 위험할 수밖에 없다. 또한 미국의 민주주의를 회복하는 데 근본적인 헌법적 변화가 필요할지 여부도 아직 알 수 없다. 그러나 만약 필요하다면, 우리는 의원내각제로 향해야 한다. 의원내각제는 수상 아래서 행정 부문과 입법 부문을 결합시키는 일관성 있는 정부다. 현재의 2년 주기에 비해 4~6년이라는 보다 장기적인 전망을 갖출 수 있기도 하다. 더불어 이는 비례대표제에 좀 더 가까이 다가간 시스템으로서, 가난한 사람들과 소수자들에게 더 많은 비중과 의결권을 내주어 그들의 관심사가 정치적으로 다루어지고 구제받도록 할 것이다.

너무 늦기 전에 정부를 구하자

종종 사람들은 어느 형편없는 식당에 대해 말하기를, 음식이 맛없는데 양까지 적다고 불평한다. 우리가 정부의 역할이 더 커져야 한다고 주장하는 것도 사실 이와 비슷하게 느껴진다. 연방 정부가 물론 무능하고 부패해 있음에도 불구하고, 어쨌든 우리는 그 정부를 더 적게가 아니라 더 많이 필요로 하기 때문이다. 한편에서 우리는 인프라와 청정에너지, 공교육, 의료, 빈곤 같은 근본적이고 종합적인 문제들을 다룰 정부의 더 적극적인 역할을 필요로 한다. 그러나 다른 한편에서 우리는 정부가 지독히도 제 기능을 못하는 탓에 그 역할을 확대하기보다는 줄이고 싶어 하는 경향이 있다. 그래서 이 장에서 나는 이러한 곤경을 극복할 몇 가지 방법을 제시하려고 했다. 우리에게는 정부가 더 많이 필요하지만, 훨씬 더 유능하고 정직한 정부라야 한다. 경제 개혁과 정치 개혁은 나란히 진행되어야 한다. 한쪽의 개혁이 없으면, 다른 한쪽에서도 개혁은 있을 수 없다.

가장 바람직한 것은 정치에서 거대 자본을 척결하고, 공공 행정을 개선하는 것이다. 그럼으로써 정치와 행정은 훨씬 더 복잡하고도 오랜 시간이 걸리는 사회적 문제들을 다룰 수 있다. 이를 위해 실무적 수준에서 채택할 만한 확실한 몇 가지 조치가 있다. 그 조치 중 상당수는, 미국보다 더 나은 관리가 이루어지는 국가들에서는 이미 법률로 정해져 있기도 하다. 그렇지만 우리의 공적 관리가 안고 있는 문제는 우연히 등장한 것이 아니다. 대부분의 경우, 정부 정책이 편협한 사적 이익을 향하도록 비일비재하게 조종해온 기득권의 영향이다.

미국 정부의 쇄신을 위한 정치적 기반을 누가 제공할 것인가? 우리는 정부 쇄신에 대한 이해관계가 가장 강력한 집단, 즉 젊은이들에게 눈길을 돌려야 한다. 캠퍼스에서 작업장에 이르기까지, 새천년 세대는 이미 뚜렷한 세대적 특징을 드러내고 있다. 그들은 더욱 개방적이고 다양성을 보이며, 통신망으로 더욱 긴밀하게 네트워크화되어 있고, 더 교양 있으며, 정부가 제 역할을 하게 만드는 데 이전 세대들보다 훨씬 더 헌신적이다. 어떤 사람들은 현재의 위기를 미국의 젊은이들에게 남겨진 베이비붐 세대 – 나의 세대 – 의 꺼림칙한 뜻밖의 유산으로 규정하고자 한다. 그러나 미국은 변화할 것이고, 부모 세대가 아니라 젊은 세대들에 의해 그 변화의 동인이 만들어질 것이다. 어떻게 하여 이런 변화가 일어날지는 다음 마지막 장에서 이어진다.

a 미국의 저널리스트들이 대도시가 아닌 작은 마을에 살거나 중산층에 해당하는 미국인을 가리켜 사용하는 용어.

b 미국 정치에서 대략 1890~1914년까지의 시기를 가리킨다. 19세기에 자본주의의 병폐와 정치적 부패가 심각하게 나타나자, 이에 대한 대응으로 기업에 대한 규제와 사회정의, 민주주의 확대 등을 목표로 한 정치 개혁 운동이 일어났다.

c 워싱턴 주위의 순환도로에 집결해 있는 700여 개의 연구소들이 정부 기관들로부터 연구 용역을 발주받고 그에 대한 정부 예산을 받는다. 이렇게 정부 발주 사업으로 돈을 버는 업체들을 부정적인 의미로 가리키는 말.

d 상위직 공무원을 중하위직 공무원과 구분하여 범정부적 차원에서 적재적소 활용하고, 개방과 경쟁을 확대하며, 직무와 성과 중심으로 정부 생산성을 높이려는 전략적 인사 시스템. 1978년 공무원개혁법에 의해 최초로 도입되었다.

e 대통령 선거에서 후보자가 미국 50개 주 각각이 요구하는 입후보 요건을 갖추어 선거 용지에 이름을 올리는 절차. 주별로 요건이 매우 다양하고 까다롭기 때문에 50개 주 전체에서 이름을 올리는 것은 제3 정당 후보에게는 상당한 장벽이 된다.

13장
새천년의 쇄신

경제 위기는 심층적인 정치적 변화로 향하는 문을 연다. 미래는 손닿을 거리에 있다. 그러나 위험도 증폭된다. 올바른 길보다 잘못된 길이 훨씬 더 많은 법이다. 때문에 가장 흔한 결과는, 정부가 유능함과 방향성, 재정적 능력을 잃은 상태가 계속되는 것이다. 가장 어려운 변화는 위기의 한복판에서 이루어지는 건설적 변화다. 알렉시스 드 토크빌Alexis de Tocqueville이 프랑스 혁명에 대해 말했듯이, "나쁜 정부에게 가장 위험한 순간은 그 정부가 개혁을 시작할 때다."[1]

미국의 심화하는 위기는 아직 거버넌스의 방식 면에서 의미 있는 개혁이나 변화를 낳지 않았다. 어떤 변화가 있었다 하더라도 기득권층의 지위는 흔들리지 않았다. 오바마 행정부는 변화의 정부라기보다는 연속성의 정부였다. 월스트리트와 로비스트, 군부가 아직도 권력과 정책의 중심을 차지하고 있기 때문이다. 이러한 정체 상태로 인해 정부에 대한 신뢰가 더욱 떨어졌다. 미국의 백인 중년층 보수주의자들은 부가 줄어들고 안정이 위협받는 데에 분노했고, 정부가 그들의 복지가 아니라 부채를 늘려놓았다고 공격했다. 그 결과로 티 파티 운동이 일어났고, 언론의 집중적인 조명을 받았다. 그러는 사이 가난한 사람들은 모든 희망과 적극적 움직임을 포기한 채 쪼그려 앉았다. 하루하루의 생존을 위해 발버둥 쳐야 하기 때문이다. 젊은이들은 실업과 낮은 소득 속에서 파산을 면하려 애쓰며 때를 기다려왔다.

이런 정체가 계속될 수는 없다. 마치 만화 주인공이 절벽에서 뛰어내려 아래를 내려다보지만 여전히 공중에 떠 있는 상황과 같다. 우리는 무언가가 막 일어나려 하고 있음을 알고 있다. 하지만 그것은 과연 무엇일까?

세 가지 주요 경향이 작용하고 있고, 이와 더불어 우리가 가늠할 수 없는 어떤 거대한 것들이 있다. 첫 번째 경향은 관성이다. 기득권층은 정당성과 대중적 신뢰를 잃어버렸지만 돈과 권력을 변함없이 쥐고 있다. 거대 은행과 거대 보험회사, 무기 제조업체들은 의회 및 백악관과 친밀한 관계를 맺으면서 자신들의 특권을 침해할지 모르는 그 모든 심각한 도전에 성공적으로 저항해왔다. 두 번째 경향은 반발이다. 티 파티 운동은 자신들이 경제적 안전과 사회적 우위로부터 미끄러지고 있다고 느끼는 중년의 백인 중산층 미국인들이 빚어낸 분노의 산물이다. 사납고 소란스러운 이들은 그러나 기득권 세력에 의해 손쉽게 다뤄질 수 있다. 오래된 이야기다. 시간은 그들의 편이 아니다.

세 번째 경향은 세대적인 변화로, 이는 장기적으로 작용한다. 설문조사를 보면 뭔가 진정으로 새로운 것이 진행되고 있다. 새천년 세대는 이전 세대들과는 다르다. 베이비붐 세대가 텔레비전의 아이들이었다면, 새천년 세대는 인터넷의 아이들이다. 베이비붐 세대가 텔레비전에 사로잡힌 채 매일 몇 시간을 그 앞에만 앉아 있었다면, 새천년 세대는 페이스북 친구들과 대화하고 토막 뉴스를 잠깐 보고 비디오를 보며 웹 서핑을 하는 등 여러 가지를 하며 그 시간을 보낸다. 특수하고 어려운 취업 전선에 직면해 있기도 하다. 차이는 여기서 끝이 아니다. 새천년 세대는 민족적으로 다양하고, 사회적으로 자유주의적이며, 더 나은 교육을 받았고(비록 대학 4년 동안 학비를 내기 위해 몸부림쳐야 하지만), 정부를 더 신뢰한다. 그런 면에서 오바마는 이들의 희망이었지만, 이들에게 처음으로 정치적 실망을 안긴 인물이 되었다.

이러한 경향들 외에, 우리가 가늠할 수 없는 거대한 것들이 있다. 미국의 위기는 복합적인 전 지구적 맥락에서 일어난 것이다. 신흥 경제국들의 부상은 미국이 자신을 추스르도록 기다려주지 않으며, 전 지구적 경쟁이 격화되고 있다. 우리의 주요 기업들은 아무런 구속을 받지 않는다. 따라서 미국에서 수익이 나지 않으면, 그들은 훨씬 더 빠르게 성장하는 시장을 찾아 해외로 눈길을 돌린다. 생태 위기도 미국이 대응할 시간을 주지 않고 있다. 엄청난 폭풍우와 기근, 홍수, 기타 여러 가지 재난을 동반하는 기후변화는 계속 심해진다. 정치적 불안정도 만연한데, 특히 가난과 인구 증가, 격심한 환경 스트레스를 한꺼번에 겪는 빈곤 지역들에서 더욱 그렇다. 예를 들면 아프가니스탄, 예멘, 소말리아, 수단, 사헬 지대의 국가들이다. 미군은 이 모든 나라에 개입되어 있지만 아무런 소득을 보이지 못한다. 그 위기의 근본이 군사적으로 해결될 성질의 것이 아니기 때문이다.

이와 같은 상황에서 어느 누구도 정치적 결과를 예측할 수 없다. 삶은 긍정적인 것이든 비참한 것이든 놀라운 일들로 가득 차 있다.

1989~1991년은 대단히 긍정적인 시기에 해당한다. 사회적 참사였던 볼셰비키 혁명과 소비에트 공산주의는 그로부터 75년 전 제1차 세계대전의 혼돈 속에서 탄생하여, 이 시기 정치적 변화에 조용히 무너졌다. 훌륭한 지도자 미하일 고르바초프Mikhail Gorbachev가 질서의 변화를 주재했고, 그 결과 현대 정치의 가장 위대한 승리 중 하나, 즉 제국의 대체로 평화적인 해체가 이루어졌다. 아이러니한 일이지만, 실제로 어떤 일이 일어났는지를 제대로 알고 있는 미국인은 극소수다. 흔히 그렇듯, 이들은 그것이 자신들의 공이 아님에도 불구하고 자기 공이라고 우긴다.

한편 불행한 사건들도 발생한다. 이 세계의 분별 있고 책임감 있는 시민이라면 1914년과 1917년, 1933년에 대해 생각해보아야 한다. 1914년은 제1차 세계대전이 발발한 해다. 이는 당시 선전되었듯이 전쟁을 종결시키기 위한 전쟁이 아니라, 유럽을 산산이 찢어발긴 전쟁이었다. 결과적으로 너무나 깊은 상흔을 남겨 그 치유는 아직도 끝나지 않았다. 두 번째, 1917년은 블라디미르 레닌Vladimir Lenin이 러시아의 혼돈을 교묘히 이용하여 파멸적인 소비에트 사회주의 실험을 시작한 때다. 그리고 세 번째 1933년은, 대공황의 구렁텅이 속에서 아돌프 히틀러Adolf Hitler가 권력에 오른 순간이었다. 아무도 예상치 못했고 순전히 우연하게 일어난 사건이었다.[2] 1933년의 경제 위기 속에서는 어떤 일도 일어날 수 있었고, 끝내 최악의 일이 발발했다. 세계는 사상 유례없이 많은 피를 흘렸다. 이 정도의 유혈은 앞으로도 결코 경험하기 어려울 것이다. 비슷한 종류의 총력전이 한 번 더 시작되면 세계는 바로 끝장날 것이기 때문이다.

이런 것들이 과민한 생각이긴 하지만, 현재 미국의 정치적 표류를 보며 나의 예감은 더욱 불길해진다. 대부분의 경우에 표류는 또 다른 표류 정도로만 이어져서, 시간은 그렇게 정처 없이 흘러가지만 재난이 일어나지는 않는다. 하지만 가끔 정치적 표류는 재난으로 귀결되기도 한다. 정치·경제적 상황이 오늘날만큼 위험할 경우에 냉소적 태도와 시간 낭비는 자못 위험하다. 역사는 진지하지 못한 자들에게 잔인한 농간을 부린다. 오랫동안 미국의 정치적 지도자들은 진지하지 않은 분위기에 휩싸여, 국민들에게 솔직하지 못한 태도를 취했다.

내가 이 책에서 개략적으로 제시한 안들은 정치적으로 실행 가능하다. 동시에 그 제안들은 개인적인 것에서 시작한다. 즉 초상업주의에서 벗어나는 것, 시끄러운 미디어의 전원을 잠시 꺼두는 것, 현재의 경제 상황에 대해 좀 더 생각해보고 또 배우는 것이다. 각성된 경제는 평균 이상의 소득을 가진 사람들에게 그들이 신중하다면 조금 더 적은 실수령 급여로도 생활할 수 있음을 이해하도록 촉구한다. 부유한 가계들의 소비 중 상당 부분은 큰 불편 없이 줄여질 수 있다. 오히려 평정과 만족감이 조금 더 커질 것이다. 부유한 이들은 사치재를 구입하고 얻는 즐거움만큼 똑같이 후회에 빠질 수도 있다.

내가 보기에, 다음 25년에 걸쳐 다른 어떤 집단보다 더 미국의 미래 모습을 뚜렷하게 규정할 집단은 2010년을 기준으로 18~29세인 새천년 세대다. 이 세대는 복잡하고도 빠르게 변화하는 미래를 체현한다. 퓨 리서치 센터의 최근 연구에 따르면, 현재 65세 이상 미국인의 80%가 비히스패닉계 백인인 데 반해, 새천년 세대에서 그 비율은 61%에 불과하다.[3] 약 19%가 히스패닉계, 13%가 흑인이며, 6%는 아시아와 아메리카 원주민을 포함한 기타 인종이다. 더 어린 인구 집단, 즉 0~14세 연령집단의 경우 그 구성은 더욱 다양하다. 비히스패닉계 백

인은 55%에 불과하고, 23%가 히스패닉이며 15%는 흑인이다.[4]

새천년 세대는 정치적으로 진보적이고 정부의 더 큰 역할이 필요하다고 믿는다. '더 많은 서비스를 제공하는 더 큰 정부'에 대해 65세 이상 인구의 31%만이 동의한 반면, 새천년 세대는 67%가 이를 지지한다. 이것은 그들의 민족적 특징으로 인한 결과일 뿐만 아니라 그들의 연령과 낙관주의, 세계관이 낳은 결과이기도 하다. 이 세대에서는 히스패닉계와 흑인은 물론이고 비히스패닉계 백인도 이전 세대보다 훨씬 더 진보적이다. 그들은 부자들에 대한 추가적인 감세 조치에도 저항할 것이다. 베이비붐 세대의 부채를 갚아야 할 사람들은 결국 지금 세대인 것이다.

당연하게도 새천년 세대는 사회의 다른 성인들보다 더 먼 미래를 내다본다. 따라서 그들이 청정에너지와 인프라 같은 장기적인 투자에 적극적인 것은 전혀 놀라운 일이 아니다. 그들보다 연령이 높은 성인들과 달리 기후변화에 대한 과학적 사실을 인정하고 적극적인 조치를 지지한다. 이 세대는 인프라가 계속 퇴락할 경우 주된 피해자가 될 것이고, 인프라가 현대화된다면 주된 수혜자가 될 것이다. 물론 진정으로 각성된 경제라면, 새천년 세대의 부모들(나 같은)은 자신의 자녀와 손자들에게 물려줄 세계에 대해 깊은 관심을 기울일 것이다.

미국 사회의 가장 큰 도전은 언제나 다양성이라는 현실이었다. 이것은 나라를 그 시작부터 분열시켜 피비린내 나는 내전으로 이어지게 했고, 그 이후 약 1세기 동안 극단적인 인종 차별 정책으로 아파르트헤이트apartheid 사회를 존속시켰으며, 20세기 민권운동의 시대에는 아래로부터의 가장 극적인 사회 변화를 낳았다. 민권운동 시대의 여파는 그 뒤로도 계속 반향을 일으켰다. 따라서 새천년 세대가 이전 세대들보다 더 넓은 포용tolerance의 징후를 보이는 것은 역사적으로 매우 중요하다. 실제로 그들은 종교와 성, 인종에 대한 모든 뜨거운 이슈와 관련하여 차이를 존중하고 좀 더 너그럽다. 새천년 세대는 덜 종교적이고, 특정한 종파에 속해 있는 경우가 더 적다. 복음주의적 경향이 덜하며, 주일예배에 참석할 가능성도 크지 않다. 또한 압도적인 비율로 동성애를 받아들인다(이들 중 63%가 "사회적으로 수용되어야 한다"고 답한 데 비해, 65세 이상 인구는 35%만이 그렇다고 답했다). 근소한 차이로 다수가 낙태는 대부분 혹은 모든 경우에 합법화되어야 한다고 믿는다(52%가 찬성, 이에 비해 65세 이상 인구는 37%가 찬성했다). 타 인종과의 관계 및 인종 간 결혼에 대한 우호적인 태도 역시 민권운동 시대가 일군 성과 이후에 태어나고 자란 세대에 걸맞다.

결과적으로 새천년 세대가 베이비붐 세대의 문화 전쟁에 의해 분열될 가능성은 거의 없다. 그들은 다양성을 자연스럽게 수용할 것이다. 보다 적극적인 정부를 긍정적으로 받아들일 것이고, 환경적 요구에 더 잘 적응할 것이다. 이 모든 것은 깨어 있는 경제를 향한다. 물론 그 전제로 새천년 세대의 포용과 낙관주의의 치유력이 집합적인 정치적 실천을 위해 동원되어야 한다.

그렇다면 정치적 변화에 대한 실질적인 장벽은 무엇인가? 현재의 기득권층은 권력과 특권을 지키기 위해 격렬한 싸움을 계속할 것이다. 확실히 부는 미디어의 힘과 금품 살포, 로비, 선거 자금 기부와 그 밖의 좀 더 비도덕적 수단들을 통해 자신을 공격적으로 지켜낸다. 우리는 이미 2008년에 그 힘을 맛보았다. 당시 은행들은 구제금융을 받았을 뿐만 아니라, 그 폭풍의 와중에도 백악관과 의회의 묵인 하에 터무니없는 보너스 잔치를 이어나가지 않았던가.

아니면, 티 파티의 분노로 가두시위라는 훨씬 더 폭발적인 상황이 벌어질 수도 있다. 하지만 중년 혹은 고령의 티 파티 운동가들이 바리케이드 앞에 운집해 있는 모습을 상상하기는 어렵다! 혹은 다른 가능성으로, 경제가 악화되면서 적자가 늘고, 정치적 위기가 심화되며, 다시 더 큰 적자를 낳는 악순환이 초래될 수도 있다. 이것이 바로 초인플레와 정부의 채무불이행 선언으로 이어지는 경로다. 다행히 미국은 적어도 독립전쟁과 남북전쟁 이후로는 그와 같은 격변을 겪지 않았는데, 그러한 사태는 빈번하게 일어난다. 실제로 나는 다른 많은 나라들에서 초인플레를 해결하는 일을 도왔다. 미국은 아직 그 정도까지 가지는 않았지만, 앞으로 5~10년 더 표류한다면 틀림없이 절벽에 가까워질 것이다. 소련이 붕괴하던 무렵을 소재로 한 암울한 농담이 생각난다. "동지들, 우리는 절벽 끝에 서 있었소. 그리고 이제 우리는 크게 한 발짝 내디뎠소!" 부자들에 대한 감세를 조금만 더 하면 우리도 이와 똑같은 말을 하게 될 것이다.

앞길에 대한 합의가 너무나 미약하기 때문에 진정한 변화는 쉽게 오지 않을 것이다. 아마도 미국은 계속해서 좋지 못한 선택을 할 것이다. 적자 증대에도 불구하고 세금을 계속 깎아준다든지, 나쁜 경제 상황 때문에 기후변화에 대한 결정적 조치를 여전히 취하지 않는다든지 할 것이다. 불행하게도 정치는 '양의 되먹임positive feedback'으로 가득 차 있다. 한 가지 엉망진창인 일이 또 다른 엉망진창인 일로 이어지고, 각각의 재난이 각각 또 다른 재난을 부른다는 의미다. 일례로 최근 무능하고 부패한 업자들에게 정부 서비스를 위탁한 결과, 일은 번번이 실패로 끝났을 뿐더러 정부는 더 거센 비판을 받게 되었지만, 아이러니하게도 이것은 더 많은 아웃소싱으로 이어졌다! 그렇게 정부의 붕괴는 본질적으로 자기 충족적 예언이 되고 있다.

이 모든 사실은 바른 궤도에 올라서는 것이 극히 어려움을 뜻한다. 그러나 분명 가능한 일이기도 하다. 경로만 조금 변경하면 해결책은 우리 손이 닿을 수 있는 거리에 있다. 더욱이 요즘은 그러한 변화의 속도도 빨라지고 있다. 사상의 전파가 과거 어느 때보다 급속해진 덕분이다. 따라서 한때 터무니없고 불가능해 보이던 것도 어느 순간 주류가 되고 불가피한 것이 된다.

장기적 목표 4가지

단기적인 계획을 갖고 항해하는 것이 너무나 어려울 때, 이에 대한 열쇠는 장기적 목표에 집중하는 것이다. 우리는 소비자 신뢰와 산업 생산, 혹은 새로운 질서의 최근 동향에 촉각을 곤두세우느라 지나치게 많은 시간을 소모한다. 경제의 단기적 변동과 관련하여 실제로 할 수 있는 일이 별로 없는 상황에서도, 단지 누가 추측을 더 잘하는가에 따라 큰 부가 형성되기도 하고 사라지기도 한다. 그 대신 지금으로부터 사반세기가 지나 되돌아볼 때 대단히 중요하게 여겨질 이슈들에 초점을 맞춘다면, 우리의 시간을 보다 잘 활용하게 될 것이다. 나는 다음의 네 가지 이슈가 미국과 미국의 세계 속 위상에 결정적인 역할을 할 것이라고 믿는다.

첫 번째 결정적인 이슈는 교육이다. 21세기의 지속 가능성과 삶의 만족, 국가적 번영으로 가는 길은 상당 부분 교육에 달려 있을 것이다. 특히 더 많은 젊은이들이 고등교육을 마치는 것이 관건이라고 본다. 고등교육이 현시대의 필요에 맞도록 조정되어 왔음에도 불구하고, 노동시장에 관한 자료는 냉엄한 진실을 말해 준다. 미숙련 노동자들은 빈곤선 부근에서 근근이 살아가거나 아예 일자리를 찾지도 못하고 있다. 오늘날 대학 학위나 그에 상응하는 직업훈련 수료증 없이는 보수가 괜찮은 직업을 얻을 기회가 거의 없다. 미숙련 일자리의 경우 신규 이민자들로 채워지거나 외부에 위탁되고, 또는 선진 정보 기술로 재설계됨으로써 완전히 사라지고 있다. 젊은 사람들 역시 이 사실을 알고 있고, 그래서 빚더미에 앉더라도 더 높은 학위를 얻으려 한다. 그러나 급상승하는 학비와 부담스러운 대출 조건 때문에 애초에 대학에 등록하지도 못하거나 학업을 중도 포기하는 일이 만연해왔다.

그러나 교육 분야에서 희망적인 면이 하나 있는데, 그것은 정보 기술이 가진 잠재력이다. 아직 초기 단계이기는 하지만 정보 기술은 교육의 과정을 변혁하여 더욱 효과적이고도 모든 사람들이 접근 가능하게 만들 수 있다. 더 많은 커리큘럼이 온라인에서 제공되고 더 많은 원격 학습이 이루어짐으로써 세계의 상이한 부분들을 결합시킬 수 있다. 매주 화요일 아침 컬럼비아 대학교에서 나는 전 세계 20개의 캠퍼스와 더불어 갖는 '글로벌 교실'에 참석한다. 이 교실은 인터넷 기반 화상회의를 통해 지속 가능한 발전에 관한 전 지구적 토론을 할 수 있도록 연결되어 있다. 토론이 중국 베이징에서 나이지리아의 이바단으로, 마다가스카르의 안타나나리보로, 또 뉴욕으로 전달됨에 따라 지구적 문제 해결의 전율이 전 세계 수백 명의 젊은이들에게 생생하게 살아난다. 이 같은 기술적 잠재력을 현실화시킬 역량을 갖춘 누군가가 있다면, 그는 바로 오늘날의 새천년 세대 혹은 좀 더 젊은 그들의 형제일 것이다!

두 번째 결정적인 이슈는 환경이다. 오늘날 기후변화와 물 부족, 자원 고갈, 생물 다양성 같은 이슈는 텔레비전 토론 프로그램과 신문 과학 섹션 같은 곳에서나 다룰 특수한 문제에 지나지 않는 것처럼 보인다. 하지만 앞으로 한 세대 안에, 혹은 그보다 훨씬 더 빨리 그런 이슈들은 지구가 당면한 가장 큰 문제로 대두될 것이다. 세계는 이미 절벽 너머로 향하고 있고, 조만간 무수한 환경 전선—온실가스 배출, 질소 및 인산 비료로 인한 오염, 물 부족, 서식지 파괴 등—에서 안전선을 넘어설 것이다.[5] 미국은 중서부에서 물 부족을, 남서부에서는 가뭄을, 그리고 특히 허리케인의 영향을 크게 받는 멕시코 만 일대와 강어귀의 저산소 지대를 비롯한 많은 지역에서 기상이변을 겪을 테고, 심각한 해안침식과 해수면 상승의 위협도 나타날 것이다. 가난한 나라들에서는 문제가 훨씬 더해서, 그들 중 최소한 몇 나라는 밀려오는 가뭄과 홍수, 기타 기후 관련 재해의 결과로 극심한 갈등을 겪게 될 것이다.[6]

여기에 사회적 네트워킹과 새로운 IT 기술이 갖는 가능성은 심대한 변화를 만들어낼 수 있다. 이동전화와 와이브로는 이미 환경 감시(토양 지도 작성, 가뭄 모니터링, 삼림 파괴와 불법 어로 적발, 수확량 예측, 인구 변동 및 질병 확산 추적 등)와 재해 대응에서 새로운 돌파구가 되고 있다. 새로운 지구화를 창출한 IT 혁명은 '새로운 지속 가능성'도 낳을 수 있을 것이다. 그리고 다시 한 번 말하지만 새천년 세대가 이러한 비약적 가능성을 주도할 것이다.

세 번째는 지정학이다. 미국이 가까운 장래에 활력과 역동성을 회복하는 데에서 그 어떤 성공을 거둘지라도 미국의 상대적인 경제적 지위가 하락할 것임은 거의 불가피한 일이다(전 지구적 차원의 파국이 없다면). 우리는 수렴의 시대에 살고 있다. 즉 이 시대에 신흥 경제국들은 고소득국들보다 훨씬 더 **빠른** 속도로 수십 년간 계속 성장할 것이다. 현재 미국은 구매력 조정 달러 기준으로 세계 총생산GWP의 약 20%를 차지하지만, 21세기 중반에 이것은 GWP의 약 10~12% 수준으로 하락할 가능성이 있다. 인도와 중국 두 나라 모두 총생산의 절대적인 규모로는 미국을 훨씬 앞설 것이다. 1인당 GDP는 여전히 미국의 절반이나 그 이하 수준에 머무르겠지만 말이다.[7]

이처럼 선도적 열강과 차세대 열강 간 변화하는 역학 관계를 다루는 일은 언제나 쉽지 않았다. 20세기 초 영국과 독일 간 경쟁은 독일이 제1차 세계대전을 일으킨 주된 요인이었다. 이와 비슷하게 유럽에서 독일과 러시아, 영국, 프랑스 사이의 경쟁과 아시아에서는 미국과 일본 사이의 경쟁이 제2차 세계대전의 발발에 영향을 미쳤다. 따라서 잠재적 위험을 제대로 이해하고 항구적으로 예방해야 하는데, 이것은 우리의 외교와 인내심, 협력 능력에 극도의 부담을 안겨줄 것이다.

네 번째로, 가장 큰 도전 영역인 이것은 다양성을 관리하는 일로서, 앞의 세 가지 이슈와도 연관된다. 아마도 인류의 가장 어려운 과제일 것이다. 위대한 종교들은 모두 인류의 보편적 형제애를 가르치지만 동시에 비신자, '타인', 이교도들의 배신에 대해서도 경고를 한다. 이러한 이중성 – 협력할 수도 배척할 수도 있는 것 – 은 아마도 우리 심리의 가장 내밀한 곳에 그 뿌리를 둘 것이다. 무엇보다 인간이 종을 형성해온 근본적인 진화의 힘을 반영하는 듯하다. 즉 자손과 내집단을 보호하려고 하고, 다른 종족들로부터 우리의 자손과 생활 영역을 지키려는 욕구와 필요성을 말이다.

더 심오한 이유가 무엇이든 간에, 인간은 서로 협력하고 보살필 뿐만 아니라 타인을 꺼리고 타인과 싸울 엄청난 가능성을 지니고 있다.[8]

따라서 우리의 무기가 인류 생존을 끝장낼 정도의 위력을 갖춘 고도의 과학기술 시대에, 우리의 그러한 나쁜 감정들을 길들여 건설적이고 협력적인 쪽으로 이끄는 것은 인류의 생존을 위한 토대를 제공할 것이다. 이 책에 서술된 모든 과제와 마찬가지로 이 과제 역시 흐트러짐 없는 각성을 필요로 한다. 동정에 대한 불교적 가르침 – 다른 모든 지각하는 존재를 우리가 보살펴야 할 대상으로 여기는 훈련 – 은 우리의 장기적인 정신적 행복을 위한, 또 자기 파괴를 피하기 위한 현명한 방법일 것이다.

향후 몇십 년 동안 다양성이라는 도전 과제는 국내외적으로 모든 위기 및 정책의 중심에 있을 것이다. 우리는 전 지구적 사회에 도달했지만, 열대 사바나로부터 물려받은 종족 본능을 잃지 않았다. 에드워드 윌슨Edward Wilson이 나의 책 『커먼 웰스』 머리말에서 특유의 문체로 썼듯이, "우리는 석기 시대의 정서와 중세 시대의 믿음, 신과 같은 기술의 기괴한 결합 속에 존재한다. 본질적으로 바로 이런 식으로 우리는 비틀거리며 21세기 초를 시작했던 것이다."[9]

존 F. 케네디와 그의 자문역이자 연설문 작성자였던 테오도르 소렌슨Theodore Sorensen은 다양성과 갈등의 한복판에서 엄격한 정신 수양과 강한 호소력으로 전 지구적 생존을 추구한 가장 모범적인 두 미국인이었다. 케네디가 대통령이던 당시는 냉전의 절정기였다. 쿠바 미사일 위기 속에서 군사적 긴장과 움직임은 세계를 거의 공멸 직전까지 몰고 갔다. 케네디는 합리적 사고로 동료 미국인들을 설득하면서 우리의 경쟁자들 – 그의 시대에는 소련 사람들 – 을 존중하도록 촉구했고, 우리 쪽의 모든 도발 행동에 대해 그들이 어떻게 인식하고 위험한 오해를 할 수 있을지를 고려하도록 촉구했다.

케네디와 소렌슨의 핵심 메시지는 일관되게 이런 것이었다. 즉, 우리의 보편적 인간성을 바탕으로 경쟁의 한가운데에서 공통의 대의를 발견할 수 있다는 것, 그리고 평화가 우리 자신의 미덕과 윤리적 행동에 달려 있다는 것이었다. 1963년 6월 아메리칸 대학교의 유명한 '평화 연설'에서 케네디는 말했다.

> 성서에는 "한 사람의 행위가 주님을 기쁘게 하면, 주께서는 그의 적조차 그와 더불어 화평하게 한다"는 말씀이 있습니다. 결국 이것은 평화가 아니라 인간 권리의 문제입니다. 평생 절멸의 두려움에 떨지 않고 여생을 살 권리, 자연이 주는 그대로의 공기를 호흡할 권리, 미래 세대가 건강하게 생존할 권리 말입니다.[10]

평화를 추구하는 그의 미덕은 공산당 서기장 니키타 흐루시초프 Nikita Khrushchev가 이끄는 소련에 명확히 전달되었다. 이에 흐루시초프는 똑같이 평화를 추구하는 열망으로 신속히 대응했다. 몇 주 후 제한적 핵실험 금지 조약이 조인되었고, 세계는 비로소 보다 안전한 길에 놓였다. 이는 다가올 세대를 위해 우리의 각성을 촉구하는 위대한 교훈이다.

다음 단계들

시민이자 가족 구성원, 사회의 구성원으로서 우리 각자는 이제 큰 역할을 해야 한다. 지금까지 수십 년 동안 돈이 투표를 지배해왔다.

편의주의가 미래를 어둡게 했으며, 우리는 엉뚱한 것에 정신이 팔려 우리의 권리를 지키지 못했다. 우리는 균형을 위험스럽게 벗어난 이 사회를 교정해야 한다. 그러나 문제의 범위가 방대한 만큼, 우리가 자유와 정의, 미래에 대한 배려라는 공통 가치에 입각해 하나의 통합된 사회로서 정면으로 갖서야 문제를 극복할 수 있다. 평화 연설에서 케네디는 이렇게 말했다. "인간 운명의 어떤 문제도 인간 존재를 넘어서는 것은 없다. 인간의 이성과 정신은 해결 불가능해 보이는 문제들을 종종 해결해냈다. 그리고 우리는 인간이 다시 그 일을 할 수 있을 것이라고 믿는다."[11]

이성과 정신력을 가지고 앞으로 나아가자. 각자가 첫째로 우리 자신과 우리의 장기적 행복에 충실하겠다는 약속을 하자. 그러기 위해서는 매일 충분한 시간 동안 TV를 비롯한 미디어들을 끄고서, 자신의 방향성을 되찾고 더 많은 독서를 하며 더 교양 있는 시민이 되도록 노력해야 한다. 과학과 기술의 최신 동향―기후변화와 에너지 시스템, 교통수단, 질병 통제 등에 관한―을 습득하여 우리 미래의 안전에 필요한 공적 조치를 한뜻으로 지지할 수 있도록 하자. 그리고 연방 예산에 대해 공부하여 우리 정치에서 무엇이 진짜이고 무엇이 속임수인지를 파악하자. 그럼으로써 부자와 힘 있는 이들이 모든 성과를 간단히 가로채지 못하게 하자. 또한 우리 주변과 이웃, 나아가 지구촌―심지어 지구 반대편일지라도―에 있는 가난한 사람들을 잊지 말자. 우리 자신의 안전과 평화는 본질적으로 그들과 연계 맺고 공감하는 우리 행동에 달려 있다.

하나의 사회로서, 우리는 전성기 미국의 특징을 이룬 기회의 평등과 공정한 경쟁, 높은 성취의 정신에 부응하겠다는 결의를 보여야 한다. 미국이 제2차 세계대전 직후에 그랬던 것처럼 세계경제 및 지정학을 지배하게 될 일은 다시 없을 것이다. 당시는 역사적으로 특별한 때였다. 전 세계적인 경제 진보를 통해 더욱 균형 잡힌 지구 경제와 사회들이 신속히 만들어지는 것은 기쁜 일이다. 그렇지만 우리가 그 증대하는 지구적 경쟁을 피해 숨어들 필요는 없다. 우리가 우리 자신에게 – 건강과 환경, 지식, 첨단 기술을 위해 – 다시 투자한다면, 미국의 새로운 번영은 여전히 가능할 것이다. 강대하고 번영한 미국은 지구 시장에서 경쟁할 뿐만 아니라 지구 정치에서 더욱 효과적으로 협력할 것이다. 상호 연관된 사회에서 경쟁과 협력 간의 건강하고 생산적인 균형을 이루는 데 우리 미래가 달려 있다.

모든 미국인이 각자 나름의 역할을 할 수 있다. 계급 전쟁은 필요하거나 기도되지 않는다. 그러나 앤드류 카네기에서부터 빌 게이츠, 워런 버핏, 조지 소로스 같은 미국의 훌륭한 사업가들이 깨달았듯이, 훌륭한 사업적 능력을 보유한 사람들에게는 막대한 책임도 있다. 이들이 조세 피난처에 돈을 숨기거나 감세를 위해 로비를 할 이유는 없다. 그들은 또한 필요할 경우 취해질 공적인 집합적 실천을 지지하고 박애 정신과 지도력을 바탕으로 그러한 실천을 확대해 나갈 시민적 책임성도 가져야 한다. 게이츠와 버핏, 소로스가 전 지구적 건강과 빈곤 경감, 좋은 거버넌스, 정치적 자유 등을 위해 기부한 수백억 달러는 선견지명 있는 개인들이 무엇을 할 수 있는지를 보여준다. 이들은 자신들의 사업적 통찰력을 국가 정책은 물론이고 전 지구적 문제의 해결에 쏟는다.

경제적 분화와 근시안, 증대하는 생태 위기로 공동의 미래가 위험에 처한 시점에 선 우리는 결국 미래를 위한 청지기다. 민주주의와 평등에 대한 미국인들의 신뢰를 다시 한 번 회복해야 한다는 커다란 과제를 앞두고 있다. 또한 우리는 우리 아이들뿐만 아니라 다가올 여러 세대들에 대해 막중한 책임을 지고 있다. 다시 시작하자.

■ 감사의 글

정치경제학 작업은 개인적으로 책임을 져야 할 문제일 수밖에 없다. 나라의 정치와 경제 생활을 해석할 때 그 책임은 전적으로 저자에게 있다. 동시에 그러한 작업은 동료나 친구, 가족들과의 무수한 논의와 토론의 결과물일 수밖에 없다. 이런 점에서 이 책은 집단 작업의 산물이고, 현재 진행되고 있는 미국의 정치·경제적 위기를 이해하려는 여러 해에 걸친 사회적 과정의 산물이다.

언제나처럼 나의 가족은 내 설익은 생각을 나누고 그중 최악의 것들은 부엌 밖으로 치워버리기 위해 처음으로 의지할 사람들이었다. 실제로 아내 소니아와 리사, 애덤, 한나, 매트, 앤드리어와 내가 자주 모여 하루하루의 경제 뉴스를 이해하고 그것들을 큰 그림으로 맞추어 보려고 했던 곳도 우리 집 부엌이었다. 몇 년 동안 식탁을 수많은 설문 자료와 국민소득 데이터, 대통령 예산안, 산더미 같은 책들로 채웠어도 이를 묵묵히 견뎌준 가족에게 감사를 보낸다.

지구연구소의 내 특별 조교인 애니킷 샤는 언제나 곁에 머물며 끊임없이 나를 도와준 유능한 항해자였다. 산더미 같은 자료와 연구 논문들을 정리하고 분석하며 꼼꼼히 살피도록 도와주었을 뿐만 아니라 내가 그 모든 것을 좀 더 명징하고 통찰력 있으며 시의적절하게 이해하도록 자극했다. 애니킷이 없었다면 이 책은 결코 빛을 보지 못했을 것이다. 또 기쁘게도 우리는 작업이 완료되기 몇 달 전에 지구연구소에 새로 들어온 클레어 벌거를 맞이했다. 날카로운 관찰력과 정확성을 갖춘 벌거는 초고를 최종 정리하는 과정 내내 모호한 것들을 명확히 하고 잘못된 곳들을 찾아내도록 도와주었다.

언제나 그랬듯이 나는 과하다 싶을 정도로 동료와 친구들에게 도움을 받았다. 이들은 초고의 여러 부분을 읽고 자신들의 통찰과 논평을 전해주었다. 초고를 매우 꼼꼼히 읽고 상세한 논평을 해준 마이어 스탬퍼, 존 맥아더, 포드 마더키에게 기쁜 마음으로 감사를 드린다. 나의 장인인 월터 얼리히에게서도 큰 도움을 받았다. 그는 사건을 끊임없이 날카롭게 관찰하고 의견과 해석을 전해주었을 뿐만 아니라 초고의 일부에 대해 빈틈없는 논평을 해주었다. 또 깊은 영감을 준 테오도르 소렌슨에게도 감사를 드린다. 소렌슨은 정부를 평화와 문제 해결을 위한 도구로 보는 긍정적인 시각을 나에게 아낌없이 나눠주었다. 2010년 그가 세상을 떠나면서 우리는 이성과 동정, 낙관주의의 목소리를 잃었다. 그리고 언제나처럼 나는 소셜 네트워크와 블로그, 미디어 토론을 통해 공개적인 정책 논의를 확대하도록 도와준 나의 동료 에린 트로브리지와 이규영에게 감사드린다.

오랫동안 나는 미국의 거친 정치와 분열적인 공론이 복지에 대한 대중의 뿌리 깊은 열망을 충족시키지 못하고 있다고 느껴왔다. 2009년 나는 멋진 부탄 여행을 했고, 그곳의 진보적인 지도자들과 더불어 부탄의 국민총행복 개념을 발전시키려는 노력을 계속하고 있다. 이를 통해 우리 시대의 사회들이 행복 추구를 위해 어떻게 노력할 수 있는지를 더욱 명확하게 이해할 수 있었다. 지그메 틴리 수상과 지그메 케사르 남기엘 왕추크 국왕, 라투 왕추크 유엔 상주 대사, 국민총행복위원회 사무국장인 카르마 치팀에게 특별한 감사를 드린다.

미국 내에서 이루어지는 정치적 논의는 너무나 신랄한데, 이는 부분적으로 많은 미디어, 특히 무수한 TV와 라디오 프로그램들의 무책임 때문이다. 이런 프로그램들은 진실이나 기본 예의에서 철저히 벗어난 극단주의로 시청자들의 관심을 끈다. 그런 만큼, 훌륭한 대화와 유머가 넘치고 예의가 지켜지는 TV 프로그램에서 이 책의 주제들을 논의할 수 있었던 것은 큰 특권이었다. 전문성과 책임성을 보여주었을 뿐만 아니라 자신들의 프로그램에 나를 불러준 조 스카버러, 미카 브레진스키, 파리드 자카리아, 톰 키인, 찰리 로즈에게 감사드린다.

이 책은 지구연구소와 유엔에서의 꽉 찬 일정을 소화하며 아프리카와 아시아, 중동 등지에서 현지 작업을 수행하는 과정에 집필되었다. 내가 깊이 생각할 시간을 가질 수 있었던 것은 전적으로 내 일의 모든 면에 탁월한 도움을 아낌없이 준 동료들 덕분이다. 수석 보좌관인 조애나 루빈스타인, 내 비서인 하이디 클리트키, 소장실 지원 담당인 도널드 휘트와 수제트 에스퓨트, MDG 센터의 두 소장인 아마두 니앙과 빌레이 베가쇼, 지구연구소 운영책임자 스티브 코헨, 지구연구소 부소장 피터 슐로서에게 감사를 전하고 싶다. 그리고 지금까지 10년 동안 컬럼비아 대학교는 이 일련의 작업과 관련해 모든 면에서 이상적인 곳이었다. 리 볼린저 총장의 지도력에 깊은 감사를 드린다.

내 책의 편집자와 저작권 대리인들은 모든 고비마다 무한한 전문성을 발휘해 구상 단계에 있던 책을 현실로 만들었다. 랜덤하우스 편집자인 조너선 자오는 매 순간 재기와 설득력이 넘쳤다. 그의 제안과 편집자적 재능이 이 책의 모든 중요한 지점에 녹아들어 있다. 유감스럽지만 이 책의 아쉬운 점들이 발견된다면, 그것은 내가 편집자들의 충고를 주의 깊게 듣지 않았기 때문이다. 나의 이전 책들에서처럼, 스캇 모이어스와 앤드류 윌리는 미국의 정치·경제적 곤경에 관한 새 책이라는 발상부터 최종 원고까지 모든 굽이굽이에서 나를 인도했다. 두 사람 덕택에 지금까지 세 권의 책을 쓰는 과정은 구상에서 마무리에 이르기까지 놀라운 활공 경로와 같았다. 이들이 보여준 재능은 나처럼 세계 여러 곳을 끊임없이 돌아다녀야 하는 사람으로서는 매우 높이 평가하지 않을 수 없다.

끝으로 나의 견해에 대한 독자 여러분의 신뢰에 감사를 드린다. 물론 독자 개인의 입장과는 무관한 부분들도 있겠지만 말이다. 『빈곤의 종말』과 『커먼 웰스』 및 다른 책들과 논문들이 계속 이어지는 가운데 독자 여러분이 일관되게 보여준 토론과 협력 관계의 즐거움에 미리 감사드린다.

■ 더 읽을거리

　이 책을 쓰면서 맛본 큰 즐거움 중 하나는 도덕철학에서부터 정치경제학, 미국 현대사, 신경생리학에 이르기까지 많은 주제에 관한 수십 권의 주요 서적과 수백 편의 학술 논문을 읽고 음미할 기회가 있었다는 것이다. 이 책 끝에 첨부된 수백 개의 주석과 참고 문헌 목록을 통해 독자들은 책에서 다루고 있는 주제에 관한 방대한 자료의 숲을 헤쳐나갈 수 있을 것이다. 다만 자료가 너무나 광범위하기 때문에 좀 더 집중적인 탐색 경로를 독자들에게 제시하는 것도 유용할 것이라는 생각이 든다.

　아래에 서술되는 것은 내가 미국 정치경제의 복잡한 풍경을 관찰하면서 가장 중요하게 참고했던 핵심 서적들이다. 이 책들은 일종의 견본이 되는 몇몇 대표 서적들이 아니고, 뜨거운 논쟁에 대한 포괄적인 설명을 하고 있는 것도 아니다. 단지 가장 두드러지는 부분들에 대한 나의 개인적인 관점일 뿐이다. 내가 선전으로부터 진실을, 의견으로부터 사실을 구분해내려고 했던 과정에서 나에게 가장 깊은 인상을 남긴 책들이다. 나는 그 책들을 몇 개의 주요 범주로 나누었다. 이로써 명확히 구분되기를 바라기는 하지만, 이 범주들 사이에 중첩이 존재할 수밖에 없을 것이다.

현대 미국 정치사

이 책에서 기술하고 있는 사건들은 사실 1960년대에 시작된다. 1960년대는 케네디의 뉴 프런티어와 존슨의 빈곤과의 전쟁이 있었던 시대로서, 개입주의적 정부의 절정기였다. G. 캘빈 맥킨지G. Calvin MacKenzie와 로버트 와이스브로트Robert Weisbrot가 쓴 『자유주의의 시대The Liberal Hour』는 1960년대에 대해 훌륭하게 서술하고 있다. 개입주의적 정부의 종말은 여러 곳에서 다루어진다. 탁월한 책 한 권을 꼽으라면, 토머스 에드샐Thomas Edsall과 매리 에드샐Mary Edsall이 쓴 『연쇄 반응Chain Reaction』이다. 이 책은 민권운동의 시대와 이 운동이 창출한 재편성이 어떻게 하여 케네디-존슨의 1960년대로부터 레이건의 1980년대로 이어졌는지를 기술한다. 또 다른 탁월한 책은 유디트 스타인Judith Stein의 『중추의 10년Pivotal Decade』으로, 1970년대가 어떻게 자유주의적 1960년대와 보수주의적 1980년대의 정치적 가교가 되었는지를 서술한다. 션 윌렌츠Sean Wilentz는 『레이건의 시대The Age of Reagon』에서 레이건 집권기와 2008년에 이르는 레이건의 긴 유산을 철저하고도 설득력 있게 서술하고 있다.

미국이 오늘날의 도금 시대로 전락하기까지의 연대기를 케빈 필립스Kevin Phillips보다 일관되고 능숙하게 저술한 사람은 아마 없을 것이다. 필립스는 1969년에 『부상하는 공화당 다수The Emerging Republican Majority』를 통해 선언한 이래, 미국에서 현대의 금융 기반 자본주의의 출현과 이것이 정치와 사회에 미친 쇠약 효과를 연대기적으로 정리해 왔다. 새로운 도금 시대에 관한 필립스의 방대한 저작에는 『오만한 자본Arrogant Capital』(1994)과 『부와 민주주의Wealth and Democracy』(2002), 『나쁜 돈Bad Money』(2008)이 있다.

행복의 경제학

경제적 복지에 대한 진지한 연구는 오랫동안 지체되다가 마침내 경제학자들이 행복을 연구 영역으로 다시 받아들이기 시작했다. 이 영역에서 최근 두 권의 모범적인 책은 리처드 레이어드Richard Layard의 『행복: 새로운 과학에서 얻은 교훈Happiness: Lessons from a New Science』과 캐럴 그레이엄Carol Graham의 『행복의 추구The Pursuit of Happiness』다. 이 두 책은 저자들이 학술 저널에 그야말로 쏟아낸 논문들을 기초로 집필되었다. 소비재와 복지의 연관성에 대한 가정에 강하게 의문을 제기하는 또 한 권의 책은 애브너 오퍼Avner Offer의 『풍요의 도전: 1950년 이후 미국과 영국에서의 절제와 복지The Challenge of Affluence: Self-Control and Well-Being in the United States and Britain since 1950』다.

신경 과학과 행복의 심리학

물론 경제학자들만이 소비주의와 복지의 관계를 이해하려고 노력 중인 것은 아니다. 사실 경제학자들은 뒤늦게 참여하고 있다. 심리학자들과 신경 과학자들은 수십 년 전부터 그 일을 해 왔고, 최근에는 뇌 주사brain scan 같은 새롭고 강력한 도구들로 비약적 발견을 이루어 왔다. 이러한 심리학적·신경 과학적 통찰에 대한 최근의 흥미진진한 설명에는 도널드 파프Donald Pfaff의 『공정한 게임의 신경 과학The Neuroscience of Fair Play』, 데이비드 린든David Linden의 『쾌락의 나침반The Compass of Pleasure』, 디어드리 배럿Deirdre Barrett의 『인간은 왜 위험한 자극에 끌리는가Supernormal Stimuli』, 대니얼 길버트Daniel Gilbert의 『행복에 걸려 비틀거리다Stumbling on Happiness』 등이 있다. 이 연구들을 관통하는 일관된 주제가 있다면, 그것은 행복을 전달하는 메커니즘의 상당 부분이 우리가 희미하게밖에 알지 못하는 무의식적인 정신 과정과 두뇌 회로에 의존한다는 점이다. 그러나 하나의 사회이자 경제로서 우리는 그러한 경로가 때로 위험한 방식에 의해 조종된다는 것도 알게 되었다. 중독성을 이용하는 것은 물론, 곳곳에 스며드는 침해적인 광고, 매스미디어의 시각 이미지, 건강에 나쁜 새로운 조리법, 기업 로비를 배후로 한 끊임없는 홍보 캠페인 등을 통해서 조종된다는 것을 말이다.

고금의 지혜

뇌 주사와 공공 여론조사가 존재하기 훨씬 전에 삶의 만족에 이르는 길과 인간적 조건을 정확히 사고했던 철학자들이 있었다. 2천 년 이상 인류에 지속적인 영향을 미친 붓다와 아리스토텔레스다. 불교가 주로 남아시아와 동아시아의 문명화 과정에 영향을 미쳤고, 아리스토텔레스의 사상은 서구의 문명화 과정에 주로 영향을 미쳤지만, 두 위대한 사상은 공통된 심원한 통찰을 내포하고 있고 서로를 보완하기도 한다. 이 책을 쓰면서 나의 큰 즐거움 중 하나는 아리스토텔레스의 고전 『니코마코스 윤리학The Nicomachean Ethics』을 음미하게 된 것이었다. 이 책에 대해 서구의 몇몇 사람들은 지금껏 가장 위대한 철학적 저작으로 평가한다. 붓다의 "네 가지 고귀한 진리四聖諦"와 "여덟 가지 바른 수행 방법八正道" 같은 특정한 말씀들 외에도, 나는 달라이 라마로부터 불교 사상에 대한 가장 풍부한 영감과 안내를 받았고 특히 그의 저서 『새천년의 윤리Ethics for the New Millennium』와 『달라이 라마의 행복론The Art of Happiness』에서 큰 감동을 받았다.

유럽 계몽주의에서 오늘에 이르기까지 철학자들은 인간 행동의 깊숙한 동기와 복지의 궁극적 원천에 관해 사색해왔다. 애덤 스미스의 『도덕감정론The Theory of Moral Sentiments』은 사회적 동학과 신분에 영향을 받는 개인들의 여러 가지 동기에 관한 가장 날카로운(재미있기도 한) 저작이다. 현대 철학자들은 '무엇이 행복을 주는가'뿐만 아니라 '무엇이 정의를 낳는가'도 강조해왔다. 개인적 자유 대 사회적 정의와 윤리적 책임성이라는 주제에 대해서라면 존 롤즈John Rawls의 『정의론A Theory of Justice』과 로버트 노직Robert Nozick의 『무정부, 국가, 유토피아Anarchy, State, and Utopia』 간의 유명한 논쟁을 반드시 돌아보아야 한다. 철학자 피터 싱어Peter Singer는 『물에 빠진 아이 구하기The Life You Can Save』 같은 최근 저작에서 그 논쟁에 강한 공리주의적 목소리를 추가했다. 조너선 헤이트Jonathan Haidt의 『행복의 가설The Happiness Hypothesis』은 고대 현인들의 교훈과 현대 철학자들의 가르침, 현대 심리학의 통찰을 종합하려는 강력한 시도다. 독자의 사고와 논의를 자극할 것이 틀림없는 이 책은 나에게 이 중요한 주제에 관한 인간적 사유의 긴 역사를 두루 살펴보도록 도와주었다.

경제적 기초

내가 쓴 이 책의 경제적 주제는 미국이 시장과 정부 사이의 적절한 균형을 잃었다는 것이다. 경제적 복지는 혼합경제에 달려 있다. 이 것은 애덤 스미스도 알았던 것이다. 『국부론』을 읽은 사람이라면(특히 제5권) 스미스가 무엇보다도 법 집행과 공공사업, 교육 같은 영역에서 정부의 적극적 역할을 찬성했다는 점을 기억할 것이다. 20세기에 '작은 정부'를 옹호한 두 권의 가장 영향력 있는 저작은 프리드리히 하이예크의 『노예의 길』과 밀턴 프리드먼의 『자본주의와 자유

Capitalism and Freedom』다. 이 두 책은 읽기보다는 인용이 훨씬 더 잦은 책들이다. 부끄러운 일이다. 두 책 모두 오늘날에도 충분히 읽어볼 가치가 있다. 이는 부분적으로 그 책들이 독자들에게 하이예크와 프리드먼 같은 제일의 시장자유주의자들조차 경제에서 정부의 역할, 특히 환경을 보호하고 인프라를 공급하며 국민의 교육을 보장하기 위한 정부의 역할을 가치 있게 여겼다는 점을 상기시키기 때문이다. 이와 관련하여 독일의 시장경제학자 빌헬름 뢰프케는 『인본적 경제』에서 시장의 위압으로부터 인간을 보호하기 위한 도덕적 경계선의 필요성을 탁월하게 강조했다.

경제 규제와 안정화, 공공재의 공급으로부터 정부가 후퇴한 결과 미국 경제의 특정 부문들이 어떻게 잘못되어 왔는지에 관해서는 최근 홍수처럼 많은 책들이 쏟아져 나왔다. 금융과 통화 부문의 실패만 단순히 나열하는 데에도 여러 쪽이 필요할 것이다. 윌리엄 플레켄스타인William Fleckenstein과 프레드릭 쉬핸Frederick Sheehan은 『그린스펀 버블Greenspan's Bubbles』에서 앨런 그린스펀의 일련의 실수를 간결하고도 통렬하게 정리했다. 제이콥 해커Jacob Hacker는 『거대한 위험 이동The Great Risk Shift』에서 미국 중산층에 대한 사회 안전망의 붕괴를 설득력 있게 다루었다. 카이저퍼머넌트의 CEO인 조지 핼버슨George Halvorson은 『의료 부문은 결코 스스로 개혁하지 않을 것이다Health Care Will Not Reform Itself』에서 미국 의료 시스템의 실패를 능숙하게 설명하고 있다. 지도적인 경제학자 클라우디아 골딘Claudia Goldin과 로렌스 카츠Lawrence Katz는 『교육과 기술 간의 경주The Race between Education and Technology』에서 교육에 대한 정부 부문의 과소 투자를 정확하게 정리한다. 앙등하는 공공 부채의 위험은 경제학자 카르멘 라인하트Carmen

Reinhart와 케네스 로고프Kenneth Rogoff가 쓴 『이번엔 다르다This Time Is Different』에 철저하게 정리되어 있다. 이 두 사람은 방종한 예산의 위험에 장기적이고 흥미진진한 역사적 관점을 더했다.

나쁜 공공 정책이 초래한 가장 놀라운 결과는 경제적 불평등의 급증과 특히 초거부들의 소득 급증이었다. 1970년대에 지구화로부터 불평등이 증대되기 시작했을지 모르겠지만, 최고 세율을 삭감하고 금융 규제를 완화하며, 대개 기업의 이해관계에 영합하는 의도적이고 불공평한 정부 조치들이 불평등을 크게 악화시켜 왔다. 이와 관련하여 부자들의 소득을 숨기기 위한 국제 조세 피난처의 확산도 거론되어야 한다. 이 이야기는 니컬러스 색슨Nicholas Shaxson이 『보물섬 Treasure Islands: Uncovering the Damage of Offshore Banking and Tax Havens』에서 비범할 정도로 생생하고 명확하게 서술했다. 불평등의 또 다른 측면은 CEO 급여의 급증이다. 이것을 가능하게 해준 것은 미국 주주 자본주의와 기업 이사회들의 허약한 거버넌스였다. 부당한 CEO 보수에 대한 핵심적인 참고 서적은 하버드 로스쿨 교수인 루시안 베브척 Lucian Bebchuk과 제시 프리드Jesse Fried가 쓴 『성과 없는 보수: 경영자 보수에 대한 이행되지 않은 약속Pay without Performance: The Unfulfilled Promise of Executive Compensation』이다.

비교를 통한 정치제도

내가 이 책 전체를 통해 강조하듯이, 다른 사회들 특히 스칸디나비아의 성공한 사회민주주의 국가들의 시장-정부 선택에 관해 더 많은 것을 배우면 도움이 될 것이다. 스칸디나비아 사회민주주의에 대한 가장 훌륭한 분석가는 사회학자 괴스타 에스핑-안데르센이다.

그의 책은 『복지 자본주의의 세 가지 세계 The Three Worlds of Welfare Capitalism』와 『21세기 새로운 복지국가 Why We Need a New Welfare State』(공편)가 있다. 또 몇 가지 핵심 영역(경제, 사회, 환경)에서 미국의 성과를 다른 고소득국들과 비교하여 이해하는 것도 중요하다. OECD와 세계경제포럼, 국제투명성기구, 유엔개발프로그램은 각각 여러 가지 온라인 데이터와 등위를 제공하고 있다. 각국의 성과를 비교 평가하도록 도와주는 이런 데이터들은 변화를 위한 선택지를 고려할 때 유용한 참고 사항이 된다.

미국인들의 정치적 가치

이 책을 쓰면서 가장 유쾌하면서도 놀라웠던 점은 미국인들의 상식과 가치를 다시 알게 된 것이었다. 우리는 매일 폭스 뉴스로부터 미국이 티 파티 운동으로 대변되는 보수적인 나라라는 말을 듣는다. 그러나 증거들을 보면 그렇지 않다. 미국은 온건하고 실용적인 나라다. 대다수 미국인들은 가난한 사람들이 그들 자신의 경제적 개선을 위해 솔선수범해야 한다고 주장하지만, 가난한 사람들을 돕는 일에도 관대한 태도를 가지고 있다.

오랫동안 정치학자들은 이 '중도적' 입장을 탁월하게 설명해왔다. 최근에 이루어진 귀중한 작업은 벤저민 페이지와 로렌스 제이콥스의 『계급 전쟁?: 미국인들은 경제적 불평등에 관해 어떻게 생각하는가 Class War?: What Americans Really Think about Economic Inequality』다. 래리 바텔의 『불평등한 민주주의: 새 도금 시대의 정치경제학 Unequal Democracy: The Political Economy of the New Gilded Age』에도 비슷한 메시지가 보인다. 바텔에 따르면, 미국의 정치가 극단적임에도 불구하고 미국인들은 온건하다. 미 정치가 극단적인 것은 부분적으로 부자들이 의회에서 지나칠 정도로 큰 영향력을 발휘하기 때문이다. 또 미국인들이 진짜로 믿고 있는 것과 그들이 믿는다고 말해지는 것 사이의 혼동은 부분적으로 기업들의 용의주도한 선전이 만들어낸 결과다. 미국의 주요 공해 유발 기업들의 끊임없는 반과학적 공격을 가장 잘 설명하는 것은 최근 나오미 오레스케스와 에릭 콘웨이Erik Conway의 저작 『의혹을 팝니다Merchants of Doubt』라 하겠다.

미국의 온당한 공적 가치는 위협을 받고 있는데, 정부에 대한 신뢰 및 대중들 사이의 신뢰가 쇠퇴했기 때문이다. 대중 신뢰의 위축을 다룬 주도적인 인물은 사회학자이자 정치학자인 로버트 퍼트넘이다. 퍼트넘의 걸작 『나 홀로 볼링』은 최근 몇십 년간 미국에서 '사회적 자본'의 소실을 면밀하게 정리하여 설명하고 있다.

공공 여론조사의 보편화로, 미국의 가치에 대한 선전가와 학자연하는 자들의 왜곡된 주장이 아닌 미국인들이 견지하는 실제 가치들을 조사하는 것이 훨씬 더 쉬워졌다. 갤럽과 라스무센 같은 여론조사업체에서 발표하는 중요한 결과들에 더해, 퓨 리서치 센터는 일련의 최고급 온라인 자료를 꾸준히 제공한다. 매릴랜드 대학교의 혁신적인 정치조사센터는 정치적 관점에 대한 또 하나의 주목할 만한 관찰자다.

문제 해결의 복잡성

전작인 『빈곤의 종말』과 『커먼 웰스』에서 나는 미국이 오늘날 직면하고 있는 복잡한 문제에 대한 해결책들은 총체적이고 유연하게 설계되어야 하며 목표 지향적이어야 한다고 강조했다. 간단히 말해 우리가 전진하기 위해서는 '복합적인 시스템적 사고'가 필요하다. 성공에 이르는 지름길도 매직 불릿도 없다. 시스템적 사고는 가까운 장래에 에너지 위기, 환경적 안전, 경제 번영이라는 동시다발적 과제들을 다룰 때 가장 절실할 것이다. 최근의 많은 책들이, 지속 가능한 발전이라는 과제에 관해 이 같이 사고하는 방법을 보여준다. 스티븐 코헨Steven Cohen의 『지속 가능 경영Sustainability Management』과 피터 칼소프Peter Calthorpe의 『기후변화 시대의 도시계획Urbanism in the Age of Climate Change』, 찰스 와이스Charles Weiss와 윌리엄 본빌리언William Bonvillian의 『에너지 기술 혁명의 구조화Structuring an Energy Technology Revolution』, 레스터 브라운Lester Brown의 『벼랑 끝에 선 지구World on the Edge』, 윌리엄 미첼William J. Mitchell이 공저한 『자동차의 재발명Reinventing the Automobile』 등이다.

■ 주석

1부 거대한 균열

1장 미국 경제 위기의 진단

1. 미국 인구조사국, "Current Population Survey: Annual Social and Economic (ASEC) Supplement." 인구조사국에 따르면 미국의 빈곤선 이하 인구는 대략 4천 400만 명, 총인구의 14.3%다. 빈곤선과 빈곤선의 두 배 사이-빈곤의 '그림자'라고 할 수 있는 층위-에서 사는 인구는 약 6천만 명이다.
2. Plato, "Apology," in *Five Dialogues*, transl. G. M. A. Grube (Indianapolis: Hackett, 2002), p. 41.

2장 잃어버린 번영

1. Gallup Poll, "In general, are you satisfied or dissatisfied with the way things are going in the United States at this time?," May 5-8, 2011.
2. Rasmussen Reports, "Right Direction or Wrong Track," March 2011.
3. Rasmussen Reports, "65% Now Hold Populist, or Mainstream, Views," January 2010.
4. Robert D. Putnam, *Bowling Alone: The Collapse and Revival of American Community* (New York: Simon & Schuster, 2002); Robert D. Putnam, "E Pluribus Unum: Diversity and Community in the Twenty-first Century: The 2006 Johan Skytte Prize Lecture," *Scandinavian Political Studies* 30, no. 2 (June 2007).
5. Richard Easterlin, "Does Economic Growth Improve the Human Lot? Some Empirical Evidence," in Paul A. David and Melvin W. Reder, eds., *Nations and Households in Economic Growth: Essays in Honor of Moses Abramovitz* (New York: Academic Press, 1974).
6. Betsey Stevenson and Justin Wolfers, "The Paradox of Declining Female Happiness," NBER Working Paper Series, No. 14969, May 2009.
7. Tom Rath and Jim Harter, *Wellbeing: The Five Essential Elements*, Appendix G: "Wellbeing Around the World" (New York: Gallup Press, 2010). 갤럽은 응답자들에게 "잘 살고 있는지", "힘들게 살고 있는지", "나빠지고 있는지"를 물었다. 미국은 "잘 살고 있다"는 응답자 비율에서 19위였다. 미국보다 상위에 덴마크, 핀란드, 아일랜드, 노르웨이, 스웨덴, 네덜란드, 캐나다, 뉴질랜드, 스위스, 오스트레일리아, 스페인, 이스라엘, 오스트리아, 영국, 벨기에, 멕시코, 파나마, 아랍에미리트연합이 있었고, 미국 아래에는 프랑스, 사우디아라비아, 푸에르토리코, 자메이카가 자리했다.
8. Philip Brickman and Donald Campbell, "Hedonic Relativism and Planning the Good Society," in M. H. Apley, ed., *Adaptation Level Theory: A Symposium* (New

York: Academic Press, 1971), pp. 287-302.
9. U.S. Bureau of Labor Statistics, "Employment Situation Summary" and "Overview of BLS Statistics on Employment."
잘 알려져 있다시피, 이 실업률 수치에는 더 큰 실업 위기가 숨겨져 있다. 수백만 명의 노동자들이 노동인구에서 완전히 탈락한 것이다. 이는 그들이 결국 일자리를 찾을 수 없었고, 따라서 언론의 헤드라인을 장식하는 실업률(구직 활동을 적극적으로 하는 사람만 포함함)에서는 더 이상 계산되지 않는다는 의미다. 또 이런 구직 포기자 말고도 다른 수백만 명이 원하지 않는 시간제 업무에 종사한다. 이 두 집단을 공식 실업률에 더하면 성인 인구의 20%에 근접하는 실질적인 실업률을 확인할 수 있다. 더욱이 대부분이 젊은 층인 200만 명 이상의 사람들은 수감 중이기 때문에 노동인구로부터 고통스럽게 벗어나 있다.
10. 위의 자료.
11. 현재의 데이터는 U.S. Bureau of Labor Statistics, "Employment Situation Summary"를 보라. 과거 데이터는 U.S. Census Bureau, *Income, Poverty and Health Insurance Coverage in the US: 2009*를 보라.
12. 2011년 추정치의 출처는 Congressional Budget Office, "An Analysis of the President's Budgetary Proposals for Fiscal Year 2012," Table 1.5.
13. Alicia M. Munnell, Anthony Webb, and Francesca Golub-Soss, "The National Retirement Risk Index: After the Crash," Center for Retirement Research, October 2009, No. 9-22, p. 1.
14. 대다수 민간 부문 연금제도는 확정갹출형(defined-contribution) 제도다. 이것은 은퇴 시 연금 지급금이 노동 기간 동안 개인을 대신하여 이루어지는 연금 투자의 누적 수익에 달려 있다는 것을 뜻한다. 이와는 대조적으로 주와 지방 수준의 많은 공공 부문 피고용자들은 확정급여형(defined-benefit) 제도에 속해 있다. 이것은 정부 고용주들이 약속된 연금 지급금을 보장하기 위해 충분한 기금을 확보해두어야 한다는 것을 뜻한다. 2008년과 그 이후에 그러했듯이 만약 연금 투자의 수익이 흔들린다면, 약속된 은퇴 수당을 채워줄 투자 풀의 적정성을 보장하기 위해 연금 기금에 대한 불입이 더 많이 이루어져야 한다. 2011년 현재 주 정부와 지방 정부들은 필요 갹출금에 상당히 뒤처져 있다.
15. 중국의 국가 저축률에 대해서는, International Monetary Fund, "World Economic Outlook Database: October 2010"을 보라.
16. American Society of Civil Engineers, "2009 Report Card for America's Infrastructure," March 2009.
17. Organization for Economic Co-Operation and Development, Programme for International Student Assessment, "PISA 2009 Results."
고등학교 성적은 다른 많은 면에서도 심각하게 뒤져 있다. 1950년대와 1960년대에 미국에서 고등학교 졸업률이 상승했지만, 1980년대와 1990년대에 다시 정체하거나 심지어 하락하기 시작했다. 2000년대에 약간의 증가가 있긴 했지만, 2009년 졸업률(4년 전 고등학교 신입생 수로 나눈 고등학교 졸업생 수)은 1970년보다 낮았다! 미국 교육부의 추산에 따르면, 1970년 78%였던 졸업률이 1984년 74%로, 1994년 73%로, 2001년 72%로 떨어졌다가 2008년에 75%로 약간 상승했다. 81%의 비백인 히스패닉계와 낮은 60%대의 소수집단(히스패닉, 흑인, 아메리카 원주민) 사이의 간극이 크고, 좁혀진다고 해도 그 정도는 매우 미약하다. 최근 연구에서, '대학 준비'가 된, 즉 대학 수준의 문해력과 계산력을 갖춘 고등학교 졸업생의 수가 절반도 안 되는 것으로 나타나고 있다. U.S. Department of Education, National Center for Educational Statistics, June 2010, "The Condition of Education 2010," p. 214.
18. John Michael Lee and Anita Rawls, "The College Completion Agenda: 2010 Progress Report," The College Board, 2010. p. 10.
19. 위의 자료.
20. John Gibbons, "I Can't Get No······Job Satisfaction," The Conference Board, January 2010.
21. 더 많은 정보는 미국 농무부의 영양 보충 프로그램(SNAP)의 웹사이트(http://www.fns.usda.gov/snap)를 보라.
22. 부의 불평등에 대해서는 Office of Management and Budget, "A New Era of Responsibility," February 2009, p. 9를 보라. 소득 불평등에 대해서는 Gerald Prante and Mark Robyn, "Fiscal Fact: Summary of Latest Federal Income Tax Data," Tax Foundation, October 6, 2010을 보라.
23. Robert Innes and Arnab Mitra, "Is Dishonesty Contagious?," June 2009와 여기에 첨부된 참고 문헌을 보라.
24. 골드만삭스 벌금 합의: Patricia Hurtado and Christine Harper, "SEC Settlement with Goldman Sachs for $550 Million Approved by US Judge," Bloomberg News, July 21, 2010. 골드만삭스의 2009년 소득: Goldman Sachs Web site. 컨트리와이드파이낸셜: Alex Dobuzinskis, "Mozilo Settles Countrywide Fraud Case at $67.5 million," Reuters News, October 15, 2010. 안젤로 모질로의 순 자산: Kamelia Angelova, "Worst CEOs Ever: Angelo Mozilo," Business Insider, June 8, 2009.

3장 자유시장의 오류

1. Jeffrey Sachs and Michael Bruno, *Economics of Worldwide Stagflation* (Cambridge: Harvard University Press, 1985).
2. Adam Smith, *An Inquiry into the Nature and Causes of the Wealth of Nations* (Oxford: Oxford University Press, 1993), Book 1, Chapter 2.
3. 구체적으로 말하자면, 시장균형이 일단 도달되면, 다른 일부 주민의 복지를 떨어뜨리지 않으면서 어떤 일부 주민의 생활수준을 높일 수 있는 자원의 추가 조정(예를 들어 국가의 권한으로 행해지는 조정 같은 것)은 일어날 수 없다. 이런 효율성 개념은 "파레토 효율"이라 불린다.
4. Friedrich Hayek, *The Road to Serfdom* (Chicago: University of Chicago Press, 1944), p. 36.
5. Adam Smith, *An Inquiry into the Nature and Causes of the Wealth of Nations*, Book 5, Section 1.
6. 효율성은 소비자들에게 진정한 가치를 주는 재화와 서비스의 측면에서 측정되어야 한다. GNP 증가는 효율이 높아졌다는 것을 입증하기에 충분하지 않다. GNP는 복지를 진정으로 높이지 않는 시장 거래들(여기 시간 같은 비시장적 서비스의 축

소, 오염과 사기에 기반을 둔 거래 등)을 포함할 수도 있기 때문이다.
7. Pew Research Center for the People & the Press. "Trends in Political Values and Core Attitudes: 1987-2009," May 21, 2009.
8. *Forbes*, "The World's Billionaires," 2011.
9. 군대와 경찰, 교도소, 법원은 정부의 이른바 야경 기능을 이룬다. 순수한 자유지상주의자들은 야경국가를 옹호하는데, 이것은 사유재산 및 신체의 안전, 국가 안보라는 핵심 과업으로 그 활동을 제한하는 국가다.
10. Gallup Poll, "Views of Income Taxes Among Most Positive Since 1956," April 13, 2009.
11. Pew Research Center, "Trends in Political Values and Core Attitudes: 1987-2009," p. 43.
12. 역사상 예외는 주로 하나의 민족적, 인종적, 종교적 집단이 다른 집단이 사멸하도록 놓아둘 때 나타난다.
13. 비슷한 질문과 화제에 대한 응답들에 대해서는, Benjamin Page and Lawrence Jaconbs, *Class War: What Americans Really Think About Economic Inequality* (Chicago: University of Chicago Press, 2009)를 보라.
14. 가족 소득은 대학 졸업의 가장 중요한 결정 요인이자 가장 적합한 예측 변수다. 오늘날 미국의 사회정책과 교육정책에 급격한 변화가 없다면, 가난한 집 아이들 중에서 극소수만이 대학을 마칠 것이다. 가난한 아이들이 직면해 있는 불리한 조건은 너무나 많고 강력하다. 가난한 아이들은 가난한 동네에서 가난한 학교에 다니며 허약한 건강 상태로 자란다. 게다가 학력 수준이 낮은 부모들은 아이들이 학교에서 성공하도록 도와줄 수도 없다. 특히 소수자들의 경우에는 사회적 기대가 낮고 지속적인 차별과 인종주의에 직면해 있다.

결국 미국에서 부모들의 교육 수준과 아이들의 교육 수준 사이에 놀라울 정도로 강한 상관관계가 있는 것으로 나타난다. 대학을 졸업하고 부를 성취한 가계들은

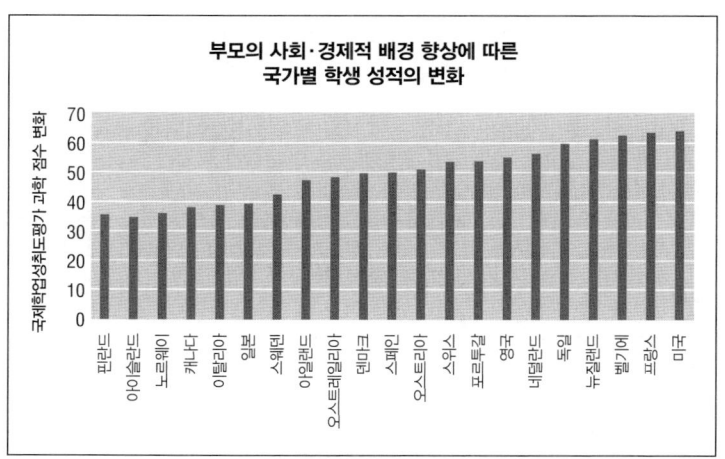

출처: Organization for Economic Cooperation and Development, "Economic Policy Reforms, Going for Growth: OECD 2010"

아이들도 학사 학위를 따고 부자가 되도록 양육할 가능성이 있다. 지금 가난한 가계들은 자신들에게 주어진 운명을 피하려는 필사적인 노력에도 불구하고 그 아이들에게도 가난을 물려줄 가능성이 있다. 353쪽의 표에 나와 있듯이, OECD가 면밀하게 수행한 연구에 따르면, 미국은 사실 OECD 안에서 사회적 이동성이 가장 낮다. 즉 부모의 교육 수준과 아이들의 교육 수준과의 상관관계가 가장 높은 것이다. 이것은 미국이 만인을 위한 기회와 사회적 이동성의 땅이라는 오랜 가정과 정면으로 충돌한다는 점에서 놀라운 사실이다.
15. 일부 사람들은 시장을 애덤 스미스의 유명한 문구대로 인간의 본래적인 '교환(truck, barter, and trade)' 성향을 반영하는 자연적인 현상에 대립되는 장치로 간주하는 데 반대할지도 모르겠다. 그러나 현대의 시장이 물물교환 행위가 아니라 정교한 화폐제도와 금융시장, 상법, 기업법, 지적재산권 분쟁 조정 장치, 국가에 의한 계약 강제와 재산권의 보호 등에 기초해 있다는 점을 보면, 오늘날의 시장이 교환을 하고자 하는 근본적인 경제적 동기뿐만 아니라 복잡한 법적·제도적 설계의 산물이라고 결론지을 수 있다.

4장 공적 목적에서 후퇴한 워싱턴

1. Franklin D. Roosevelt, Second Inaugural Address, January 20, 1937.
2. Ronald Reagan, First Inaugural Address, January 20, 1981.
3. Bill Clinton, radio address, January 27, 1996.
4. 역사가들에 따르면, 1960년대 이후 정부의 이 거대한 역전은 미국 역사상 특이한 사건이 아니었다. 특히 아더 슐레진저 주니어(Arthur Schlesinger, Jr.)는 미국이 공적 행동주의 그 후퇴의 흐름을 교대로 반복하는 경향이 있다는 것을 설득력 있게 주장했다. 예를 들어 1870년대와 1890년대에 거대 산업체들-철도, 철강, 석유, 정육, 우편 판매-이 최초로 대륙적 규모로 출현했다. 악덕 자본가들이 무대를 차지하는 동안 정부는 그늘에 가려져 있었다. 도금 시대가 탄생한 것이다. 그런 다음 반동이 나타났다. 처음에는 티 파티처럼 월스트리트의 약탈에 맞선 농촌 포퓰리스트(prairie populist)들이 일으킨 반동이 있었고, 두 번째로는 새로운 전국적 거대 기업들의 부패를 제어하기 위한 일련의 개혁 조치를 더욱 체계적으로 시작한 진보주의자들이 등장했다. 진보의 시대는 1910년대에 쇠퇴하기 시작하여, 1920년대에는 친기업주의가 휩쓸었다. 1920년대는 미국이 제1차 세계대전 이후 정상성으로 복귀하기를 열망하던 시기였다. 대공황의 전조였던 포효하는 1920년대는 2008년 직전의 상황과 매우 닮았다. 급속한 금융적 혁신과 부와 소득 불평등의 앙등, 금융 투기의 문화, 느슨한 신용의 자극을 받아 일어난 부동산 붐, 그리고 최종적으로 금융 붕괴 등이 서로 유사하다.
5. 달리 언급하지 않으면 이어지는 모든 예산 데이터의 출처는 the Office of Management and Budget Historical Tables이다.
6. 이 할당은 1962년 the Office of Management and Budget Historical Tables (Table 8.2)에서 시작되었다.
7. U.S. Census Bureau, "Population Division: Historical Census Statistics on the Foreign-Born Population of the United States: 1850-2000."
8. U.S. Census Bureau, *Income, Poverty and Health Insurance Coverage in the US:*

2009, Tables B1, B2.
9. 다음의 표는 GDP 대비 총세수와 국방 비 지출, 비국방비 지출의 비율을 보여준다.

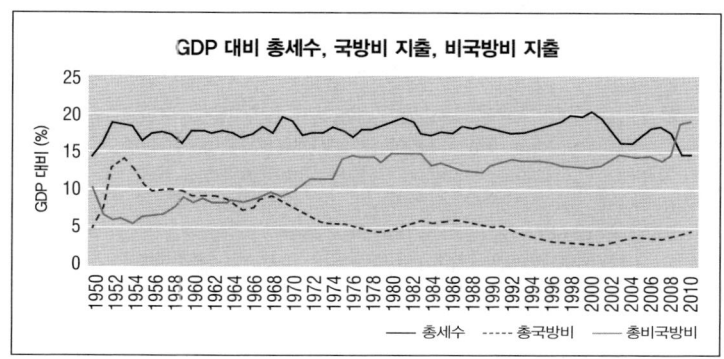

출처: Office of Management and Budget Historical Tables (Table 1.2, 3.1, 8.4)

10. 1970년대에 이르러, 제2차 세계대전 이후로 유지되어 온 통화 체제인 '달러환본위제'가 붕괴했다. 1946년부터 1971년까지 미국 달러는 온스당 35달러로 금에 고정되어 있었다. 그리하여 미국 이외의 외국 중앙은행들은 자신들의 달러 보유고를 보장된 가격으로 금괴와 태환할 권리를 보장받았다. 미국의 금 보유고가 계속 누출되자 닉슨은 1971년 8월 15일에 금 창구(달러 금태환)를 폐쇄했다. 위기의 핵심은 미국 경제 과열에 연계된 과도하게 확장적인 화폐 정책이었다. 또 과열된 미국 경제 자체는 베트남 전쟁으로 늘어난 비용에 얽매어 있었다. 미국은 통화량을 확대할 수도, 고정된 가격으로 달러를 태환해주는 약속을 지킬 수도 없었다. 그래서 미국은 후자를 포기했다. 달러환본위제가 붕괴하자, 근대 역사상 평화 시대 최초로 주요국 통화가 금이나 은과의 연계에서 이탈하게 되었다. 그 결과 여러 해 동안 높은 인플레가 나타났다. 이는 부분적으로 각국 중앙은행들이 새로 확립된 조작의 자유와 명확한 기축통화의 결여라는 상황에 대응하면서 초래되었다. 1980년대에 세계의 중앙은행들은 변동환율제의 새로운 시대에 적응하였고, 인플레율을 끌어내렸다. 그러나 이런 일이 일어났을 때, 보수 정치인과 자유시장 이데올로그들은 1970년대 동안의 인플레 폭발이 경제 관리에 대한 정부의 무능을 입증하는 증거라고 주장했다.

석유 가격 앙등에는 많은 요인이 영향을 미쳤다. 부분적으로 유가 앙등은 과열된 통화 상황을 반영한 것이었다. 또 다른 요인은 여러 해에 걸친 세계경제의 급속한 성장의 결과 석유 공급에 비해 수요가 급증한 것이었다. 세 번째 요인은 정치였다. 1970년대 초에 석유 공급 조건이 엄격해지고 탈식민지 지정학이 전개되면서 아랍 국가들이 자신들의 매장 석유에 대한 통제권을 확보했다. 그 시기에 석유수출국기구의 출현만으로도 유가를 올리기에 충분했을 것이다. 그러나 아랍 국가들은 1973년 아랍-이스라엘 전쟁 이후 서구 시장에 대한 보이콧을 개시함으로써 일시적으로 한 발짝 더 나갔다. 대체적으로 1970년대는 높고 불안정한 석유 가격과 그로 인한 심각한 거시경제적 불안정으로 특징지어진 시기였다.

11. Judith Stein, *Pivotal Decade: How the United States Traded Factories for*

Finance in the Seventies (New Haven: Yale University Press, 2010).
12. 결정적 계기로서, 선벨트 출신의 민주당 상원 의원들이 1978년 친노동 입법의 좌절에 기여했다. 플로리다 상원 의원인 리처드 스톤은, 친노동조합 조치는 "선벨트가 일자리를 끌어들이는 과정을 방해"할 것이라고 설명했다(위의 자료, pp. 188-89).
13. 위의 자료, p. 193.
14. The Office of Management and Budget Historical Tables, Table 17.1.
15. The Office of Management and Budget Historical Tables, Table 3.1.
16. The Office of Management and Budget Historical Tables, Table 3.2.
17. 위의 자료.
18. International Energy Agency, Data Services.
19. 소득 불평등의 변화와 관련하여 가장 최근의 데이터는 2008년도 자료다. 국가 빈곤율에 대해서 가용한 가장 초기 데이터는 1959년 자료이며, 남성 상시 근로자의 소득과 관련해서는 2009년도 자료가 가장 최근의 것이다.
20. Emmanuel Saez and Thomas Piketty, dataset for "Income Inequality in the United States, 1913-1998," updated July 2010.

5장 분열된 국가

1. 나는 선벨트와 스노우벨트를 다음과 같이 구분했다. 선벨트: 앨러배마, 애리조나, 아칸서스, 캘리포니아, 플로리다, 조지아, 루이지애나, 미시시피, 뉴멕시코, 노스캐롤라이나, 오클라호마, 사우스캐롤라이나, 텍사스, 버지니아. 스노우벨트: 코네티컷, 일리노이, 인디애나, 아이오와, 캔사스, 메인, 매사추세츠, 미시건, 미네소타, 미주리, 네브래스카, 뉴햄프셔, 뉴저지, 뉴욕, 노스다코타, 오하이오, 펜실베이니아, 로드아일랜드, 사우스다코타, 버몬트, 위스콘신.
2. Larry Dewitt, "The Decision to Exclude Agricultural and Domestic Workers from the 1935 Social Security Act," U.S. Social Security Administration, 2010.
3. 린든 존슨은 자신이 1964년 민권법과 1965년 투표권법에 서명했을 때, 남부를 공화당에 넘겨주고 있다는 것을 알았다. 존슨은 민권법에 서명하면서 보좌관을 보고는 이로써 앞으로 한 세대 동안 남부를 공화당에 넘겨주는 일이 되겠다고 말했다고 한다. 그럼에도 불구하고 그가 그렇게 과감하게 행동했다는 사실은 그의 도덕적 용기를 보여준다.
4. Thomas Byrne Edsall and Mary D. Edsall, *Chain Reaction: The Impact of Race, Rights, and Taxes on American Politics* (New York: W. W. Norton, 1991), pp. 141-44.
5. 1970년과 1990년 히스패닉계 인구 데이터는 U.S. Census Bureau, "Hispanics in the US"를 보라. 2009년도 데이터는 Pew Hispanic Center, "Statistic Portraits of Hispanics in the US, 2009"를 보라.
6. Zoltan Hajnal et al., "Immigration and the Political Transformation of White America: How Local Immigrant Context Shapes White Policy Views and Partnership," University of California, San Diego Center for Comparative Immigration Studies, International Migration Conference, March 12, 2010.
    이 연구는 히스패닉 인구의 증가는 히스패닉 인구가 집중된 지역들에서 백인 미국인들의 상당한 보수화를 야기했다는 것을 확증한다:

많은 라틴계 인구와 가까이 사는 백인 미국인들은 더 보수적인 관점을 갖는 경향이 있다. 다른 모든 조건이 동일하다면, 라틴계 인구가 많은 지역에 사는 백인들은 연방 정부가 소득 불평등을 줄이기를 덜 원하고 가난한 사람들에 대한 의료 지출 증가를 덜 요구할 것이며, 의료보험 비수급자들을 보장해 주기 위해 일을 더 하려고 하지 않을 것이고 …… 가난을 심각한 문제로 볼 가능성은 상당히 더 적을 것이다. 이러한 일련의 발견이 지닌 함의는 중요하다. 라틴계 인구의 증가라는 상황은 지금 미국 대중의 핵심적인 정책적 관심사에 영향을 미치고 있다. 그리고 이 영향은 과거에 흑인 공동체가 직면했던 부정적 반응을 닮은 방식으로 이루어지고 있다. 라틴계 인구가 두드러진(그리고 위협적일 것 같은) 상황에서 백인들은 사회의 바닥층에 혜택을 제공하는 서비스와 지출을 줄이고자 하는 경향을 보인다. (pp.21-22)

7. Congressional Budget Office, "The Impact of Unauthorized Immigrants on the Budgets of State and Local Governments," December 2007.
8. 1900년부터 1960년까지 캘리포니아 출신인 허버트 후버를 제외한 모든 대통령이 다음과 같이 스노우벨트 출신이었다. 윌리엄 맥킨리(오하이오), 테오도르 루즈벨트(뉴욕), 윌리엄 호워드 태프트(오하이오), 우드로 윌슨(뉴저지), 워런 하딩(오하이오), 캘빈 쿨리지(매사추세츠), 허버트 후버(캘리포니아), 프랭클린 루즈벨트(뉴욕), 해리 트루먼(미주리), 드와이트 아이젠하워(캔자스), 존 F. 케네디(매사추세츠)다. 그러나 1960년 이후로는 선벨트 출신이 아닌 대통령은 미시건의 제럴드 포드뿐이었다. 포드는 전국적 선거를 통해서가 아니라 닉슨 사임 이후 대통령직을 물려받았다. 포드는 1976년 선벨트 출신 후보인 지미 카터에게 패배했다. 1964년에서 2004년까지 대통령 당선자는 린든 존슨(텍사스), 지미 카터(조지아), 로널드 레이건(캘리포니아), 조지 H. W. 부시(텍사스), 빌 클린턴(아칸서스), 조지 W. 부시(텍사스)다.
9. 그리하여 나타나는 현상은 선거에서 이긴 후보자(50% 이상 득표자)가 권력의 100%를 차지하는 미국의 양대 정당 시스템이라는 결과다. 패배한 측은 아무런 대표성을 갖지 못한다. 이것은 유럽의 많은 나라에서와 같은, 전국적 의석수 비중이 전국적 득표수 비중에 달려 있는 비례대표제와는 다르다. 비례대표제의 경우라면, 이 사례에서 전국적 친정부 정당은 투표자들이 나라 안 어디에 살든 상관없이 54%의 의석을 갖는다.
10. 다음 데이터의 출처는 the Pew Forum on Religion & Public Life, "US Religious Landscape Survey: Religious Affiliation, Diverse and Dynamic," February 2008다.
11. '교육과 소득, 인종, 생활 방식'에 따른 미국 가계들의 분급화 증대에 대한 개괄은 Bill Bishop, *The Big Sort: Why the Clustering of Like-Minded America Is Tearing Us Apart* (New York: Houghton Mifflin, 2008); Paul Jargowsky and Todd Swanstrom, "Economic Integration: Why It Matters and How Cities Can Get More of It," Chicago: CEOs for Cities, City Vitals Series를 보라.
12. 다음 데이터의 출처는 Benjamin Page and Lawrence Jacobs, *Class War? What Americans Really Think About Economic Inequality* (Chicago: University of Chicago Press, 2009)다.
13. 프린스턴 대학교의 래리 바텔 교수도 최근 설문 조사 데이터를 분석하며 비슷한 관점을 발견했다. 대중의 태도에 몇 가지 특징이 있다는 것이다. 즉, 대중은 동등한 기회를 강력하게 지지하고, "어떤 사람들은 좋은 교육을 받을 기회를 갖지 못

한다"는 믿음을 가지고 있으며, "부유한 사람들은……응당 그래야 하는 것보다 [세금을] 더 적게 낸다"는 관점을 지지한다(53.1%). Larry Bartels, "Homer Gets a Tax Cut: Inequality and Public Policy in the American Mind," *Perspectives on Politics* 3, no. 1 (March 2005).
14. Pew Research Center, "Trends in Political Values and Core Attitudes: 1987-2009," May 21, 2009, pp. 72-73, 140.
15. 위의 자료, p. 106.
16. *USA Today*/Gallup Poll, June 11-13, 2010.
17. Jon Cohen, "Most americans Say Regulate Greenhouse Gases," *Washington Post*, June 10, 2010.
18. Rasmussen Reports, "Support for Renewable Energy Resources Reaches Highest Level Yet," January 2011.

6장 새로운 지구화

1. Adam Smith, *An Inquiry into the Nature and Causes of the Wealth of Nations* (Oxford: Oxford University Press, 1993), Book 4, Chapter 7.
2. UNCTAD, "Largest Transnational Corporations," Document 5, http://www.unctad.org/templates/page.asp?intItemID=2443&lang=1.
3. 제네럴일렉트릭에 대한 자세한 것은 General Electric 웹 사이트와 annual 10-K filing을 보라.
4. 해외 이익(profits)은 기업의 해외 수익(earnings)에서 외국인 투자자들에게 지급된 국내 수익을 뺀 것과 같다. 해외 수익에는 미국 다국적기업이 해외에서 번 이익과 미국 거주자들이 비계열 외국인 기업에게서 지급받은 배당금 모두를 포함한다. 이 수치의 증가 추세는 부분적으로 미국 기업들이 해외 사업에서 벌어들이는 해외 이익 몫의 증가를 반영하지만, 동시에 그것은 미국 기업들이 인위적인 이전가격(즉, 신고된 기업 수익을 세금이 낮은 관할 구역으로 이전할 목적으로 기업 내 국경 간 거래에서 인위적 가격을 사용하는 것)을 통해 이익을 해외 조세 피난처에 기장하는 경향이 증대하고 있음을 반영하기도 한다. 그러나 이처럼 해외 이익 몫의 증대가 기업 활동 입지의 실제적 변화가 아니라 인위적인 이전가격을 반영한다 하더라도, 세금을 피하기 위한 이전가격 사용의 증대 자체는 새로운 지구화를 보여주는 한 형태일 것이다.
5. 미국-중국 무역에 대해서는, U.S. Census Bureau, "Foreign Trade: Trade in Goods with China"를 보라. 미국의 부가가치에 대해서는 U.S. Department of Commerce, Bureau of Economic Analysis, "Industry Economic Accounts"를 보라.
6. U.S. Bureau of Labor Statistics, "Current Employment Statistics: National."
7. U.S. Bureau of Labor Statistics, "Establishment Data: Historical Employment."
8. 위의 자료.
9. Shan Jingjing, "Blue Book of Cities in China," Chinese Academy of Social Science.
10. UN Population Division.
11. 신흥 경제들을 간단히 줄여 가리키는 말은 브릭(BRIC) 그룹이다. 브릭은 모두 합

해 27억의 인구를 이루는 브라질, 러시아, 인도, 중국으로 구성되어 있다. 만약 신흥 시장을 시장 기반의 사적 자본을 끌어들여 산업 생산의 규모를 급속히 확장할 수 있는, 빠르게 성장하는 모든 발전도상 경제라고 정의한다면, 여기에 칠레와 이집트, 멕시코, 나이지리아, 남아공, 베트남을 비롯한 10여 개 국가를 더 포함시켜야 한다. 발전도상 세계의 합계 실질 GDP는 2010년에 약 7%의 비율로 증가했는데, 이것은 오늘날 발전도상국들의 급속한 성장 가능성을 보여준다.

12. H. Garretsen and Jolanda Peeters, "Capital Mobility, Agglomeration and Corporate Tax Rates: Is the Race to the Bottom for Real?," *CESifo Economic Studies* 53, no. 2 (2007), pp. 263-93.
13. The Office of Management and Budget Historical Tables, Table 2.3.
14. 일례로 Rasmussen Reports, "Energy Update," April 2011을 보라.

7장 속임수 게임

1. 예를 들면 2010년 스웨덴 선거에서 8개 정당이 의회에 들어갔고, 4개는 집권 연합의 일원이다. 미국의 정치 시스템과, 정도는 조금 덜하지만 영국과 캐나다, 오스트레일리아의 시스템은 다수결 제도다. 서유럽 의회민주주의들은 합의제적인 경향이 있다.
2. Maurice Duverger, "Factors in a Two Party and Multiparty System," in *Party Politics and Pressure Groups* (New York: Thomas Y. Crowell, 1972), pp. 23-32.
3. OECD Social Expenditure Database and OECD Statistical Database.
4. 합의가 어려운 것은 미국 인구의 방대함과 다양성 때문이기도 하다. 즉 미국 인구는 지역과 인종, 민족, 종교에 따라 균열되어 있다. 미국은 덴마크와 노르웨이 또는 스웨덴과 같은 식으로는 합의제적 사회가 될 수 없다. 이 국가들은 미국과 비교해 지리적 범위와 다양성이 훨씬 작고, 민족적·종교적으로 동질적인 수백만 명의 인구로 이루어져 있기 때문이다.
5. Institute for Democracy and Electoral Assistance, "Voter Turnout by Country."
6. 대통령 선거와 중간선거 모두 똑같이 상승 추세를 보이고 있는 가운데, 대통령 선거 연도(2000, 2004, 2008)의 지출은 비대통령 선거 연도보다 평균 약 15억 달러 더 많다.
7. Robert Kaiser, *So Damn Much Money: The Triumph of Lobbying and the Corrosion of American Government* (New York: Alfred A. Knopf, 2009), pp. 343-44.
8. Gallup Poll, "Automobile, Banking Industry Images Slide Further," August 17, 2009.
9. Andrew J. Bacevich, *Washington Rules: America's Path to Permanent War* (New York: Henry Holt, 2010).
10. Dwight D. Eisenhower, "Farewell Address," January 17, 1961.
11. Peter Orszag, "One Nation, Two Deficits," *New York Times*, September 6, 2010. 오재그는 이렇게 쓰고 있다. "그렇다면 2015년까지 지출을 GDP의 0.5% 이상 줄이기는 어려울 것이다. 따라서 적자를 지속 가능한 수준으로 줄이기 위해서는 추가 세수-경제의 0.5~1.5% 범위 안에서-가 필요할 것이다."

12. Christina D. Romer, "What Obama Should Say About the Deficit," *New York Times*, January 16, 2011.
13. 여론조사에 대한 ABC News 요약, "2009 Polling on a 'Public Option.'"
14. Congressional Budget Office, "Estimate of Direct Spending and Revenue Effects of H.R. 2," February 18, 2011.
15. 1995년 클린턴 시대의 의료 논쟁에 대해 정치학자 토머스 퍼거슨(Thomas Ferguson)이 쓴 다음 글을 보라. 그리고 거의 단 한 마디도 바꿀 필요 없이 오바마의 경우에 어떻게 적용되는지 주목하라. 1994년과 2009년 모두 의료 산업이 입법 과정을 주도하는 운전석에 있었다.

    이 글이 인쇄될 때[1994년에], 행정부는 미국의 의료 전달 시스템을 개혁하기 위한 오랜 산고의(그리고 여러 번 연기되었던) 청사진을 마침내 공개할 것이다. 그러나 단순하고 경제적인 '일원화'('캐나다식') 시스템을 추진하는 대신 기존 의료 산업과 가능한 한 많은 협약을 맺으려는 이 전략이 갖는 몇몇 비용은 이미 명확하다. 개혁안이 약속하는 급여 패키지와 보편적 보장은 세심하게 안출되었고 적어도 어느 정도 매력 있지만, 그 안은 엄청나게 복잡하고 일반 투표자들이 평가하기 쉽지 않다. 그 개혁안이 초래할 과점망의 비용에 대한 전모는 숨겨져 있고, 비용이 절약될 것이라고 주장되고 있지만 그렇지 않을 것이라는 점은 거의 확실하다. 기본적으로 거대 보험업체와 대학 병원을 포함하여 의료 산업의 여러 부문들 쪽으로 심하게 기울어져 있다. 이 시스템은 몇 년이 지난 후 급여를 삭감하거나 의료 행위를 줄이도록 하는 강력한 압박을 낳을 것이다. (Thomas Ferguson, *Golden Rule: The Investment Theory of Party Competition and the Logic of Money-Driven Political Systems* [Chicago: University of Chicago Press, 1995], p. 327.)

    클린턴 대통령은 물론 오바마 대통령도 놀라울 정도로 높은 가격의 미국 민간 의료 시스템에 대한 심층적 개혁안을 감히 제안하지 못했다. 변화를 저지하기 위한 의료업계의 강력한 로비력이 지난 30년간 미국 의료 정책의 숨은 배경이었다.
16. Campaign Finance Institute, "New Figures Show That Obama Raised About One-Third of His General Funds from Donors Who Gave $200 or Less," January 8, 2010.
17. Center for Responsive Politics, "Banking on Connections," June 3, 2010, p. 1.
18. 위의 자료.
19. 다음 이야기는 Jesse Drucker, "Google 2.4% Rate Shows How $60 Billion Lost to Tax Loopholes," Bloomberg News, October 21, 2010에 근거를 둔 것이다.
20. 미 연방세법 제26편 제1장을 보라.
21. U.S. Government Accountability Office, "International Taxation: Large US Corporations and Federal Contractors with Subsidiaries in Jurisdictions Listed as Tax Havens or Financial Privacy Jurisdictions," GAO-09-157, December 2008.
22. Jane G. Gravelle, "Tax Havens: International Tax Avoidance and Evasion," Congressional Research Service Report for Congress, July 2009.
23. Nolan McCarty et al., *Polarized America: The Dance of Ideology and Unequal*

Riches (Cambridge: MIT Press, 2006), p. 272.
24. Business Wire, Business and Financial Leaders Lord Rothschild and Rupert Murdoch Invest in Genie Oil & Gas," November 15, 2010.
25. Luca Di Leo and Jeffrey Sparshott, "Corporate Profits Rise to Record Annual Rate," *Wall Street Journal*, November 24, 2010.
26. Aaron Lucchetti and Stephen Grocer, "On Street, Pay Vaults to Record Altitude," *Wall Street Journal*, February 2, 2011.

8장 산란한 사회

1. Coen Advertising Expenditure Dataset, Douglas Galbi, "U.S. Advertising Expenditure, 1998-2007," Purple Motes blog, Feburary 16, 2009에서 재인용.
2. Thorstein Veblen, *The Theory of the Leisure Class: An Economic Study of Institutions* (New York: Macmillan, 1902), pp. 68-101.
3. Edward Bernays, *Propaganda*, 1928:
   대중의 조직된 습관과 의견에 대한 의식적이고 지능적인 조작은 민주주의 사회의 중요한 요소다. 사회의 이 보이지 않는 메커니즘을 조작하는 사람들은 우리나라의 진정한 지배 권력으로서, 보이지 않는 정부를 구성한다. 우리가 지금까지 들어 보지도 못한 사람들이 대체로 우리의 아이디어를 연상시키고 우리의 취향에 영향을 미치며 우리의 정신을 형성하면서 우리를 지배한다……. 수백만 명의 운명을 통제하는 보이지 않는 지배자들이 존재한다. 장막 뒤에서 움직이는 영리한 자들에 의해 우리에게 가장 영향력 있는 공적인 인물들의 말과 행동이 얼마나 규정되는지는 일반적으로 인식되지 않는다. 더욱 중요한 것은, 우리의 생각과 습관이 그런 권위자들에 의해 얼마나 규정을 받는지도 인식되지 않는다. (pp. 9, 35)
4. U.S. Census Bureau, "No. HS-42: Selected Communications Media: 1920 to 2001."
5. Henry J. Kaiser Family Foundation, "Food for Thought: Television Food Advertising to Children in the United States," March 2007, p. 2.
6. Joe McGinniss, *The Selling of the President 1968* (New York: Trident, 1969).
7. Henry J. Kaiser Family Foundation "Food for Thought," p. 57.
8. Deirdre Barrett, *Supernormal Stimuli: How Primal Urges Overran Their Evolutionary Purpose* (New York: W. W. Norton, 2010).
9. 규제의 세 가지 주요 형태가 있다. 첫째로 FCC는 광고 지원을 받지 않는 프로그램 제작을 역설했다. 둘째로 FCC는 대안적 관점들이 전달되도록 할 '공정성 원칙'을 주장했다. 셋째로, FCC는 지방 시장에서 인쇄물과 라디오, TV에 대한 연합 통제나 지방 방송에 대한 독점을 방지하기 위해 미디어 소유권에 대한 제한을 가했다. 이 세 가지 메커니즘은 그리 오래지 않은 1970년대까지 민간 소유 텔레비전이 가질 수 있는 최악의 가능성을 억제했다. 이후 1980년대에 탈규제가 이루어졌고, 이것은 오늘날에도 계속되고 있다.
10. Wilhelm Röpke, *A Humane Economy: The Social Framework of the Free Market* (Wilmington: ISI Books, 1960), p. 137.

11. Max Weber, *The Protestant Ethic and the Spirit of Capitalism* (Mineola, N.Y.: Dover, 2003), p.53.
12. John Maynard Keynes, *The Economic Consequences of the Peace* (Toronto: University of Toronto Libraries, 2011), Chapter 2, Paragraph 20.
13. Andrew Carnegie, "The Gospel of Wealth and Other Timely Essays."
14. Google: "Google Search Advertising Revenue Grows 20.2% in 2010," January 20, 2011. Facebook: "Facebook's Ad Revenue Hit $1.86b for 2010," January 17, 2011.
15. Emily Steel, "A Web Pioneer Profiles Users by Name," *Wall Street Journal*, October 25, 2010.
16. Roger Bohn and James Short, "How Much Information? 2009 Report on American Consumers," Global Information Industry Center, December 2009.
17. National Endowment for the Arts, "To Read or Not to Read: A Question of National Consequence," Research Report No. 47, November 2007, Sections 1 and 2.
18. Mark Bauerlein, *The Dumbest Generation* (New York: Penguin, 2008), p. 16.
19. Pew Research Center for the People & the Press, "Public Knows Basic Facts About Politics, Economics, but Struggles with Specifics," November 2010.

2부 번영으로 가는 길

9장 깨어 있는 사회

1. Attributed to Aristotle in Stobaeus, Florilegium, transl. J.E.C. Welldon.
2. GDP 데이터는 World Bank Data and Statistics, http://siteresources.worldbank.org/DATASTATISTICS/Resources/GNIPC.pdf를 보라. 기대 수명 데이터는 World Health Organization Global Health Observatory Data Repository.
3. Geoffrey Miller, Spent (New York: Penguin, 2009), p. 65.
4. Elizabeth Dunn, Daniel T. Gilbert, and Timothy Wilson, "If Money Doesn't Make You Happy Then You Probably Aren't Spending It Right," *Journal of Consumer Psychology* 21, no 2, pp. 115-25.
5. 위의 자료, p. 123.
6. U.S. Bureau of Labor Statistics, "Economic News Release: Table A-4—Employment Status of the Civilian Population 25 Years and Over by Educational Attainment."
교육에 따른 실업률의 기울기는 특히 뚜렷하다. 25세 이상 인구 중에서 2010년 12월 실업률은 고졸 미만 학력자들의 경우에는 15.7%, 고졸자들의 경우는 9.8%, 고등학교 이후 교육을 받기는 했지만 학위가 없는 사람들의 경우 7.9%, 학사 학위 이상 소지자들의 경우는 4.6%였다.
7. 대기 중 이산화탄소가 지구를 덥힌다는 사실은 1824년 프랑스 과학자인 조셉 푸

리에(Joseph Fourier)에 의해 정식화되었고, 1896년 스웨덴 화학자 스벤테 아레니우스(Svante Arrhenius)에 의해 자세히 계량화되었다.
8. Pew Research Center for the People & the Press, "Public Praises Science; Scientists Fault Public, Media," July 2009.
9. Bob Altemeyer, "Why Do Religious Fundamentalists Tend to Be Prejudiced?," *International Journal for the Psychology of Religion* 13, no. 1 (2003): 17. 알트마이어는 가족 종교를 일찍부터 강하게 강조하면…… 나중에 편견을 갖도록 조장하는 '우리-저들' 차별에 대한 원형을 낳을 수 있다고 결론짓는다. 이와 비슷하게 홀(Hall)과 매츠(Matz), 우드(Wood)는 종교성과 인종주의가 상관성이 있다는 것을 발견한다. 그들 역시 이렇게 추측한다. "강력한 내집단 정체성은 인종적 외집단에 대한 폄하와 연관되어 있었다. 다른 인종들은 외집단으로 취급될 수 있는데, 이는 종교는 대체로 인종 안에서 실천되기 때문이고, 종교적 내집단 정체성의 훈련은 전반적인 자민족 중심주의를 부추기기 때문이며, 다양한 타자들은 자원을 얻기 위한 경쟁 상태에 있는 것으로 보이기 때문이다." (Deborah Hall et al., "Why Don't We Practice What We Preach? A Meta-Analytic Review of Religious Racism," *Personal Social Psychology Review* 14, no. 1 [December 2009], p. 126.)
10. Robert Putnam, "E Pluribus Unum: Diversity and Community in the Twenty-first Century: The 2006 Johan Skytte Prize Lecture," *Scandinavian Political Studies* 30, no. 2 (June 2007).
11. 2003년 7월 28일 제임스 인호프 상원 의원의 상원 원내 발언.
12. Hans Jonas, *The Imperative of Responsibility: In Search of an Ethics for a Technological Age* (Chicago: University of Chicago Press, 1985).
13. National Intelligence Council, "Global Trends 2025: A Transformed World," November 2008.
14. Hans Küng, "Manifesto for a Global Economic Ethic," Tübingen: Global Ethic Foundation, 2009, p. 5.
15. 1963년 6월 존 F. 케네디의 아일랜드 의회 연설, http://ua_tuathal.tripod.com/kennedy.html.
16. 1963년 6월 존 F. 케네디의 아메리칸 대학교 졸업식 연설.

10장 번영의 회복

1. U.S. Department of Education, National Center for Educational Statistics, "The Condition of Education 2010," June 2010, p. 214.
2. 초기에 전기 자동차 산업이 '학습 곡선에서 내려오도록(move down the learning curve)' 돕기 위해 정부가 전기 자동차 산업에 보조금을 주어야 한다. 그 이후로 전기 자동차는 전통적인 대안들과 나란히 스스로 경쟁할 것이다. 물론 여기에는 가솔린 사용에 그 환경상의 부정적 외부성에 대한 책임을 지우고자 적절한 과세가 이루어진다는 것이 전제된다.
3. U.S. Department of Education, "Mortgaging Our Future: How Financial Barriers to College Undercut America's Global Competitiveness," A Report of the Advisory Committee on Student Financial Assistance, September 2006, p. iii.

4. U.S. Bureau of Labor Statistics, "Economic News Release: Table A-15- Alternative Measures of Labor Underutilization"를 보라.
5. Organization for Economic Co-operation and Development, "Public Expenditure and Participant Stocks on LMP," Statistical Database.
6. U.S. Department of Education, "Mortgaging Our Future: How Financial Barriers to College Undercut America's Global Competitiveness."
7. U.S. Department of Education, "Revenues and Expenditures for Public Elementary and Secondary School Districts: School Year 2007-2008 (Fiscal Year 2008)," NCES 2010-323, August 2010, p. 6.
8. U.S. Department of Education, "The Condition of Education 2010," p. 277.
9. McKinsey & Company, "Winning by Degrees: The Strategies of Highly Productive Higher-Education Institutions," November 2010, p. 8.
10. America's Promise Alliance, "Building a Grad Nation: Progress and Challenge in Ending the High School Dropout Epidemic," November 2010, p. 16.
11. 위의 자료.
12. 위의 자료, p. 50. 이 연구는 이렇게 결론지었다. "비록 이 [차터] 스쿨의 17%가 전통적인 공립학교보다 더 나은 교육을 제공하지만, 그들 중 절반은 비슷한 질의 교육을, 3분의 1은 해당 지방 공립학교보다 상당히 더 나쁜 교육을 제공한다."
13. 유아기 투자에 대한 제임스 헤크먼의 연구에 대한 추가 정보는 http://www.heckmanequation.org/를 보라.
14. U.S. Census Bureau, "Table 3: Poverty Status of People, by Age, Race, and Hispanic Origin: 1958-2009," Current Population Survey, Annual and Social Economic Supplements.
15. Gösta Esping-Andersen et al., *Why We Need a New Welfare State* (Oxford: Oxford University Press, 2002), 특히 제3장, "A Child-Centered Social Investment Strategy," pp. 26-67); and Gösta Esping-Andersen, "Unequal Opportunities and the Mechanisms of Social Inheritance," in *Generational Income Mobility in North America and Europe*, ed. Miles Corak (Cambridge: Cambridge University Press, 2004).
16. 미국에 관한 데이터는 U.S. Census Bureau, *Income, Poverty and Health Insurance Coverage in the US: 2009*, p. 15를 보라. 스웨덴에 관한 데이터는 Gösta Esping-Andersen, "Unequal Opportunities and the Mechanisms of Social Inheritance," p. 308을 보라.
17. Organization for Economic Co-operation and Development, "OECD Family Database."
18. George Halvorson, *Health Care Will Not Reform Itself* (New York: CRC Press, 2009). 그가 주장하는 내용의 요점은 의료 공급자들이 떼돈을 벌고 있고, 이것을 포기할 인센티브가 없다는 것이다.

> 많은 의료 공급자들이 미국에서 개업을 한 상태다. 순수한 사업적 관점에서 보면, 그러한 사업체들은 경제적으로 실패가 아니라 성공을 거두었다······. 현재와 같이 막대한 규모에 재정이 탄탄하며 고매출, 고마진(high-margin), 고성장, 고비용 의료 인프라가 자발적으로 그 비용과 가격을 줄

일 조치를 취하기를 기대하는 것, 그리고 의료 성과와 의료의 질을 즉각적이고도 자발적으로 높이기를 기대하는 것은 불행하게도 순진한 생각이다……. 미국의 의료는 거대한 규모와 범위를 지닌 튼튼하고도 성장을 거듭하는 비정형 체계다. 그 자양분은 풍부하다. (p. 2)

핼버슨은 미국의 막대한 비용이 여러 명의 의사들을 필요로 하는 다중적·만성적 질환을 가진 환자들을 치료하는 데서 기인한다고 설명한다. "미국 의료 비용의 75% 이상은 현재 만성 질환이 있는 환자에게서 연유하고 이 비용의 80%는 만성 질환과 '다중 질환'을 동시에 앓는 환자에게서 연유한다(p. xix)."

많은 의사가 관여될 경우에, 종종 검사와 시험, 수납, 기록 보관, 행정의 상당한 중복이 발생하고 통합 진료의 질도 낮다. 환자 개인들이 먼저 더 건강한 생활 방식, 식단, 운동 또는 스스로 할 수 있는 다른 선택지들을 통해 만성 질환을 피하거나 완화시키도록 하는 도움이 너무 적다. 수가 보상 제도는 비용을 극대화할 인센티브를 낳는다. 고용주가 제공하는 의료보장은 너무 많은 보조금을 받고 있다. 이는 그 보장이 세금 공제가 되고, 의사들은 처치의 결과에 따른 의료 성과가 아니라 그들이 제공하는 진료와 서비스에 대해 보상을 받기 때문이다. 핼버슨이 단호하게 지적하듯이, "미국의 병원들은 일을 잘하고 감염을 완벽히 차단하면 더 많은 돈을 받지 못한다. 병원들은 감염된 환자들 때문에 더 많은 돈을 받는다(p.11)." 핼버슨은 서비스 재설계를 통해 비용이 낮아진 사례들과, 따라서 소득과 일자리를 위협받는다고 느낀 의사들의 저항을 소개하고 있다.

19. McKinsey & Company, "Accounting for the Cost of Health Care in the United States," January 2007, p. 10.
20. 분류 세목에 대해서는 Organisation for Economic Co-operation and Development, "OECD Health Data, Part II: International Classification for Health Accounts (ICHA)."
21. U.S. Energy Information Administration, "Net Generation by Energy Source: Total," January 2011.
22. Lawrence Burns, Vijay Modi, and Jeffrey Sachs, "Transition to a Sustainable Energy System for the United States," December 16, 2010, unpublished paper.
23. U.S. Department of Defense, "DoD Request: FY 2011," http://comptroller.defense.gov/Budget2011.html.
24. 1968년 3월 18일 로버트 F. 케네디의 캔사스 대학교 연설.
25. American Human Development Project, "The Measure of America 2010-2011: Mapping Risks and Resilience."
26. Karma Ura, "Gross National Happiness," Centre for Bhutan Studies.
27. 최근의 한 유용한 조사에 대해서는 David Blanchflower and Andrew Oswald, "International Happiness," NBER Working Paper No. 16668, January 2011을 보라.
28. 이 연구들에 대한 추가 정보를 위해서는 다음 자료들을 보라. Organization for Economic Co-operation and Development, "Global Project on Measuring the Progress of Societies,"; William Nordhaus and James Tobin, "Is Growth Obsolete?," in *The Measurement of Economic and Social Performance*, NBER Book Series Studies in Income and Wealth, 1973; Economist Intelligence Unit, "The *Economist* Intelligence Unit's Quality-of-Life Index," *The World in 2005*;

Joseph Stiglitz and Amartya Sen, "Commission on the Measurement of Economic Performance and Social Progress,"; Paul Dolan et al., "Measuring Subjective Well-Being for Public Policy," Office for National Statistics—Government of the United Kingdom, February 2011.

11장 문명의 비용 지불

1. Congressional Budget Office, "An Analysis of the President's Budgetary Proposals for Fiscal Year 2012," Table 1.5.
2. The Office of Management and Budget Historical Tables, Table 7.1.
3. Congressional Budget Office, "An Analysis of the President's Budgetary Proposals for Fiscal Year 2012," Table 1.5.
4. The Office of Management and Budget Historical Tables, Table 8.4.
5. Justice Oliver Wendell Holmes, Jr., attributed in Felix Frankfurter, *Mr. Justice Holmes and the Supreme Court* (Cambridge: Harvard University Press, 1961), p. 71.
6. Center for Responsive Politics, "Congressional Members' Personal Wealth Expands Despite Sour Economy," November 2010.
7. 이어지는 모든 계산은 the Congressional Budget Office report "The Budget and Economic Outlook: Fiscal Years 2011 to 2021," January 2011에 근거한 것이다. 나는 CBO의 추정치를 정확히 전달하기보다는 내 생각에 좀 더 정확한 기준선을 이룰 것 같은 구체적인 대안적 가정에 따라 그것을 조정한다. 예를 들어 2015년도 CBO 기준선은 GDP 대비 3%의 예산 적자를 가정한다(표 1-4). 그 CBO 기준선은 현재 2012년까지 유효한 것으로 되어 있는 부시 감세가 2012년 이후에는 소멸되는 것으로 가정한다. 이 대신에 나는 감세가 2012년 이후에도 계속되는 것으로 가정한다. 그러면 CBO 기준선 적자에 GDP의 약 2%포인트가 추가된다. 또 CBO 기준선은 재량적 민수용 지출이 GDP 성장이 아니라 인플레와 연동되는 것으로 가정한다. 이렇게 되면 2015년에 재량적 민수용 지출은 GDP의 3.5% 수준으로 떨어지게 된다. 이 대신에 나는 GDP의 4% 수준의 재량적 민수용 지출에서 출발한다. 또 CBO는 이자 상환을 GDP의 2.5%로 가정하지만, 나는 2015년에 이자 상환이 3%에 달할 것이라고 가정한다. 이런 차이의 전반적 결과는 CBO의 GDP 3% 적자가 아니라 GDP의 6% 적자 기준선으로 나타난다.
8. The Office of Management and Budget Historical Tables, Table 1.2, Table 8.4.
9. "2010 회계연도에 의회는 납세자들에게 160억 달러의 비용을 안겨주는 9천 건 이상의 이어마크를 승인했다." U.S. Government Executive Office, "The National Commission on Fiscal Responsibility and Reform: The Moment of Truth," December 2010, p. 27을 보라.
10. The Office of Management and Budget Historical Tables, Table 3.2.
11. 대외 원조가 예산의 거대한 몫을 차지하고 있기 때문에 외국의 독재자들에게 주는 우리의 대외 원조를 줄이기만 해도 적자의 상당 부분을 줄일 수 있을 것이라는 믿음이 팽배해 있다. 대외 원조에 관한 착각은 놀라울 정도다. 2010년 11월에 한 여론조사는 미국인들에게 연방 예산 중에서 대외 원조로 들어가는 비율이 '직

감적'으로 몇 %일지 물어보았다. 응답자의 중앙값은 25%였다. 그런 다음 응답자들에게 몇 %가 '적절'하겠는지를 물었다. 응답자의 중앙값은 10%였다. 사실 정답은 예산의 0.8%(그리고 GDP의 0.2%)다. 대중의 직감은 30배나 벗어났다. 대중은 대외 원조를 '삭감'할 것을 요구하지만, 그 응답에서 제시된 예산의 10% 목표치를 위해서만도 원조 예산이 12배나 늘어나야 한다! (World Public Opinion, "American Public Opinion on Foreign Aid," November 30, 2010.)
12. 자산 조사부 프로그램에서 '메디케이드 및 관련' 항목은 다음으로 구성된다. 메디케이드, 환불되는 의료보험 보조 세액공제, 재보험 및 위험 조정 프로그램 지급금, 유자격 건강보험에서 비용 분담을 줄이기 위한 지급금이 그것이다. '기타' 항목은 다음으로 이루어진다. 기타 건강보험, 어린이 건강보험, 가족 및 기타 보조, 근로소득세액공제, 자녀세액공제, 근로연계세액공제, 가정 위탁 보호(Foster Care)를 위해 주(州)에 제공하는 지급금, 주택 보조 등이다. (Office of Management and Budget Historical Table 8.5.)
13. Neil King, Jr., and Scott Greenberg, "Poll Shows Budget-Cuts Dilemma," *Wall Street Journal*, March 3, 2011.
14. 자산 조사부 지출은 특정한 저소득 자격 기준에 부합하는 개인들에게 제공되는 지원이다.
15. 2011 회계연도 TANF 예산 추정액은 약 174억 달러였다. 2011 회계연도의 자산 조사부 프로그램들의 총지출액은 대략 4,980억 달러였고(OMB 예산 표 8.2), 미국 GDP는 15조 1,000억 달러로 추정된다. (U.S. Department of Health and Human Services, "Temporary Assistance for Needy Families: FY 2012 Budget," p. 305.)
16. Historical Table 1.2의 GDP로 나눈 '가족 및 기타 지원' 항목에 대해서는 Office of Management and Budget Historical Budget Table 11.3을 보라.
17. Office of Management and Budget Historical Table 8.7을 보라.
18. U.S. Government Executive Office. "The National Commission on Fiscal Responsibility and Reform: The Moment of Truth," December 2010.
19. Angus Maddison, *The World Economy: A Millennial Perspective/Historic Statistics* (Paris: Development Centre of the Organization for Economic Cooperation and Development, 2006), p. 264.
20. OECD 통계 데이터베이스에 따른 총징세액과 Office of Management and Budget Historical Table 1.2에 나오는 총 연방 세수를 사용하여 계산됨.
21. 뉴햄프셔는 배당과 이자 소득에 대해서만 세금을 징수한다.
22. Charles M. Tiebout, "A Pure Theory of Local Expenditures," *Journal of Political Economy* 64, no. 5 (October 1956), pp. 416-24.
23. Pew Research Center for the People & the Press, "Trends in Political Values and Core Attitudes: 1987-2009," May 21, 2009, p. 131.
24. Office of Management and Budget Historical Table 12.1.을 보라.
25. 계산을 위한 데이터 출처: Thomas Piketty and Emmanuel Saez, "How Progressive Is the US Federal Tax System? A Historical and International Perspective," *Journal of Economic Perspectives* 21, no. 1 (Winter 2007), pp. 3-24; Congressional Budget Office, "Average Federal Taxes by Income Group," June 2010.

26. Office of Management and Budget, "A New Era of Responsibility," February 2009, p. 9, and Edward N. Wolff, "Recent Trends in Household Wealth in the United States: Rising Debt and the Middle-Class Squeeze-an Update to 2007," Levy Economics Institute of Bard College, March 2010을 보라.
27. Federal Reserve Statistical Release, "Flow of Funds Account of the United States: Flows and Outstandings Fourth Quarter 2010," March 10, 2011.
28. Internal Revenue Service, "Reducing the Federal Tax Gap: A Report on Improving Voluntary Compliance," August 2007.
29. American Petroleum Institute, "Motor Fuel Taxes."
30. The New York State Department of Taxation and Finance, "Stock Transfer Tax."
31. Gerald Prante and Mark Robyn, "Fiscal Fact: Summary of Latest Federal Income Tax Data," Tax Foundation, October 6, 2010.

12장 효과적인 정부의 7가지 성향

1. John Paul Stevens, *Opinion of Stevens, J. Supreme Court of the United States. Citizens United Appellant vs. Federal Election Commission*, January 2010.
2. 1963년 6월 존 F. 케네디의 아메리칸 대학교 졸업식 연설.
3. 1962년 9월 12일 존 F. 케네디의 미국 우주 개발 노력에 관한 라이스 대학교 연설.
4. Jennifer Manning, "Membership of the 111th Congress: A Profile," Congressional Research Service, November 2010.
5. Partnership for Public Service, "Ready to Govern: Improving the Presidential Transition," January 2010, p. iii.
6. National Park Service Organic Act.
7. 미국 역사의 이전 국면들에서 제3 정당 운동들은 기성 정당들로 하여금 국가 정치를 근본적으로 바꾸도록 강제할 수 있었다. 공화당은 1850년대에 출현하여 휘그당을 무너뜨리고 남북전쟁에서 나라를 이끌어 노예제를 종식시켰다. 인민당은 1880년대에 출현하여 공공 행정의 상당한 개혁과 상원 의원의 직접 선거, 여성 선거권, 거대 산업 트러스트들에 대한 통제를 요구했다. 인민당 강령은 선거에서 결코 우위를 차지하지 못했음에도 불구하고 테오도르 루즈벨트와 우드로 윌슨 같은 개혁주의적 대통령들을 포함하여 진보의 시대를 위한 길을 열었다.

13장 새천년의 쇄신

1. Alexis de Tocqueville, *The Old Regime and the French Revolution*, trans. John Bonner (New York: Harper & Brothers, 1856), p. 124.
2. Henry Ashby Turner, Jr., *Hitler's Thrity Days to Power*: January 1933 (London: Bloomsbury, 1996).
3. Pew Research Center for the People & the Press, "Millennials: Confident, Connected, Open to Change," February 24, 2010.
4. U.S. Census Bureau, "Population by Age and Race 2009."
5. Johan Rockström, "A Safe Operating Space for Humanity," *Nature* 461

(September 2009), pp. 472-75.
6. Jeffrey D. Sachs, *Common Wealth: Economics for a Crowded Planet* (New York: Penguin, 2008), Chapter 5를 보라.
7. 2011년 세계 총생산 데이터는 International Monetary Fund, "World Economic Outlook Database: April 2011"을 보라.
8. Donald Pfaff, *The Neuroscience of Fair Play: Why We (Usually) Follow the Golden Rule* (New York: Dana Press, 2007). 최근 신경 생물학자들은 갈등과 협력에 대한 기초적인 신경 경로와 화학적 경로를 밝혀내기 시작했다. 황금률(남에게 대접받고자 하는 대로 남을 대접하라-옮긴이)과 좀 더 일반적으로는 타인을 보살피는 행위는 자식들에 대한 어머니의 행위-에스트로겐과 코르티솔, 프로락틴, 옥시토신 호르몬이 관여되는-에서 유래했을 것이라고 도널드 파프는 추측한다. 한편 공격성은 대개 자식들을 보호하고 영역을 지키는 수컷의 행위와 관련된 것 같다. 이 행위들은 무엇보다도 테스토스테론과 바소프레신, 세로토닌 같은 조절 장치들이 관련된 두뇌 및 호르몬 시스템에 의해 매개된다.
9. Foreword, Jeffrey D. Sachs, *Common Wealth: Economics for a Crowded Planet*, p. xii.
10. 1963년 6월 존 F. 케네디의 아메리칸 대학교 졸업식 연설.
11. 위의 자료.

■ 참고 문헌

ABC News, "Summary of Polling on a 'Public Option,'" http://abcnews.go.com/images/PollingUnit/PublicOptionPolls.pdf.

Altemeyer, Bob. "Why Do Religious Fundamentalists Tend to Be Prejudiced?" *International Journal for the Psychology of Religion* 13, no. 1 (2003).

American Human Development Project. "The Measure of America 2010.2011: Mapping Risks and Resilience," http://www.measureofamerica.org/.

American Petroleum Institute. "Motor Fuel Taxes," http://www.api.org/statistics/fueltaxes/.

American Society of Civil Engineers. "2009 Report Card for America's Infrastructure," March 2009, http://apps.asce.org/reportcard/2009/grades.cfm.

America's Promise Alliance. "Building a Grad Nation: Progress and Challenge in Ending the High School Dropout Epidemic," November 2010, http://www.americaspromise.org/Our-Work/Grad-Nation/Building-a-Grad-Nation.aspx.

Angelova, Kamelia. "Worst CEOs Ever: Angelo Mozilo," June 8, 2009, http://www.businessinsider.com/worstceosever /angelo-mozilo.

Aristotle. In Stobaeus, Florilegium, transl. J.E.C. Welldon.

Bacevich, Andrew J. *Washington Rules: America's Path to Permanent War*. New York: Henry Holt, 2010.

Barrett, Deirdre. *Supernormal Stimuli: How Primal Urges Overran Their Evolutionary Purpose*. New York: W. W. Norton, 2010.

Bartels, Larry. "Homer Gets a Tax Cut: Inequality and Public Policy in the American Mind." *Perspectives on Politics* 3, no.1 (March 2005).

Bauerlein, Mark. *The Dumbest Generation*. New York: Penguin, 2008.

Bernays, Edward. *Propaganda*. 1928, http://sandiego.indymedia.org/media/2006/10/119695.pdf.

Bishop, Bill. *The Big Sort: Why the Clustering of Like- Minded America Is Tearing Us Apart*. New York: Houghton Miffl in, 2008.

Blanchflower, David, and Andrew Oswald. "International Happiness." NBER Working Paper No. 16668, January 2011.

Bohn, Roger, and James Short. "How Much Information? 2009 Report on American Consumers." Global Information Industry Center, December 2009, http://hmi.ucsd.edu/pdf/HMI_2009_ConsumerReport_Dec9_2009.pdf.

Brickman, Philip, and Donald Campbell. "Hedonic Relativism and Planning the Good Society." In M. H. Apley, ed., *Adaptation Level Theory: A Symposium*. New York: Academic Press, 1971.

Burns, Lawrence, Vijay Modi, and Jeffrey Sachs. "Transition to a Sustainable Energy System for the United States," December 16, 2010, unpublished paper.

Business Wire. "Business and Financial Leaders Lord Rothschild and Rupert Murdoch Invest in Genie Oil & Gas," November 15, 2010, http://www.businesswire.com/news/home/20101115007704/en/Business-Financial-Leaders-Lord-Rothschild-Rupert-Murdoch.

Campaign Finance Institute. "New Figures Show That Obama Raised About One-Third of His General Funds from Donors Who Gave $200 or Less," January 8, 2010, http://www.cfinst.org/Press/Releases_tags/10-01-08/Revised_and_Updated_2008_Presidential_Statistics.aspx.
Carnegie, Andrew. "The Gospel of Wealth and Other Timely Essays," http://us.history.wisc.edu/hist102/pdocs/carnegie_wealth.pdf.
Center for Responsive Politics. "Banking on Connections," June 3, 2010, p. 1, http://www.opensecrets.org/news/FinancialRevolvingDoors.pdf.
———. "Congressional Members' Personal Wealth Expands Despite Sour Economy," November 2010, http://www.opensecrets.org/news/2010/11/congressional-members-personal-weal.html.
Clinton, Bill. Radio Address, January 27, 1996, http://www.presidency.ucsb.edu/medialist.php?presid=42.
CNN Election Center 2008, http://www.cnn.com/ELECTION/2010/results/main.results/.
Coen Advertising Expenditure Dataset, quoted in Douglas Galbi, "U.S. Advertising Expenditure, 1998-2007," Purple Motes blog, February 16, 2009, http://purplemotes.net/2009/02/16/us-advertising-expenditure-1998-2007/.
Congressional Budget Office. "An Analysis of the President's Budgetary Proposals for Fiscal Year 2012," http://www.cbo.gov/doc.cfm?index=12130.
———. "Average Federal Taxes by Income Group," June 2010, http://www.cbo.gov/publications/collections/collections.cfm?collect=13.
———. "Estimate of Direct Spending and Revenue Effects of H.R. 2," February 18, 2011, http://www.cbo.gov/ftpdocs/120xx/doc12069/hr2.pdf.
———. "The Impact of Unauthorized Immigrants on the Budgets of State and Local Governments," December 2007, http://www.cbo.gov/ftpdocs/87xx/doc8711/12.6-Immigration.pdf.
Dewitt, Larry. "The Decision to Exclude Agricultural and Domestic Workers from the 1935 Social Security Act." U.S. Social Security Administration, 2010, http://www.ssa.gov/policy/docs/ssb/v70n4/v70n4p49.html.
Di Leo, Luca, and Jeffrey Sparshott. "Corporate Profits Rise to Record Annual Rate." *Wall Street Journal*, November 24, 2010.
Dobuzinskis, Alex. "Mozilo Settles Countrywide Fraud Case at $67.5 million." Reuters News, October 15, 2010, http://www.reuters.com/article/2010/10/15/us-sec-mozilo-idUSTRE69E4KN20101015.
Dolan, Paul, et al. "Measuring Subjective Well-Being for Public Policy." Office for National Statistics—Government of the United Kingdom, February 2011, http://www.statistics.gov.uk/articles/social_trends/measuring-subjectivewellbeing-for-public-policy.pdf.
Drucker, Jesse. "Google 2.4% Rate Shows How $60 Billion Lost to Tax Loopholes," Bloomberg News, October 21, 2010, http://www.bloomberg.com/news/2010-10-21/google-2-4-rate-shows-how-60-billion-u-s-revenue-lost-totax-loopholes.html.
Dunn, Elizabeth, Daniel T. Gilbert, and Timothy Wilson. "If Money Doesn't Make

You Happy Then You Probably Aren't Spending It Right." *Journal of Consumer Psychology* 21, no 2, pp. 115-25.

Duverger, Maurice. "Factors in a Two Party and Multiparty System." In *Party Politics and Pressure Group*s. New York: Thomas Y. Crowell, 1972.

Easterlin, Richard. "Does Economic Growth Improve the Human Lot? Some Empirical Evidence." In Paul A. David and Melvin W. Reder, eds., *Nations and Households in Economic Growth: Essays in Honor of Moses Abramovitz*. New York: Academic Press, 1974.

Economist Intelligence Unit. "The Economist Intelligence Unit's Quality-of-Life index," *The World in 2005*, http://www.economist.com/media/pdf/QUALITY_OF_LIFE.pdf.

Edsall, Thomas Byrne, and Mary D. Edsall. *Chain Reaction: The Impact of Race, Rights, and Taxes on American Politics*. New York: W. W. Norton, 1991.

Eisenhower, Dwight D. "Farewell Address," January 17, 1961, http://www.americanrhetoric.com/speeches/dwightdeisenhowerfarewell.html.

Esping-Andersen, Gösta. "Unequal Opportunities and the Mechanisms of Social Inheritance." In *Generational Income Mobility in North America and Europe*, ed. Miles Corak. Cambridge: Cambridge University Press, 2004.

Esping-Andersen, Gösta, et al. *Why We Need a New Welfare State*. Oxford: Oxford University Press, 2002.

"Facebook's Ad Revenue Hit $1.86b for 2010," January 17, 2011, http://mashable.com/2011/01/17/facebooks-ad-revenue-hit-1-86b-for-2010/.

Federal Reserve Statistical Release. "Flow of Funds Account of the United States: Flows and Outstandings Fourth Quarter 2010," March 10, 2011, http://www.federalreserve.gov/releases/z1/current/z1.pdf.

Ferguson, Thomas. *Golden Rule: The Investment Theory of Party Competition and the Logic of Money- Driven Political Systems*. Chicago: University of Chicago Press, 1995

Forbes. "The World's Billionaires," 2011, http://www.forbes.com/wealth/billionaires/list.

Gallup Poll. "Automobile, Banking Industry Images Slide Further," August 17, 2009, http://www.gallup.com/poll/122342/Automobile-Banking-Industry-Images-Slide-Further.aspx.

———. "In general, are you satisfied or dissatisfied with the way things are going in the United States at this time?," May 5-8, 2011, http://www.pollingreport.com/right.htm.

———. "Republicans, Democrats Still Fiercely Divided on Role of Government." June 2010, http://www.gallup.com/poll/141056/republicansdemocrats-fiercely-divided-role-gov.aspx.

———. "Views of Income Taxes Among Most Positive Since 1956," April 13, 2009, http://www.gallup.com/poll/117433/views-income-taxes-amongpositive-1956.aspx.

Garretsen, H., and Jolanda Peeters. "Capital Mobility, Agglomeration and Corporate Tax Rates: Is the Race to the Bottom for Real?" *CESifo Economic Studies* 53, no. 2 (2007): 263-93.

General Electric annual 10- K filing, http://ir.10kwizard.com/filing.php?ipage=7438579&DSEQ=1&SEQ=14&SQDESC=SECTION_PAGE&exp=&source=329&welc_next=1&fg=24.

Gibbons, John. "I Can't Get No……Job Satisfaction." The Conference Board, January 2010, http://www.conference-board.org/publications/publicationdetail.cfm?publicationid=1727.

Goldman Sachs website, http://www2.goldmansachs.com/our-firm/investors/financials/current/10k/2009-10-k-doc.pdf.

"Google Search Advertising Revenue Grows 20.2% in 2010," January 20, 2011, http://www.telecompaper.com/news/google-search-advertising-revenuegrows-202-in-2010.

Gravelle, Jane G. "Tax Havens: International Tax Avoidance and Evasion." Congressional Research Service Report for Congress, July 2009.

Hajnal, Zoltan, et al. "Immigration and the Political Transformation of White America: How Local Immigrant Context Shapes White Policy Views and Partnership." University of California, San Diego Center for Comparative Immigration Studies, International Migration Conference, March 12, 2010, http://weber.ucsd.edu/~zhajnal/page5/files/immigration-implications-andthe-political-transformation-of-white-america.pdf.

Hall, Deborah, et al. "Why Don't We Practice What We Preach? A Meta-Analytic Review of Religious Racism." *Personal Social Psychology Review* 14 no. 1 (December 2009).

Halvorson, George. *Health Care Will Not Reform Itself*. New York: CRC Press, 2009.

Hayek, Friedrich. *The Road to Serfdom*. Chicago: University of Chicago Press, 1944.

Henry J. Kaiser Family Foundation. "Food for Thought: Television Food Advertising to Children in the United States," March 2007, http://www.kff.org/entmedia/upload/7618.pdf.

Holmes, Justice Oliver Wendell, Jr., attributed. In Frankfurter, Felix, Mr. *Justice Holmes and the Supreme Court*. Cambridge: Harvard University Press, 1961.

Hurtado, Patricia, and Christine Harper. "SEC Settlement with Goldman Sachs for $550 Million Approved by US Judge." Bloomberg News, July 21 2010.

Inhofe, James, Senate floor statement, July 28, 2003, http://inhofe.senate.gov/pressreleases/climate.htm.

Innes, Robert, and Arnab Mitra, "Is Dishonesty Contagious?," June 2009, http://www.agecon.purdue.edu/news/seminarfiles/Innis_abstract.pdf, and the references therein.

Institute for Democracy and Electoral Assistance, "Voter Turnout by Country," http://www.idea.int/vt/country_view.cfm?country.

Internal Revenue Service. Internal Revenue Code, http://www.law.cornell.edu/uscode/html/uscode26/usc_sup_01_26_10_A_20_1.html.

———. "Reducing the Federal Tax Gap: A Report on Improving Voluntary Compliance," August 2007, http://www.irs.gov/pub/irs-news/tax_gap_report_final_080207_linked.pdf.

International Energy Agency, Data Services, http://wds.iea.org/WDS/TableViewer/dimView.aspx.

International Monetary Fund, "World Economic Outlook Database: October 2010," http://www.imf.org/external/pubs/ft/weo/2010/02/weodata/index.aspx.

———. "World Economic Outlook Database: April 2011," http://www.imf.org/external/pubs/ft/weo/2011/01/weodata/index.aspx.

Jargowsky, Paul, and Todd Swanstrom. "Economic Integration: Why It Matters and How Cities Can Get More of It." Chicago: CEOs for Cities, City Vitals Series, http://www.ceosforcities.org/pagefiles/EconomicIntegration.pdf.

Jingjing, Shan. "Blue Book of Cities in China." Chinese Academy of Social Science, http://www.chinadaily.com.cn/china/2009-06/16/content_8288412.htm.

Jonas, Hans. *The Imperative of Responsibility: In Search of an Ethics for the Technological Age*. Chicago: University of Chicago Press, 1985.

Kaiser, Robert. *So Damn Much Money: The Triumph of Lobbying and the Corrosion of American Government*. New York: Alfred A. Knopf, 2009.

Kennedy, John F. Address at Rice University on the Nation's Space Effort. September 12, 1962, http://www.jfklibrary.org/Research/Ready-Reference/JFK-Speeches/Address-at-Rice-University-on-the-Nations-Space-Effort-September-12.1962.aspx.

———. Address before the Irish Parliament, June 1963, http://ua_tuathal.tripod.com/kennedy.html.

———. Remarks of President John F. Kennedy at American University Commencement, June 1963, http://www.jfklibrary.org/Research/Ready-Reference/JFK-Speeches/Commencement-Address-at-American-University-June-10-1963.aspx.

Kennedy, Robert F. Remarks at the University of Kansas, March 18, 1968, http://www.jfklibrary.org/Research/Ready-Reference/RFK-Speeches/Remarks-of-Robert-F-Kennedy-at-the-University-of-Kansas-March-18-1968.aspx.

Keynes, John Maynard. *The Economic Consequences of the Peace*. Toronto: University of Toronto Libraries, 2011.

King, Neil, Jr., and Scott Greenberg. "Poll Shows Budget-Cuts Dilemma." *Wall Street Journal*, March 3, 2011, http://online.wsj.com/article/SB10001424052748704728004576176741120691736.html.

Küng, Hans. "Manifesto for a Global Economic Ethic." Tüebingern: Global Ethic Foundation, 2009, http://www.globaleconomicethic.org/main/pdf/ENG/we-manifest-ENG.pdf.

Lee, John Michael, and Anita Rawls. "The College Completion Agenda: 2010 Progress Report." The College Board, 2010, http://completionagenda.collegeboard.org/sites/default/files/reports_pdf/Progress_Report_2010.pdf.

Lucchetti, Aaron, and Stephen Grocer. "On Street, Pay Vaults to Record Altitude." *Wall Street Journal*, February 2, 2011.

Maddison, Angus. *The World Economy: A Millennial Perspective/Historic Statistics*. Paris: Development Centre of the Organization for Economic Cooperation and Development, 2006.

Manning, Jennifer. "Membership of the 111th Congress: A Profile." Congressional Research Service, November 2010, http://www.fas.org/sgp/crs/misc/R40086.pdf.

McCarty, Nolan, et al. *Polarized America: The Dance of Ideology and Unequal Riches*.

Cambridge: MIT Press, 2006.
McGinniss, Joe. *The Selling of the President 1968*. New York: Trident, 1969.
McKinsey & Company. "Accounting for the Cost of Health Care in the United States," January 2007, http://www.mckinsey.com/mgi/reports/pdfs/healthcare/MGI_US_HC_fullreport.pdf.
———. "Winning by Degrees: The Strategies of Highly Productive Higher-Education," November 2010.
Miller, Geoffrey. *Spent*. New York: Penguin, 2009.
Munnell, Alicia M., Anthony Webb, and Francesca Golub-Soss. "The National Retirement Risk Index: After the Crash." Center for Retirement Research, October 2009, No. 9-22.
Mysak, Joe. "Use Stock Transfer Tax Rebate to Rebuild New York." Bloomberg News, http://www.gothamcenter.org/newdeal/bloomberg_review.pdf.
National Endowment for the Arts. "To Read or Not to Read: A Question of National Consequence," Research Report No. 47, November 2007, http://www.nea.gov/news/news07/TRNR.html.
National Intelligence Council. "Global Trends 2025: A Transformed World," November 2008, http://www.dni.gov/nic/PDF_2025/2025_Global_Trends_Final_Report.pdf.
National Park Service Organic Act, http://www.nps.gov/legacy/organic-act.htm.
New York State Department of Taxation and Finance. "Stock Transfer Tax," http://www.tax.ny.gov/bus/stock/stktridx.htm.
Nordhaus, William, and James Tobin. "Is Growth Obsolete?" *In The Measurement of Economic and Social Performance*, NBER Book Series Studies in Income and Wealth, 1973.
Office of Management and Budget, Historical Tables, http://www.whitehouse.gov/omb/budget/Historicals.
———. "A New Era of Responsibility," February 2009, p. 9, http://www.gpoaccess.gov/usbudget/fy10/pcf/fy10-newera.pdf.
Organisation for Economic Co-operation and Development. "Doing Better for Children: OECD 2010," http://www.oecd.org/dataoecd/19/4/43570328.pdf.
———. "Economic Policy Reforms, Going for Growth: OECD 2010," http://www.oecd.org/dataoecd/3/62/44582910.pdf.
———. "Education at a Glance: 2009," http://www.oecd.org/document/24/0,3746,en_2649_39263238_43586328_1_1_1_1,00.html.
———. "Global Project on Measuring the Progress of Societies," www.oecd.org/progress.
———. "Growing Unequal? Income Distribution and Poverty in OECD Countries."
———. "Health Data 2010," http://www.oecd.org/document/16/0,3343,en_2649_34631_2085200_1_1_1_1,00.html.
———. "Obesity and the Economics of Prevention: Fit Not Fat," http://www.oecd.org/document/45/0,3746,en_2649_37407_46064099_1_1_1_37407,00.html.
———. "OECD Economic Outlook Database 88," www.oecd.org/dataoecd/5/51/2483815.xls.

———. "OECD Factbook 2010: Economic, Environmental and Social Statistics," http://www.oecd-ilibrary.org/sites/factbook-2010-en/11/03/02/index.html?contentType=&itemId=/content/chapter/factbook-2010-91-en&containerItemId=/content/serial/18147364&accessItemIds=&mimeType ext/html.

———. "OECD Family Database," http://www.oecd.org/document/4/0,3746,en_2649_34819_37836996_1_1_1_1,00.html.

———. "OECD Health Data. Part II: International Classification for Health Accounts (ICHA)," http://www.oecd.org/dataoecd/3/42/1896876.pdf.

———. "OECD STAT," http://stats.oecd.org/Index.aspx?DatasetCode=DECOMP.

———. Programme for International Student Assessment, "PISA 2009 Results," http://www.pisa.oecd.org/document/61/0,3746,en_32252351_32235731_46567613_1_1_1_1,00.html.

———. "Public Expenditure and Participant Stocks on LMP," Statistical Database, http://stats.oecd.org/Index_aspx?DatasetCode=LMPEXP.

———. "Social Expenditure Database," http://www.oecd.org/document/9/0,3343,en_2649_34637_38141385_1_1_1_1,00.html.

Orszag, Peter. "One Nation, Two Deficits." *New York Times*, September 6, 2010.

Page, Benjamin, and Lawrence Jacobs. *Class War? What Americans Really Think About Economic Inequality*. Chicago: University of Chicago Press, 2009.

Partnership for Public Service. "Ready to Govern: Improving the Presidential Transition," January 2010, www.ourpublicservice.org/OPS/publications/download.php?id=138.

Pew Forum on Religion & Public Life. "US Religious Landscape Survey: Religious Affiliation, Diverse and Dynamic," February 2008, http://religions.pewforum.org/pdf/report-religious-landscape-study-full.pdf.

Pew Hispanic Center. "Statistic Portraits of Hispanics in the US, 2009," http://pewhispanic.org/factsheets/factsheet.php?FactsheetID=70.

Pew Research Center for the People & the Press. "Millennials: Confident, Connected, Open to Change," February 24, 2010, http://pewresearch.org/millennials/.

———. "Mixed Views on Tax Cuts, Support for START and Allowing Gays to Serve Openly," December 2010, http://pewresearch.org/pubs/1822/pollbush-tax-cuts-start-treaty-boehner-pelosi-afghanistan-korea.

———. "Public Knows Basic Facts About Politics, Economics, but Struggles with specifics," November 2010, http://pewresearch.org/pubs/1804/political-news-quiz-iq-deficit-defense-spending-tarp-inflation-boehner.

———. "Public Praises Science; Scientists Fault Public, Media," July 2009, http://people-press.org/report/?pageid=1549.

———. "Taxed Enough Already?," September 20, 2010, http://pewresearch.org/pubs/1734/taxed-enough-already-tea-party-pay-right-amount-taxes.

———. "Trends in Political Values and Core Attitudes: 1987.2009," May 21, 2009, http://people-press.org/http://people-press.org/files/legacy-pdf/517.pdf.

Pfaff, Donald. *The Neuroscience of Fair Play: Why We (Usually) Follow the Golden Rule*. New York: Dana Press, 2007.

Piketty, Thomas, and Emmanuel Saez. "How Progressive Is the US Federal Tax System? A Historical and International Perspective." Journal of Economic Perspectives 21, no. 1 (Winter 2007): 3.24, http://www.taxfoundation.org/news/show/250.html#Data.

Plato, "Apology." In *Five Dialogues*, transl. G.M.A. Grube. Indianapolis: Hackett Publishing, 2002.

Prante, Gerald, and Mark Robyn. "Fiscal Fact: Summary of Latest Federal Income Tax Data." Tax Foundation, October 6, 2010, http://www.taxfoundation.org/news/show/250.html.

Putnam, Robert D. *Bowling Alone: The Collapse and Revival of American Community*. New York: Simon & Schuster, 2002.

———. "E Pluribus Unum: Diversity and Community in the Twenty-first Century: The 2006 Johan Skytte Prize Lecture." *Scandinavian Political Studies* 30, no. 2 (June 2007).

Rasmussen Reports. "Energy Update," April 2011, http://www.rasmussenreports.com/public_content/politics/current_events/environment_energy/energy_update.

———. "Right Direction or Wrong Track," March 2011, http://www.rasmussenreports.com/public_content/politics/mood_of_america/right_direction_or_wrong_track.

———. "65% Now Hold Populist, or Mainstream, Views," January 2010, http://www.rasmussenreports.com/public_content/politics/general_politics/january_2010/65_now_hold_populist_or_mainstream_views.

———. "Support for Renewable Energy Resources Reaches Highest Level Yet," January 2011, http://www.rasmussenreports.com/public_content/politics/current_events/environment_energy/support_for_renewable_energy_resources_reaches_highest_level_yet.

Rath, Tom, and Jim Harter. *Wellbeing: The Five Essential Elements*. New York: Gallup Press, 2010.

Reagan, Ronald. First Inaugural Address, January 20, 1981, http://www.presidency.ucsb.edu/ws/index.php?pid=43130#axzz1MeL0knUW.

Rockström, Johan. "A Safe Operating Space for Humanity." *Nature* 461 (September 2009).

Romer, Christina D., "What Obama Should Say About the Deficit." *New York Times*, January 16, 2011.

Roosevelt, Franklin D. Second Inaugural Address, January 20, 1937, http://www.bartleby.com/124/pres50.html.

Röpke, Wilhelm. *A Humane Economy: The Social Framework of the Free Market*. Wilmington: ISI Books, 1960.

RTL Group IP Network. "Television 2010 International Key Facts," www.ipnetwork.com/tvkeyfacts.

Sachs, Jeffrey D. *Common Wealth: Economics for a Crowded Planet*. New York: Penguin, 2008.

Sachs, Jeffrey, and Michael Bruno. *Economics of Worldwide Stagflation*. Cambridge: Harvard University Press, 1985.

Saez, Emmanuel, and Thomas Piketty. Dataset for "Income Inequality in the United States, 1913-1998," updated July 2010, http://elsa.berkeley.edu/~saez/.

Smith, Adam. *An Inquiry into the Nature and Causes of the Wealth of Nations*. Oxford: Oxford University Press, 1993.

Steel, Emily. "A Web Pioneer Profiles Users by Name." *Wall Street Journal*, October 25, 2010, http://online.wsj.com/article/SB10001424052702304410504575560243259416072.html.

Stein, Judith. *Pivotal Decade: How the United States Traded Factories for Finance in the Seventies*. New Haven: Yale University Press, 2010.

Stevens, John Paul. *Opinion of Stevens, J. Supreme Court of the United States. Citizens United Appellant vs. Federal Election Commission*, January 2010, http://www.law.cornell.edu/supct/html/08.205.ZX.html.

Stevenson, Betsey, and Justin Wolfers. "The Paradox of Declining Female Happiness." NBER Working Paper Series No. 14969, May 2009.

Stiglitz, Joseph, and Amartya Sen. "Commission on the Measurement of Economic Performance and Social Progress," http://www.stiglitz-sen-fitoussi.fr/en/index.htm.

Tax Foundation. "Federal Spending Received per Dollar of Taxes Paid by State, 2005," October 9, 2007, http://www.taxfoundation.org/research/show/266.html.

Tiebout, Charles M. "A Pure Theory of Local Expenditures," *Journal of Political Economy* 64, no. 5 (October 1956): 416-24.

Tocqueville, Alexis de. *The Old Regime and the French Revolution*, trans. John Bonner. New York: Harper & Brothers, 1856.

Transparency International. "2010 Corruption Perceptions Index," http://www.transparency.org/policy_research/surveys_indices/cpi/2010.

Turner, Henry Ashby, Jr., *Hilter's Thirty Days to Power: January 1933*. London: Bloomsbury Press, 1996.

UN Population Division, http://esa.un.org/wup2009/unup/p2k0data.asp.

UNCTAD. "Largest Transnational Corporations," Document 5, http://www.unctad.org/templates/page.asp?intItemID=2443&lang=1.

Ura, Karma. "Gross National Happiness." Centre for Bhutan Studies, http://www.grossnationalhappiness.com/gnhIndex/intruductionGNH.aspx.

USA Today/Gallup Poll, June 11-13, 2010, http://www.gallup.com/poll/File/140792/Government_Priorities_June_17_2010.pdf.

U.S. Bureau of Labor Statistics. "Current Employment Statistics: National," http://www.bls.gov/ces/tables.htm#ee.

———. "Economic News Release: Table A-4—Employment Status of the Civilian Population 25 Years and over by Educational Attainment," http://www.bls.gov/news.release/empsit.t04.htm.

———. "Economic News Release: Table A-15—Alternative Measures of Labor Underutilization," http://www.bls.gov/news.release/empsit.t15.htm.

———. "Employment Situation Summary," http://www.bls.gov/news.release/empsit.nr0.htm.

———. "Establishment Data: Historical Employment," ftp://ftp.bls.gov/pub/suppl/empsit.ceseeb1.txt.

———. "Overview of BLS Statistics on Employment," http://www.bls.gov/bls/employment.htm.

U.S. Census Bureau. "Current Population Survey: Annual Social and Economic (ASEC) Supplement," http://www.census.gov/hhes/www/cpstables/032010/pov/new01_200_01.htm.

———. "Foreign Trade: Trade in Goods with China," http://www.census.gov/foreign-trade/balance/c5700.html#2009.

———. "Hispanics in the US," http://www.census.gov/population/www/socdemo/hispanic/files/Internet_Hispanic_in_US_2006.pdf.

———. *Income, Poverty and Health Insurance Coverage in the US*: 2009, http://www.census.gov/prod/2010pubs/p60-238.pdf.

———. "No. HS-42: Selected Communications Media: 1920 to 2001," http://www.census.gov/statab/hist/HS-42.pdf.

———. "Population by Age and Race 2009," http://www.census.gov/compendia/statab/cats/population.html.

———. "Population Division: Historical Census Statistics on the Foreign-Born Population of the United States: 1850-2000," http://www.census.gov/population/www/documentation/twps0081/twps0081.pdf.

———. "Table 3: Poverty Status of People, by Age, Race, and Hispanic Origin: 1958-2009." Current Population Survey, Annual and Social Economic Supplements, http://www.census.gov/hhes/www/poverty/data/historical/people.html.

U.S. Department of Agriculture. Supplemental Nutrition Assistance Program website, http://www.fns.usda.gov/snap/.

U.S. Department of Commerce, Bureau of Economic Analysis. "Comparison of Personal Saving in the NIPAs with Personal Saving in the FFAs, http://www.bea.gov/national/nipaweb/Nipa-Frb.asp.

———. "Gross Domestic Product by State," http://www.bea.gov/regional/gsp/.

———. "Industry Economic Accounts," http://www.bea.gov/industry/gdpbyind_data.htm.

———. "National Economic Accounts," http://www.bea.gov/national/.

———. "State Annual Personal Income," http://www.bea.gov/regional/spi/default.cfm?selTable=SA05N&selSeries=NAICS.

U.S. Department of Defense. "DoD Request: FY 2011," http://comptroller.defense.gov/Budget2011.html.

U.S. Department of Education. "Mortgaging Our Future: How Financial Barriers to College Undercut America's Global Competitiveness," A Report of the Advisory Committee on Student Financial Assistance, September 2006.

———. "Revenues and Expenditures for Public Elementary and Secondary School Districts: School Year 2007-2008 (Fiscal Year 2008)," NCES 2010-323, August 2010, http://nces.ed.gov/pubs2010/2010323.pdf.

U.S. Department of Education, National Center for Educational Statistics, "The Condition of Education 2010," June 2010, http://nces.ed.gov/pubs2010/2010028.pdf.

U.S. Department of Health and Human Services. "Temporary Assistance for Needy Families: FY 2012 Budget," p. 305, http://www.acf.hhs.gov/programs/olab/budget/2012/cj/TANF.pdf.

U.S. Energy Information Administration. "Net Generation by Energy Source: Total," January 2011, http://www.eia.doe.gov/cneaf/electricity/epm/table1_1.html.

U.S. Government Accountability Office. "International Taxation: Large US Corporations and Federal Contractors with Subsidiaries in Jurisdictions Listed as Tax Havens or Financial Privacy Jurisdictions," GAO-09-157. December 2008.

U.S. Government Executive Office. "The National Commission on Fiscal Responsibility and Reform: The Moment of Truth," December 2010, http://www.fiscalcommission.gov/sites/fiscalcommission.gov/files/documents/TheMomentofTruth12_1_2010.pdf.

Veblen, Thorstein. *The Theory of the Leisure Class: An Economic Study of Institutions*. New York: Macmillan, 1902.

Weber, Max. *The Protestant Ethic and the Spirit of Capitalism*. Mineola, N.Y.: Dover, 2003.

Wolff, Edward N. "Recent Trends in Household Wealth in the United States: Rising Debt and the Middle-Class Squeeze—an Update to 2007," Levy Economics Institute of Bard College, March 2010, http://www.levyinstitute.org/pubs/wp_589.pdf.

World Bank Data and Statistics, http://siteresources.worldbank.org/DATASTATISTICS/Resources/GNIPC.pdf.

World Health Organization Global Health Observatory Data Repository, http://apps.who.int/ghodata/?vid=720.

World Public Opinion. "American Public Opinion on Foreign Aid," November 30, 2010, http://www.worldpublicopinion.org/pipa/pdf/nov10/ForeignAid_Nov10_quaire.pdf.

■ 색인

ㄱ

가솔린 소비세 294
가안-세인트 저메인 예금 금융기관법(1982년) 89
『가장 바보 같은 세대』(바우어라인 저) 201
가장 위대한 세대 78
각성 211~234, 331~332
갤럽 인터내셔널 262, 264
거대 석유 회사 석유, 석유 산업 참조
거대 석탄 회사 석탄, 석탄 산업 참조
거시경제학 22~24, 186
건국의 아버지들 69
결승점 먼저 통과하기(FPTP) 원칙 141~143
경제자문위원회(CEA), 미국 158
경제후생지표(MEW) 263
고등교육법(1965년) 79
고형폐기물처리법(1965년) 79
골드만삭스 44, 149, 153
공공 지출 75~79, 76(그림), 77(그림)
공공재 49, 54~56, 71, 86, 256, 267, 268, 282
공산주의 24, 322
공자 27
공정성 64, 70, 118
공정성 원칙 90
공직 조합 307
공화당, 미국 20, 75, 77, 90, 103, 150, 156, 188, 202, 206, 310, 315
과테말라 179
과학기술(S&T) 113
관리(stewardship)라는 개념 58
광고 197~200, 215, 217, 231
  소비주의와 ~ 178~181
괴스타 에스핑-안데르센 252
교외로의 탈출 108~109
교육 31, 38~39, 49, 56, 69, 77, 83, 91, 100, 102, 108~109, 111, 138, 153, 190, 268, 271, 276, 281~282, 285~286, 290, 298, 307, 308, 314, 316

구글 129, 165~167
  ~의 광고 수입 197~198
  ~의 국제 사업장 165~166
구매자 후회 213
구소련 24
국가 고속도로 시스템, 미국 73
국립공학학술원(NAE) 228
국립과학재단(NSF) 55, 167, 306
국립과학학술원(NAS) 228, 306
국립보건원(NIH) 55, 306
국가 은퇴위험지수 37
국가정보위원회(NIC) 228~229
국립공원조직법(1916년) 309
국립공원청 65, 309
국민총행복위원회 262
국방부(또는 펜타곤), 미국 91, 154, 260, 281
국세청(IRS) 133
  법인 조세 피난처와 ~ 165~167
국제투명성기구 182
국제학업성취도평가(PISA) 38, 265
군사:
  예산 적자와 ~ 240, 259~260, 279
  기업 지배 체제와 ~ 140, 153~154
  지출과 ~ 270~271
  낭비와 ~ 259~260
군산복합체 140, 153~154
그리스 214, 283
근로소득세액공제 270, 275
글로벌 교실 328
글로벌정보산업센터 199
금(gold) 50, 81, 123
금융 서비스업 164
급여세 160
기대 수명 214, 255, 262, 264, 285
기득권 319~320, 325
기술 38, 62, 77, 82~83, 88, 117, 138, 307~308
기술평가국(OTA) 306
기업(법인) 30, 109
기업 지배 체제 73, 139

색인 381

기후변화 92, 228, 231, 305, 307, 321, 324, 329
　유엔 기후변화 협약(1992년) 225

ㄴ

나오미 오레스케스 170
나이지리아 63
『나 홀로 볼링』(퍼트넘 저) 31, 181
낙태 325
남부, 미국 98, 102, 106~107
남북전쟁, 미국 98, 102, 106, 326
내무부, 미국 90
냉전 96, 269, 331
네덜란드 182, 242
노동 38, 242
　지구화와 ~ 126~130
노동자 계급 137
노동력 39, 242~243
노동부, 미국 305
노동조합 30
노르웨이 182, 190, 214, 281~282
　~의 예산 적자 282
노암 촘스키 160
『노예의 길』(하이예크 저) 56~57
뉴딜 42, 49, 73~77
　연방 지출과 ~ 75~76
　세율과 ~ 85
뉴스 IQ 퀴즈 202
뉴스위크 48
뉴스코퍼레이션 169, 170, 188
뉴욕 주 287, 295
뉴질랜드 190
니키타 흐루시초프 332

ㄷ

다국적기업(MNC) 119
달라이 라마 27, 219
닷컴 거품 271
대공황 42, 50, 65, 73~75, 85, 89, 96, 118, 322
대니얼 길버트 216
대량 살상 무기 302

대 스태그플레이션 50
대외 원조 113
　예산 적자와 ~ 272, 275~276, 278~280
대외 정책 152
대통령과학기술자문위원회(PCAST) 306
덴마크 190, 281
　~의 예산 적자 282
도널드 리건 154
도미니카공화국 214
독립전쟁, 미국 326
독일 182, 242, 244, 330
동성애권 107
동유럽 24
뒤베르제의 법칙 141
드와이트 아이젠하워 96, 153
디어드리 매릿 186
디즈니 188
딕 체니 43, 169

ㄹ

라틴아메리카 24
람 이매뉴얼 164
래리 바텔 167
래리 서머스 44, 154, 162~164, 311
랠프 네이더 315
랩리프 198
러시아 358
레이건 혁명 51, 82~94
로널드 레이건 24, 51~52, 74, 80, 81, 82, 86, 88, 92, 95, 98, 117, 123, 151, 154, 269
　정부에 대한 ~의 입장 74
레이건 행정부 83, 87~91, 305
로렌스 제이콥스 111
로마 제국 118
로버트 루빈 154, 164
로버트 솔로 49
로버트 F. 케네디 주니어 261
로버트 카이저 146
로버트 퍼트넘 31, 181, 224
로비(또는 로비스트) 159, 207, 234, 240, 267, 325

로스 겔브스펀 170
로스 페로 315
록펠러 재단 196
루퍼트 머독 169
리눅스 55
리처드 닉슨 98, 103
리처드 이스털린 32
린든 존슨 79, 96
　존슨 행정부 85

ㅁ

마거릿 대처 51
마샬 맥루한 180
마이크로소프트 129
마하트마 간디 27
막스 베버 194
맥킨지 248
『멍청이 미국』(피어스 저) 201
메디케어 73, 76, 79, 82~83, 155, 160, 202, 251, 254, 269, 297
　예산 적자와 ~ 273~278
메디케이드 79, 83, 113, 153, 155, 254, 269, 274~275
메릴린치 154
멕시코 242
멸종 위기종에 대한 보호법(1973년) 65
명상 185
모건스탠리 154
문화 전쟁 97
물 부족 228, 329
미국 연방회계감사원(GAO) 167
미국 인간개발프로젝트 262
『미국의 무이성 시대』(제이코비 저) 201
미국 의사협회(AMA) 155, 254
미국 인구조사국 253
미국 토목학회(ASCE) 37, 87
미덕 234
　시민적 ~ 19, 52, 234, 299
미디어 31, 90, 178
미래학 227
미사일 방어 260
미하일 고르바초프 322
민권운동 102, 107, 324

정치적 재편성과 ~ 97~99, 102
　교외화와 ~ 108~109
민영화 80
민주당, 미국 20, 75, 77, 95, 98, 103, 109, 113, 150, 168, 188, 266, 310
민주주의 24, 29, 60~61, 140, 230, 235, 316
밀턴 프리드먼 51, 56, 67, 137

ㅂ

바닥을 향한 경주 140, 288~289, 293
　지구화와 ~ 128~130, 133
바스코 다 가마 118
반문화(또는 반문화 운동) 97, 107
밴스 패커드 180
버락 오바마 21, 36, 63, 85, 100, 102, 113, 151~152, 164, 208, 254~255, 276, 305, 321
　~와 부시의 비교 149~150
　~의 에너지 정책 161~163
　의료 이슈와 ~ 159~161
　~의 친금융계 인사 311
　~의 세금 정책 155~158
　오바마 행정부 20, 43, 93, 161~162, 254, 307, 319
버스 통학 107
법치 58
베이비붐 세대 20, 108, 317, 320
　~의 은퇴 위기 36
베트남 전쟁 50, 81, 97, 123
벤 버냉키 125
벤저민 페이지 110
보이지 않는 손 53
보충성 원칙 290, 314
복음주의 기독교도 99
복지 86, 113, 272
　예산 적자와 ~ 273~275
볼리비아 23
부 25, 325
　~에 대한 사회적 경멸 42
　~의 추구 26~28
부가가치세(VAT) 284, 295
『부의 복음』(카네기 저) 195

부탄 262
붓다 27, 208
　~의 핵심적 가르침 209
　티베트 불교 219
브라질 70, 121
브레튼우즈 체제 50
블라디미르 레닌 322
블랙워터 313
바이어컴 188
바이오 연료 38
빈곤 62, 73, 223, 246~247, 251
빈곤과의 전쟁 73, 79, 82~86
『빈곤의 종말』(삭스 저) 23, 64
빌 게이츠 334
빌 클린턴 74, 103, 150~152, 188, 270
　클린턴 행정부 90, 147
빌헬름 뢰프케 194

ㅅ

사회 발전 측정을 위한 글로벌 프로젝트 263
사회보장 76~77, 82~83, 98, 202, 251, 269, 297
　예산 적자와 ~ 273~275
　개정 사회보장법(1965년) 79
사회적 소비 176~177
사회적 지출 142
산업혁명 118
삼림 파괴 135, 329
상무부, 미국 305
상업화지수(CI) 189~190
상원, 미국 143, 147, 162, 202
　~에서의 유엔 기후변화 협약 225
　의회, 미국; 하원, 미국 참조
새천년 세대 208, 312, 317, 320~329
생물 다양성 64, 329
생활보조서비스 및 지원법 277
샤를 티부 289
　티부 균형 289
석유, 석유 산업 20, 27, 43, 50, 80~81, 154, 161, 226
　뇌물과 ~ 63
　선거 자금 기부와 ~ 63

기업 지배 체제와 ~ 154, 163
　오일쇼크와 ~ 80~81
석탄, 석탄 산업 137, 163, 226, 294
선거 자금 31, 149~150, 301, 310
선거인단, 미국 103
선벨트 80, 96, 113
　문화적 가치와 ~ 106~108
　~의 경제적 상승 97
　~의 정치권력 103~106
　~와 스노우벨트의 비교 102~106, 108
세계가치조사 182, 262
세계 총생산(GWP) 330
세르게이 브린 167
세입법(1978년) 80
소니아 삭스 6
소득 불균형 41~42, 42(그림)
소련 68, 231
　~의 붕괴 326
소말리아 321
소비세 269
소비주의 22, 27, 207, 234
　~에 대한 중독 187~188, 107, 235
　~에 대한 비판 194
　미디어와 ~ 178~181
　텔레비전 참조
소스타인 베블런 176
수단(Sudan) 321
수송 119
수요와 공급 법칙 52
수질보호법(1965년) 79
순환도로 산적떼 313
쉐브론 119
스노우벨트 96, 97
　~와 선벨트의 비교 102~106, 104(그림)
스웨덴 144, 182, 190, 214, 281
　~의 예산 적자 281~282
스위스 182, 190
스칸디나비아 60, 66, 182, 190
　~의 의료 시스템 255, 282
　~의 노동시장 정책 242
　~에서의 세금 282
스탠더드오일트러스트 154
스토아주의 209
스페인 182, 283

시민 단체 대 연방 선거위원회 301
시민적 미덕 19, 52, 299
　～에 대한 각성 234~235
　2008년 경제 위기와 ～ 19
시장:
　～의 속성 68
　자유～ 자유시장 참조
　정부와 ～ 54~57, 68~70
　자기 조직적 ～ 68
시티그룹 43, 149, 164
식품 산업 186
실업수당 273
실업 33~34, 217~218, 242~244
실질진보지수(GPI) 264
싱가포르 39

ㅇ
아돌프 히틀러 322
아리스토텔레스 27, 208
　～의 핵심적 가르침 208~209
아마존닷컴 129
아마르티아 센 264
아메리칸 대학교 332
아이작 뉴턴 55
아일랜드 281~283
아프가니스탄, 미국의 ～ 개입 21, 43, 91, 152, 168, 259~260, 279, 302, 313, 321
아프리카 24, 152
안젤로 모질로 44
알렉시스 드 토크빌 319
애플 129
애덤 스미스 27, 52~53, 56~57, 68, 118
　보이지 않는 손 52~53
앤드류 바세비치 152
앤드류 카네기 195~196, 334
앨런 그린스펀 90
　지구화에 대한 ～의 오판 123~124
약품 산업 제약 산업 참조
양도소득 80
에너지 38, 76, 81, 87~88, 161~163, 256~259, 294
에너지부, 미국 305

에드워드 버네이스 178~179, 184~185, 210
에드워드 윌슨 331
에우데모니아(인간적 성취) 209
에피쿠로스주의 209
엑슨모빌 119, 154, 170
엔터테인먼트 산업 30
여권 107
　여성들의 역할 96
연방 담배문구표기 및 광고법(1965년) 79
연방 대법원, 미국 107
　～의 시민 단체 대 연방 선거위원회 판결 301
연방준비제도(FRS, 연준) 82, 123~125, 164, 242, 245, 292
연방통신위원회(FCC) 188
영국 51, 142~144, 190, 202, 264, 283, 330
예금 기관과 대출 기관 89
예멘 152, 321
예산 적자(또는 재정 적자) 21, 25, 31, 45, 81, 86, 149~151
　반세금 이데올로그 285
　연방 관료제와 ～ 276
　연방 시스템과 ～ 286~290
　재정 연방주의와 ～ 287~288
　대외 원조와 ～ 271, 276, 278~280
　장래의 세수와 ～ 368~271
　GDP와 ～ 35~36
　2008년 경제 위기와 ～ 34~35
　미국의 GDP 우위와 ～ 285~286
　부가가치세(VAT)와 ～ 284, 295
예산관리국(OMB) 158, 164, 227, 308
옐로스톤국립공원지정법(1872년) 309
오스트레일리아 190, 282
온실가스 112, 122, 219, 256~257, 305, 329
　환경 참조
올리버 웬들 홈즈 주니어 267
우드로 윌슨 309
『우리는 얼마나 멍청한가?』(솅크먼 저) 201
워런 버핏 196, 334
월마트 119
월스트리트 27, 75, 90, 125

색인　385

~에 대한 구제금융 163~165, 302
거대 보너스와 ~ 63, 294~295
2008년 금융 위기와 ~ 163~165
월스트리트저널 169, 198
웨스팅하우스 188
위키피디아 55
윌리엄 노드하우스 263
윌리엄 데일리 164
유럽위원회(EC) 263
유아 발달기(ECD) 251
유엔(UN) 225
유적지보존법(1906년) 309
율리시즈 S. 그랜트 309
은퇴 36~37
은퇴연구센터 37
은행 30, 45~46
　오바마의 임명과 ~ 311
의료 91, 254~255
　기업 지배 체제와 ~ 155, 159~161
　오바마와 ~ 159~161
　수가 보상 제도와 ~ 55
　기득권과 ~ 254
의학연구소(IOM) 228
의회, 미국 30, 35, 91~92, 147, 305
　이어마크와 ~ 272
　선거제도와 ~ 141~144
　백만장자 클럽으로서의 ~ 267~268
　기득권과 ~ 319~320
　전쟁 로비와 ~ 313
　하원, 미국; 상원, 미국 참조
의회예산국(CBO), 미국 152
의회조사국(CRS), 미국 167
이동전화 118, 329
이라크 43, 91, 152, 259~260, 279, 302, 313
이민 78, 99~102
이민 및 국적법(1965년) 100
이민법(1924년) 100
이산화탄소 55, 58, 64, 130, 219, 257~258, 294
이어마크 311
　예산 적자와 ~ 272, 275, 277~278
이자:
　부채에 대한 ~ 270

모기지 ~ 292
~율 64, 124~125
이코노미스트 인텔리저스 유닛(EIU) 264
이탈리아 182
인간개발지수(HDI) 262
인간성의 원칙 232
인도 24, 70, 121, 126, 128~131, 287, 330
『인본적 경제』(뢰프케 저) 194
인적 자본 67
인종, 인종주의:
　히스패닉계 이민자와 ~ 100
　교외화와 ~ 108
인종 간 격리 99
인터넷 73, 117, 132, 179, 197, 320~321
　~의 상업화 197~198
　~과 정보 흐름 199~200, 200(표)
　정신적인 행복과 ~ 199
　프라이버시와 ~ 198
인프라 37~38, 49, 71, 76, 82, 83, 103, 138, 153, 226, 239, 267, 271, 284~286, 290, 298~299, 305, 307, 316, 324
　예산 적자와 ~ 280~281
　에너지 안보와 ~ 256
　레이건 혁명과 ~ 87
　지출과 ~ 245
인플레 50, 80, 93~94, 124~125, 267
일본 80, 119~123, 126, 129, 182, 330
임상 경제학 22~24

ㅈ

자금 흐름표 292
자기 조직 시스템 53
자동차 산업 154, 162
자동차대기오염규제법(1965년) 79
자본이득 291
자본주의 194~195
자선 196
자유시장 47, 60, 67, 91, 137, 194
자유지상주의 59~61, 84, 210, 218
　~의 오류 210~211
작업장 39~41

실수령 급여 중앙값과 ~ 40~41, 41(그림)
재무부, 미국 163~165, 227
재정 책임과 개혁을 위한 국가 위원회 276~278
잭 류 154, 164
저소득 가정에 대한 임시 보조(TANF) 113, 275
저작권 45
저축:
　투자와 ~ 37
　~률 35~36, 35(그림)
　은퇴 위기와 ~ 36~37
적극적 조치 99, 107
적법한 절차 58
정당:
　기업과 ~ 139~144, 148~153
　이원적 독점으로서의 ~ 150~153, 156, 312, 315~316
『정말 더럽게 많은 돈』(카이저 저) 146~147
정보 기술(IT) 119, 124, 197~200, 245, 328
정부 95, 153, 299
　큰 정부 비판론 81
　기업 부문과 ~ 73~75
　기업 지배 체제와 ~ 310~312
　교육과 ~ 67
　전문성과 ~ 305~306
　미래 지향적 관리와 ~ 309~310
　효과적인 ~를 위한 목표 303~305
　로비와 ~ 240
　장기적 목표와 ~ 303~305
　시장과 ~ 26, 54~57, 68~70
　미디어와 ~ 187~189
　전후 시대의 ~ 77~78
정치:
　~에 대한 각성 211~212, 229~230
　도덕적 책임으로서의 ~ 229~230
　~에서 돈의 역할 150~151
제1차 세계대전 84, 322, 330
제2차 세계대전 42, 28, 49~50, 73, 77~79, 85, 96, 120, 260
제너럴일렉트릭(GE) 119

제안 13호(캘리포니아) 100
제약 산업(또는 제약 회사) 43, 155, 159
　의료 개혁과 ~ 254
제임스 와트 90
제임스 인호프 225
제임스 토빈 49, 263
제임스 헤크먼 250
제한적 핵실험 금지 조약(1963년) 233~234, 332
조 맥기니스 180
조셉 슘페터 62
조셉 스티글리츠 264
조지 H. W. 부시 98, 152
조지 W. 부시 98, 147, 152
　~의 행정부 36, 302
　~와 비교한 오바마 148~150
조지 소로스 334
조지 오웰 180
조지 월리스 98
존 D. 록펠러 154, 196
존 매케인 156
존 메이너드 케인스 56
　자본주의에 대한 ~의 입장 194~195
존 F. 케네디 78, 96, 233~234, 303~304
　평화 연설 332~333
존 앤더슨 315
존 케네스 갤브레이스 180
존 폴 스티븐스 301~302
주 권리(states' rights) 106
주관적 복지(SWB) 32
주식시장의 붕괴(1929년) 85
주택 거품 23, 125, 137
줄기세포 연구 38
중국 24, 70, 129~130, 242, 330
　~에서의 재정 연방주의 287
　지구화와 ~ 118, 121~122, 124~125, 126~128
중도(中道) 208~210
중동 63, 123, 152, 166
중산층 34, 141, 213
　세금 이슈와 ~ 267, 273
증권거래위원회(SEC) 44, 171
지구온난화 112
『지구적 추세 2025: 변화된 세계』 228

지구화 41, 117~138
　~의 경제적 의미 121
　환경과 ~ 134~137
　윤리적 기준과 ~ 230~231
　소득 불평등과 ~ 128~134
　천연자원과 ~ 135~137
　2008년 경제 위기와 ~ 134, 337
　실업과 ~ 121
　미국과 ~ 117, 119~122, 125~126,
　　　129~132, 137~138
　세계 경제와 ~ 121
　세계 정치와 ~ 121
지그메 도르지 왕추크 262
지그문트 프로이트 178, 184~185
지미 카터 80~81, 87~88, 103, 152, 241
지속 가능성 57~58, 64~65, 227
지적재산(IP) 165~166
지출 4
　연방 ~ 113, 114
　군비 ~ 270~271
　공공 ~ 75~79, 76(그림), 77(그림)
　세금과 ~ 113
직업훈련 218, 245
진보의 시대 305
진 스펄링 154

ㅊ
찰스 코크와 데이비드 코크 형제 59, 63
책임정치센터 145, 147, 164
초중등교육법(1965년) 79
칠레 214

ㅋ
카네기 멜론 대학교 196
카네기 재단 196
카이저 퍼머넌트 255
카트리나(허리케인 명칭) 302
칼 마르크스 194
캐나다 142, 190, 281, 287
캐럴 브라우너 162~163, 305
캘리포니아 100
캘빈 쿨리지 85

『커먼 웰스』(삭스 저) 136, 331
컨트리와이드파이낸셜 44
컨퍼런스 보드 41
컬럼비아 대학교 328
컴캐스트 188
컴퓨터 118, 121, 199~200
케네스 애로 49
코노코필립스 119
코스타리카 214
코크인더스트리스 155, 170
쿠바 미사일 위기 233, 331
크리스토퍼 컬럼버스 118
크리스티나 로머 158
클리브랜드 클리닉 255

ㅌ
타이완 120
타임워너 188
탄소 포집 및 저장(CCS) 38
탈규제 51, 81, 153~154, 311
　지구화와 133~134
　미디어에 대한 ~ 90, 189
　레이건 혁명과 ~ 82, 89~90, 93
　월스트리트와 ~ 89~90
탐욕 52
태양열 136, 256~259
테오도르 루즈벨트 309
테오도르 소렌슨 331
텔레비전 178~181, 188, 197, 199~200
　~에 대한 중독 186~187
　소비주의와 ~ 179~184
　부패와 ~ 182~183, 183(그림)
　비만과 ~ 183~184, 184(그림)
　사회적 신뢰와 ~ 181~182, 182(그림)
토머스 제퍼슨 70
톰 브로커 78
통신법(1934년) 188
통신법(1996년) 188
통화감독청 165
투자 37~39
투표권법(1965년) 79
특수 이해관계자 92, 115
　기업과 ~ 140, 143~144, 148, 159, 161

특허 69
티모시 가이트너 164
티 파티 110, 208, 210, 268, 273, 320

ㅍ

퍼블릭 시티즌 147
페이스북 197~200, 202
평균 유효 세율(EATR) 132~133
포괄 교부금 287
포드자동차 119
포르투갈 214, 283
폴 새뮤얼슨 48~50, 51, 56
푸드 스탬프 41, 100, 273
풍력 38, 256~259
풍요 174~175
퓨 리서치 센터 202, 323
프랑스 182, 264, 330
프랑스 혁명 319
프랭클린 루즈벨트 77
　정부에 대한 ~의 입장 74
프록터앤갬블 119
프리드리히 하이예크 51, 56~57, 67, 68, 137
피부양 자녀가 있는 빈곤 가정에 대한 지원 275
피터 오재그 158, 164
핀란드 182, 214, 282
필리버스터 143

ㅎ

하버드 대학교 44, 51
하원, 미국 147, 164
　의회, 미국; 상원, 미국 참조
한국전쟁 79
한국 39, 120
　~의 기대 수명 214
한(漢) 제국 118
한스 요나스 227
한스 큉 231~232
해리 트루먼 96
핵무기 279
핼리버튼 43, 63, 246

행복의 쳇바퀴 33
행복의 측정 262~264
행크 폴슨 154, 164
허버트 후버 85, 356
헌법, 미국 144
현시적 소비 176
혼합경제 48, 62, 76, 139, 241
　~에 대한 옹호론 52~54
　1970년대의 ~ 50~52
　~에 대한 새뮤얼슨의 입장 48~50
홍콩 39, 120, 128
화석연료 58, 135, 161, 169, 229, 256
　~에 대한 세금 258~259, 294
　에너지 참조
화이자 119
환경 49, 56, 61, 135, 161~163, 329
　탈규제와 ~ 89~90
　에너지 안보와 ~ 256
　지구화와 ~ 135~137
흑인(아프리카계 미국인) 79, 96~97, 98, 106, 299
　새천년 세대의 ~ 323~324
　복지 문제와 ~ 86
히스패닉계 299
　~의 이민자 97, 99~102
　새천년 세대의 ~ 323~324

기타

2008년 경제 위기 154, 230~231
　그린스펀과 ~ 123~124
　도덕적 위기로서의 ~ 19
　대중과 ~ 173~174
　예산 적자와 ~ 35~36
　월스트리트와 ~ 163
　주택 거품과 ~ 34
　지구화와 ~ 133~134, 137
AIG 163
EU(유럽연합) 78
GDP(국내총생산):
　예산 적자와 ~ 35~36, 36(그림)
　미국의 ~ 124~125
　미국의 적자와 ~ 35~36, 36(그림)
GNP(국민총생산):

소비지출과 ~ 178
IBM 119
JP모건체이스 43, 153
NASA(국가항공우주국) 76, 276
NATO(북대서양조약기구) 78
OECD(경제협력개발기구) 263~265

KI신서 4187
문명의 대가

1판 1쇄 인쇄 2012년 9월 20일
1판 3쇄 발행 2023년 11월 10일

지은이 제프리 삭스 **옮긴이** 김현구
펴낸이 김영곤 **펴낸곳** (주)북이십일 21세기북스
디자인 이재성
출판마케팅영업본부 본부장 한충희
출판영업팀 최명열 김다운 김도연
제작팀 이영민 권경민

출판등록 2000년 5월 6일 제10-1965호
주소 (10881) 경기도 파주시 회동길 201(문발동)
대표전화 031-955-2100 **팩스** 031-955-2151 **이메일** book21@book21.co.kr

(주)북이십일 경계를 허무는 콘텐츠 리더

21세기북스 채널에서 도서 정보와 다양한 영상자료, 이벤트를 만나세요!
페이스북 facebook.com/jiinpill21   포스트 post.naver.com/21c_editors
인스타그램 instagram.com/jiinpill21 홈페이지 www.book21.com
유튜브 youtube.com/book21pub

서울대 가지 않아도 들을 수 있는 **명강**의! 〈서가명강〉
유튜브, 네이버, 팟캐스트에서 '서가명강'을 검색해보세요!

ISBN 978-89-509-3944-1 03320

· 책값은 뒤표지에 있습니다.
· 이 책 내용의 일부 또는 전부를 재사용하려면 반드시 (주)북이십일의 동의를 얻어야 합니다.
· 잘못 만들어진 책은 구입하신 서점에서 교환해 드립니다.